Altersdiskriminierung durch Altersgrenzen

MARTIN LÜDERITZ

ALTERSDISKRIMINIERUNG DURCH ALTERSGRENZEN

AUSWIRKUNGEN DER ANTIDISKRIMINIERUNGSRICHTLINIE 2000/78/EG AUF DAS DEUTSCHE ARBEITSRECHT

PETER LANG
Frankfurt am Main · Berlin · Bern · Bruxelles · New York · Oxford · Wien

Bibliografische Information Der Deutschen Bibliothek
Die Deutsche Bibliothek verzeichnet diese Publikation in der Deutschen Nationalbibliografie; detaillierte bibliografische Daten sind im Internet über <http://dnb.ddb.de> abrufbar.

Zugl.: Potsdam, Univ., Diss., 2005

Gedruckt auf alterungsbeständigem,
säurefreiem Papier.

517
ISBN 3-631-54160-0

www.peterlang.de

Meinen Eltern

Vorwort

Die vorliegende Arbeit wurde im Sommersemester 2004 von der rechtswissenschaftlichen Fakultät der Universität Potsdam als Dissertation angenommen. Sie wurde auf den Stand der höchstrichterlichen Rechtssprechung und des einschlägigen Schriftums von Anfang Juli 2005 gebracht. Das Gesetzgebungsverfahren zur Umsetzung der Richtlinie ist bis zum 08.07.2005 berücksichtigt.

Mein besonderer Dank gilt meinem Doktorvater, Herrn Prof. Dr. Detlev W. Belling, M.C.L. (U. of Ill.). Er hat die Anfertigung dieser Arbeit mit großem Interesse begleitet und gefördert sowie die Betreuung der an der Rheinischen Friedrich-Wilhelms-Universität begonnenen Dissertation übernommen.

Zu Dank bin ich meinem verstorbenen Doktorvater Prof. Dr. Meinhard Heinze (†) verpflichtet. Die anregenden Diskussionen im Zusammenhang mit der Erstellung der Dissertation haben die Arbeit maßgebend beeinflusst.

Danken möchte ich an dieser Stelle ferner Frau HD Dr. Eva Hein für die Bereitschaft, das Zweitgutachten zu erstellen.

Martin Lüderitz

Inhaltsübersicht

Inhaltsverzeichnis

Abkürzungsverzeichnis

a. A.	anderer Ansicht
a.a.O.	am angegebenen Ort
ABlEG	Amtsblatt der Europäischen Gemeinschaften
Abs.	Absatz
ADEA	Age Discrimination in Employment Act i.d.F. v. 2.1.2001 (113 Cong. Rec.1087-90, 23.1.1967)
ADGE	Entwurf des Gesetzes zum Schutz vor Diskriminierung (Antidiskriminierungsgesetz - ADG) in der vom Bundestag in 2. und 3. Beratung am 17.06.2005 beschlossenen Fassung (BT- Drucks. 15/5717)
AFBG	Aufstiegsfortbildungsförderungsgesetz v. 23.4.1996 (BGBl I S. 623)
Anm.	Anmerkung
AP	Nachschlagewerk des Bundesarbeitsgerichts – Arbeitsgerichtliche Praxis
ArbuR	Arbeit und Recht (Zeitschrift)
Art.	Artikel
ATG	Altersteilzeitgesetz v. 23.6.1996 (BGBl I S. 1078)
Aufl.	Auflage
BAföG	Bundesausbildungsförderungsgesetz i. d. Bek. v. 6.6.1983 (BGBl I S. 645)
BAG	Bundesarbeitsgericht
BAT	Bundesangestelltentarifvertrag, zuletzt geändert durch den 78. Änderungstarifvertrag vom 31.01.2003
BB	Der Betriebsberater (Zeitschrift)
BBG	Bundesbeamtengesetz i. d. Bek. v. 31.3.1999 (BGBl I S. 675)
BBiG	Berufsbildungsgesetz v. 23.03.2005 (BGBl I S. 931)
BDA	Bundesvereinigung der deutschen Arbeitgeberverbände
BeamtVG	Beamtenversorgungsgesetz i. d. Bek. V. 16.3.1999 (BGBl I S. 750)
Bek.	Bekanntmachung
BeschFG	Beschäftigungsförderungsgesetz i.d.F. v. 25.9.1996 (BGBl I S. 1476)
BeschSchG	Beschäftigtenschutzgesetz 1994 v. 26.7.1994 (BGBl I S. 1786)
BetrAVG	Gesetz zur Verbesserung der betrieblichen Altersversorgung v. 19.12.1974 (BGBl I S. 3610)
BetrVG	Betriebsverfassungsgesetz i. d. Bek. v. 25.9.2001 (BGBl I S. 2518)
BFOQ	Bona Fide Occupational Qualification
BGB	Bürgerliches Gesetzbuch i. d. Bek. v. 2.1.2002 (BGBl I S. 42, berichtigt S. 2909)
BGBl	Bundesgesetzblatt

BLV	Bundeslaufbahnverordnung i. d. Bek. v. 8.3.1990 (BGBl I S. 449)
BPolBG	Bundespolizeibeamtengesetz i. d. Bek. v. 3.6.1976 (BGBl I S. 1357)
BSG	Bundessozialgericht
BSGE	Entscheidungen des Bundessozialgerichts
BVerfG	Bundesverfassungsgericht
BVerfGE	Entscheidung des Bundesverfassungsgerichts
BVerwG	Bundesverwaltungsgericht
bzw.	beziehungsweise
C.F.R	Code of Federal Regulations
Cir.	Circuit (Gerichtsbezirk eines US Bundesberufungsgerichts)
DB	Der Betrieb (Zeitschrift)
ders.	derselbe
dies.	dieselbe
Diss.	Dissertation
DJT	Deutscher Juristentag
DRiG	Deutsches Richtergesetz i. d. Bek. v. 19. 4.1972 (BGBl I S. 713)
DVBl.	Deutsches Verwaltungsblatt (Zeitschrift)
Eds.	Editors
EEA 1998	Irischer Employment Equality Act, 1998
EEA 2004	Irischer Employment Equality Act, 2004
EEOC	Equal Employment Opportunity Commission
EG	Vertrag zur Gründung der Europäischen Gemeinschaft v. 25.3.1957 in der Fassung des Vertrags von Nizza v. 26.2.2001 (BGBl II S. 1666)
EMRK	Konvention zum Schutze der Menschenrechte und Grundfreiheiten v. 4.11.1950 (BGBl 1952 II S. 685)
endg.	endgültig
EU	Vertrag über die Europäische Union v. 7.2.1992 i. d. F. 26.2.2001 (BGBl II S. 1667)
EuGH	Gerichtshof der Europäischen Gemeinschaften
EZA	Entscheidungssammlung zum Arbeitsrecht
F. 2d	Federal Reporter, Second Series (Entscheidungssammlung der US-Berufungsgerichte)
F. 3d	Federal Reporter, Third Series (Entscheidungssammlung der US-Berufungsgerichte)
F. Supp.	Federal Supplement (Entscheidungssammlung)
f., ff.	folgende, fortfolgende
Fn.	Fußnote
gem.	gemäß
GG	Grundgesetz für die Bundesrepublik Deutschland v. 23.5.1949 (BGBl S. 1)
GVBl	Gesetz- und Verordnungsblatt

Hrsg.	Herausgeber
Hs.	Halbsatz
i. E.	im Ergebnis
i.d.F.	in der Fassung
i.R.d.	im Rahmen der/des
i.S.d.	im Sinne der/des
i.V.m.	in Verbindung mit
IAO	Internationale Arbeitsorganisation
ILJ	The Industrial Law Journal (Zeitschrift)
InsO	Insolvenzordnung v. 5.10.1994 (BGBl I S. 2866)
JAR-FCL	Joint Aviation Requirements – Flight Crew Licensing
JR	Juristische Rundschau (Zeitschrift)
JuS	Juristische Schulung (Zeitschrift)
JZ	Juristen Zeitung (Zeitschrift)
KOM	Kommissionsdokument(e)
KSchG	Kündigungsschutzgesetz i. d. Bek. v. 25.8.1969 (BGBl I S. 1317)
L.Ed.2d	United States Supreme Court Reporter, Lawyers` Edition, Second Series (Entscheidungssammlung des Obersten US- Bundesgerichtshofes)
LBG	Landesbeamtengesetz Brandenburg v. 8.10.1999 (GVBl I S. 446)
Lit.	Literatur
LuftBO	Betriebsordnung für Luftfahrtgerät v. 4.3.1970 (BGBl I S. 262)
LVO	Laufbahnverordnung Brandenburg v. 25.2.1997 (GVBL II S. 58)
m.w.N.	mit weiteren Nachweisen
NJW	Neue Juristische Wochenschrift (Zeitschrift)
Nr.	Nummer(n)
NVwZ	Neue Zeitschrift für Verwaltungsrecht
NZA	Neue Zeitschrift für Arbeits- und Sozialrecht
NAZ-RR	Neue Zeitschrift für Arbeits- und Sozialrecht, Rechtsprechungsreport
RdA	Recht der Arbeit (Zeitschrift)
RG	Reichsgericht
RL	Richtlinie 2000/78/EG des Rates vom 27. November 2000 zur Festlegung eines allgemeinen Rahmens für die Verwirklichung der Gleichbehandlung in Beschäftigung und Beruf (ABlEG 2000 Nr. L 303, S. 16)
Rn.	Randnummer(n)
Rs.	Rechtssache
Rspr.	Rechtsprechung
S.	Satz / Seite(n)
S.Ct.	Supreme Court Reporter (Entscheidungssammlung des Obersten US- Bundesgerichtshofes)
SAE	Sammlung arbeitsrechtlicher Entscheidungen (Zeitschrift)
sec.	Section

SG	Soldatengesetz i. d. Bek. V. 14.2.2001 (BGBl I S. 232)
SGb	Die Sozialgerichtsbarkeit (Zeitschrift)
SGB III	Sozialgesetzbuch III Arbeitsförderung v. 24.3.1997 (BGBl I S. 594)
SGB IX	Sozialgesetzbuch IX Rehabilitation und Teilnahme behinderter Menschen v. 19.6.2001 (BGBl I S. 1046)
SGB V	Sozialgesetzbuch V Gesetzliche Krankenversicherung v. 20.12.1988 (BGBl I S. 2477)
SGB VI	Sozialgesetzbuch VI Gesetzliche Rentenversicherung v. 18.12.1989 (BGBl I S. 2261)
Slg.	Sammlung
TVG	Tarifvertragsgesetz i. d. Bek. V. 25.8.1969 (BGBl I S. 1323)
TzBfG	Teilzeit- und Befristungsgesetz v. 21.12.2000 (BGBl I S. 1966)
u.a.	unter anderem
U.S.C.	United States Code (Sammlung der US-Bundesgesetze)
v.	von / vom
vgl.	Vergleiche
WM	Wertpapier-Mitteilungen, Zeitschrift für Wirtschafts- und Bankrecht
WSI	Wirtschafts- und Sozialwissenschaftliches Institut in der Hans-Böckler-Stiftung
z. B.	zum Beispiel
ZAS	Zeitschrift für Arbeitsrecht und Sozialrecht
ZfA	Zeitschrift für Arbeitsrecht
ZfB	Zeitschrift für Betriebswirtschaft
Ziff.	Ziffer
ZRP	Zeitschrift für Rechtspolitik
ZTR	Zeitschrift für Tarif-, Arbeits- und Sozialrecht des öffentlichen Dienstes

(Im Übrigen folgen die Abkürzungen dem Verzeichnis von Hildebert Kirchner, Abkürzungsverzeichnis der Rechtsprache, Berlin, 2003)

Einführung

A. Gegenstand der Untersuchung

Gegenstand der vorliegenden Arbeit ist die rechtliche Zulässigkeit von Altersgrenzen im deutschen Arbeitsrecht im Hinblick auf die Vorgaben der Richtlinie zur Festlegung eines allgemeinen Rahmens für die Verwirklichung der Gleichbehandlung in Beschäftigung und Beruf[1]. Eine Umsetzung in nationales Recht ist hinsichtlich des Verbots der Altersdiskriminierung noch nicht erfolgt, der Gesetzgeber hat die Richtlinie insofern bis spätestens 2.12.2006 umzusetzen.

Die Richtlinie normiert in ihren materiellen Vorschriften ein unmittelbares Diskriminierungsverbot wegen des Alters in Beschäftigung und Beruf. Damit wird die Zulässigkeit von Altersgrenzen nicht nur bei der Beendigung der Beschäftigung fraglich; auch Altersgrenzen bei Zugang zur Erwerbstätigkeit und als Anknüpfungspunkt für besondere Beschäftigungs- und Arbeitsbedingungen müssen den Anforderungen der Antidiskriminierungsrichtlinie genügen. Dabei ist nicht nur die Diskriminierung Älterer verboten, auch junge Erwerbstätige dürfen nicht durch Altersgrenzen benachteiligt werden. Eine Begünstigung einer Altersgruppe ist vor dem Hintergrund der damit verbundenen Benachteiligung der anderen Altersgruppe zu sehen. Als Rahmenrichtlinie besteht ein weiter Umsetzungsspielraum, für die Gestattung von Altersgrenzen bestehen zahlreiche Ausnahme- und Rechtfertigungsmöglichkeiten. Bislang wurden im deutschen Recht Altersgrenzen, gerade bei der Beendigung der Beschäftigung, kaum unter dem Aspekt der Benachteiligung wegen des Alters beanstandet. Das Verbot der Altersdiskriminierung in Beschäftigung und Beruf stellt ein Novum im nationalen Arbeitsrecht dar. Es bedarf daher näherer Untersuchung, inwiefern künftig Unterscheidungen wegen Erreichens einer Altersgrenze vorgenommen werden dürfen. Aus den Unterschieden der jetzigen Rechtslage zu den Anforderungen der Richtlinie ergibt sich der Umsetzungsbedarf für den nationalen Gesetzgeber. Die Umsetzung der Richtlinie durch andere EU-Mitgliedsstaaten zeigt die vielfältigen Möglichkeiten der Umsetzung. Statt einer Inkorporierung in das bestehende Rechtssystem erscheint die Schaffung eines allgemeinen oder idealerweise eines arbeitsrechlichen Antidiskriminierungsgesetzes ein geeigneter Weg.

Es wird daher untersucht, inwiefern Altersgrenzenreglungen, insbesondere Pensionsgrenzen, mit dem europäischen Verbot der Altersdiskriminierung zu vereinbaren sind und welche Auswirkungen die Richtlinie auf die bisherige Beurteilung nach deutschem Recht hat. Abschließend werden die Anforderungen, Möglichkeiten und Wege zur Umsetzung dargestellt.

---

[1] Richtlinie des Rates v. 27.11.2000 zur Festlegung eines allgemeinen Rahmens für die Verwirklichung der Gleichbehandlung in Beschäftigung und Beruf, ABlEG 2000 Nr. L 303, S. 16-22; siehe Anhang, Seite 268 ff.

B. Aspekte der Altersdiskriminierung durch Altersgrenzen

I. Altersgrenzen in der arbeitsrechtlichen Praxis

Unter dem Begriff der „Altersgrenze" wird vorliegend nicht nur eine das Arbeitsverhältnis beendende Altersgrenze verstanden. Sie kann in allen Phasen des Berufs eine diskriminierende Wirkung entfalten. Das Alter ändert sich im Vergleich zu anderen Diskriminierungsmerkmalen, wie z. B. Religion, Geschlecht und Rasse, ständig. Daher ist potentiell jeder Arbeitnehmer von der Benachteiligung wegen des Alters im Laufe seines Berufslebens betroffen.

Eine unterschiedliche Behandlung aufgrund des Alters erfolgt schon beim Zugang zur Beschäftigung. Höchstaltersgrenzen finden sich in Stellenanzeigen, sind gesetzlich vorgesehen oder Teil der Einstellungspraxis von Arbeitgebern. Damit werden die Betroffenen wegen ihres Alters an der Aufnahme der Beschäftigung gehindert. Das gilt etwa für junge Arbeitnehmer, denen der Einstieg in eine staatliche Laufbahn nur bis zu einem bestimmten Alter gestattet ist. Eine Benachteiligung bei der Einstellung erfolgt jedoch vor allem zu Lasten älterer Personen. Sie sind durch die Praxis der Arbeitgeber benachteiligt, Neueinstellungen nur bis zu einer bestimmten Altersgrenze vorzunehmen, und dadurch kaum mehr in den Arbeitsmarkt einzugliedern. Vor diesem Hintergrund verwundert es nicht, dass die Altersgruppe der über 50 - 55-jährigen mit 13,2 % und der über 55-jährigen mit 11,3 % einen sehr hohen Anteil der Erwerbslosen stellt[2]. Die Benachteiligung Älterer bei der Einstellung ist seit langem auch europaweit zu beobachten: bei einer Umfrage im Jahre 1993 bejahten vier von fünf Arbeitgebern die Frage, ob ältere Arbeitnehmer bei der Einstellung diskriminiert werden[3].

Auch während der Beschäftigung werden Erwerbstätige durch Altersgrenzen benachteiligt, wenn besondere Arbeitsbedingungen oder Entgeltvereinbarungen vom Erreichen bestimmter Altersgrenzen abhängig gemacht werden. Das betrifft vor allem jüngere Arbeitnehmer, weil Vergünstigungen erst ab Erreichen einer bestimmten Altersgrenze gewährt werden. Zu denken ist an die altersgrenzenabhängige Möglichkeit der Inanspruchnahme von Teilzeitarbeit, Lohnsteigerungen, Erhöhung der Urlaubstage oder Arbeitszeitverkürzung. Oftmals werden gezielt Ältere besser gestellt, etwa durch den Ausschluss der ordentlichen Kündigung ab einer bestimmten Altersgrenze. Ältere Erwerbstätige können aber auch durch Altersgrenzen etwa für den Ausschluss der Teilnahme an Aus- und Weiterbildungsmaßnahmen aber auch benachteiligt sein.

---

[2] Strukturdaten für September 2003, Statistisches Bundesamt, Statistisches Jahrbuch, 2004, S. 94

[3] European Foundation for the improvement of living and working conditions, combating age barriers in Employment, S. 23

Altersgrenzen haben schließlich altersdiskriminierende Wirkung bei der Beendigung des Arbeitsverhältnisses. In der Regel endet das Beschäftigungsverhältnis durch eine Pensionsgrenze, die im Tarifvertrag, der Betriebsvereinbarung oder im Arbeitsvertrag vorgesehen ist. Mit Erreichen dieser Altersgrenze kommt es allein aufgrund des Alters - selbst wenn der Betroffene den Anforderungen des Arbeitsplatzes noch voll genügt - zur Beendigung des Arbeitsverhältnisses. Dem Arbeitgeber wird der konkrete Nachweis einer abnehmenden Leistungsfähigkeit erspart, die Beendigung erfolgt ohne Kündigung (ein Kündigungsgrund nach § 1 KSchG, etwa wegen fehlender Leistungsfähigkeit, ist nicht erforderlich). Den Verzicht auf diesen Nachweis kann man nicht als „fürsorglich" und „im wohlverstandenen Interesse des Arbeitnehmers" wegen der Vermeidung eines Kündigungsschutzprozesses sehen[4]. Vielmehr wird dem Arbeitnehmer wegen seines Alters die Chance genommen, selbst über die Beendigung seines Berufslebens zu entscheiden. Letztlich steht hinter diesen Pensionsgrenzen eine mit dem Alter unterstellte abnehmende Leistungsfähigkeit, weil vielfach das Alter mit Arbeitsunfähigkeit gleichgesetzt wird[5]. Bedeutung haben auch Erwägungen der Personalplanung, einer „ausgewogenen" Altersstruktur im Unternehmen oder die Verbesserung der Einstiegs- und Aufstiegschancen für Jugendliche. Hintergrund sind aber auch höhere Kosten für ältere Mitarbeiter und der Schutz der Allgemeinheit vor Gefahren altersbedingter Leistungsausfälle. Die rechtliche Zulässigkeit solcher Pensionsgrenzen wurde bislang vorwiegend anhand des Eingriffs in die Berufsfreiheit diskutiert. Die altersdiskriminierende Wirkung wurde zwar erkannt, trat jedoch in den Hintergrund[6].

Welche wirtschaftlichen Folgen sich durch eine von festen Altersgrenzen freie Beschäftigungspolitik ergeben würden, ist zurzeit noch ungeklärt. Bislang liegen erst Voruntersuchungen des Kosten-Nutzen-Verhältnisses der Förderung personeller Vielfalt in Unternehmen vor[7]. Verursachen ältere Arbeitnehmer einerseits höhere Lohnkosten, kann mit ihrer Zwangspensionierung andererseits auch Know-how und Erfahrung verloren gehen und wird die gesetzliche Rentenkasse belastet. Die Bundesvereinigung deutscher Arbeitgeber schätzt, dass die deutsche Wirtschaft künftig ohne ältere Mitarbeiter ihr Wachstum und ihre Wettbewerbsfähigkeit allgemein nicht sichern kann[8]. Für den Betroffenen selbst kann das unfreiwillige Ausscheiden aus dem Erwerbsleben neben wirtschaftlichen Nachteilen auch mit psychischen Belastungen und sozialem Abstieg verbunden sein. Mit Erreichen der Pensionsgrenze besteht die zuvor durch den Beruf bestehende Möglichkeit der wirtschaftlichen Existenzsicherung und Selbstverwirkli-

---

[4] so schon Belling, Zeitschrift für Gerontologie, 1989, S. 129 im Hinblick auf die dahingehende Rechtsprechung des BAG.

[5] zu den diesbezüglichen Ergebnissen der Altersforschung Seite 28

[6] Simitis, NJW 1994, S. 1453 f., Flessner, S. 27

[7] Europäische Kommission, Kosten und Nutzen personeller Vielfalt in Unternehmen

[8] Arbeitgeber, 2001, S. 20

chung nicht mehr[9]. Zugleich wird ihm damit die Chance genommen, frei über den Zeitpunkt des Ausscheidens aus dem Erwerbsleben zu entscheiden und ihn seinen individuellen Lebensumständen anzupassen.

II. Überblick zum rechtlichen Schutz vor altersbedingten Benachteiligungen

Der Schutz vor Benachteiligungen wegen des Alters ist im deutschen Arbeitsrecht bisher kaum entwickelt. Das gilt insbesondere für die Ungleichbehandlung wegen des Alters durch Altersgrenzen.

Der Gleichberechtigungsgrundsatz des Art. 3 Abs. 2 GG gilt nur hinsichtlich des Geschlechts. Ein verfassungsrechtliches Benachteiligungsverbot ist nach Art. 3 Abs. 3 GG zwar wegen verschiedener Merkmale vorgesehen, nicht aber wegen des Alters. Daher bleibt alleine der Allgemeine Gleichheitssatz des Art. 3 Abs. 1 GG, nachdem Gleiches gleich und Ungleiches seiner Eigenart entsprechend ungleich zu behandeln ist. Bislang hat die Rechtsprechung einen Verstoß wegen der Ungleichbehandlung Älterer aber durch großzügige Auslegung des sachlichen Grundes für die Differenzierung abgelehnt. Dagegen ist auf Ebene der Landesverfassungen teilweise ein besonderer Schutz älterer Personen vorgesehen[10].

Speziell für das Arbeitsrecht verbietet der arbeitsrechtliche Gleichbehandlungsgrundsatz die willkürliche, d. h. sachfremde, Differenzierung von Arbeitnehmern[11]. Dagegen sieht die Richtlinie nur wenige Ausnahmen zur Rechtfertigung von Ungleichbehandlungen vor[12]. Einer Begünstigung einzelner Arbeitnehmer steht dieser Gleichbehandlungsgrundsatz nicht entgegen. Seine Anwendung ist problematisch, wenn eine Altersgrenze nicht nur eine Altersgruppe benachteiligt, sondern eine andere Altersgruppe gleichzeitig Vorteile einräumt. Voraussetzung ist eine entgegen der bestehenden Ordnung sachfremde Schlechterstellung im Hinblick auf vergleichbare Arbeitnehmer innerhalb des Arbeitsverhältnisses. Nach dem bisher geltenden Rechtsverständnis wird aber eine unterschiedliche Behandlung wegen des Alters anhand einer Altersgrenze als durchaus sachgerechte Schlechterstellung angesehen. Weil zudem ein bereits bestehendes Arbeitsverhältnis vorausgesetzt wird, findet der Grundsatz bei der Einstellung keine Anwendung. Eine gegen die bestehende Ordnung vorgenommene Schlechterstellung ist schon begrifflich bei einer individuellen Vereinbarung durch einen Arbeitsvertrag ausgeschlossen.

An einem speziellen arbeitsrechtlichen Verbot der Benachteiligung wegen des Alters nach Vorbild des § 611 a BGB für die Ungleichbehandlung aufgrund des

[9] Boerner, Altersgrenzen, S. 142 f.
[10] Art. 45 BbgVerf: Recht auf soziale Sicherung im Alter; Art. 48 Abs. 4 BbgVerf: Recht auf besonderen Kündigungsschutz für ältere Arbeitnehmer.
[11] Schaub, ArbR-Hdb., § 112, Rn. 5 ff.
[12] Schaub, ArbR-Hdb., § 112, Rn. 60; Berger-Delhey, ZTR 2001, S. 163

Geschlechts fehlt es bislang. Zwar haben nach § 75 Abs. 1 S. 2 BetrVG Arbeitgeber und Betriebsrat darauf zu achten, dass Arbeitnehmer nicht wegen Überschreitung bestimmter Altersstufen benachteiligt werden. Die Bedeutung dieser den allgemeinen Gleichbehandlungsgrundsatz konkretisierenden Vorschrift ist jedoch wegen seines beschränkten Anwendungsbereichs eingeschränkt. Insbesondere bleiben Pensionsgrenzen nach Auffassung des BAG davon unberührt; danach diene die Norm nur dem Schutz vor Benachteiligungen während der Beschäftigung, nicht aber dem Bestandschutz des Arbeitsverhältnisses[13].

Eine gesetzliche Altersgrenze besteht zwar im Beamtenrecht, ist aber im Arbeitsrecht nicht vorgesehen. Die Altersgrenze für den Rentenbezug besagt nicht, dass auch das Arbeitsverhältnis zu diesem Zeitpunkt aufgelöst wird[14]. Es besteht allein die Möglichkeit, mit Erreichen der Altersgrenze Altersrente zu beziehen. Doch endet durch individual- oder kollektivvertragliche Vereinbarungen das Arbeitsverhältnis regelmäßig mit Erreichen dieser Altersgrenze. Dabei schützt § 41 S. 2 SGB VI den Arbeitnehmer nur vor einer Zwangspensionierung vor dem 65. Lebensjahr. Der Flexibilisierung nach „unten", also zu einem früheren Ausscheiden aus dem Erwerbsleben, steht zurzeit eine fehlende Flexibilisierung nach „oben" entgegen. Mit der Aufhebung der arbeitsrechtlichen Pensionsgrenze würde dagegen die Verlängerung und Flexibilisierung der sozialversicherungsrechtlichen Altersgrenze für den Rentenbezug arbeitsrechtlich flankiert.

Ob Pensionsgrenzen schon bei Vorliegen eines sachlichen Grundes zulässig sind, ist umstritten. Nur scheinbar ist dies mit Einführung des § 14 Abs. 1 TzBfG geklärt. Danach wird die Vereinbarung einer Pensionsgrenze als eine aus vielfältigen sachlichen Gründen zulässige Befristung des Arbeitsvertrags angesehen. Das Erreichen der Altersgrenze ist danach ein in der Person liegender Grund, der die Befristung sachlich rechtfertigen kann[15]. Bei der Rechtfertigung wird dem Bedürfnis des Arbeitgebers an einer sachgerechten und berechenbaren Personal- und Nachwuchsplanung Vorrang vor dem ideellen und wirtschaftlichen Anliegen des Arbeitnehmers an der Fortsetzung seines Arbeitsverhältnisses eingeräumt, wenn der Arbeitsnehmer wirtschaftlich abgesichert ist. Das sei auch deswegen sachgerecht, weil dem Arbeitnehmer die Altersgrenze durch Verbesserung seiner Einstellungs- und Aufstiegsmöglichkeiten seinerseits zu gute gekommen sei[16]. Doch droht älteren Arbeitnehmern eine erhebliche Diskriminierung im Arbeitsleben, wenn Altersgrenzen für das Ausscheiden aus dem Erwerbsleben trotz seiner vollen Leistungsfähigkeit für zulässig erklärt werden[17].

---

[13] vgl. nur BAG v. 20.11.1987, AP Nr. 2 zu § 620 BGB Altersgrenze
[14] Laux, NZA 1991, S. 967
[15] Maschmann-Annuß/Thüsing, TzBfG, § 14, Rn. 56
[16] vgl. nur Dörner, Sonderbeilage zu NZA Heft 16, 2003, S. 37 m.w.N.
[17] Belling, Anm. zu BAG v. 20.11.1987, EZA § 620 BGB Altersgrenze Nr. 1

III. Die demographische Entwicklung

Die Benachteiligung wegen des Alters durch Altersgrenzen wird vor dem Hintergrund der demographischen Entwicklung in Deutschland ein zunehmend drängendes Problem werden[18]. Der Alterung der Erwerbsbevölkerung muss durch eine Korrektur der altersgrenzenabhängigen Einstellungspolitik begegnet werden. Der Ausschluss Älterer von der beruflichen Bildung senkt ebenfalls die erforderliche Steigerung der Beschäftigungsfähigkeit im Alter. Vor allem feste Altersgrenzen für die Beendigung der Tätigkeit stehen dem nötigen Verbleib älterer Arbeitnehmer im Erwerbsleben entgegen.

Der Anteil älterer Menschen nimmt in Deutschland stetig zu. Es wird ein Anstieg der Zahl der über 65-jährigen an der Bevölkerung von 13 Millionen Menschen (15,9 %) im Jahr 1999 auf 18,5 Millionen (31,4 %) bis zum Jahr 2050 prognostiziert[19]. Soziale und politische Interessen Älterer werden mit der Zunahme ihres Anteils an der Bevölkerung immer mehr an Gewicht gewinnen[20]. Diese Entwicklung führt zwangsläufig auch zu einer Alterung der Erwerbsbevölkerung[21]. Die Zahl der von einer Altersgrenze Betroffenen nimmt dadurch zu, Altersgrenzen werden zunehmend als Altersdiskriminierung empfunden werden. Die Bundesregierung geht davon aus, dass sich der Anteil der über 45-jährigen um 5 %, derjenigen über 60 Jahren von derzeit 3,5% auf knapp 12 % in diesem Zeitraum erhöhen wird[22]. Diese Erkenntnis steht im deutlichen Gegensatz zur derzeitigen Erwerbsquote Älterer. Sie geht bereits ab dem 55. Lebensjahr merklich zurück und lag im Mai 2003 zwischen 60 – 65 Jahren nur noch bei 36,6 % der männlichen und nur 18,1 % der weiblichen Bevölkerung[23]. 1970 waren es im Schnitt noch 44,5 % der 60 – 65-jährigen. Derzeit beschäftigen nur die Hälfte der Betriebe in Deutschland überhaupt Arbeitnehmer über 50 Jahre[24]. Ohne Veränderungen würde die Erwerbsbevölkerung in Deutschland aufgrund der demographischen Entwicklung bis zum Jahre 2030 um 20% sinken[25].

Altersgrenzen bei Zugang zur Erwerbstätigkeit, wie bei der beruflichen Bildung, werden vor diesem Hintergrund zunehmend fragwürdige Instrumente der Beschäftigungspolitik. Immer mehr ältere Menschen werden von Höchstaltersgrenzen bei der Einstellung betroffen sein. Mit abnehmender Geburtenzahl wird es

---

[18] so auch Meyer, Das Diskriminierungsverbot des Gemeinschaftsrechts, S. 72
[19] Statistisches Bundesamt, Bevölkerungsentwicklung Deutschland bis 2050, S. 14
[20] Simitis, RdA 1994, S. 259
[21] Lehr, Psychologie des Alterns, S. 207
[22] BT-Drucks. 14/8800, S. 70
[23] Statistisches Bundesamt, Statistisches Jahrbuch 2004, S. 71
[24] Husemann, WSI Mitteilungen 2002, S. 33
[25] BT-Drucks. 14/4645, S. 1 ff. Dieser Trend besteht europaweit: während die Zahl der über 65-jährigen von 71 Mio. im Jahr 2000 auf 110 Mio. im Jahr 2003 stieg, sank die Erwerbsbevölkerung von 303 Mio. auf 280 Mio., vgl. Mitteilung zur Anhebung der Beschäftgungsquote älterer Arbeitskräfte und des Erwerbsaustrittsalters, KOM (2004) 146 endg., S. 7.

mittelfristig sogar zu einem Mangel geeigneter junger Arbeitskräfte kommen. Der Bedarf an qualifizierten Bewerbern wird allein durch junge Arbeitskräfte in einzelnen Branchen nicht mehr gedeckt werden können. Der Förderung der Einstellung Älterer können daneben auch Arbeitsbedingungen entgegenstehen, die eigentliche ihre Besserstellung bezwecken. Die von einer Altersgrenze abhängige höhere Entlohnung, der Anspruch auf mehr Urlaubstage und der verbesserte Kündigungsschutz durch ein Kündigungsverbot können Anreize sein, ältere Arbeitnehmer nicht zu beschäftigen. Aufgrund der alternden Erwerbsbevölkerung wird der langfristige Erhalt der Leistungsfähigkeit durch Weiterbildung immer wichtiger[26]. Die Beschäftigungsfähigkeit Älterer kann durch lebenslanges Lernen erhöht werden. Eine Beschäftigungspolitik, die Fortbildungen für Mitarbeiter ab einer bestimmten Altersgrenze ausschließt, trägt dagegen mittelbar zur Benachteiligung beim Verbleib im Unternehmen und der Chancen auf dem Arbeitsmarkt bei.

Am deutlichsten wirkt sich die demographische Entwicklung auf Altersgrenzen auf das Ausscheiden aus dem Erwerbsleben aus. Ein Abfluss des Erfahrungswissens älterer Arbeitnehmer wird sich in vielen Branchen mangels qualifizierten Nachwuchses schwer kompensieren lassen[27]. Die Verlängerung der Lebensarbeitszeit ist aus demographischen Gründen parteiübergreifend als beschäftigungspolitisches Ziel anerkannt[28]. Auch auf europäischer Ebene soll mit dem Kampf gegen die Altersdiskriminierung der Anteil Älterer im Berufsleben wieder gesteigert werden[29]. Das wird auch wegen der anhaltend schwierigen finanziellen Situation der Rentenkassen immer wichtiger. Mit einer zunehmend älteren Bevölkerung ändert sich auch die Relation zwischen älteren und jüngeren Menschen, mithin Beitragszahlern und Rentenempfängern: entfielen 1999 noch 40 Personen über 60 Jahren auf 100 Erwerbstätige im Alter von 20-59 Jahren, werden es 2050 doppelt so viele sein[30].

Der bestehenden Bereitschaft für eine Fortsetzung der beruflichen Tätigkeit dürfen keine feste Pensionsgrenze entgegenstehen, die Älteren diese Möglichkeit allein wegen des Erreichens der Altersgrenze nehmen. Nach einer europaweiten Umfrage wollen schon jetzt vier von zehn Arbeitnehmern ihre berufliche Tätig-

---

[26] Vgl. die Handlungsempfehlungen der Bertelsmann Stiftung und des BDA, Beschäftigungschancen für ältere Arbeitnehmer, S. 23 ff.

[27] Jürgenhake, WSI Mitteilungen 2003, S. 599

[28] Schlussbericht der Enquête-Kommission, „Demographischer Wandel - Herausforderungen unser älter werdenden Gesellschaft an den einzelnen und die Politik", BT-Drucks. 14/8800, S. 68

[29] Erwägungsgrund Nr. 8 RL verweist auf die Beschäftigungspolitischen Leitlinien für 2000, vgl. ABlEG 2000 Nr. L 72, S. 15 ff.; alle EU Dokumente unter http://www.europa.eu.int

[30] Statistisches Bundesamt, Bevölkerungsentwicklung Deutschland bis 2050, S. 15; ähnlich der Trend bei Prahl/Schroeter, S. 88

keit über das 65. Lebensjahr hinaus aus verschiedenen Gründen fortsetzen[31]. Mit einer alternden Erwerbsbevölkerung und fehlender finanzieller Sicherung im Alter wird der Anteil derjenigen noch steigen, die über eine gewisse Altersgrenze hinaus arbeiten wollen[32]. Das Interesse an einem späteren Berufsausstieg ist dabei bei Angestellten stärker ausgeprägt als bei Arbeitern und nimmt generell in höherem Alter zu[33]. Die Gründe für den Wunsch nach einer längeren Lebensarbeitszeit sind vorwiegend ideeller oder wirtschaftlicher Natur. Einerseits ist es die Freude am Beruf, gerade bei Arbeitnehmern mit hohem Qualifikationsniveau oder höherer Stellen in der Unternehmenshierarchie, die sie mit ihrer gesellschaftlichen Position verbinden. Andererseits sind es wirtschaftliche Gründe, wie hohe Kosten für den Familienunterhalt oder die Nichterfüllung der vollen Rentenansprüche[34]. So nimmt das Interesse an einer längeren Berufstätigkeit bei einer besseren betrieblichen Altersversorgung ab[35].

IV. Erkenntnisse der Gerontologie

Gerade bei der Beurteilung von Höchstaltersgrenzen hat man die Ergebnisse der Altersforschung zu berücksichtigen[36]. Aus Sicht der Alterswissenschaft handelt es sich bei Pensionsgrenzen um ein klassisches Beispiel für die Benachteiligung der älteren Bevölkerung. Die diskriminierende Wirkung der erzwungenen Berufsaufgabe durch Altersgrenzen zeigt sich in ihrer Auswirkung für den Betroffenen. Die Zwangspensionierung kann erheblich zu einer Minderung der Lebensqualität im Alter beitragen. Es wird einem das Gefühl genommen, gebraucht zu werden und für andere wertvoll zu sein. Gleichzeitig büßt man soziale Kontakte und die Herausforderungen und Anregungen der Berufswelt ein[37]. Hintergrund der Benachteiligung älterer Arbeitnehmer durch Altersgrenzen ist eine negative Einstellung im Hinblick auf ihre Arbeitsleistung. Dieses Vorurteil lässt sich aber mit den Erkenntnissen der Altersforschung nicht vereinbaren.

1. Defizit-Modell des Alterungsprozesses

Zu Beginn gerontologischer Forschung ging man von einem generellen altersbedingten Abbau der psychischen Funktionsfähigkeit aus. Dieses Defizit-Modell beruht auf Versuchen, bei denen Personen verschiedenen Alters zu einem bestimmten Zeitpunkt untersucht und miteinander verglichen wurden. Mit zuneh-

---

[31] Europäische Kommission, Age and Attitudes -Main Results from a Eurobarometer Survey-, S. 1 ff.
[32] Boerner, Altersgrenzen, S. 5
[33] Vollstädt, Altersgrenzen, S. 29
[34] Stellungnahme des Wirtschafts- und Sozialausschusses zum Thema "Ältere Arbeitnehmer", ABlEG 2001, Nr. C 14 S. 50 -62
[35] vgl. Maier, S. 265
[36] vgl. den Hinweis von Belling zum Europarechtlichen Symposium des BAG, Treber, RdA 2003, Sonderbeilage zu Heft 5, S. 53
[37] Lehr, ZfB, 1979, S. 135

mendem Alter waren ein Absinken der Intelligenz, längere Reaktionszeiten und geringere Gedächtnisleistung zu beobachten. Daher nehme die Produktivität im Beruf mit zunehmendem Alter ab. Das entsprach der durch die Altersbiologie geforderten Erwartung einer Abnahme der geistigen Leistungsfähigkeit im Alter[38].

Die Kritik an diesen Querschnittsuntersuchungen richtete sich u.a. dagegen, dass die regelmäßig bessere Schulausbildung Jüngerer und der individuelle Gesundheitszustand unberücksichtigt blieben. Diese Faktoren waren mitentscheidend für ein erheblich schlechteres Abschneiden Älterer. Auch wurde die zunehmende Streuweite der Ergebnisse der älteren Gruppe nicht beachtet, einzelne schlechte Ergebnisse wirkten sich daher negativ auf das Gesamtbild Älterer aus. So waren die Unterschiede zwischen Älteren und Jüngeren nicht so groß, wie die innerhalb der jeweiligen Altersgruppen[39]. Tatsächlich haben fast ein Drittel der Älteren die Fähigkeiten der Jüngeren übertroffen[40]. Die Aussagekraft der Studien ist auch deshalb begrenzt, weil sich durch immer weitere Automatisierung die Arbeitswelt seit den Erhebungen stark geändert haben.

Trotzdem zeigen Arbeitnehmer noch immer diese Einstellung gegenüber älteren Arbeitnehmern durch geringe Chancen bei der Einstellung und eine jugendorientierte Personalpolitik. Die Benachteiligung Älterer basiert auch bei Pensionsgrenzen nach wie vor auf dieser mit dem Alter vermuteten Abnahme der Leistungsfähigkeit. Das zeigen auch Untersuchungen zur Bewertung der Arbeitsleistungen Älterer während der Beschäftigung[41]. In den Entscheidungen des BVerfG zu Altersgrenzen findet sich ebenfalls die Ansicht einer mit dem Alter abnehmenden Leistungsfähigkeit, jedoch erst jenseits des 68. Lebensjahres[42]. Danach besteht eine nicht auszuschließende Gefahr eines Nachlassens der Leistungsfähigkeit nach Vollendung des 65. Lebensjahres. Es entspräche der Lebenserfahrung, dass die Gefahr einer Beeinträchtigung der Leistungsfähigkeit auch heute noch mit zunehmendem Alter größer werde[43].

2. *Widerlegung durch die Erkenntnisse der differentiellen Altersforschung*

Inzwischen ist das Defizit-Modell des Alters durch die Ergebnisse der neueren Altersforschung widerlegt, die eine differenzierte Betrachtung des Alterungsprozesses vornimmt. Hierbei wird ein ausgewählter Personenkreis über eine län-

---

[38] Lehr, Psychologie des Alterns, S. 49 verweist auf überholte Studien aus den USA der 20er und 30er Jahre.

[39] Thomae/Lehr, Berufliche Leistungsfähigkeit, S. 22

[40] Lehr-Späth/Lehr, Altern als Chance und Herausforderung, S. 101

[41] dazu: Maier, S. 67 ff.

[42] Abnahme der Leistungsfähigkeit mit 70 Jahren, BVerfG v. 16.6.1959, BVerfGE 9, 346; v. 4.5.1983, BVerfGE 64, 82; mit 68 Jahren: BVerfG v. 16.11.1990, NVwZ 1991, S. 358

[43] BVerfG v. 26.8.1993, DVBl. 1994, S. 44; v. 25.7.1997, NVwZ 1997, S. 1207

gere Zeit beobachtet und miteinander verglichen[44]. Nach dieser Methode der Längsschnittuntersuchung steht fest, dass von einer generellen altersbedingten Abnahme der Leistungsfähigkeit vor dem 70. Lebensjahr nicht gesprochen werden kann. Das chronologische Alter spielt auch zwischen 25 und 60 Jahren eine geringe Rolle, entscheidend für die Leistungsfähigkeit sind vielmehr Bildung, Übung von Fähigkeiten, Anregung durch die Umwelt, Arbeitseinstellung und positive Zielsetzung[45]. Daher verbietet sich die generelle Einschätzung, Arbeitnehmer seien ab einer bestimmten Altersgrenze weniger leistungsfähig.

Die Untersuchungen zeigen die Notwendigkeit, berufsbezogene Fertigkeiten nicht generell, sondern nach den speziellen beruflichen Anforderungen zu betrachten[46]. Auch die Zuordnung zur Gruppe der „älteren Arbeitnehmer" ist berufs-, betriebs- und tätigkeitsspezifisch[47]. Die Beurteilung des Alters von Beschäftigten ist konjunkturabhängig: in Zeiten des Arbeitsplatzmangels gelten sie schon in jüngeren Jahren als „zu alt", als in Zeiten des Arbeitskräftemangels[48]. Wissenschaftlich gesichert ist zudem die Erkenntnis, dass der Prozess des Alterns in körperlicher, geistiger und sozialer Hinsicht individuell höchst unterschiedlich verläuft. Das wirkt sich auch auf die Bewältigung der täglich immer neuen Herausforderungen im Berufsleben aus. Neben der Begabung spielen Faktoren wie die Ausbildung, die Zufriedenheit mit der Tätigkeit sowie das soziale Umfeld für den Erhalt der Leistungsfähigkeit eine entscheidende Rolle. Negativen Einfluss haben die fehlende Anpassung der Arbeitsbedingungen an das Alter und unzureichende Maßnahmen des Arbeitsschutzes. Positiv auf die Leistungsfähigkeit kann sich dagegen eine im Hinblick auf die höheren Qualifikationsanforderungen frühzeitige betriebliche und außerbetriebliche Weiterbildung auswirken. Auch der Grad der beruflichen Herausforderung wirkt sich auf die Leistungssteigerung aus: je komplexer die Tätigkeit ist, desto eher wirkt sich der berufliche Trainingseffekt aus, weshalb es zu einem geringen Abfall der Leistungsfähigkeit kommt[49].

Die empirischen Untersuchungen zeigen aufgrund dieser zahlreichen, die Leistungsfähigkeit beeinflussenden Faktoren im Ergebnis kein generelles Absinken der Arbeitsproduktivität älterer Menschen. Mit zunehmendem Alter liegt danach weniger eine *schlechtere* als eine *veränderte* Arbeitsleistung vor, die Leistungsfähigkeit ändert sich also qualitativ. Mit dem Alter abnehmende Fähigkeiten können dabei regelmäßig durch zunehmende Fertigkeiten kompensiert werden. Dadurch bleibt die Produktivität im Ergebnis erhalten[50]. Im Alter nimmt regel-

---

[44] grundlegend die „Bonner gerontologische Längsschnittuntersuchung". Eine Zusammenfassung bietet Thomae, Zeitschrift für Gerontologie, 1993, S. 142
[45] Thomae/Lehr, Beruflichte Leistungsfähigkeit, S. 76
[46] Mathey-Oswald, Gerontologie, S. 153
[47] Lehr, Psychologie des Alterns, S. 208
[48] Lehr-Kruse/Lehr/Rott, Gerontologie, S. 136
[49] Maier, S. 66
[50] Kruse-Rothkirch, Altern und Arbeit, S. 79 f.

mäßig die Reaktionszeit ab, doch kann dies bei den meisten Berufen durch eine mit zunehmendem Alter größere Erfahrung ausgeglichen werden. Nimmt die Gedächtnisleistung, Merkfähigkeit und geistige Wendigkeit ab dem dritten Lebensjahrzehnt schleichend ab, so sind Urteilsfähigkeit, Konzentrationsfähigkeit und Unterscheidungsvermögen zwischen Wesentlichen und Unwesentlichen altersbeständig. Ältere Arbeitnehmer arbeiten daneben nicht weniger genau, ausdauernd und verlässlich[51]. Überdies kommen ihrer Produktivität regelmäßig ein stärker ausgeprägtes Verantwortungsgefühl, eine bessere Urteilsfähigkeit und eine größere Loyalität gegenüber ihrem Arbeitgeber entgegen. Ist auch festzustellen, dass nach 50 Lebensjahren die Muskelkraft auf etwa 70 % der maximalen Leistungskraft absinkt, sind in einer veränderten Arbeitswelt weniger die körperlichen als die geistigen Fähigkeiten zum Gradmesser der Arbeitsproduktivität geworden[52].

Die Rechtsprechung des BAG berücksichtigt diese Erkenntnisse, wenn es feststellt, dass der zur Minderung der Leistungsfähigkeit führende Alterungsprozess nicht allein vom Lebensalter abhängt, sondern individuell verschieden vor sich geht. So wird eine generelle Vermutung der Abnahme der Leistungsfähigkeit für die berufliche Tätigkeit ab dem 65. Lebensjahr als Rechtfertigung zu Recht abgelehnt[53]. Eine Altersgrenze wird aufgrund abnehmender körperlicher und geistiger Leistungsfähigkeit nur für Tätigkeiten gerechtfertigt gehalten, bei denen altersbedingter Verschleiß sehr begrenzt durch Routine und Erfahrung ausgeglichen werden kann. Das gilt seit langem aufgrund der besonderen psychischen und physischen Anforderungen an die Tätigkeit als Flugzeugführer mit dem 60. Lebensjahr. Die Rechtsprechung hat immer wieder die aktuellen wissenschaftlichen Erkenntnisse und gesellschaftlichen Veränderungen bei dieser Einschätzung zu berücksichtigen. Jüngst hat das BAG festgestellt, dass für Piloten keine neuen Erkenntnisse vorlägen, die zu einer grundlegenden Neubewertung führen müssten[54].

3. Beurteilung der Leistungsfähigkeit älterer Arbeitnehmer

Auf die Behandlung älterer Beschäftigter durch die Arbeitgeber haben sich diese Erkenntnisse kaum ausgewirkt[55]. Ihnen wird nach wie vor eine abnehmende Lernfähigkeit und Flexibilität bescheinigt, Kreativität und Kooperationsfähigkeit wird als gleich bleibend und Arbeitssorgfalt und Qualitätsbewusstsein sogar als

[51] Lehr, Psychologie des Alterns, S. 212

[52] Lehr-Späth/Lehr, Altern als Chance und Herausforderung, S. 111

[53] BAG v. 12.2.1992, AP Nr. 5 zu § 620 BGB Altersgrenze; BAG v. 20.11.1987, EzA Nr. 1 zu § 620 BGB Altersgrenze; zustimmend Belling in der Anmerkung zu dieser Entscheidung.

[54] BAG v. 27.11.2002, AP Nr. 21 zu § 620 BGB Altersgrenze

[55] zu den daraus folgenden Möglichkeiten der Beschäftigungspolitik vgl. Husemann (u.a), Beschäftigungswirksame Arbeitszeitmodelle, S. 71 ff.

mit dem Alter ansteigend bewertet[56]. Trotz dieser differenzierten Einschätzung durch die Arbeitgeber zeugt die Unternehmenspraxis durch Altersgrenzen bei der Einstellung, Altersgrenzen beim Berufsaufstieg sowie der Berufsbildung und durch Höchstaltersgrenzen für die Beschäftigung noch immer von einer negativen Einstellung gegenüber Älteren. Experimente mit fingierten Bewerbungsunterlagen haben ergeben, dass von Arbeitnehmern in höherem Alter eine schlechtere gesundheitliche Verfassung, weniger berufliches Engagement, geringere Leistungsmotivation, größerer Widerstand gegen technologische Veränderungen und geringere Flexibilität erwartet wird[57].

Diese Beurteilung wird von der Altersforschung nicht gestützt[58]. Ein generell schlechterer Gesundheitszustand wurde nicht festgestellt, vielmehr ist die zunehmende Lebenserwartung auch Spiegel einer immer besseren gesundheitlichen Versorgung. Ein Rückschluss von höherer Lebenserwartung auf die Leistungsfähigkeit im Beruf ist zwar nicht ohne weiteres möglich, doch zeigt sich, dass ältere Beschäftigte seltener krank sind als Jüngere. Da die Dauer der Fehlzeiten aufgrund der längeren Besserungszeit zunimmt, kommt es letztlich zu einem höheren Arbeitsausfall. Die Aussagekraft des Krankenstandes für die Leistungsfähigkeit ist aber begrenzt; negativen Einfluss darauf könnten auch andere Faktoren wie die Zufriedenheit am Arbeitsplatz, Verantwortung und Art der Tätigkeit haben[59].

Kein genereller Zusammenhang besteht zwischen geringerer Leistungsmotivation und dem Alter. Untersuchungen haben bei älteren Beschäftigten sogar häufig ein höheres berufliches Engagement zu Tage gebracht, weil sie einen besseren Überblick über die zu bewältigenden Aufgaben haben. Sie konnten sich Expertenwissen aneignen, das ihnen den Umgang mit ihrer Tätigkeit erleichtert[60]. In der Praxis ist die Leistungsmotivation älterer Arbeitnehmer aufgrund der Erfahrung eigener Leistungsfähigkeit und Herausforderung der Tätigkeit nicht geringer[61].

Auch das Bild des mit dem Alter zunehmenden Widerstands gegen technologische Veränderungen sowie einer sinkenden Lern- und Anpassungsfähigkeit hat eine Korrektur erfahren. Gerade bei betrieblichen Innovationen in Zeiten angespannter Arbeitsmarktlage oder einer schwierigen betrieblichen Situation zeigen ältere Arbeitnehmer dieselbe Einsatzbereitschaft und Offenheit für Innovationen. Technische Neuerungen gehören für ältere Arbeitnehmer schon seit langem

---

[56] so eine Untersuchung aus dem Jahr 1996, vgl. Maier, S. 71

[57] Lehr-Späth/Lehr, Altern als Chance und Herausforderung, S. 102

[58] Auch die Kommission weist auf das Fehlen empirischer Belege für eine geringere Produktivität älterer Arbeitnehmer hin, vgl. Mitteilung zur Anhebung der Beschäftigungsquote älterer Arbeitskräfte und des Erwerbsaustrittsalters, KOM (2004) 146 endg., S. 13.

[59] Thomae/Lehr, Berufliche Leistungsfähigkeit, S. 61

[60] Lehr, Psychologie des Alterns, S. 213

[61] Maier, S. 275

zum Arbeitsalltag und werden überwiegend als herausfordernd und nicht belastend empfunden[62]. Auch hinsichtlich der Lernfähigkeit kommt dem Alter im Ergebnis eine nur sehr geringe Bedeutung zu, maßgeblich sind vielmehr Ausbildungsstand, berufliche Erfahrung und Selbstvertrauen. Unterschiede ergeben sich allein in der Geschwindigkeit des Lernprozesses und einer längeren Übungszeit, wobei auch hier je nach Begabung und Motivation Unterschiede zu sehen sind[63]. Von einer altersbedingt fehlenden Motivation zur Weiterbildung kann nicht gesprochen werden. Neueste Daten zum individuellen Engagement zur Weiterbildung zeigen kein Nachlassen mit höherem Lebensalter. Das gilt vor allem dann, wenn die berufsfachliche Qualifizierung im Zusammenhang mit neuen Arbeitsaufgaben steht und als unabdingbar erkannt wird[64].

4. Schlussfolgerungen im Hinblick auf Altersgrenzen

Ist die Leistungsfähigkeit vom Alter unabhängig, verlieren Altersgrenzen ihre Legitimation als Bewertungsmaßstab der Leistungsfähigkeit schon bei Zugang zur Beschäftigung. Generelle Unterschiede in der Leistungsfähigkeit jüngerer und älterer Beschäftigter bestehen nicht. Während der Beschäftigung gibt es aus Sicht der Altersforschung keinen Grund, die berufliche Bildung von einem bestimmten Alter an zu vernachlässigen, weil Lernfähigkeit und Flexibilität vom Alter unabhängig sind und neue Herausforderungen die Leistungsfähigkeit im Alter steigern. Daher muss die Bereitschaft zur Weiterbildung Älterer gefördert und von Seiten der Unternehmer ein Ausschluss von Arbeitnehmern ab einer bestimmten Altersgrenze vermieden werden. Dadurch kann einer Abnahme der Fähigkeit zur Bewältigung neuer Probleme schon im mittleren und höheren Berufsalter effektiv entgegengewirkt werden. So zeigen die Untersuchungen, dass kontinuierliches Training und ständige Anregung die Umstellungsfähigkeit und Geschwindigkeit der Informationsverarbeitung erhöhen[65]. Den Erkenntnissen der differentiellen Gerontologie wird durch eine flexible Höchstaltersgrenze nicht nur für ein vorzeitiges Ausscheiden, sondern auch für einen längeren Verbleib im Berufleben gerecht[66]. Dadurch würde es Älteren ermöglicht, die eigene Schaffenskraft ihren eigenen Kompetenzerleben entsprechend anzupassen. Gleichzeitig bietet das für den Arbeitgeber die Gewähr dafür, motivierte und fähige Arbeitnehmer in den letzten Berufsjahren entsprechend den Kompetenzen sinnvoll einzusetzen und Wissenstransfer zu ermöglichen. Eine entscheidende Rolle kann dabei unter anderem der Gleichstellungspolitik zukommen[67].

---

[62] Maier, S. 206
[63] Lehr, Psychologie des Alterns, S. 93, 213
[64] Husemann, WSI Mitteilungen 2002, S. 34 f.
[65] Kruse-Rothkirch, Altern und Arbeit, S. 73
[66] Lehr, ZfB 1979, S. 140
[67] Naegele-Tesch-Römer, Gerontologie, S. 85

Teil I. Zulässigkeit von Altersgrenzen nach der Richtlinie

A. Entstehung des Europäischen Altersdiskriminierungsverbots

Die Richtlinie ist Teil der internationalen Bekämpfung von Diskriminierungen in Beschäftigung und Beruf. Sie findet ihr Vorbild u. a. im US-amerikanischen Arbeitsrecht[68] und ist Fortführung der europarechtlichen Diskriminierungspolitik auf dem Gebiet des Alters.

I. Der internationale Rahmen der Bekämpfung der Altersdiskriminierung

Völkerrechtlichen Übereinkommen gegen Diskriminierung binden nur deren Mitgliedstaaten und enthalten keine einklagbare Rechtspositionen für den Betroffenen. Erwägungsgrund Nr. 4 der RL nimmt auf eine Reihe internationaler Abkommen auf dem Gebiet des Diskriminierungsschutzes als Vorbild Bezug[69].

Die Bekämpfung der Diskriminierung und die Gleichheit vor dem Gesetz wird etwa in Art. 2 der allgemeinen Erklärung der Menschenrechte, im internationalen Pakt der Vereinten Nationen über bürgerliche und politische Rechte, in Art. 26 des internationalen Pakts der Vereinten Nationen über wirtschaftliche, soziale und kulturelle Rechte sowie in Art. 14 EMRK normiert. Regelmäßig ist das Verbot der Altersdiskriminierung darin nicht ausdrücklich erwähnt. Es kann allein unter den Auffangtatbestand des Verbots der Diskriminierung aufgrund eines „sonstigen Grundes" in Art. 14 EMRK gefasst werden[70].

Die Europäische Sozialcharta betrifft vor allem die Gleichbehandlung von Arbeitnehmern in wirtschaftlicher und sozialer Hinsicht, eine Benachteiligung wegen des Alters durch arbeitsrechtliche Altersgrenzen bleibt davon unberührt. Von Bedeutung für arbeitsrechtliche Altersgrenzen ist dagegen das Übereinkommen 111 der Internationalen Arbeiterorganisation (IAO), das auch von Deutschland unterzeichnet und ratifiziert wurde[71]. Durch die Empfehlung Nr. 162 bezüglich alter Arbeitnehmer vom 23.6.1980[72] wurde klargestellt, dass auch die Diskriminierung älterer Arbeitnehmer vom Übereinkommen erfasst ist. Nach Abs. II Nr. 5 b (i) der Empfehlung soll die Berufsfreiheit grundsätzlich gewährt und nur in Ausnahmefällen durch Altersgrenzen aufgrund besonderer Berufsanforderungen für bestimmte Tätigkeiten begrenzt werden. Diese Empfehlung blieb aufgrund ihres Rechtscharakters unverbindlich und wirkt auf nationaler Ebene allenfalls im Rahmen einer wertenden Abwägung.

---

[68] vgl. zuletzt Defeis, S. 73 ff.

[69] Weitere internationale Vereinbarungen auf diesem Gebiet finden sich in Anhang III und IV der Mitteilung der Kommission, KOM (1999) 564 endg.

[70] Nach Art. 6 Abs. 2 EU-Vertrag achtet die Union die im EMRK normierten Grundrechte

[71] BGBl II 1961, S. 97

[72] Empfehlung Nr. 162 zum Übereinkommen IAO 111; unter http://www.ilo.org

Die Gemeinschaftscharta der sozialen Grundrechte der Arbeitnehmer von 1989[73] fordert neben der sozialen Absicherung auch die Gewährung der Freizügigkeit von Arbeitnehmern im Beruf. Auch wenn das Vorgehen gegen Altersdiskriminierung nicht explizit gefordert wurde, ist es unter den Auffangtatbestand des Verbots „jeglicher Art“ von Diskriminierung zu fassen. Die Charta wurde von 11 Mitgliedsstaaten unterzeichnet, ist jedoch rechtlich nicht verbindlich. Sie ist aber Ausdruck der gemeinsamen Rechtstradition der Mitgliedsstaaten.

Speziell mit der Benachteiligung älterer Arbeitnehmer setzten sich die Vereinten Nationen 1982 auf der ersten Weltversammlung zu Fragen des Alterns auseinander. So wurde die Bekämpfung der Diskriminierung älterer Arbeitnehmer durch die Staaten gefordert. Insbesondere sollte das Alter für den Eintritt in den Ruhestand trotz Jugendarbeitslosigkeit nicht herabgesetzt werden, wenn der Einzelne das nicht selbst wünscht[74]. Aufgrund der großen gesellschaftlichen und politischen Herausforderungen der alternden Gesellschaft für das 21. Jahrhundert wurde im Jahre 2002 die zweite Veranstaltung dieser Art in Madrid abgehalten. Auch hier war der Aspekt der Diskriminierung Älterer durch Altersgrenzen Gegenstand der Debatte. Als Maßnahme zur Bekämpfung der Altersdiskriminierung wurde insbesondere die Möglichkeit genannt, über das Rentenalter hinaus zu arbeiten[75].

II. Verbot der Altersdiskriminierung in den USA

Der Schutz älterer Arbeitnehmer bei der Beschäftigung ist im US-amerikanischen Arbeitsrecht deutlich ausgeprägt[76]. Neben einzelstaatlichen Regelungen besteht bereits seit 1967 der „Age Discrimination in Employment Act“ (ADEA)[77]. Seine Einführung steht im Zusammenhang mit der Antirassismuspolitik, wie sie in Titel VII des Civil Rights Act Ausdruck gefunden hat. Als Antidiskriminierungsgesetz wegen des Alters hat es Vorbildcharakter und gibt zusammen mit der ergangenen Rechtsprechung ein Ausblick auf die künftige Beurteilung von Altersgrenzen.

---

[73] KOM (1989) 248 endg.

[74] Recommendation 37 d), International Plan of Action on Aging, Report of the World Assembly on Aging, Vienna, 26 July to 6 August 1982, A/Conf. 113/31, United Nations, New York, 1982, S. 71; deutsche Übersetzung abgedruckt bei: Waltermann, Berufsfreiheit im Alter, S. 21

[75] Report of the Second World Assembly on Aging, Madrid, 8 to 12 April 2002, H/Conf. 197/9, United Nations, New York, 2002, S. 12; http://www.un.org/ageing

[76] Eine Darstellung altersspezifischer Regelungen des amerikanischen Rechts findet sich bei Flessner, S. 29 ff., S. 146 ff.

[77] U.S.C. 29, chapter 14, sec. 621 ff, auszugsweise abgedruckt auf Seite 277 ff.; zur Entstehungsgeschichte Neumark, S. 1 ff.

1. Funktion des ADEA im US-amerikanischen Arbeitsrecht

Grund für die Schaffung des Gesetzes war die Bekämpfung der Benachteiligung älterer Arbeitnehmer durch Altersgrenzen. Man stellte Anfang der 60 Jahre fest, dass es älteren Arbeitnehmern schwerer fällt, nach einer Entlassung einen neuen Arbeitsplatz zu finden. Auf diese Probleme bei der Wiedereingliederung in das Berufsleben wird in sec. 621 (a) (1) ausdrücklich hingewiesen. Hauptursache der Entlassung und der Ablehnung von Stellenbewerbern waren Höchstaltersgrenzen. Bei der Einstellung wurden sie damit gerechtfertigt, dass Arbeitnehmer ab einem bestimmten Alter nicht mehr in der Lage seien, die gestellten Anforderungen zu erfüllen. Interessanterweise unterschieden sich aber die Höchstaltersgrenzen der Unternehmen für vergleichbare Positionen und Tätigkeiten um bis zu 30 Jahre[78]. Die willkürliche Aufstellung von Altersgrenzen („arbitrary age limits") für die Einstellung war also gängige Praxis (sec. 621 (a) (2)) und keineswegs mit den Anforderungen der Tätigkeit zu begründen.

Dem Gesetz kommt daher einerseits die Funktion zu, ältere Arbeitnehmer generell vor einem altersdiskriminierenden Verhalten im Beruf zu schützen. Es soll insbesondere bei der Einstellung dem Vorurteil entgegen gewirkt werden, ältere Arbeitnehmer seien weniger effizient oder produktiv[79]. Die Beschäftigungschancen älterer Arbeitnehmer sollen auf der Grundlage ihrer individuellen Leistungsfähigkeit gefördert, willkürliche Altersdiskriminierung verhindert sowie Arbeitgebern und Arbeitnehmern geholfen werden, Probleme zu bewältigen, die sich bei der Beschäftigung älterer Arbeitnehmer ergeben können (sec. 621 (b)).

Daneben bezweckt der ADEA, den Bestandschutz des Arbeitsverhältnisses älterer Arbeitnehmer zu sichern. Der ADEA scheint daher in seiner Schutzfunktion dem deutschen KSchG zu gleichen[80]. In den USA ist ein Arbeitsverhältnis grundsätzlich nach dem Gedanken der Vertragsfreiheit ohne Grund kündbar. Zwar sehen nahezu alle Tarifverträge das Erfordernis eines Grundes für die Kündigung vor. Als „good cause" anerkannt sind fehlende Fähigkeit des Arbeitnehmers, sinkende Arbeitsleistung, das Verhalten sowie die legitimen geschäftlichen Bedürfnisse des Arbeitgebers. Außerdem gilt in einigen Staaten der Grundsatz der Verhältnismäßigkeit und der schrittweise Disziplinierung, nach dem der Entlassung erst eine Abmahnung („warning") und eine Suspendierung vorausgehen muss. Doch sind nur 11 % der Arbeitnehmer auf diese Weise geschützt[81]. Arbeitnehmer berufen sich daher in zunehmendem Alter darauf, die

[78] Hebel, S. 17 f.

[79] Eine sozialwissenschaftliche Studie zum Verhalten von Arbeitgebern gegenüber Älteren bietet Kerry Segrave: Age Discrimination by Employers, Jefferson, NC, London, 2001, S. 139 ff.

[80] Ein Rechtsvergleich verbietet sich aber aufgrund der zahlreichen systematischen Unterschiede, Kittner/Kohler, BB 2000, Beilage zu Heft 13, S. 28

[81] Kittner/Kohler, BB 2000, Beilage zu Heft 13, S. 7 f.; Der ADEA ist dann nahezu die einzige Möglichkeit, die Wirksamkeit der Kündigung anzuzweifeln, Estricher/Harper, S. 448

Entlassung sei aufgrund ihres Alters erfolgt und deswegen als Verstoß gegen den ADEA unzulässig.

2. Grundsätzliches Verbot von Altersgrenzen

Eine Benachteiligung wegen des Alters ist bei der Einstellung, im Hinblick auf die Entlohnung und Ausgestaltung des Arbeitsverhältnisses sowie Arbeitsbedingungen und Vergünstigungen untersagt (sec. 623 (a)). Ob auch mittelbare Diskriminierungen (disparate impact) darunter fallen, wird von den Berufungsgerichten unterschiedlich beurteilt[82]. Auch Stellenausschreibungen müssen ohne Altersgrenze erfolgen (sec. 623 (e)). Arbeitsbedingungen in diesem Sinne sind auch Altersgrenzen, weil sie unmittelbar nach dem Alter differenzieren. Da sich das Verbot auf das gesamte Arbeitsverhältnis bezieht, sind sie auch bei der Beförderung oder als Höchstaltersgrenze für die Beschäftigung verboten. Unberührt bleibt allein der freiwillige Eintritt in den Vorruhestand (sec. 623 (f) (2) (B) (ii)).

Das Verbot der Zwangspensionierung durch Altersgrenzen wurde schrittweise eingeführt und ist Spiegelbild der gesellschaftlich veränderten Einstellung gegenüber älteren Arbeitnehmern. Zunächst war der Anwendungsbereich des Gesetzes auf Personen bis 65 Jahren begrenzt. Daher konnte eine Altersgrenze von 65 Jahren vorgenommen werden, was von den Gerichten als wirtschaftlich gerechtfertigtes Verhalten gebilligt wurde[83]. In der Zwangspensionierung wurde ein Ausgleich für Lohnsteigerungen gesehen, die in späten Beschäftigungsjahren über dem Produktivitätszuwachs liegen[84]. Hintergrund war auch die Überzeugung, dass die Leistungsfähigkeit mit zunehmendem Alter generell absinkt[85]. Auch das Freimachen von Stellen für Jüngere diente als Argument[86]. Zudem besteht in den USA ab dem 65. Lebensjahr Anspruch auf Leistungen der *social security*, so dass man im Hinblick auf diese Grundsicherung von einer geringeren Schutzwürdigkeit ausging[87]. Ein Vergleich mit der Auffassung des BAG, das diesen Aspekt ebenfalls maßgeblich bei der Verhältnismäßigkeit berücksichtigt, verbietet sich aber. Die eigenständige wirtschaftliche Absicherung für das

---

[82] ablehnend: Ellis vs. United Airlines, Inc., 73 F. 3d 999 (10th Cir. 1996). Es ist daher zulässig, den Gewichtsstandart bei der Einstellung von Flugbegleitern unabhängig vom Alter zu setzen, auch wenn er für bereits Beschäftigte mit zunehmendem Alter großzügiger ist. a. A. EEOC vs. McDonnell Douglas Corp., 191 F. 3d 948 (8th Cir 1999)

[83] Levine, S. 16

[84] Estricher/ Harper, S. 445

[85] Massachusetts Board of Retirement vs. Murgia 427 U.S. 307, 315 (1976). Der Fall betraf nicht den ADEA, sondern die verfassungsrechtliche Vereinbarkeit einer Altersgrenze von 50 Jahren für Polizisten, also den staatlichen Arbeitgeber. Im Gegensatz zu Farbigen und Frauen bedürfen danach ältere Menschen keines vergleichbaren Schutzes vor Diskriminierungen. Die Ungleichbehandlung musste daher nur „vernünftig" sein, um den Anforderungen des Gleichheitssatzes zu genügen; dazu Flessner, S. 150 f.

[86] Vance vs. Bradley, 440 U.S. 93 (1979)

[87] Fenske, S. 313

Alter hat in den USA ein stärkeres Gewicht, weil die social security nur das Existenzminimum sichert, der Ruhestand ansonsten maßgeblich durch betriebliche Vorsorgeprogramme und private Absicherung finanziert wird.

Der Anwendungsbereich wurde 1978 auf Arbeitnehmer bis zu 70 Jahren erweitert und dadurch Höchstaltersgrenzen erst ab dieser Altersgrenze zulässig[88]. Die Änderung erfolgte ausdrücklich im Hinblick auf die gesellschaftlichen Folgen und dem Verlust von Fähigkeiten und Erfahrungen von älteren Arbeitnehmern mit der Folge einer Reduzierung des Bruttosozialprodukts[89]. Dahinter standen aber auch Gründe der Finanzierbarkeit des Rentensystems aufgrund demographischer Veränderungen[90]. Kurz vor der Gesetzesänderung hatte der Supreme Court entschieden, dass unfreiwillige Pensionierungen in Zusammenhang mit den weit verbreiteten freiwilligen Versorgungsprogrammen nicht gegen den ADEA verstießen[91]. Als Reaktion darauf wurde klargestellt, dass auch Versorgungsprogramme, die die Pensionierung eines Arbeitnehmers zum Gegenstand haben, nur freiwillig sein durften (sec. 623 (f) (2))[92]. Der freiwillige Eintritt in ein solches Versorgungsprogramm macht nämlich nicht die darauf später gestützte spätere Pensionierung freiwillig[93]. Seitdem darf weder ein Senioritätssystem für Beförderungen und Vergünstigungen noch ein Versorgungsprogramm, wie das System der betrieblichen Altersversorgung, Grundlage einer Pensionierung gegen den Willen des Arbeitnehmers sein. Damit sind neben Zwangspensionierungen auch Programme gemeint, die finanzielle Vergünstigungen für den Fall des frühzeitigen Ruhestands vorsehen.

Schließlich wurde im Jahre 1986 die Beschränkung des Anwendungsbereichs des ADEA nach oben ganz aufgehoben. Seitdem ist auch eine Höchstaltersgrenze über dem 70. Lebensjahr verboten[94]. Die Gründe für die Vornahme von Zwangspensionierungen, wie Kosten und Produktivität der Belegschaft, Verteilung von Arbeitsplätzen oder negative Einstellung gegenüber Älteren, erwiesen sich als nicht zu rechtfertigen[95]. Das Modell der abnehmenden Leistungsfähigkeit im Alter war widerlegt und der geringe Effekt der Zwangspensionierung Älterer für die Schaffung neuer Arbeitsplätze wurde erkannt[96]. Arbeitnehmer

[88] Das führte etwa dazu, dass Professoren ihre Pensionierung verschoben; für andere Tätigkeiten war die längere Tätigkeit wegen Erhöhung der Zahlungen der social security weniger attraktiv, Burkhauser/Quinn-Holden/Hansen, The End of Mandatory retirement, S. 70 f.

[89] Epstein, Forbidden Grounds, S. 457, lehnt aus Kostengründen eine individuelle Entscheidung über den Zeitpunkt des Ruhestands ab.

[90] Finkin, The federal law of age discrimination, S. 99 m. w. N.

[91] vgl. nur United Air Lines, Inc. vs. Mc Mann, 434 U.S. 192, 195 (1977); a. A. die Vorinstanz: Mc Mann vs. United Air Lines, 542 F. 2d 217, 220 (4th Cir. 1976)

[92] näher dazu Fenske, S. 171 ff.

[93] so dann auch Westfall vs. City of Cohoes, 683 F. Supp. 888 (N.D. New York 1988)

[94] Finkin, The federal law of age discrimination, S. 99

[95] Mc Morrow, Employment Bonding and the End of mandatory retirement, S. 200 ff., 208 f.

[96] Levine, S. 108, 150

können so selbst den Zeitpunkt ihres Ausscheidens aus dem Berufsleben bestimmen.

3. Ausnahmen und Rechtfertigungsmöglichkeiten

Altersgrenzen, die Beschäftigte wegen ihres Alters benachteiligen, sind aber auch unter Geltung des ADEA nicht ausnahmslos unzulässig. Geschützt sind allein Arbeitnehmer über dem 40. Lebensjahr (sec. 631 (a)). Unterhalb dieser Altersgrenze kann eine Ungleichbehandlung wegen des Alters erfolgen. So ist es nicht untersagt, Bewerber über 30 Jahren wegen Überschreitung der Altersgrenze nicht einzustellen[97]. Der ADEA gilt daneben nur für seit 20 Wochen Beschäftigte in einem Betrieb mit mehr als 20 Vollzeitbeschäftigten (sec. 630 (b)), so dass etwa Pensionsgrenzen in Kleinbetrieben durchaus zulässig bleiben. Daneben sind einige berufliche Tätigkeiten dem Schutzbereich entzogen, wie gewählte Amtsinhaber von Einzelstaaten und Kommunen, etwa Richter[98] (sec. 630 (f)). Es wäre ein schwerwiegender Eingriff in die Gewaltenteilung, die richterliche Leistung durch Mitglieder der Exekutive oder Legislative beurteilen zu lassen[99]. Eine Ausnahme besteht auch unter bestimmten Umständen für Feuerwehr und Strafverfolgungsbehörden (sec. 623 (j))[100].

Erfolgt eine Ungleichbehandlung wegen des Alters durch eine Altersgrenze bei der Stellenausschreibung, Einstellung, Beförderung oder Pensionierung, kann der Arbeitgeber dies gleichwohl rechtfertigen. Er kann sich auf die „BFOQ- Einrede“ berufen, nach der das Alter mit den verbundenen Aufgaben notwendiger- oder vernünftigerweise zusammen hängt (sec. 623 (f) (1))[101]. Das Alter muss dafür mit einer Eigenschaft zusammenhängen, die unabdingbare Voraussetzung für die Tätigkeit ist („bona fide occupational qualification“). Danach wird teilweise eine Altersgrenze für Fakultätsmitglieder von Teilen der Literatur im Hinblick auf die Gewährung der Unabhängigkeit der Forschung gerechtfertigt[102].

Eine echte Ausnahme für eine Pensionsgrenze mit 65 Jahren besteht für „high policy making positions“. Sie gilt für leitende Angestellte, wenn diese in den zwei Jahren vor der Pensionierung leitend tätig waren und ihre betrieblichen Rentenansprüche mehr als 44,000 US-$ betragen (sec. 631 (c) (1)). Die eng auszulegende Vorschrift dient der Sicherung von Beförderungsmöglichkeiten für

[97] Title VII des „Civil Rights Acts von 1964“ (42 U.S.C. chapter 21 sec. 2000e ff.) bietet keinen weiteren Schutz, weil das Alter nicht als Diskriminierungstatbestand aufgenommen wurde.
[98] dazu EEOC vs. Commonwealth of Massachusetts, 858 F. 2d 52 (1st Cir. 1988)
[99] näheres bei Fenske, S. 35 m.w.N.
[100] Estricher/Harper, S. 468 und Seite 53 ff.
[101] vgl. Seite 77 ff.
[102] Andere sehen im Wegfall der Ausnahmevorschrift den erkennbaren Willen des Gesetzgebers, dass Zwangspensionierungen unzulässig sind. Näher dazu Gantzckow, S. 51 f. m.w.N.

Führungskräfte[103]. Anscheinend wird auch die Schutzbedürftigkeit im Hinblick auf die wirtschaftliche Situation verneint. Vom ADEA ausgenommen sind auch Amtsinhaber von Einzelstaaten und Kommunen sowie Personen, die darin eine leitende Stellung haben, (sec. 630 (f)), weil den Bundesstaaten insofern Souveränität zusteht[104].

III. Der europarechtliche Rahmen

Die Bekämpfung der Benachteiligung von Beschäftigten wegen des Alters ist Teil der europäischen Politik gegen jegliche Art der Diskriminierung[105]. Die Benachteiligung älterer Arbeitnehmer war bisher nur Gegenstand unverbindlicher Rechtsakte, eine dahingehende Zuständigkeit besteht erst seit Schaffung des Art. 13 EG. Mit der Richtlinie wird zum ersten Mal von der Kompetenz zur Bekämpfung der Altersdiskriminierung Gebrauch gemacht.

1. Verbot der Altersdiskriminierung in anderen Mitgliedsstaaten

Es existierten vor Erlass der Richtlinie erhebliche Unterschiede in den EU- Mitgliedsstaaten hinsichtlich des Schutzes vor Altersdiskriminierung, was den Geltungsbereich, die inhaltliche Ausgestaltung und die Durchsetzbarkeit anbelangt[106].

Verfassungsrechtlich findet sich ein ausdrückliches Diskriminierungsverbot wegen des Alters allein in § 6 Abs. 2 der Verfassung Finnlands. Nur für den Bereich der Beschäftigung gilt Art. 59 Abs. 1 der portugiesischen Verfassung. Das Verfassungsgericht von Spanien hat das Verbot der Diskriminierung bezüglich des Alters ausdrücklich unter Art. 14 der spanischen Verfassung subsumiert. Andere Verfassungen bieten Schutz vor Altersdiskriminierung durch einen Auffangtatbestand, nach dem eine Diskriminierung „aus sonstigen Grund" untersagt ist. Auf einfachgesetzlicher Ebene besteht mit dem spanischen Estatuto de los Trabajadores und dem finnischen Gesetz über Arbeitsverträge eine umfassende gesetzliche Regelung für den Bereich der Altersdiskriminierung bei der Beschäftigung. Speziell der irische Employment Equality Act von 1998 (EEA 1998), könnte Pate beim Entwurf der Antidiskriminierungsrichtlinie gewesen sein. Pensionsgrenzen hat der französische Haut Conseil de la Population et de la Famille bereits 1989 in einer Erklärung für unzulässig erklärt[107].

---

[103] vgl. 29 C.F.R. sec. 1625.12; Gantzckow, S. 51 und Hegel, S. 47

[104] Gantzckow, S. 50

[105] Eine Übersicht über die einschlägigen Dokumente findet sich in Anhang I und II der Mitteilung der Kommission, KOM (1999) 564; vgl. auch Arrowsmith/Hall, S. 1 ff.

[106] vgl. Europäische Kommission, Überblick über die gesetzlichen Antidiskriminierungsregelungen der Mitgliedsstaaten, Luxemburg, 2000; Anhang V und VI der Mitteilung der Kommission, KOM (1999) 564 endg.

[107] Simitis, RdA 1994, S. 258

2. *Europäische Politik gegen Diskriminierung*

Im Vergleich zur Geschlechterdiskriminierung fehlt der Bekämpfung der Altersdiskriminierung ein vergleichbar deutliches Profil[108]. Der Grund für die zunächst nur unverbindlichen Rechtsakte auf dem Gebiet der Altersdiskriminierung lag im Fehlen einer Ermächtigungsgrundlage zum Erlass rechtsverbindlicher Maßnahmen. Nach dem Prinzip der begrenzten Einzelermächtigung kann der Europäische Gesetzgeber nur dann rechtsetzend tätig werden, wenn ihm dazu ausdrücklich Kompetenz durch die Mitgliedsstaaten übertragen wird.

Zunächst stand der Einsatz für die Chancengleichheit und Gleichbehandlung von Frauen und Männern im Mittelpunkt dieser Tätigkeit, deren wichtigste Maßnahme die Gleichberechtigungsrichtlinie 76/207/EWG[109] war. Nach der Richtlinie zur Lohngleichheit 75/117/EWG[110] wurde mit ihr ein Diskriminierungsverbot für den Zugang zur Beschäftigung, zur Berufsbildung, für den Berufsaufstieg und für Arbeitsbedingungen geschaffen[111]. Eine Ausnahme besteht nur dann, wenn das Geschlecht „unabdingbare Voraussetzung" für die Tätigkeit ist. Nach einem Urteil des europäischen Gerichtshofes stellen auch unterschiedliche Pensionsgrenzen für Männer und Frauen eine verbotene Diskriminierung wegen des Geschlechts dar[112]. Mit Umsetzungsschwierigkeiten hinsichtlich der Beweislast und der Sanktion bei Verstoß gegen das Diskriminierungsverbot ist diese Richtlinie mit § 611 a BGB in deutsches Recht umgesetzt worden[113]. Im Juli 2002 wurde die Richtlinie im Hinblick auf die ergangene EuGH-Rechtsprechung mit der Richtlinie 2002/73/EG aktualisiert[114].

Die Benachteilung wegen des Alters wurde inzwischen nicht gänzlich vernachlässigt, doch ging es dabei allein um das Ausscheiden älterer Arbeitnehmer aus dem Erwerbsleben. Bereits 1982 hat der Rat eine Empfehlung zu den Grundsätzen für ein gemeinsames Vorgehen betreffend die Altersgrenze abgegeben[115]. In unverbindlicher Weise wurde den Mitgliedsstaaten empfohlen, Arbeitnehmern schrittweise das Recht einzuräumen, ab einem gewissen Alter den Zeitpunkt ihres Ausscheidens aus dem Erwerbsleben selbst zu bestimmen. Ein Wahlrecht soll aber nur bis zu einem bestimmten Alter gewährt werden und unter dem

---

[108] Mahlmann-Loccumer Protokolle, S. 51

[109] ABlEG 1976, Nr. L 39, S. 40 ff.

[110] ABlEG 1975, Nr. L 45, S. 19 ff.

[111] darauf verweist der Erwägungsgrund Nr. 2 RL

[112] EuGH v. 26.2.1986, Rs. 152/84 (Marshall), Slg. 1986, 745; wie alle Entscheidungen des EuGH: http://www.curia.eu.int

[113] dazu: Richardi/Annuß-Staudinger, § 611 a BGB, Rn. 72 ff.; ErfK-Schlachter, § 611 a BGB, Rn. 3 ff.; Högenauer, S. 165 hält die Umsetzung nach wie vor für ungenügend.

[114] ABlEG 2002, Nr. L 269, S. 15 ff. Der Schutz wurde nochmals verschärft, Begriffe wurden präziser definiert und in Übereinstimmung mit den Antidiskriminierungsrichtlinien aus dem Jahre 2000 neu formuliert.

[115] Empfehlung 82/857/EWG, ABlEG 1982, Nr. L 357, S. 27 f.

Vorbehalt der tariflichen Autonomie stehen. Diese Empfehlung betrifft schon nicht die arbeitsrechtliche Altersgrenze zum Ende des Beschäftigungsverhältnisses. Vielmehr sollte der Zeitpunkt der Inanspruchnahme der Rente frei wählbar sein, also sozialrechtlich eine flexible Altersgrenze geschaffen werden. Neben dem Hinweis auf die fehlende Rechtsverbindlichkeit einer europäischen Empfehlung, lehnte das BAG aus diesen Gründen die Anwendbarkeit auf eine arbeitsrechtliche Höchstaltersgrenze ab[116]. Dennoch zeigt die Empfehlung, dass der Rat auch einer festen arbeitsrechtlichen Pensionsgrenze kritisch gegenübersteht[117].

In der Folgezeit hat sich das Europäische Parlament in einer Reihe von rechtlich unverbindlichen Entschließungen mit der Stellung älterer Menschen in der Gemeinschaft beschäftigt[118]. Aufgrund dieser Aktivitäten wurden 1990 gemeinschaftliche Aktionen zugunsten älterer Menschen beschlossen, insbesondere ein Europäisches Jahr der älteren Menschen für 1993 proklamiert[119]. In diesem Zusammenhang fasste der Rat am 30.6.1993 eine Entschließung über flexible Regelungen für das Ausscheiden aus dem Erwerbsleben[120]. Darin weist er auf seine fehlende Kompetenz für verbindliche Maßnahmen auf diesem Gebiet hin. Gleichzeitig erkennt er, dass solche Regelungen die Rückkehr in das Erwerbsleben wesentlich beeinflussen können. Der ältere Teil der Bevölkerung in der Gesellschaft soll danach aktiv bleiben und nach Maßgabe der Wirtschafts- und Beschäftigungslage in jedem Mitgliedsstaat Kontakt zum Erwerbsleben aufrechterhalten können. Damit wird erstmals das Bestreben ausgedrückt, älteren Arbeitnehmern ein längeres Erwerbsleben zu ermöglichen und ihre berufliche Eingliederung zu fördern.

Zum Abschluss des Europäischen Jahres der älteren Menschen wurde ein Entwurf für einen Ratsbeschluss vorgelegt[121]. Darin wird die Förderung der besten Lösungsansätze für den Übergang vom Erwerbsleben in den Ruhestand als Ziel genannt. Mangels Kompetenz sollte es jedoch bei einem Informations- und Erfahrungsaustausch und der Erstellung von Studien bleiben. Der Entwurf scheiterte am Widerstand Deutschlands. Man konnte sich jedoch auf eine Grundsatzerklärung einigen, nach der jeder Mensch ungeachtet seines Alters ein Recht auf Anerkennung seiner menschlichen Würde hat[122]. Gleichzeitig sollte geprüft werden, inwiefern im Sinne der Solidarität der Generationen eine unterschiedliche Behandlung wegen des Lebensalters gerechtfertigt ist. In einer Ent-

[116] BAG v. 12.2.1992, AP Nr. 5 zu § 620 BGB Altersgrenze
[117] Gitter-Maydell/Schnapp, S. 96
[118] vom 18.2.1982, ABlEG 1982, Nr. C 66, S. 71; vom 10.3.1986, ABlEG 1986, Nr. C 88, S. 17; vom 14.5.1986, ABlEG 1986, Nr. C 148, S. 61
[119] ABlEG 1991, Nr. L 28, S. 29; beschlossen vom Rat am 24.6.1992, ABlEG 1992, Nr. L 245, S. 43
[120] ABlEG 1993, Nr. C 188, S. 1 f.
[121] KOM (1995) 53 endg.
[122] ABlEG 1993, Nr. C 343, S. 2

schließung des Rates aus dem Jahr 1995 zur Beschäftigung älterer Arbeitnehmer wurde der Zugang zur beruflichen Bildung in den Mittelpunkt gestellt, um Ältere länger erwerbstätig zu halten[123]. Die Mitgliedstaaten wurden aufgefordert, Hindernisse in Rechtsvorschriften, die der Beschäftigung Älterer entgegenstehen, zu beseitigen und die Wiedereingliederung in den Arbeitsmarkt zu erleichtern.

3. Entstehungsgeschichte der Richtlinie 2000/78/EG

Zur Antidiskriminierungsrichtlinie konnte es nur aufgrund der neu geschaffenen Rechtsgrundlage des Art. 13 EG kommen. Die Richtlinie ist Teil eines Pakets von Richtlinien auf dem Gebiet der Bekämpfung von Diskriminierungen wegen der dort genannten Diskriminierungsgründe.

Neben der Benachteiligung Älterer hatte sich die Gemeinschaft bereits geraume Zeit im Kampf gegen Rassismus und Fremdenfeindlichkeit, unter anderem mit dem Europäischen Jahr gegen Rassismus 1997 engagiert. Da auch in diesem Bereich keine Grundlage für rechtlich verbindliche Maßnahmen bestand, trat das politische und gesellschaftliche Bedürfnis nach einer Kompetenznorm immer offener zu Tage[124]. Mit der Regierungskonferenz vom Juni 1997 wurde deshalb durch den Amsterdamer Vertrag der neue Art. 13 in den EG-Vertrag eingefügt. Ein Altersdiskriminierungsverbot ergibt sich aus dieser Vorschrift zwar nicht unmittelbar[125]; doch kann die Gemeinschaft „im Rahmen der ihr übertragenen Zuständigkeiten geeignete Vorkehrungen treffen, um Diskriminierungen aus Gründen des Geschlechts, der Rasse, der ethnischen Zugehörigkeit, der Religion oder der Weltanschauung und Behinderung, des Alters und der sexuellen Ausrichtung zu bekämpfen". Damit besteht seit 1.5.1999 erstmals eine Möglichkeit, über Berichte und Empfehlungen hinaus auch auf dem Gebiet der Altersdiskriminierung rechtsverbindlich tätig zu werden[126]. Jedoch gilt die Bindung an das Subsidiaritätsprinzip des Art. 5 Abs. 2 EG und das Verhältnismäßigkeitsprinzip in Art. 5 Abs. 3 EG.

Trotz des Erfordernisses der Einstimmigkeit bei Erlass von Maßnahmen nach Art. 13 EG wundert es vor dem Hintergrund der Anti-Diskriminierungspolitik der Gemeinschaft nicht, dass von der neu geschaffenen Ermächtigungsgrundlage zeitnah Gebrauch gemacht wurde[127]. Schon bei der Tagung des Europäischen Rates am 15. und 16. Oktober 1999 in Tampere wurde die Kommission aufgefordert, Vorschläge zur Durchführung des Art. 13 EG zu machen[128].

---

[123] ABlEG 1995, Nr. C 228, S. 1 ff.

[124] zur Entwicklung des Art. 13 EG: Jochum, ZRP 1999, S. 279 ff.

[125] Epiney-Callies/Ruffert, EUV/EGV, Art.13 EGV, Rn. 1

[126] vgl. zur Kompetenz der Gemeinschaft insbesondere Kummer, S. 136 ff.

[127] aufgrund des Erfordernisses der Einstimmigkeit anders die Einschätzung von Jochum, ZRP 1999, S. 281, und Lecheler, JuS 1998, S. 396

[128] Wank-Hanau/Steinmeyer/Wank, § 13, Rn. 110

Kurz darauf lag ein Kommissionsvorschlag für eine „Richtlinie zur Festlegung eines allgemeinen Rahmens für die Verwirklichung der Gleichbehandlung in Beschäftigung und Beruf“ vor[129]. Er war Teil eines dreiteiligen Pakets neben einem Richtlinienvorschlag zur Anwendung des Gleichbehandlungsgrundsatzes ohne Unterschied auf die Rasse oder ethnische Herkunft und dem Vorschlag eines begleitenden Aktionsprogramms[130]. Letzteres soll die Mitgliedstaaten in ihren Bemühungen um die unionsweite Bekämpfung von Diskriminierungen unterstützen. Im Einzelnen ist eine Analyse diskriminierungsrelevanter Faktoren, eine transnationale Zusammenarbeit und Sensibilisierungsmaßnahmen der Öffentlichkeit mit einem Gesamtumfang von 98,4 Mio. € vorgesehen. Das Aktionsprogramm wurde u.a. damit begründet, dass es nicht genügt, Altersbegrenzungen in Stellenangeboten zu verbieten, wenn es bei der bisherigen Einstellungspolitik bleibt; die Mentalität und Verhaltensweisen gegenüber älteren Menschen müsste sich allgemein ändern[131].

Nach Abgabe der notwendigen Stellungnahmen und auf Grundlage des geänderten Vorschlags der Kommission[132] konnte eine politische Einigung über die Antidiskriminierungsrichtlinie im Rat „Beschäftigung und Sozialpolitik“ erzielt werden. So wurde nach Erlass der Diskriminierungsrichtlinie 2000/43/EG[133] bereits am 27. November 2000 zusammen mit dem Aktionsprogramm[134] die Antidiskriminierungsrichtlinie 2000/78/EG verabschiedet.

Der Rat stützt die Antidiskriminierungsrichtlinie auf die Rechtsgrundlage des Art. 13 EG. Nach Auffassung der Kommission bedarf es nicht des Rückgriffs auf Art. 137 Abs. 2 EG, dessen sachlicher Anwendungsbereich nur abhängige Beschäftigung erfasst und in persönlicher Hinsicht nur für aus dem Arbeitsmarkt ausgeschlossene Personen gilt[135]. Von Teilen der Literatur wird jedoch vorgebracht, es handele sich bei Art. 13 EG nur um eine Rahmenkompetenz, es bedürfe zusätzlich einer ausdrücklichen Ermächtigung der Gemeinschaft[136]. Diese Kompetenz sei durch Art. 13 EG in Verbindung mit den Vorschriften der Sozi-

---

[129] KOM (1999) 565 endg., ABlEG 2000 Nr. C 177, S. 42-46

[130] KOM (1999) 566 endg. und KOM (1999) 567 endg.

[131] Stellungnahme des Wirtschafts- und Sozialausschusses zum Thema "Ältere Arbeitnehmer", ABlEG 2001, Nr. C 14 S. 50-62

[132] Stellungnahme des Europäischen Parlaments vom 12.10.2000, ABlEG 2001 Nr. C 178, S. 254, des Wirtschafts- und Sozialausschusses, ABlEG 2000 Nr. C 204, S. 82, und des Ausschusses der Regionen, ABlEG 2000 Nr. C 226, S. 1; geänderter Kommissionsvorschlag, KOM (2000) 652

[133] Richtlinie des Rates v. 29.6.2000 zur Anwendung des Gleichbehandlungsgrundsatzes ohne Unterschied der Rasse oder der ethnischen Herkunft, ABlEG 2000 Nr. L 180, S. 22-26

[134] ABlEG 2000 Nr. L 303, S. 23 -28

[135] Kommissionsbegründung, KOM (1999) 565 endg., S. 8

[136] Geiger, EUV/EGV, Art. 13 EGV, Rn. 1; Jochum, ZRP 1999, S. 280; a. A. Streinz-Streinz, EUV/EGV, Art. 13 EGV, Rn. 13; Epiney-Callies/Ruffert, EUV/EGV, Art. 13 EGV, Rn. 4; zweifelhaft ist danach die Kompetenz für Regelungen betreffend des Arbeitsentgelts, vgl. Seite 73.

alpolitik (Art. 136, 137 EG) und der Berufsbildung (Art. 149,150 EG) gegeben. Aufgrund der Unterschiede in den einzelnen Mitgliedsstaaten und wegen des Charakters als Rahmenrichtlinie mit weitem Gestaltungsspielraum der Mitgliedsstaaten sieht der europäische Gesetzgeber die Voraussetzungen der Subsidiarität und der Verhältnismäßigkeit als gewahrt[137].

Die Entstehung muss dabei auch vor dem Hintergrund der Entwicklung der Gemeinschaft weg von einer reinen Wirtschaftsgemeinschaft zu einer immer enger werdenden Union der Völker Europas gesehen werden. Sie hat sich nach Art. 61 EG zu einem Raum der Freiheit, der Sicherheit und des Rechts entwickelt. Neben der Achtung der Menschenrechte, der Grundfreiheiten und der Rechtsstaatlichkeit ist die EU auch der tatsächlichen Gleichheit der Bürger verpflichtet[138]. Daher geht es der Antidiskriminierungsrichtlinie neben dem Erreichen eines hohen Beschäftigungsniveaus auch um ein hohes Maß an sozialen Schutz, die Hebung des Lebensstandards und der Lebensqualität, den wirtschaftlichen und sozialen Zusammenhalt, die Solidarität und die Freizügigkeit[139]. Der Schutz vor Altersdiskriminierung ist Garant für soziale Eingliederung, die volle Teilhabe am wirtschaftlichen, kulturellen und sozialen Leben und für den Genuss der Menschenrechte und Grundfreiheiten[140]. Diskriminierungen wegen des Alters durch Altersgrenzen können gerade diese Ziele gefährden. Deshalb wurde bereits in den beschäftigungspolitischen Leitlinien für das Jahr 1999 die Schaffung eines Arbeitsmarktes propagiert, der allen offen steht[141]. Das zielt insbesondere auf die Erleichterung der Eingliederung solcher Arbeitnehmer, die mit Schwierigkeiten beim Zugang zum Arbeitsmarkt zu kämpfen haben[142]. Der Unterstützung älterer Arbeitnehmer mit dem Ziel der Erhöhung ihres Anteils an der Erwerbsbevölkerung gebührt danach besondere Aufmerksamkeit[143]. Dem stehen z.B. Höchstaltersgrenzen bei der Einstellung entgegen, die eine Wiedereingliederung älterer Arbeitnehmer verhindern. In den beschäftigungspolitischen Leitlinien für 2000, auf die der Erwägungsgrund Nr. 8 RL hinweist, wurde das Ziel einer längeren Erwerbstätigkeit für ältere Arbeitnehmer nochmals betont[144]. Mit diesem Ziel sind feste Pensionsgrenzen für das Ausscheiden aus dem Erwerbsleben nicht zu vereinbaren.

---

[137] dazu KOM (1999) 564, S. 12 f. und Kommissionsbegründung, KOM (1999) 565 endg., S. 5 ff.; ebenso Mohr, S. 165; a. A. Högenauer, S. 81 f. Bauer, NJW 2001, S. 2672 nimmt aufgrund der mangelnden Begründung zumindest einen Verstoß gegen Nr. 4 des Protokolls über die Anwendung der Grundsätze der Subsidiarität und der Verhältnismäßigkeit, ABlEG 1997, Nr. C 340, S. 105, an.

[138] Art. 6 Abs. 2 EU- Vertrag, auf den in Erwägungsgrund Nr. 1 RL explizit Bezug genommen wird.

[139] Erwägungsgrund Nr. 11 RL

[140] Kommissionsbegründung KOM (1999) 565 endg., S. 7

[141] ABlEG 1999, Nr. C 69, S. 2

[142] KOM (1999) 565 endg., S. 6

[143] Erwägungsgrund Nr. 7 des Kommissionsvorschlags KOM (1999) 565 endg., S. 18

[144] ABlEG 2000, Nr. L 72, S.17

4. Die weitere Entwicklung

Anschließend wurde das Diskriminierungsverbot wegen des Alters in Art. 21 Abs. 1, 25 der Grundrechtscharta aufgenommen[145]. Dieses Verbot gilt allgemein hinsichtlich jeden Alters, so dass auch die Benachteiligung Jüngerer erfasst ist[146]. Wie sich aus der Präambel ergibt, ging es dabei nur um ein „Sichtbarmachen“ der Grundrechte, der Charta fehlt also die Rechtsverbindlichkeit. Sie wird aber bei Anwendung des europäischen Rechts als Auslegungshilfe herangezogen. Zwar ist die Grundrechtscharta auch in die Europäische Verfassung aufgenommen worden. Solange es an der Ratifizierung sämtlicher Mitgliedsstaaten fehlt, wird dem Diskriminierungsverbot wegen des Alters keine Rechtsverbindlichkeit verliehen und der Rechtsweg zum EuGH nicht eröffnet[147].

Auf seiner Tagung vom 23. / 24. März 2001 kam der Europäische Rat in Stockholm überein, bis zum Jahre 2010 die Erwerbsquote der älteren Männer und Frauen (55-64 Jahre) auf über 50 % anzuheben[148]. Wie ehrgeizig dieses Ziel ist, zeigt der Blick auf die in Deutschland leicht rückläufige Quote dieser Altersgruppe von nur 37,3 %, die damit knapp unter dem EU-Durchschnitt liegt[149]. Im selben Jahr wurde ein Europäisches Diskussionsforum für ältere Menschen (A-GE) gegründet, das rund um das Thema Altersdiskriminierung informiert[150]. Auf der Tagung des Europäischen Rates in Barcelona 2002 wurde das Ziel der Anhebung der Beschäftigungsquote älterer Arbeitskräfte betont und die Anhebung des durchschnittlichen Erwerbsaustrittsalters um 5 % bis 2010 angestrebt. Die Erhöhung der Arbeitsmarktbeteiligung und Beschäftigungsquote älterer Arbeitskräfte ist seitdem ein zentrales beschäftigungspolitisches Anliegen der Europäischen Union[151]. Die Bundesrepublik hat diese Ziele inzwischen aufgenommen und in einen sog. Nationalen Beschäftigungspolitischen Aktionsplan übernommen[152]. Neben der Informations- und Vermittlungskampagne „50 Plus - die können es“ beinhaltet es die Förderung der Eingliederung älterer Erwerbstätiger.

Außerhalb des Arbeitsrechts wurde der Grundsatz der Gleichbehandlung von Männern und Frauen durch die Richtlinie 2004/113/EG vom 13.12.2004 auf den Zugang zu und bei der Versorgung von Gütern und Dienstleistungen erstreckt[153].

---

[145] ABlEG 2000, Nr. C 364, S. 1-22
[146] Meyer, Art. 21 Rn. 15
[147] Aktuelle Informationen zum Stand in der Bekämpfung der Diskriminierung u.a. wegen des Alters innerhalb der EU finden sich unter http://www.stop-discrimination.info
[148] Beschäftigungspolitische Leitlinien 2002, ABlEG 2002, Nr. L 60, S. 63
[149] Empfehlung des Rates zur Durchführung der Beschäftigungspolitik in den Mitgliedsstaaten, ABlEG 2002 Nr. L 73
[150] unter http:// www.age-platform.org
[151] Mitteilung zur Anhebung der Beschäftigungsquote älterer Arbeitskräfte und des Erwerbsaustrittsalters, KOM (2004) 146 endg., S. 3
[152] Nationaler Beschäftigungspolitischer Aktionsplan 2003, S. 22 ff.; abrufbar unter http://www.bmwi.de
[153] ABlEG 2004, Nr. L 373, S. 37

B. Zweck und Inhalt des Diskriminierungsverbots

I. Zweck nach Art. 1 RL

Die Richtlinie bezweckt nach Art. 1 RL „die Schaffung eines allgemeinen Rahmens zur Bekämpfung der Diskriminierungen wegen [...] des Alters in Beschäftigung und Beruf im Hinblick auf die Verwirklichung des Grundsatzes der Gleichbehandlung in den Mitgliedstaaten". Daher sind arbeitsrechtliche Altersgrenzen im Lichte der effektiven Verwirklichung des Grundsatzes der Gleichbehandlung zu sehen. Die Antidiskriminierungsrichtlinie soll dabei nur ein erster Schritt sein und nur eine begrenzte Anzahl von Anforderungen festlegen.

Vor Richtlinienerlass sah man ältere Menschen vor allem hinsichtlich ihrer wirtschaftlichen Absicherung im Ruhestand als schutzbedürftig an. Nunmehr sollen Ältere in der Gesellschaft vor Benachteiligungen während der Beschäftigung und im Beruf durch überholte Vorstellungen geschützt werden. Mit der Richtlinie soll die Gleichbehandlung und volle Teilhabe am wirtschaftlichen, kulturellen und sozialen Leben und die individuelle Entfaltung gerade in Beschäftigung und Beruf ermöglicht werden[154]. Es kommt damit nicht allein darauf an, ob eine Ungleichbehandlung den Betroffenen wirtschaftlich schlechter stellt. Maßgeblich ist, ob sie die individuelle Persönlichkeitsentfaltung einschränkt. Daher dürfen Altersgrenzen weder der wirtschaftlichen und sozialen Teilhabe an der Gesellschaft noch der individuellen Entfaltung der Persönlichkeit entgegenstehen. Das ist bei Auslegung der Vorschriften über den Geltungsbereich und bei den Ausnahme- und Rechtfertigungsvorschriften zu beachten.

Im Hinblick auf arbeitsrechtliche Altersgrenzen schafft die Richtlinie nur einen allgemeinen Rahmen zur Bekämpfung der Altersdiskriminierung. Dahinter steht der Entschluss der Gemeinschaft, auf dem Gebiet der Altersdiskriminierung schrittweise vorzugehen. Als Vorbild dient die Entwicklung der Normierung des Gleichbehandlungsgebots aufgrund des Geschlechts, wie es nunmehr in Art. 141 EG verankert ist. Damit wird den Mitgliedsstaaten ermöglicht, das Schutzniveau vor Altersdiskriminierung durch Ausnahmeregelungen und Rechtfertigungsvorschriften selbst zu beeinflussen. Es ist daher zulässig, aufgrund nationaler Interessen den Schutz einzuschränken. Das zeigt sich in der Ausnahmevorschrift für die nach einzelstaatlichem Recht vorgesehen Maßnahmen zur Gewährung öffentlicher Sicherheit in Art. 2 Abs. 5 RL. Daneben können in Art. 3 Abs. 4 RL Ausnahmen für Streitkräfte und in Art. 4 Abs. 1 RL aufgrund beruflicher Anforderungen gemacht werden. Es wird aber auch bei der möglichen Normierung von Rechtfertigungsgründen, insbesondere wegen beschäftigungspolitischer Ziele nach Art. 6 Abs. 1 RL, deutlich. Diese legitimen Ziele ergeben sich „im Rahmen des nationalen Rechts". Damit soll den Mitgliedsstaaten genügend

[154] Erwägungsgrund Nr. 9 RL; ähnlich Art. 7 Abs. 2 Verfassung des Freistaates Sachsen, Art. 38 Verfassung des Landes Sachsen-Anhalt

Flexibilität bei der Umsetzung eingeräumt und den unterschiedlichen Gegebenheiten Rechnung getragen werden[155].

II. Diskriminierungsverbot wegen des Alters nach Art. 2 Abs. 1, 2 RL

Arbeitsrechtliche Altersgrenzen behandeln Arbeitnehmer vor und nach Erreichen eines bestimmten Alters ungleich. Sie sind als unmittelbare Diskriminierung nach Art. 1 Abs. 1, 2 a) RL grundsätzlich mit der Richtlinie unvereinbar.

1. Allgemeines Diskriminierungsverbot

Der Gleichbehandlungsgrundsatz wird in Art. 2 Abs. 1 RL dahingehend definiert, dass es keine unmittelbare oder mittelbare Diskriminierung wegen des Alters geben darf. Die Gleichbehandlung wegen des Alters ist nämlich effektiv nur beim Verbot unmittelbarer und mittelbarer Diskriminierung zu verwirklichen[156]. Das hat sich bei der Richtlinie 76/207/EWG zur Gleichbehandlung wegen des Geschlechts gezeigt, auf die diese Unterscheidung zurückgeht[157]. Es werden Diskriminierungen wegen jedem Alter verboten, es besteht ein Allgemeines Diskriminierungsverbot. Neben dem Wortlaut spricht dafür die historische, systematische und teleologische Auslegung.

Grundsätzlich könnte man unter „Alter" jedwedes Lebensalter verstehen oder nur das fortgeschrittene, hohe Alter. Die Auslegung hat dabei autonom vom (in diesem Fall ohnehin nicht weiterführenden) nationalen Recht zu erfolgen, weil Richtlinien Teil der eigenständigen europäischen Rechtsordnung sind[158].

Der Wortlaut legt mit seiner allgemeinen Formulierung „Alter" nahe, dass die Benachteiligung in jeder Altersphase verboten ist[159]. Ansonsten hätte die Diskriminierung gerade „älterer Menschen" verboten werden müssen. Es wäre aber wünschenswert gewesen, wenn die Formulierung präziser gewesen wäre, etwa ein Diskriminierungsverbot wegen „jedweden Alters" normiert worden wäre.

Die Entstehungsgeschichte des Diskriminierungsverbots stand lange Zeit im Zeichen der Benachteiligung allein älterer Arbeitnehmer. Eine Beschränkung

---

155 Kommissionsbegründung KOM (1999) 565 endg., S. 7

156 Eine mittelbare Diskriminierung kann durch eine Ungleichbehandlung aufgrund eines anscheinend neutralen Kriteriums erfolgen, z. B. Betriebszugehörigkeit oder Berufserfahrung. Soweit damit eine besondere Qualifikation ausgedrückt wird, wird es sich schon tatbestandlich um keine Diskriminierung handeln. Außerdem sind Vergünstigungen aufgrund Betriebstreue ebenso wenig zu beanstanden, wie ein stärkerer Schutz bei der Kündigung mit zunehmender Betriebszugehörigkeit. Insofern ist die Ungleichbehandlung durch ein rechtmäßiges Ziel sachlich gerechtfertigt, angemessen und erforderlich, vgl. Art. 2 Abs. 2 b) i) RL.

157 Kommissionsbegründung KOM (1999) 565 endg., S. 9

158 Wank-Hanau/Steinmeyer/Wank, § 9, Rn. 181 ff.

159 Kummer, S. 67 f., betrachtet dagegen das Ergebnis der Wortlautauslegung als wenig aufschlussreich.

auf den Schutz Älterer oder eine Vorgewichtung, die Richtlinie müsse vorwiegend ihrem Schutz dienen, lässt sich allein daraus nicht ableiten[160]. Gegen einen vorrangigen Schutz Älterer durch die Antidiskriminierungsrichtlinie spricht vor allem die Ermächtigungsgrundlage des Art. 13 EG[161]. Sie verleiht Kompetenz für Maßnahmen zur Bekämpfung der Diskriminierung allgemein wegen des „Alters" und nicht nur zugunsten Älterer. Es wäre zweifelhaft, ob die Beschränkung des Schutzes vor Benachteiligung allein älterer Erwerbstätiger nicht schon selbst eine Ungleichbehandlung zu Lasten Jüngerer wäre. Daneben ist auf die Anlehnung der Richtlinie an die Vorschriften des irischen EEA 1998 zu verweisen, der ebenfalls ein allgemeines Diskriminierungsverbot statuiert[162].

Systematisch geht die Richtlinie selbst davon aus, dass auch junge Erwerbstätige dem Diskriminierungsschutz unterliegen. Das zeigt sich an der Rechtfertigungsvorschrift des Art. 6 Abs. 1 S. 2 b) RL für Mindestanforderungen an das Alter. Das setzt voraus, dass auch eine Benachteiligung Jüngerer tatbestandlich ist. Die Formulierung „Festlegung von Mindestanforderungen an das Alter" ist nur dann sinnvoll, wenn „Alter" im neutralen Sinn gemeint ist und nicht als das hohe, fortgeschrittene Alter[163].

Zweck der Richtlinie ist gerade die Statuierung eines Diskriminierungsverbots für jüngere und ältere Beschäftigte. Zwar betont die Kommission in ihrem Entwurf, es seien vor allem die älteren Arbeitnehmer, die in der Praxis trotz ihres positiven Beitrags in Wirtschaft und Gesellschaft mit Benachteiligungen zu kämpfen haben. Sie seien in besonderem Maße, z. B. durch Festsetzung eines Höchstalters für die Einstellung oder Bedingungen für den Eintritt in den Ruhestand, benachteiligt. Jedoch stellt sie auch klar, dass es angesichts der demographischen Trends außerordentlich wichtig sei, dass ein möglichst hoher Prozentteil der Personen im erwerbsfähigen Alter einer Beschäftigung nachgeht[164]. Das betrifft ältere und jüngere Arbeitnehmer, die durch Mindestaltersgrenzen am Zugang zur Beschäftigung gehindert sein können. Somit sind auch Jüngere vor Ungleichbehandlungen gegenüber älteren Erwerbstätigen geschützt. Weil die betroffenen Personen auf ihr Alter keinen Einfluss haben, sollen sie deswegen auch nicht unterschiedlich behandelt werden.

Folge dieses umfassenden Diskriminierungsverbots wegen des Alters ist das Fehlen einer Grenze, ab der ein Arbeitnehmer aufgrund seines Alters als schüt-

---

160 so Weber, ArbuR 2002, S. 401; Mohr, S. 207 f., hält den Schutz Jüngerer für nicht sachgerecht.

161 Das wird auch von denen eingeräumt, die nach dem Sinn des Verbots Ältere als schützeswert betrachten, Eichenhofer-Loccumer Protokolle, S. 80.

162 sec. 6 (2) (f) EEA

163 Linsenmaier, RdA 2003, Sonderbeilage zu Heft 5, S. 25

164 Kommissionsbegründung KOM (1999) 565 endg., S. 3

zenswert gilt[165]. Damit wird der Erwägung Rechnung getragen, dass das Merkmal „Alter“ je nach Art der Beschäftigung relativ ist: liegt der Schwerpunkt der Tätigkeit in körperlicher Arbeit oder in sich schnell verändernden geistigen Tätigkeiten, wird man viel eher einen Arbeitnehmer als „alt“ beurteilen als bei geistigen, durch Erfahrung geprägte Tätigkeiten. Durch die grundsätzlich subjektive Empfindung des Alters wäre eine objektive Beurteilung des Merkmals „alt“ auch kaum möglich.

Speziell für Altersgrenzen ergibt sich aus dem allgemeinen Diskriminierungsverbot, dass Diskriminierungen durch solche Regelungen sowohl wegen zu hohem als auch wegen zu niedrigem Alter verpönt sind. Einerseits sind damit auch Altersgrenzen grundsätzlich verboten, die eine Benachteiligung wegen zu jungen Alters bewirken. Beispiele sind etwa Mindestaltersgrenzen bei der Einstellung oder Beförderung. Andererseits darf bei der Bekämpfung der Benachteiligung Älterer durch feste arbeitsrechtliche Höchstarbeitsgrenzen keine Benachteiligung Jüngerer durch Minderung ihrer Einstiegs- und Aufstiegschancen in den Beruf erfolgen. Der Schutz vor Altersdiskriminierung darf mithin nicht allein im Hinblick auf die Diskriminierung von älteren Arbeitnehmern vorgenommen werden, sondern muss gleichzeitig eine Diskriminierung Jüngerer vermeiden. Selbst wenn man in Regelungen, die an eine Lebensalterstufe anknüpfen, eine Begünstigung Älterer durch positive Maßnahmen nach Art. 7 Abs. 1 RL sieht, können damit verbotene Benachteiligungen Jüngerer verbunden sein.

2. Altersgrenzen als unmittelbare Diskriminierung, Art. 2 Abs. 2 a) RL

Arbeitsrechtliche Altersgrenzen sind eine unmittelbare Diskriminierung wegen des Alters i. S. d. Art. 2 Abs. 2 a) RL.

Eine unmittelbare Diskriminierung liegt vor, wenn eine Person wegen des Alters „in einer vergleichbaren Situation eine weniger günstige Behandlung erfährt, als eine andere Person erfährt, erfahren hat oder erfahren würde“[166]. Damit wird an die Rechtsprechung des EuGH angeknüpft, nach der eine unmittelbare Ungleichbehandlung vorliegt, wenn „unterschiedliche Vorschriften auf vergleichbare Situationen angewandt werden oder dieselbe Vorschrift auf unterschiedliche Situationen angewandt wird“[167]. Diese Definition stimmt mit dem allgemeinen Sprachgebrauch überein. Der Begriff „Diskriminierung“ leitet sich aus dem lateinischen discriminatio (Unterscheidung) ab. Maßgebend ist, dass die Person tatsächlich eine andere Behandlung erfährt, doch meint diese an sich wertfreie Unterscheidung auch eine herabsetzende Verhaltensweise oder

[165] anders der ADEA, der allein ältere Arbeitnehmer ab 40 Jahren schützt, vgl. Seite 40. Nach diesem Vorbild sieht Mohr, S. 207, nur ältere Beschäftigte hinsichtlich des Zwecks der Richtlinie erfasst.

[166] zum Diskriminierungsbegriff der RL zuletzt Plötscher, S. 261 ff.

[167] EuGH v. 2.10.1997, Rs. C-100/95 (Brigitte Kording), Slg. 1997, I-5289, Rn. 14

ungleiche Behandlung gegenüber anderen Menschen[168]. Nach dem Wortlaut und Zweck der Vorschrift ist eine Benachteiligungsabsicht nicht erforderlich.

Der europäische Begriff der unmittelbaren Diskriminierung umfasst dabei *jede* Ungleichbehandlung. Nach dem europarechtlichen Diskriminierungsbegriff können unmittelbare Diskriminierungen grundsätzlich nicht gerechtfertigt werden. Im Unterschied dazu handelt es sich nach deutschem Recht nur dann um eine Ungleichbehandlung, wenn kein vernünftiger sachlicher Grund sie rechtfertigt[169]. Allein mittelbare Benachteiligungen werden europarechtlich auf Tatbestandsebene bei Vorliegen eines sachlichen Grundes vom Diskriminierungsverbot ausgeschlossen, vgl. Art. 2 Abs. 1 S. 2 b) i) RL. Am generellenVerbot von Altersgrenzen als unmittelbare Ungleichbehandlung können nur die Ausnahme- und Rechtfertigungsmöglichkeiten der Richtlinie nach Art. 2 Abs. 5, Art. 3 Abs. 4 Art. 4 Abs. 1, Art. 6 Abs. 1, Art. 7 RL etwas ändern.

Das Diskriminierungsverbot ist nicht nur betriebsbezogen, sondern gilt im Hinblick auf das gesamte Unternehmen. Das ergibt sich schon aus einer fehlenden Beschränkung auf den Betrieb nach dem Richtlinienwortlaut. Die Effektivität des Altersdiskriminierungsverbots würde leiden, wenn der Arbeitgeber das Verbot durch unterschiedliche Regelungen im Unternehmen umgehen könnte.

Der Arbeitnehmer erfährt durch eine Altersgrenze in einer vergleichbaren Situation eine weniger günstige Behandlung. Sie liegt in der unterschiedlichen Behandlung eines Erwerbstätigen, der eine bestimmte Altersgrenze über- oder unterschritten hat. Mit Überschreiten der Altersgrenze erfährt er beispielsweise durch Verlust der Arbeitsstelle ohne Kündigung eine weniger günstige Behandlung als jemand, der sie unterschreitet. Mit Erreichen der Altersgrenze wird der Betroffene wegen seines Alters zur Aufgabe des Arbeitsplatzes und damit in der Regel auch des Berufs gezwungen, während dem jüngeren Kollegen die materiellen und immateriellen Vorteile der Erwerbstätigkeit erhalten bleiben, sofern keine Kündigung erfolgt. Daher scheint zum Abbau der Altersdiskriminierung eine Beschäftigungspraxis angezeigt, bei der vom Beschäftigten der Zeitpunkt des Ausscheidens aus dem Erwerbsleben frei gewählt werden kann[170]. Nichts anderes gilt für den Fall der Unterschreitung der Altersgrenze, wenn beispielsweise eine Gratifikation erst ab einer bestimmten Altersgrenze gezahlt wird.

Die weniger günstige Behandlung kann durch Mindest- und Höchstaltersgrenzen vor, während und bei Beendigung der Erwerbstätigkeit erfolgen. Jede ungleiche Behandlung von der Einstellungsentscheidung bis zu einzelnen Arbeitsbedingungen, die auf dem Erreichen einer Lebensaltersstufe beruhen, behandeln die Betroffenen aufgrund des Alters ungleich.

---

[168] Brockhaus, Die Enzyklopädie, Band 5, Mannheim, 1997
[169] Högenauer, S. 91
[170] Stadler, S. 189

Für das Vorliegen einer unmittelbaren Diskriminierung genügt bereits, dass der Arbeitnehmer diese Ungleichbehandlung „erfahren würde". Das betrifft Fälle, in denen es an einer Vergleichsperson hinsichtlich des durch die Altersgrenze Benachteiligten fehlt, der Betroffene zum Beispiel der einzige Mitarbeiter des Arbeitgebers ist. Ausreichend ist eine hypothetische Ungleichbehandlung auch, wenn noch keine Schlechterstellung stattgefunden hat, eine andere Person bei Erreichen der Altersgrenze durch den Betroffenen aber eine günstigere Behandlung erfahren würde. Das kann zum Beispiel bei der Einführung einer Altersgrenze für den Eintritt in den Ruhestand zu einem Zeitpunkt der Fall sein, in dem im Unternehmen aufgrund der jungen Mitarbeiter noch keiner diese Altersgrenze erreicht. Gleichwohl liegt in der Höchstaltersgrenze eine Diskriminierung, weil der älteste Mitarbeiter mit Erreichen der Pensionsgrenze eine weniger günstige Behandlung erfährt, als ein anderer Mitarbeiter erfahren würde. Zwar wird der Arbeitnehmer bei Einführung der Altersgrenze noch nicht ungleich behandelt; aufgrund ihres Bestehens wird es jedoch mit Erreichen der Grenze zu einer ungleichen Behandlung im Vergleich zu einer anderen Person kommen. Dem Betroffenen ist es nicht zuzumuten, bis zum Eintritt der Ungleichbehandlung zu warten.

III. Vorbehalt der öffentlichen Sicherheit nach Art. 2 Abs. 5 RL

Das Verbot der Altersdiskriminierung steht unter dem Vorbehalt der öffentlichen Sicherheit nach Art. 2 Abs. 5 RL. Altersgrenzen für die Einstellung oder Pensionierung sind dadurch nur ausnahmsweise vom Diskriminierungsverbot ausgenommen, weil sie für die öffentliche Sicherheit meist nicht erforderlich sind. Individuelle Leistungstests sind zum Schutz der öffentlichen Sicherheit genauso geeignet aber für den Betroffenen ein milderes Mittel als die feste Altersgrenze.

Art. 2 Abs. 5 RL wurde erst nachträglich eingefügt, so dass der Verdacht nahe liegt, es handele sich um eine Reaktion der deutschen Vertreter auf das zuvor ergangene EuGH-Urteil in der Rechtssache „Kreil" zur Geschlechterdiskriminierung bei Soldaten[171]. Dort wurde die Anwendbarkeit der Richtlinie 76/207/EWG auf den freiwilligen Dienst in der Bundeswehr bejaht, ein Vorbehalt für die öffentliche Sicherheit fehlte darin[172]. Der Vorbehalt der Richtlinie wurde aber im Rat auf Vorschlag der Vertreter Großbritanniens aufgenommen[173] und geht inhaltlich über den Bereich des Urteils hinaus.

Die Ausnahme besteht für die „Gewährleistung der öffentlichen Sicherheit, die Verteidigung der Ordnung und die Verhütung von Straftaten, zum Schutz der

[171] so Schmidt/Senne, RdA 2002, S. 82

[172] EuGH v. 11.1.2000, Rs. C-285/98 (Kreil), Slg. 2000, I-69, Rn. 16-18; Schmidt, Das Arbeitsrecht der Europäischen Gemeinschaft, S. 199

[173] Rat der Europäischen Union, Beratungsergebnisse der Gruppe „Sozialfragen" v. 4.7. 2000, Dokument 100159/00 SOC 245 JAI 76

Gesundheit und zum Schutz der Rechte und Freiheit anderer". Für die Auslegung kann auf den vergleichbaren ordre public-Vorbehalt des Art. 39 Abs. 3 EG zurückgegriffen werden. Jedenfalls muss die im einzelstaatlichen Recht vorgesehene Maßnahme „notwendig", also im Einzelfall geeignet und erforderlich zur Erreichung der genannten Gemeinschaftsgüter sein[174]. Unklar ist, ob man im Hinblick auf die genannten allgemeinen Interessen davon auszugehen hat, dass allein staatliche Maßnahmen unter Art. 2 Abs. 5 RL fallen[175]. Durch die Formulierung „einzelstaatliches Recht" könnte auch die Gestattung von Maßnahmen in Einzel- und Kollektivverträgen gemeint sein[176]. Regelmäßig werden in den genannten Bereichen Altersgrenzen aber ohnehin gesetzlich normiert. So darf nach Erwägungsgrund Nr. 18 „den Streitkräften sowie der Polizei, den Haftanstalten oder den Notfalldiensten unter Berücksichtigung des rechtmäßigen Ziels, die Einsatzbereitschaft dieser Dienste zu wahren, nicht zur Auflage gemacht werden, Personen einzustellen oder weiter zu beschäftigen, die nicht den jeweiligen Anforderungen entsprechen, um sämtliche Aufgaben zu erfüllen, die ihnen übertragen werden können".

Altersgrenzen für die Einstellung bei Polizei, Feuerwehr, Notfalldiensten oder für Personal in Haftanstalten dienen zwar dem rechtmäßigen Ziel, die Einsatzbereitschaft zu wahren. Feste Altersgrenzen sind für den Erhalt der Einsatzbereitschaft aber schon ungeeignet, jedenfalls nicht erforderlich. Es ist daher unerheblich, ob solche Altersgrenzenreglungen Erziehungszeiten oder Zeiten für die Pflege von Familienangehörigen berücksichtigen oder andere Härtefallregelungen vorsehen, und daher angemessen sind. Sie sind für den Erhalt der Einsatzfähigkeit nicht generell geeignet, wenn sie ohne Rücksicht auf die unterschiedlichen geistigen und körperlichen Belastungen der *konkreten* Tätigkeit angewandt werden. Ein Vorbehalt kann nach Art. 2 Abs. 5 RL nämlich nur gemacht werden, wenn an spezielle Tätigkeitsbereiche angeknüpft wird, in denen das Alter für die Einsatzbereitschaft aufgrund der öffentlichen Sicherheit und Ordnung besonders wichtig ist. Zur effektiven Durchsetzung des Diskriminierungsverbotes muss an die individuelle Eignung als Grundlage für Beschäftigung angeknüpft werden. Ein gleich geeignetes, den Betroffenen aber weniger benachteiligendes Mittel zu Sicherstellung des Erhalts der Einsatzbereitschaft sind individuelle Leistungstests. In der Regel wird ein solcher Test bei der Einstellung oder der Fortführung der Tätigkeit ohnehin vorgenommen, so dass es dem Arbeitgeber zumutbar ist, allein aufgrund dieses Ergebnisses über die Einstellung, zu entscheiden.

Pensionsgrenzen etwa für den Grenzschutz, die Flugsicherheit, den Katastrophenschutz u. ä. werden wegen Art. 2 Abs. 5 RL teilweise für zulässig gehal-

[174] Schmidt/Senne, RdA 2002, S. 82
[175] Linsenmaier, RdA 2003, Sonderbeilage zu Heft 5, S. 26
[176] Schlachter-FS Blomeyer, S. 357

ten[177]. Aufgrund der besonderen Bedeutung für die öffentliche Sicherheit wird aber regelmäßig die Einsatzbereitschaft altersunabhängig für diese Tätigkeiten ohnehin laufend getestet. Eine generelle Altersgrenze lässt die individuelle Leistungsfähigkeit und die konkrete Art der Tätigkeit sicherheitsrelevanter Tätigkeiten außer Acht. Nur wenn auf die spezifische Tätigkeit abgestellt wird, kann eine feste Pensionsgrenze zum Schutz Dritter gerechtfertigt sein. Beispielsweise für Prüfingenieure ist aber eine individuelle Prüfung möglich und aus Kostengründen auch unzumutbar. Daneben können Höchstaltersgrenzen für die Arztzulassung oder die Pensionierung für den Erhalt der Einsatzbereitschaft medizinischer Versorgung aus Kostengründen notwendig sein. Ist zwar eine vermutete Dienstunfähigkeit kein Argument, so kann doch eine nachweislich erhöhte Kostenbelastung mit zunehmendem Alter eine Altersgrenze erforderlich machen. Notwendig ist die feste Altersgrenze, weil eine Überprüfung im Einzelfall als milderes Mittel aufgrund der Zahl der Betroffenen und der entstehenden Kosten praktisch nicht durchführbar ist. Man wird jedoch die Altersgrenze hoch anzusetzen haben und eine Härtefallregelung im Einzelfall vorsehen müssen. Daneben wird man den Mitgliedstaaten einen Ermessenspielraum zubilligen, ob eine Altersgrenze für Richter zur Gewährung eines effektiven Rechtsschutzes erforderlich ist.

Dagegen können Altersgrenzen nicht mit dem Schutz der Gesundheit des Erwerbstätigen nach Art. 2 Abs. 5 RL vom Diskriminierungsverbot ausgenommen werden. Dagegen spricht der thematische Zusammenhang mit den anderen genannten Gemeininteressen der öffentlichen Sicherheit. Der Vorbehalt dient der Abwendung von Gefahren für Dritte, nicht dem Schutz des Erwerbstätigen selbst. Auch der Erwägungsgrund Nr. 18 stellt auf die Erfüllung der übertragenen Aufgaben ab und weniger auf den Schutz des von einer Altersgrenze Betroffenen. Für die Streitkräfte besteht eine weitergehende Ausnahmemöglichkeit vom Geltungsbereich nach Art. 3 Abs. 4 RL, der die „Erforderlichkeit" zum Erhalt der Einsatzbereitschaft nicht voraussetzt[178].

Diese Auslegung des Art. 2 Abs. 5 RL korrespondiert mit den Wertungen des ADEA. Von 1986 bis 1993 waren öffentliche Sicherheitsdienste, wie Polizei und Feuerwehr, vom Schutzbereich ausgenommen, so dass Altersgrenzen für die Pensionierung zulässig waren. Diese befristete Ausnahmevorschrift wurde nicht verlängert, weil nach Auffassung des Gesetzgebers dem öffentlichen Wohl mit einer individuellen Entscheidung besser gedient ist[179]. Altersgrenzen für die Einstellung oder Pensionierung können nur von den Einzelstaaten zugelassen werden (sec. 623 (j)).

---

[177] Schlachter-FS Blomeyer, S. 356 f., 360 hält eine generalisierte Gruppenbildung unabhängig von der konkreten Anforderungen der Tätigkeit für zulässig.

[178] vgl. Seite 75

[179] Gantzckow, S. 52 m.w.N.

C. Geltung für Altersgrenzen, Art. 3 RL

Das Diskriminierungsverbot gilt nach Art. 3 Abs. 1 RL für Altersgrenzen bei Zugang zur Erwerbstätigkeit und zur beruflichen Bildung. Erfasst sind auch Altersgrenzen während der Beschäftigung in Arbeitsbedingungen und solche zur Beendigung des Beschäftigungsverhältnisses und für das Arbeitsentgelt. Das gilt nicht für Altersgrenzen für den Bezug von Leistungen der staatlichen Rentensysteme, Art. 3 Abs. 3 RL. Daneben können die Mitgliedsstaaten die Streitkräfte vom Geltungsbereich ausnehmen, Art. 3 Abs. 4 RL.

Die Richtlinie gilt „im Rahmen der auf die Gemeinschaft übertragenen Zuständigkeiten". Damit hält sich der europäische Gesetzgeber formal an die Grenzen der ihm durch die Rechtsgrundlage Art. 13 EG übertragenen Kompetenz. Diese Formulierung ist bei der Normierung des Geltungsbereichs einer Richtlinie unüblich, anscheinend war sich aber der europäische Gesetzgeber bei der Reichweite seiner Kompetenz gem. Art. 13 EG selbst nicht sicher. Entgegen den Bedenken im Schrifttum ist der europäische Gesetzgeber auch für Entgeltvereinbarungen, die an Altersgrenzen anknüpfen, kompetent[180].

I. Persönlicher Geltungsbereich

Das Diskriminierungsverbot in Beschäftigung und Beruf gilt nach Art. 3 Abs. 1 RL umfassend „für alle Personen in öffentlichen und privaten Bereichen, einschließlich öffentlicher Stellen".

Die Richtlinie betrifft daher zum einen abhängig beschäftigte Arbeitnehmer. Das gilt auch für den öffentlichen Sektor, also Erwerbstätige in öffentlich-rechtlichen Dienstverhältnissen sowie Beamte, Soldaten und Richter[181]. Der Geltungsbereich erfasst zum anderen Selbständige, arbeitnehmerähnliche Personen, leitende Angestellte, geringfügig Beschäftigte und freie Mitarbeiter. Der Wortlaut der Richtlinie setzt überdies nicht voraus, dass der Betroffene im Zeitpunkt der Ungleichbehandlung durch eine Altersgrenze erwerbstätig ist. Daher gilt das Verbot der Altersdiskriminierung auch für Stellenbewerber. Das wird nicht zuletzt dadurch deutlich, dass der Zugang zur Beschäftigung Gegenstand der Regelungen des Art. 3 Abs. 1 a) und Art. 6 Abs. 1 S. 2 a) RL ist. Eine Altersbeschränkung für den Geltungsbereich ist wegen der Allgemeinheit des Diskriminierungsverbots nicht vorgesehen. Für die Geltung des Verbots der Altersdiskriminierung besteht weder ein Mindest- noch ein Höchstalter[182].

---

[180] vgl. zur schon Rechtsgrundlage Seite 44 f.

[181] Schmidt/Senne, RdA 2002, S. 82

[182] Anders der irische EEA in seiner alten Fassung, der nach sec. 6 (3) (a), (b) EEA 1998 nur für Personen bis 65 Jahren galt. Eine Altersgrenze von 65 Jahren war zulässig, weil Arbeitnehmer dem Schutz nicht mehr unterlagen.

Der Geltungsbereich ist daher weiter als der des ADEA, der allein für abhängige Beschäftigte der Privatwirtschaft und der öffentlichen Hand gilt (sec. 630 (b), sec. 633 (a))[183]. Auch eine Beschränkung auf ein Höchstalter war im ADEA lange Zeit vorgesehen. Die Obergrenze des Anwendungsbereichs von 65 Jahren wurde 1978 auf 70 Jahre angehoben und 1986 endgültig abgeschafft, weil Arbeitnehmer, die das Rentenalter erreicht haben und dennoch weiter berufstätig sind, als schutzbedürftig angesehen wurden[184]. Das führt dazu, dass ein obligatorisches Pensionsalter für die allermeisten Berufe nicht mehr möglich ist[185]. Der ADEA gilt aber erst ab 40 Jahren und lässt daher Benachteiligungen in jungen Jahren zu (sec. 631 (a)). Dagegen soll durch die Richtlinie ohne Begrenzung ein Schutz vor Benachteiligung wegen des Alters gewährt werden.

II. Sachlicher Geltungsbereich

Das Diskriminierungsverbot umfasst nach Art. 3 Abs. 1 a) – c) RL Altersgrenzen als Bedingungen für den Zugang zur Erwerbstätigkeit, den Zugang zur Berufsberatung und Berufsbildung sowie Beschäftigungs- und Arbeitsbedingungen. Eine Beschränkung auf bestimmte Branchen, Tätigkeiten oder berufliche Positionen besteht nicht.

Grundsätzlich sind „alle Personen in öffentlichen und privaten Bereichen" erfasst, die Formulierung in Art. 3 Abs. 1 a) RL „unabhängig von Tätigkeitsfeld und beruflicher Position" stellt dies außerdem klar. Auch eine Einschränkung des Geltungsbereichs für Unternehmen mit geringer Beschäftigtenzahl wurde nicht getroffen. Nach Meinung der Kommission finden sich Diskriminierungen wegen des Alters nämlich in allen Unternehmen, unabhängig von der Zahl der Beschäftigten[186]. Aus diesem Grund hat sie sich frühzeitig gegen eine Einschränkung des Geltungsbereiches entschieden; anders dagegen der ADEA, der nur Arbeitnehmer schützt, die seit mindestens 20 Wochen in Betrieben mit mindestens 20 Mitarbeitern beschäftigt sind (sec. 630 (b)).

1. Zugang zur Erwerbstätigkeit, Art. 3 Abs. 1 a) RL

Die Richtlinie gilt nach Art. 3 Abs. 1 a) für Altersgrenzen als „Bedingungen - einschließlich Auswahlkriterien und Einstellungsbedingungen - für den Zugang zu unselbständiger und selbständiger Erwerbstätigkeit, unabhängig von Tätigkeitsfeld und beruflicher Position, einschließlich des beruflichen Aufstiegs". Die Kommission bezweckt damit, hinsichtlich des Zugangs zur Erwerbstätigkeit alle

---

[183] Die Arbeitnehmereigenschaft ist in den USA Gegenstand von zahlreichen Gerichtsentscheidungen. Maßgeblich sind u.a. das Weisungsrecht des Arbeitgebers und die wirtschaftliche Abhängigkeit des Arbeitnehmers. Dazu Fenske, S. 31 ff.

[184] in diesem Sinne wohl Fenske, S. 313

[185] vgl. Seite 38

[186] Kommissionsbegründung KOM (1999) 565 endg., S. 31

Diskriminierungen zu beseitigen, die den Zugang des Einzelnen zu jedweder Beschäftigung im Wege stehen[187].

Arbeitsrechtliche Altersgrenzen stellen Bedingungen für den Zugang zur Erwerbstätigkeit in diesem Sinne dar, die Personen wegen ihres Alters benachteiligen. Der von einer Altersgrenze betroffene Bewerber wird allein wegen seines Alters von der angestrebten Tätigkeit ausgeschlossen. Das kann durch Mindestaltersgrenzen geschehen, die jüngere Personen am Zugang zur Tätigkeit hindern. Die Ungleichbehandlung liegt darin, dass ein junger Bewerber, der gerade seine Ausbildung abgeschlossen hat, die in der Altersgrenze ausgedrückte Berufs- und Lebenserfahrung noch nicht erlangen konnte. Häufiger sind aber Höchstaltersgrenzen, die älteren Personen wegen des Alters, unabhängig von ihrer Qualifikation und Leistungsfähigkeit, die Aufnahme einer bestimmten Erwerbstätigkeit unmöglich machen.

Die Richtlinie gilt auch für die Einstellungsentscheidung des Arbeitgebers. Da sich der Geltungsbereich auf den vorvertraglichen Bereich erstreckt, erfasst der sachliche Geltungsbereich auch Altersgrenzen in Stellenausschreibungen[188]. Eine private Stellenanzeige und eine öffentliche Ausschreibung einer offenen Stelle, die eine Mindest- oder Höchstaltersgrenze enthält, sind daher grundsätzlich verboten. Die Stellenausschreibung hat altersneutral zu erfolgen. Dem Arbeitgeber steht es außerdem im Rahmen seiner Vertragsfreiheit nicht ohne weiteres zu, eine Mindest- oder Höchstaltersgrenze als Auswahlkriterium oder Einstellungsbedingung festzulegen. Denn die Entscheidung des Arbeitgebers, die Einstellung von einer bestimmten Altersgrenze abhängig zu machen, stellt eine Bedingung für den Zugang dar. Künftig kann er die Einstellung eines gleich geeigneten Bewerbers grundsätzlich nicht mehr mit der Begründung ablehnen, der Bewerber habe eine bestimmte Altersgrenze nicht erreicht oder (wohl der häufigere Fall) überschritten. Wie schon bei der Geschlechterdiskriminierung wird dadurch die Privatautonomie eingeschränkt[189].

Nach Art. 3 Abs. 1 a) RL sind außerdem Altersgrenzen für den beruflichen Aufstieg verboten. Neben der individuellen unternehmerischen Entscheidung über eine Beförderung ist ein Verstoß auch durch gesetzliche Regelungen etwa für Beamtenlaufbahnen möglich. Die Erstreckung des Geltungsbereichs auf den Aufstieg soll sicherstellen, dass innerhalb der beruflichen Laufbahn statt an das Alter an individuelle Fähigkeiten, Qualifikationen, Kompetenzen und andere objektive Kriterien angeknüpft wird[190]. Steht einer Beförderung allein das Überschreiten einer Altersgrenze entgegen, liegt grundsätzlich ein Verstoß gegen das

[187] Kommissionsbegründung KOM (1999) 565 endg., S. 11

[188] Högenauer, S. 101

[189] Säcker, ZRP 2002, S. 290 kritisiert dies und fordert offenbar ein Verzicht auf diese Einschränkung bei der nationalen Umsetzung. Das verstieße freilich gegen Art. 249 III EG, Art. 11 EG und Art. 21 RL.

[190] Kommissionsbegründung KOM (1999) 565 endg., S. 11

Altersdiskriminierungsverbot vor. Um keinen Verstoß durch Altersgrenzen handelt es sich dagegen, wenn die Beförderung von Kriterien der Betriebszugehörigkeit oder des Dienstalters und nicht von Altersgrenzen abhängig gemacht wird[191].

2. Zugang zur beruflichen Bildung, Art. 3 Abs. 1 b) RL

Nach Art. 3 Abs. 1 b) RL gilt das Diskriminierungsverbot auch für „den Zugang zu allen Formen und allen Ebenen der Berufsberatung, der Berufsausbildung, der beruflichen Weiterbildung und der Umschulung, einschließlich der praktischen Berufserfahrung". Altersgrenzen für den Zugang zur beruflichen Bildung sind danach umfassend verboten.

Unzulässig sind Altersgrenzen für die Gewährung jedweder Art von Berufberatung sowie Altersgrenzen für den Zugang zu bestimmten Ausbildungszweigen oder Umschulungsmaßnahmen. Von staatlicher Seite und von Arbeitgebern darf jede Art der Berufsausbildung nicht von der Einhaltung einer Altersgrenze abhängig gemacht werden. Das gilt zum Beispiel für Handwerksberufe oder die Zulassung zu einem Hochschulstudium. Verboten sind auch altersgrenzenabhängige Fort- und Weiterbildungsmaßnahmen oder Umschulungsprogramme. Das gleiche hat für eine Altersgrenze für den Zugang zur innerbetrieblichen Fort- und Weiterbildung zu gelten. Entscheidend für die Gewährung beruflicher Qualifizierungsmaßnahmen soll nicht das Alter, sondern der Wissensstand des Betroffenen sein. Verboten ist es danach, dass der Arbeitgeber bewusst Arbeitnehmer ab einer bestimmten Altersgrenze von beruflicher Weiterbildung ausschließt, weil diese ohnehin in absehbarer Zeit aus dem Unternehmen ausscheiden oder er gezielt jüngere Arbeitnehmer fortbilden will[192]. Gerade die Verweigerung des Zugangs zur Weiterbildung aufgrund des Alters soll mit der Antidiskriminierungsrichtlinie verhindert werden. Der damit eintretende Qualifikationsnachteil für Ältere benachteiligt diese im Verhältnis zu jüngeren Beschäftigten beim weiteren beruflichen Aufstieg und bei der Stellensuche nach einer Entlassung. Der Zugang zu Fortbildungsmaßnahmen soll mangelnder Qualifikation schon im mittleren Erwerbsleben entgegenwirken und damit maßgeblich zur Erhöhung der Beschäftigungsquote in fortgeschrittenem Alter durch erhöhte Beschäftigungsfähigkeit beitragen[193].

Unter den Begriff der praktischen Berufserfahrung fällt auch die Gewährung von Praktika[194]. Die Einstellung als Praktikant kann eine Möglichkeit für die spätere Anstellung im Unternehmen sein. Hintergrund einer Altersgrenze darf

---

[191] Dabei kann es sich aber um mittelbare Diskriminierungen gem. Art. 2 Abs. 2 b) RL handeln.

[192] zur Rechtfertigungsmöglichkeit nach Art. 6 Abs. 1 S. 2 a) RL Seite 91 f.

[193] Mitteilung zur Anhebung der Beschäftigungsquote älterer Arbeitskräfte und des Erwerbsaustrittsalters, KOM (2004) 146 endg., S. 15

[194] Högenauer, S. 103

dabei nicht sein, dass der Praktikant bei Überschreitung einer bestimmten Altersgrenze aus Sicht des Arbeitgebers auch für eine spätere Einstellung zu alt ist. Daher ist eine Altersgrenze in diesem Bereich grundsätzlich eine unzulässige Bedingung für die Vermittlung praktischer Berufserfahrung i.S.d. Art. 3 Abs. 1 b) RL.

Sachlich gilt das Diskriminierungsverbot dagegen nicht für die finanzielle Förderung beruflicher Bildung. Die Förderung spezieller Ausbildungen oder beruflicher Weiterbildungen nur bis zum Erreichen einer bestimmten Altersgrenze zu fördern, bleibt von Art. 3 Abs. 1 b) RL unberührt. Das gilt auch für staatliche Förderungsmittel speziell für ältere Arbeitnehmer, die erst bei Erreichen einer bestimmten Altersgrenze gewährt werden[195].

3. Beschäftigungs- und Arbeitsbedingungen, Art. 3 Abs. 1 c) RL

Die Richtlinie ist nach Art. 3 Abs. 1 c) RL auf Altersgrenzen in „Beschäftigungs- und Arbeitsbedingungen, einschließlich der Entlassungsbedingungen und des Arbeitsentgeltes" anzuwenden. Gesetzliche sowie kollektiv- und individualvertragliche Beschäftigungs- und Arbeitsbedingungen, die an eine Altersgrenze anknüpfen, fallen daher unter das Verbot der Altersdiskriminierung. Auch einzelne Entscheidungen des Arbeitgebers wirken als Bedingung der Beschäftigung auf den Betroffenen ein. Die Richtlinie findet entgegen den Bedenken im Schrifttum auf Altersgrenzen für das Ausscheiden aus der Tätigkeit (Pensionsgrenzen) und für Altersgrenzen bei der Bemessung des Arbeitsentgelts Anwendung.

a) Altersgrenzen in Beschäftigungs- und Arbeitsbedingungen

Beschäftigungs- und Arbeitsbedingungen sind Regelungen für das Beschäftigungsverhältnis, die im Arbeitsvertrag selbst enthalten sind, auf das Arbeitsverhältnis aufgrund eines Gesetzes, eines Kollektivvertrages bzw. eine entsprechende Bezugnahme oder eine betriebliche Übung Anwendung finden. So kann der Arbeitsvertrag auf Regelungen in Betriebsvereinbarungen oder Tarifverträgen verweisen, die deshalb auch für das Beschäftigungsverhältnis gelten[196]. In diesem Fall bestimmt das Erreichen der Altersgrenze die Bedingungen der Erwerbstätigkeit. Auch jede Entscheidung des Arbeitgebers, die Arbeitnehmer wegen einer Altersgrenze ungleich behandeln, ist eine Beschäftigungsbedingung in diesem Sinne.

Verboten ist es daher, besondere gesetzlich zulässige Formen der Beschäftigung erst ab einer bestimmten Altersgrenze zu gewähren. Das gilt für die Möglichkeit, bei Erreichen einer bestimmten Altersgrenze die Beschäftigung in Altersteilzeit zu verrichten, während diese Möglichkeit für Beschäftigte unterhalb

---

[195] Die staatliche Förderung fällt unter die Ausnahmevorschrift des Art. 3 Abs. 3 RL, Seite 74
[196] Schmidt/Senne, RdA 2002, S. 82

dieser Grenze nicht möglich ist. Dabei wird regelmäßig eine Halbierung der Arbeitszeit vorgenommen, während die Bezahlung bei zumindest 70 % des Gehaltes liegt. Hintergrund ist die Erstattung der Überbezahlung durch den Staat, die zwar altersgrenzenabhängig ist, aber als staatliche Förderung im Gegensatz zur arbeitsrechtlichen Regelung nicht nach Art. 3 Abs. 3 RL zulässig ist.

Verboten ist auch eine Altersgrenze, ab der auf das Erfordernis eines sachlichen Grundes zum Abschluss eines bloß befristeten Arbeitsverhältnisses verzichtet wird. Das befristete Arbeitsverhältnis stellt eine besondere Beschäftigungsbedingung dar, dessen Eingehung grundsätzlich eines sachlichen Grundes bedarf. Während das befristete Arbeitsverhältnis nämlich mit Zeitablauf endet, ist die Auflösung eines unbefristeten Beschäftigungsverhältnisses durch den Arbeitnehmer nicht ohne weiteres möglich. Eine Regelung, die ab Erreichen einer bestimmten Altersgrenze auf das Sachgrunderfordernis verzichtet, erleichtert dem Arbeitgeber die befristete Beschäftigung ab Erreichen einer Altersgrenze, stellt aber ein typisches Beispiel für eine Ungleichbehandlung wegen des Alters dar; denn ältere Erwerbssuchende werden durch das Fehlen des Sachgrunderfordernisses benachteiligt. Die Eingehung eines unbefristeten Arbeitsverhältnisses für den Arbeitgeber wird unattraktiv. Damit wird ab einem bestimmten Alter der Bestandsschutz im Vergleich zu einem unbefristeten Arbeitsverhältnis, dessen Kündigung in der Regel nicht ohne Grund erfolgen kann, abgeschafft.

Auch andere Beschäftigungsbedingungen in Individual- oder Kollektivverträgen werden erst bei Erreichen einer bestimmten Altersgrenze gewährt. Beispiele einer verbotenen Benachteiligung jüngerer Beschäftigter wegen des Alters sind Altersgrenzen für eine steigende Anzahl bezahlter Urlaubstage oder für eine geringere Arbeitszeit. Diese Vorteile stehen allein älteren Beschäftigten zu und benachteiligen dadurch Jüngere unterhalb der Altersgrenze.

b) Geltung für Pensionsgrenzen, Erwägungsgrund 14 RL

Das Diskriminierungsverbot erfasst Altersgrenzen für das Ausscheiden aus der Tätigkeit als Beschäftigungs- und Arbeitsbedingungen bzw. Entlassungsbedingungen i. S. d. Art. 3 Abs. 1 c) RL. Ein älterer Beschäftigter verliert mit Überschreiten der Altersgrenze seine Arbeitsstelle, während das Beschäftigungsverhältnis seines Kollegen unterhalb der Altersgrenze nur durch Kündigung endet. Es handelt sich um eine verbotene Benachteiligung Älterer, weil der Bestand des Arbeitsverhältnisses allein vom Erreichen der Pensionsgrenze abhängig ist. Unzulässig wäre daher eine generelle gesetzliche Pensionsgrenze im Arbeitsrecht. Das Verbot gilt auch, wenn es zum Ausscheiden aus dem Erwerbsleben durch Bezugnahme im Arbeitsvertrag auf eine Pensionsgrenze in einer Betriebsvereinbarung oder in einem Tarifvertrag kommt. Grundsätzlich untersagt ist daneben eine Regelung in einem Individualarbeitsvertrag, nach der das Arbeitsverhältnis mit Ablauf des Monats endet, in dem ein bestimmtes Lebensalter vollendet wird[197].

Keine Einschränkung des Geltungsbereichs für Pensionsgrenzen ergibt sich aus Erwägungsgrund 14 RL, wonach die Richtlinie nicht „die einzelstaatlichen Bestimmungen über die Festsetzungen der Altersgrenzen für den Eintritt in den Ruhestand“ berührt. Die Anwendbarkeit der Richtlinie auf Pensionsgrenzen ist wegen dieses Erwägungsgrundes Gegenstand einer kontroversen Diskussion im Schrifttum. Im Ergebnis sprechen bei widersprüchlichem Wortlaut die Entstehungsgeschichte, Systematik und Sinn und Zweck der Richtlinie für die Anwendbarkeit auf Pensionsgrenzen[198].

Nach einer Auffassung findet die Richtlinie keine Anwendung auf arbeitsrechtliche Höchstaltersgrenzen für das Ausscheiden aus dem Beschäftigungsverhältnis. Der Erwägungsgrund würde solche Altersgrenzen nach seinem eindeutigen Wortlaut vom Geltungsbereich ausnehmen[199]. Dieses Ergebnis werde dadurch bestätigt, dass die Mitgliedstaaten durch Art. 6 Abs. 2 RL festlegen dürfen, dass Altersgrenzen bei betrieblichen Systemen der sozialen Sicherheit als Voraussetzung für den Bezug von Altersrente vorgesehen werden können[200]. Eine vertraglich vereinbarte Altersgrenze wäre zudem als ein auf das (in der Regel) 65. Lebensjahr befristetes Arbeitsverhältnis anzusehen. Diese Befristung wäre bei Vorliegen eines sachlichen Grundes aber mit der Richtlinie 99/70/EG[201] vereinbar, die als spezielleres Gesetz vor der Antidiskriminierungsrichtlinie Vorrang habe[202].

Nach anderer Auffassung ist die Richtlinie auf Pensionsgrenzen durchaus anwendbar[203]. Durch eine Begründungserwägung könne keine Ausnahme für den

---

[197] Regelmäßig wird an das Renteneintrittsalter angeknüpft, vgl. Schaub, Arbeitsrechtliche Formularsammlung, § 2 Rn. 27

[198] Anscheinend geht das BAG (BAG v. 27.11.2002, AP Nr. 21 zu § 620 BGB Altersgrenze; v. 27.11.2002; AP Nr. 22 zu § 620 BGB Altersgrenze) von der Anwendbarkeit der Richtlinie auf Pensionsgrenzen aus. Es hat die Prüfung der Vereinbarkeit einer tarifrechtlichen Regelung mit der Richtlinie nicht etwa mit dem Argument abgelehnt, die Richtlinie sei auf solche Regelungen nicht anwendbar. Vielmehr sei die Richtlinie zeitlich noch nicht anzuwenden. Ebenso das LAG Hessen v. 25.2.2003, NZA-RR 2003, S. 648 ff. Die Klärung dieser Auslegungsfrage bleibt letztlich dem EuGH im Rahmen eines Vorabentscheidungsverfahrens nach Art. 234 EG überlassen.

[199] Högenauer, S. 130; Leuchten, NZA 2002, S. 1258; Nussberger, JZ 2002, S. 530; Skidmore, ILJ 2001, S.130; Nach ErfK-Kania, § 75 BetrVG, Rn. 8, berührt die Richtlinie ausdrücklich nicht die einzelstaatlichen Bestimmungen über die Altersgrenzen für den Eintritt in den Ruhestand.

[200] Leuchten, NZA 2002, S. 1258

[201] ABlEG 1999, Nr. L 175, S. 47

[202] Bauer, NJW 2001, S. 2674

[203] So u.a. Kummer, S. 66, nach dem sich der Erwägungsgrund auf das „wie“ und nicht auf das „ob“ der Zulässigkeit von Altersgrenzen bezieht.

sachlichen Geltungsbereich getroffen werden. Das würde weder der Systematik noch dem Sinn und Zweck von Erwägungsgründen gerecht. Pensionsgrenzen fielen unter den Begriff der Entlassungsbedingung des Art. 3 Abs. 1 c) RL, der Erwägungsgrund 14 RL habe demgegenüber keine rechtliche Relevanz[204]. Es handele sich allenfalls um einen bloßen Programmsatz, der im Text der Antidiskriminierungsrichtlinie selbst keinen Niederschlag gefunden habe[205]. Eine Beschränkung für die Festsetzung eines Höchstalters für die aktive Tätigkeit wäre überdies mit dem Zweck des gemeinschaftlichen Diskriminierungsverbots nicht vereinbar[206]. Die Möglichkeit in Art. 6 Abs. 2 RL, eine Altersgrenze für die betriebliche Altersrente zu setzen, ließe eher darauf schließen, das solche Altersgrenzen vom Geltungsbereich gerade erfasst seien[207].

aa) Wortlautauslegung

Die Geltung des Diskriminierungsverbotes für Pensionsgrenzen kann dem Wortlaut der Richtlinie nicht zweifelsfrei entnommen werden. Der Wortlaut des Erwägungsgrundes 14 RL steht im Widerspruch zu dem des Art. 3 Abs. 1 c) RL.

Nach Art. 3 Abs. 1 c) RL erstreckt sich der Geltungsbereich des Diskriminierungsverbots auf „Beschäftigungs- und Arbeitsbedingungen, einschließlich der Entlassungsbedingungen". Eine Höchstaltersgrenze, bei deren Erreichen das Beschäftigungsverhältnis automatisch endet, ist eine „Beschäftigungs- und Arbeitsbedingung" in diesem Sinne. Die Pensionsgrenze fällt schon unter den Begriff der Beschäftigungsbedingung. Wird das Beschäftigungsverhältnis mit Erreichen einer bestimmten Altersgrenze aufgelöst, so wird auf die Bedingung der Beschäftigung eingewirkt. Die Pensionsgrenze fällt auch unter den Begriff der Entlassungsbedingung. Dafür spricht, dass sich der Begriff ebenfalls in der Gleichberechtigungsrichtlinie 76/207/EWG findet, auf die in Erwägungsgrund 2 RL hingewiesen wird. Bei der Auslegung hat man sich daher an ihrem Inhalt und den dazu ergangenen Entscheidungen des EuGH zu orientieren. Für den Fall der Geschlechterdiskriminierung hat der EuGH den Begriff der „Entlassungsbedingung" dahingehend ausgelegt, dass er die Festlegung einer Altersgrenze für die Beendigung des Arbeitsverhältnisses im Rahmen einer allgemeinen Entlassungspolitik erfasst[208]. Es liegt eine Bedingung der Entlassung i.S.d. Art. 3 Abs. 1 c) RL vor, weil das Arbeitsverhältnis automatisch, ohne die zusätzlichen Voraussetzungen einer Kündigung endet. Aufgrund dieser weiten Auslegung des Begriffs fallen auch gesetzliche und kollektivrechtlich vereinbarte Altersgrenzen

---

[204] Schmidt, Das Arbeitsrecht der Europäischen Gemeinschaft, S. 206
[205] Thüsing, NZA 2001, S. 1064, Fn. 28
[206] Wiedemann/Thüsing, NZA 2002, S. 1238
[207] Thüsing, ZfA, 2001, S. 410
[208] EuGH v. 26.2.1986, Rs. 151/84 (Roberts), Slg. 1986, 703, Rn. 32; EuGH v. 26.2.1986, Rs. 152/84 (Marshall), Slg. 1986, 745, Rn. 32 ff.

unter den Begriff der Entlassungsbedingung[209]; denn es macht für den Betroffenen keinen Unterschied, ob er im Rahmen der allgemeinen Entlassungspolitik des Arbeitgebers durch eine Pensionsgrenze betroffen ist oder durch eine gesetzliche bzw. vertragliche Regelung.

Nach Erwägungsgrund 14 RL bleiben zwar „einzelstaatliche Bestimmungen über die Festsetzung von Altersgrenzen für den Eintritt in den Ruhestand" von der Richtlinie unberührt. Bei Auslegung des Begriffs „Altersgrenze für den Eintritt in den Ruhestand" kann nicht auf weitere Bestimmungen der Richtlinie zurückgegriffen werden, weil er sich in anderen Regelungen nicht wieder findet. Auch die Gleichberechtigungsrichtlinie 76/207/EWG kann als Auslegungshilfe nicht herangezogen werden, weil sie den Begriff genauso wenig enthält wie einen vergleichbaren Erwägungsgrund. Vielmehr wurde wegen des uneingeschränkten Geltungsbereichs insofern unterschiedliche Pensionsgrenzen für Männer und Frauen als Verstoß gegen diese Richtlinie angesehen[210].

Unter den Begriff „Altersgrenze für den Eintritt in den Ruhestand" könnte man aber die sozialrechtliche Altersgrenze für den Rentenbezug verstehen. Ein Widerspruch mit Art. 3 Abs. 1 c) RL läge dann schon gar nicht vor. „Ruhestand" wäre demnach als die Zeit anzusehen, in der eine Person - statt einer Erwerbstätigkeit nachzugehen - Alters- oder Ruhestandsrente bezieht. Dafür spräche, dass der Begriff „Ruhestandsrente" auch im Bereich der sozialen Sicherheit in der Richtlinie 79/7/EWG verwendet wird[211]. Nach Art. 7 Abs. 1 der RL 79/7/EWG ist eine Altersgrenze für die Gewährung von Ruhestandsrente ausdrücklich zulässig. Der Erwägungsgrund 14 RL würde sich danach gar nicht auf den Geltungsbereich nach Art. 3 Abs. 1 c) RL, sondern auf Art. 3 Abs. 3 RL beziehen, wonach die Richtlinie nicht für Leistungen seitens der staatlichen Systeme der sozialen Sicherheit gilt. Der Erwägungsgrund wäre eine Auslegungshilfe und Klarstellung des Art. 3 Abs. 3 RL. Das wäre im Hinblick auf die EuGH-Rechtsprechung, nach der Altersgrenzen für den Bezug von Rente vom Geltungsbereich der Gleichberechtigungsrichtlinie 76/207/EWG ausgeschlossen sind, durchaus angebracht[212]. Der Erwägungsgrund würde betonen, dass wenn schon die *Leistungen* der Rentenkasse von der Antidiskriminierungsrichtlinie nach Art. 3 Abs. 3 RL ausgenommen sind, das auch für die Festsetzung der *Altersgrenze als Voraussetzung* für solche Leistungen gelten muss. Zusammen mit Art. 3 Abs. 3 RL würde das Ziel der Richtlinie unterstrichen, dass Altersdiskriminierung nur im Bereich der Beschäftigung, nicht aber im Bereich der sozialen Sicherung bekämpft werden soll. So wurde im Laufe der Beratungen im Rat mehrfach betont, dass die Antidiskriminierungsrichtlinie nicht für die Alters-

---

[209] so für die Auslegung des Begriffs bei der Richtlinie 76/207/EWG Waltermann, RdA 1993, S. 218

[210] EuGH v. 26.2.1986, Rs. 152/84 (Marshall), Slg. 1986, 745

[211] ABlEG 1979, Nr. L 6, S. 24

[212] EuGH v. 16.2.1982, Rs. 19/81 (Burton), Slg. 1982, 555, Rn. 13 f.

grenze für den Rentenbezug gelten solle[213]. Das würde der Erwägungsgrund 14 RL widerspiegeln.

Dagegen spricht jedoch, dass nicht ausdrücklich von einer Altersgrenze für den Bezug von Rentenbezügen, sondern für den Eintritt in den Ruhestand im Erwägungsgrund 14 RL die Rede ist. Der Wortlaut des Art. 6 Abs. 2 RL zeigt insofern, dass der europäische Gesetzgeber ansonsten zwischen arbeitsrechtlicher Altersgrenze und der Altersgrenze für den Bezug von Rentenbezügen unterscheidet. Auch der EuGH hat in einer Entscheidung zur Gleichberechtigungsrichtlinie explizit zwischen dem vertraglichen Alter des Eintritts in den Ruhestand und dem Alter, von dem an Rente der sozialen Sicherheit verlangt werden kann, unterschieden[214].

Fasst man arbeitsrechtliche Pensionsgrenzen unter den Erwägungsgrund 14 RL, besteht dagegen ein Widerspruch zu Art. 3 Abs. 1 RL, der allein mit der Wortlautauslegung nicht zu lösen ist. Unter den Begriff „einzelstaatlicher Bestimmungen" fallen einerseits gesetzliche Regelungen, die eine solche Altersgrenze enthalten. Daneben sind aber auch nationale Bestimmungen gemeint, die individualvertragliche und kollektivvertragliche Altersgrenzen für den Eintritt in den Ruhestand zulassen[215]. Man kann nicht argumentieren, mit dem Begriff „Altersgrenze für den Eintritt in den Ruhestand" sei nicht die arbeitsrechtliche Höchstaltersgrenze für die *konkrete* Beschäftigung gemeint. Eine Altersgrenze, bei deren Erreichen das konkrete Beschäftigungsverhältnis endet, entspricht zwar dem Wortlaut nach nicht zwangsläufig der Altersgrenze für den Eintritt in den Ruhestand. Bei einer arbeitsrechtlichen Höchstaltersgrenze für die konkrete Beschäftigung ist der Arbeitnehmer nämlich keineswegs gezwungen, in den Ruhestand zu treten. Er kann durchaus eine weitere Tätigkeit aufnehmen. Das Ende der einzelnen Beschäftigung ist nämlich nicht gleichbedeutend mit dem Begriff des „Ruhestands" als Beendigung der Erwerbstätigkeit. Andererseits werden die weiteren Einstellungschancen aufgrund des Alters in der Praxis gering sein. Mit dem Ende der einzelnen Beschäftigung wird daher regelmäßig auch das Ende der beruflichen Tätigkeit verbunden sein. Das gilt vor allem, wenn die Höchstaltersgrenze nahe dem Zeitpunkt der Möglichkeit des Bezugs von gesetzlichen Altersbezügen liegt.

bb) Historische Auslegung

Nach der Entstehungsgeschichte der Richtlinie und des Erwägungsgrundes 14 RL handelt es sich nicht um eine Beschränkung des Geltungsbereichs nach Art.

213 u.a. Rat der Europäischen Union, Beratungsergebnisse der Gruppe „Sozialfragen" vom 11.1.2000, Dokument 52310/00 SOC 11 JAI 3, S. 5

214 EuGH v. 26.2.1986, Rs. 152/84 (Marshall), Slg. 1986, 745, Rn. 25

215 Waltermann-FS Blomeyer S. 513 nimmt an, dass die Richtlinie jedenfalls kollektivvertragliche Altersgrenzenregelungen nicht ausnimmt und daher der Erwägungsgrund für tarifliche Bestimmungen keine Bedeutung hat.

3 Abs. 1 c) RL. Vielmehr bezieht sich der Erwägungsgrund auf die Rechtfertigungsvorschrift des Art. 6 Abs. 1 RL. Pensionsgrenzen sind danach vom Erwägungsgrund 14 RL nicht vom Geltungsbereich des Diskriminierungsverbots ausgenommen.

Die Vermutung, dass es zur Ausnahme für Pensionsgrenzen im Erwägungsgrund statt in der Richtlinienvorschriften selbst gekommen sei, weil man bei dieser Frage keine Einstimmigkeit erzielen konnte[216], entspricht nicht der Entstehungsgeschichte der Richtlinie. Hätte man den Geltungsbereich für Pensionsgrenzen ausschließen wollen, so hätte man dies nach Art. 13 EG nur einstimmig in den Vorschriften der Richtlinie selbst vornehmen müssen. Doch weder im ursprünglichen Kommissionsvorschlag noch in den Stellungnahmen oder der darauf geänderten Fassung findet sich ein Hinweis auf einen Vorschlag zur Einschränkung des Geltungsbereichs für Pensionsgrenzen. Erst nach den abschließenden Beratungen über die Antidiskriminierungsrichtlinie im Rat kam es zur Einfügung des Erwägungsgrundes 14 RL. Nach einem Vorschlag Großbritanniens sollte eine *Rechtfertigungsvorschrift* (und keine Einschränkung des Geltungsbereichs!) für eine arbeitsrechtliche Höchstaltersgrenze geschaffen werden[217]. Ziel war es, nicht den Schutz vor Altersdiskriminierung auszuhebeln, sondern den Mitgliedsstaaten mehr Flexibilität bei der Beschäftigungspolitik zu geben. Dieser Vorschlag wurde ausdrücklich nicht aufgenommen, eine Aufnahme in die Aufzählung der Rechtfertigungsmöglichkeiten nach Art. 6 Abs. 1 S. 2 RL unterblieb.

Anscheinend betrachtete man die Möglichkeit für die Mitgliedsstaaten als ausreichend, Pensionsgrenzen nach der damaligen Fassung des Art. 6 Abs. 1 RL ausnahmsweise zu rechtfertigen. Daher beließ man es dabei, Pensionsgrenzen als beschäftigungspolitisches Mittel im Erwägungsgrund 14 RL zu nennen. Folglich ist der Erwägungsgrund eine Auslegungshilfe für Art. 6 Abs. 1 RL und keine Ausschlussvorschrift für den Geltungsbereich des Art. 3 Abs. 1 c) RL. Er enthält einen Hinweis auf die Möglichkeit, dass ausnahmsweise arbeitsrechtliche Pensionsgrenzen gerechtfertigt sein können. Die Voraussetzungen des Art. 6 Abs. 1 RL müssen dafür aber vorliegen. Eine Pensionsgrenze kann danach nur ein mögliches Ergebnis bei Anwendung der Vorschriften über die Rechtfertigung von Pensionsgrenzen sein.

cc) Systematische Auslegung

Der Einschränkung des Geltungsbereichs des Art. 3 Abs. 1 c) RL durch den Erwägungsgrund 14 RL widerspricht die systematischen Auslegung der Vorschriften.

---

[216] so Schmidt/Senne, RdA 2002, S. 85

[217] Rat der Europäischen Union, Beratungsergebnisse der Gruppe „Sozialfragen" vom 12.10. 2000, Dokument 12270-ADD 1/00 SOC 345 JAI 113

Gegen eine Beschränkung des Geltungsbereichs durch den Erwägungsgrund spricht zunächst seine systematische Stellung. Der Geltungsbereich wird ausschließlich und abschließend durch Art. 3 RL normiert. Dem steht auch nicht der Wortlaut des Erwägungsgrunds 14 RL („diese Richtlinie berührt nicht...") entgegen. Er legt zwar nahe, dass es sich um einen Ausnahmetatbestand für die Geltung von Pensionsgrenzen handelt. Ausnahmetatbestände werden in Art. 3 Abs. 2 bis 4 RL mit nahezu identischem Wortlaut („betrifft nicht, berührt nicht, gilt nicht") normiert. Doch trifft Art. 3 RL mit seiner Überschrift „Geltungsbereich" eine abschließende Regelung. Das verlangt bereits das auch europarechtlich anerkannte Prinzip der Rechtsklarheit. Eine Einschränkung des Geltungsbereichs der Richtlinie findet sich außerhalb des Art. 3 RL nicht. Das gilt auch für Art. 2 Abs. 5 RL, wonach Ungleichbehandlungen aus Gründen der öffentlichen Sicherheit im einzelstaatlichen Recht vorgesehen werden dürfen[218]. Es handelt sich um eine Beschränkung des Diskriminierungsverbots nach Art. 2 Abs. 2 RL, nicht des Geltungsbereichs der Richtlinie. Dafür spricht die Stellung in Art. 2 RL unter der Überschrift „Der Begriff Diskriminierung". Wenngleich auf die Vorschrift des Art. 2 Abs. 2 RL nicht explizit Bezug genommen wird, bestätigt die Formulierung des zugehörigen Erwägungsgrunds Nr. 18 RL, dass es beim Vorbehalt der öffentlichen Sicherheit um eine Einschränkung des Diskriminierungsverbots und nicht des Geltungsbereichs geht. Darin heißt es nämlich „mit der Richtlinie darf es nicht zur Auflage gemacht werden". Dieser Wortlaut weicht erheblich von der Einschränkung des Geltungsbereiches in Art. 3 Abs. 2 - 4 RL ab. Auch Art. 4 Abs.1 und Art. 6 RL, stellen keine Ausnahmevorschriften für den Geltungsbereich dar. Es handelt sich bei Art. 6 Abs. 1 und 2 RL um Vorschriften zur Rechtfertigung einer unmittelbaren Ungleichbehandlung, wie sich aus der systematischen Stellung in Art. 6 RL „Gerechtfertigte Ungleichbehandlung wegen des Alters" ergibt. Die Beschränkungen des Diskriminierungsschutzes durch Art. 4 Abs. 1 und Art. 6 RL werden den Mitgliedsstaaten überdies „ungeachtet des Art. 2 Abs. 2" RL gestattet. Sie nehmen also explizit auf das Diskriminierungsverbot und nicht auf den Geltungsbereich Bezug.

Systematisch kann eine Einschränkung des Geltungsbereichs ferner nur durch Richtlinienvorschriften nicht aber durch Erwägungsgründe erfolgen. Rechtsverbindliche Bestimmungen einer Richtlinie werden allein durch den verfügenden Teil der einzelnen Artikel des Rechtsaktes festgelegt. Das ergibt sich notwendig aus der *nach* den Erwägungsgründen und vor den Artikeln stehende Formulierung: (der Rat) „hat *folgende* Richtlinie erlassen". Der Erwägungsgrund 14 RL ist daher nicht Teil der Vorschriften der Richtlinie selbst, als vorstehende Erwägung kann er daher keine unmittelbare Rechtsverbindlichkeit haben[219]. So er-

---

[218] a. A. Plötscher, S. 266

[219] so für die Begründungserwägung einer Verordnung auch EuGH v. 13.7.1989, Rs. 215/88 (Casa), Slg. 1989, 2808.

klärt auch Art. 249 Abs. 3 RL eine „Richtlinie" verbindlich, nicht jedoch seine Begründung.

Die systematischen Überlegungen im Schrifttum, nach denen aufgrund Art. 6 Abs. 2 RL auf den Geltungsbereich für Pensionsgrenzen geschlossen werden könne, überzeugen nicht. Es ist widersprüchlich, wenn gerade das Bestehen einer Rechtfertigungsvorschrift nahe legen soll, dass arbeitsrechtliche Pensionsgrenzen vom Geltungsbereich ausgeschlossen seien[220]. Eine Gestattung für die Mitgliedsstaaten wäre überflüssig, wenn Altersgrenzen nach dem Erwägungsgrund ohnehin vom Geltungsbereich ausgeschlossen sind. Außerdem gilt Art. 6 Abs. 2 RL seinem eindeutigen Wortlaut nach nur für *betriebliche* Systeme der sozialen Sicherheit. Er würde daher nur betriebliche Pensionsgrenzen, nicht aber einzelvertragliche und tarifvertragliche Regelungen erfassen. Vor allem aber wird unzulässigerweise nicht zwischen arbeitsrechtlicher Pensionsgrenze und Altersgrenze für den Bezug von Rentenleistungen unterschieden. Art. 6 Abs. 2 RL betrifft nach seinem eindeutigen Wortlaut nur letztere Altersgrenze. Andererseits kann aus Art. 6 Abs. 2 RL nicht geschlossen werden, dass die Richtlinie gerade auf arbeitsrechtliche Pensionsgrenzen anwendbar ist[221]. Art. 6 Abs. 2 RL betrifft nicht Höchstaltersgrenzen für das Ausscheiden aus dem Erwerbsleben, sondern betriebliche Altersgrenzen für Rentenansprüche. Die Möglichkeit ausdrücklich eine Altersgrenze für betriebliche Altersrente zu setzen, lässt keinen Rückschluss auf die Anwendbarkeit der Richtlinie auf Pensionsgrenzen zu.

Abzulehnen ist auch die Auffassung, Pensionsgrenzen müssten vom Geltungsbereich der Antidiskriminierungsrichtlinie ausgeschlossen sein, weil es sich dabei um eine durch sachliche Gründe zulässige Befristung des Arbeitsverhältnisses auf das 65. Lebensjahr handele, die von der Richtlinie 99/70/EG gedeckt sei. Diese Richtlinie habe systematisch als speziellere Regel Vorrang vor der Antidiskriminierungsrichtlinie[222]. Ein Spezialitätsverhältnis der europarechtlichen Richtlinie besteht aber nicht, weil der Anwendungsbereich der Richtlinie gar nicht eröffnet ist[223]. Europarechtlich vorgegeben ist nach § 5 Nr. 1 a der Richtlinie 99/70/EG nur eine sachliche Rechtfertigung der Befristung zur Vermeidung des Missbrauchs durch Kettenarbeitsverträge. Sie betrifft daher den Fall mehrerer hintereinander folgender kurzeitig befristeter Arbeitsverträge, nicht eine bei Vertragsschluss vereinbarte Befristung eines ansonsten unbefristeten Arbeitsverhältnisses. Das Erfordernis eines sachlichen Grundes zur Befristung etwa auf das 65. Lebensjahr ist europarechtlich gar nicht vorgesehen. Sieht man dieses Erfordernis in § 14 Abs. 1 TzBfG geregelt, so ist der deutsche Ge-

220 Leuchten, NZA 2002, S. 1258
221 so aber Thüsing, ZfA 2001, S. 410
222 Bauer, NJW 2001, S. 2674
223 ebenso Schlachter-FS Blomeyer, S. 367

setzgeber über die europarechtlichen Anforderungen hinaus gegangen[224]. Zudem würde es sich allenfalls um eine Überschneidung und nicht um ein Spezialverhältnis handeln[225]. Eine speziellere Regelung läge nämlich nur vor, wenn die Richtlinie 99/70/EG abschließend die Befristung von Arbeitsverträgen wegen des Alters behandeln würde. Das ist aber nicht der Fall, weil eine Befristung nicht ausschließlich wegen des Alters erfolgen kann, sondern auch an anderen Kriterien, wie etwa an der Dauer der Beschäftigung, anknüpfen kann.

dd) Teleologische Auslegung

Die teleologische Auslegung spricht gegen eine Beschränkung des Geltungsbereichs des Art. 3 Abs. 1 c) RL durch Erwägungsgrundes 14 RL. Es handelt sich seinem Zweck nach um eine Auslegungsvorschrift für die Rechtfertigung von Pensionsgrenzen. Eine Einschränkung des Geltungsbereichs würde dem Zweck eines effektiven Verbots der Altersdiskriminierung nach Art. 1 RL widersprechen.

(1) Nach der teleologischen Auslegung des Erwägungsgrundes 14 RL kann es sich nicht um eine Ausnahmevorschrift für den Geltungsbereich handeln.

Der Erwägungsgrund bezweckt keine Beschränkung des Geltungsbereichs, weil das seinem Sinn und Zweck gem. Art. 253 EG nicht entspricht[226]. Danach ist eine Richtlinie als formelle Voraussetzung ihrer Rechtmäßigkeit mit Gründen zu versehen. Nähere Ausführungen, welchen Inhalt und welche Anforderungen an Erwägungsgründe zu stellen sind, finden sich in Art. 253 EG nicht. Jedenfalls hat die Begründung die Erwägungen darzulegen, auf denen die Maßnahme beruht. Da Art. 253 EG für alle Rechtsmaßnahmen der Gemeinschaft gilt, sind die Anforderungen für eine Entscheidung, Verordnung oder Richtlinie unterschiedlich. Für einen Rechtsakt normativen Charakters, wie eine Richtlinie, kann sich die Begründung auf die allgemeinen Ziele beschränken, die mit ihr erreicht werden sollen[227]. Der EuGH geht davon aus, dass die Begründung der Darstellung allgemeiner Ziele und der Erwägungen zum Erlass der Richtlinie dient, keinesfalls aber der Einschränkung des Geltungsbereichs. Vielmehr bezweckt die Begründungspflicht die Möglichkeit der Fremdkontrolle der rechtsetzenden Organe durch die Mitgliedstaaten sowie durch den Gerichtshof[228]. Aus Gründen des Rechtsschutzinteresses ist deshalb darzulegen, wie und warum die Richtlinie erlassen wurde. Außerdem dient die Begründungspflicht der Selbstkontrolle, um

[224] Maschmann-Annuß/Thüsing, TzBfG, § 14, Rn. 3. § 14 Abs. 1 TzBfG ist allenfalls für individualvertragliche Regelungen nicht aber auf Pensionsgrenzen in Kollektivverträgen anwendbar, vgl. Seite 182, 200, 209.

[225] Thüsing, NZA 2001, S. 1064, Fn. 28 a. E.

[226] Schmidt/Senne, RdA 2002, S. 85

[227] Schmidt-Groeben, Art. 190 EGV, Rn. 6 ff. m.w.N.

[228] Redeker/Karpenstein, NJW 2001, S. 2830

sicherzustellen, dass der Rat überlegt und bedacht handelt[229]. Die Erwägungsgründe sollen daher in geraffter Form Aufschluss über die Zielorientierung und die Hintergründe des Rechtssetzungsvorhabens geben[230]. Es handelt sich im Gegensatz zu vereinzelten Auffassungen im Schrifttum also nicht um eine „bloßen Programmsatz" oder einem Satz mit „fehlender rechtliche Relevanz".

Ein Ausschluss vom Geltungsbereich für Pensionsgrenzen durch Erwägungsgrund 14 RL würde dementsprechend gegen Art. 253 EG verstoßen. Weder würde eine Erwägung dargelegt, auf der die Maßnahme beruht, noch ein Ziel aufgeführt, das mit der Richtlinie erreicht werden soll. Eine Beschränkung des Geltungsbereichs wäre kein Aufschluss über die Zielorientierung und Hintergrund der Antidiskriminierungsrichtlinie. Vielmehr wäre der Erwägungsgrund 14 RL selbst Teil des Rechtsetzungsvorhabens, Pensionsgrenzen vom Geltungsbereich auszunehmen. Damit würden durch den Erwägungsgrund eigenständig Ziele eines Rechtsetzungsvorhabens begründet, statt bestehende Ziele abzubilden. Zu keinem Zeitpunkt des Rechtssetzungsvorhabens findet sich zudem das politische Ziel, Pensionsgrenzen vom Geltungsbereich auszunehmen[231]. Vielmehr wurde die Benachteiligung Älterer gerade bei den Bedingungen des Ausscheidens aus dem Erwerbsleben in den Mittelpunkt der Erwägungen gestellt.

Würde man im Erwägungsgrund 14 RL eine Beschränkung des Geltungsbereichs für Pensionsgrenzen sehen, bestände überdies ein Widerspruch zu anderen Erwägungsgründen. In Erwägungsgrund 2 RL wird auf die Gleichbehandlungsrichtlinie verwiesen, die gerade auch für Pensionsgrenzen gilt. Erwägungsgrund 8 RL nimmt auf die Beschäftigungspolitischen Leitlinien für 2000 Bezug. Darin wird betont, „dass der Unterstützung älterer Arbeitnehmer mit dem Ziel der Erhöhung ihres Anteils an der Erwerbsbevölkerung besondere Aufmerksamkeit gebührt". Altersgrenzen für den Eintritt in den Ruhestand stehen dem gerade entgegen. Eine Ausnahme für Pensionsgrenzen widerspräche auch dem Ziel des hohen Beschäftigungsniveaus, nach Erwägungsgrund 11 RL ein weiteres Richtlinienziel. Bei einem solchen Widerspruch hätte es einer besonderen, über den Wortlaut des Erwägungsgrundes 14 RL hinausgehenden Begründung für die Ausnahme des Geltungsbereichs für Pensionsgrenzen bedurft. So hat der EuGH bei einem Widerspruch zweier Verordnungen an die Begründung besonders strenge Anforderungen gestellt[232]. Auch bei einem Widerspruch zu anderen Erwägungsgründen oder zum Inhalt des Rechtsaktes sind an eine Begründung strenge Bedingungen an die Klarheit, Folgerichtigkeit und Ausführlichkeit zu stellen[233]. Im Erwägungsgrund 14 RL fehlt es dagegen überhaupt an einer Begründung, warum Pensionsgrenzen vom Geltungsbereich ausgenommen sein

[229] Schmidt-Groeben, Art. 190 EGV, Rn. 4
[230] Wegener-Callies/Ruffert, EUV/EGV, Art. 220 EGV, Rn. 14
[231] vgl. Seite 65
[232] sog. Butterfahrten-Urteil, EuGH v. 7.7.1981, Rs. 158/89 (REWE), Slg. 1981, 1833
[233] Schmidt-Groeben, Art. 190 EGV, Rn. 2

sollen. Er würde daher auch aus diesem Grund den Anforderungen des Art. 253 EG nicht genügen.

(2) Der Erwägungsgrund 14 RL stellt seinem Zweck nach keine Auslegungsvorschrift für Art. 3 Abs. 1 c) RL, sondern für Art. 6 Abs. 1 RL dar. Man kann daher nicht annehmen, nach dem Erwägungsgrund sei der Begriff „Entlassungsbedingung“ dahingehend auszulegen, dass er Pensionsgrenzen nicht erfasst.

Erwägungsgründe können grundsätzlich der Präzisierung von Formulierungen einer Richtlinie dienen. Sie können so konkret formuliert sein, dass sie für die Auslegung entscheidende Hinweise geben und damit bei der Auslegung von Richtlinienvorschriften neben Wortlaut, Systematik und dem teleologischen Gebot der praktischen Wirksamkeit („effet utile“) stehen[234]. Gegen die Annahme einer Auslegungsvorschrift für den Geltungsbereich spricht, dass seine Formulierung jeden Bezug zu Art. 3 Abs. 1 c) RL bzw. zum Begriff der „Entlassungsbedingung“ vermissen lässt. In anderen Erwägungsgründen macht die Richtlinie dagegen von Erwägungsgründen als Auslegungshilfe unter Bezug auf den Wortlaut der betreffenden Vorschrift Gebrauch. In Erwägungsgrund 13 RL etwa wird der Wortlaut der auszulegenden Norm nahezu wörtlich wiederholt, um den Bezug zu Art. 3 Abs. 3 RL zu verdeutlichen. Ohnehin ist eine Auslegung nur vorzunehmen, wenn ein Begriff unklar ist. Das ist beim Begriff „Entlassungsbedingungen“ nicht der Fall, weil seine Auslegung durch Verweis auf die Gleichbehandlungsrichtlinie vorgezeichnet ist. Es kann auch auf die ergangene EuGH-Rechtsprechung verwiesen werden, wonach Pensionsgrenzen unter den Begriff der Entlassungsbedingung fallen.

Zusammen mit der historischen Auslegung ergibt sich, dass Art. 6 Abs. 1 RL nach Erwägungsgrund 14 RL so auszulegen ist, dass er Altersgrenzen für den Eintritt in den Ruhestand unter den genannten Voraussetzungen zulässt. Es ist kein Grund ersichtlich, warum für Pensionsgrenzen ein wenig streger Maßstab zur Rechtfertigung nach Art. 6 Abs. 1 RL gelten soll[235]. Im Schrifttum wird im Hinblick auf Erwägungsgrund 14 RL dagegen eine leichtere Rechtfertigungsmöglichkeit für Pensionsgrenzen gesehen[236].

(3) Eine Einschränkung des Geltungsbereichs würde letztlich dem Zweck eines effektiven Verbots der Altersdiskriminierung nach Art. 1 RL widersprechen[237].

Von der Bekämpfung der Diskriminierung wegen des Alters in Beschäftigung und Beruf wäre anderenfalls die in der Praxis bedeutende Beendigung des Arbeitsverhältnisses ausgeschlossen. Pensionsgrenzen betreffen den wichtigsten Bereich des Schutzes vor Altersdiskriminierung. Wie die Entstehungsgeschichte

---

234 Redeker/Karpenstein, NJW 2001, S. 2830
235 vgl. zur Auslegung des Art. 6 Abs. 1 RL nach Erwägungsgrund 14 RL Seite 98
236 Zöllner-FS Blomeyer, S. 530; Kuras, RdA 2003, Sonderbeilage zu Heft 5, S. 15
237 vgl. zum Zweck der Richtlinie nach Art. 1 RL Seite 48

gezeigt hat, war der Kampf für das Recht älterer Arbeitnehmer davon geprägt, dass sie selbst über das Ende ihrer Beschäftigung entscheiden können. Es wäre daher paradox, wenn Altersgrenzen für den Eintritt in den Ruhestand gleichwohl im Kampf gegen die Benachteiligung wegen des Alters vernachlässigt werden könnten. So betont die Kommission ausdrücklich, dass gerade bei den Bedingungen in Bezug auf den Eintritt in den Ruhestand ältere Menschen diskriminiert sind[238]. Das Ziel einer effektiven Bekämpfung der Altersdiskriminierung ist ohne eine Reglementierung von Pensionsgrenzen aufgrund ihrer Bedeutung in der Praxis nicht zu erreichen. Es bliebe für den Bereich der Pensionsgrenzen allein die Generalklausel des Art. 2 RL, die willkürliche Benachteiligungen verbietet. Das würde aber den Zielen der Antidiskriminierungsrichtlinie nicht gerecht[239]. Eine Einschränkung des Geltungsbereichs für Pensionsgrenzen lag nicht in der Intention des europäischen Gesetzgebers.

c) Altersgrenzen für weitere Entlassungsbedingungen

Das Diskriminierungsverbot gilt auch für Entlassungsbedingungen, die an eine Altersgrenze anknüpfen. Die ausdrückliche Normierung in Art. 3 Abs. 1 c) RL hat eher klarstellende Funktion; denn Beschäftigungs- und Arbeitsbedingungen sind Regelungen, die für die gesamte Dauer der Beschäftigung gelten, also auch für seine Beendigung. Daher fallen Regelungen für die Beendigung des Beschäftigungsverhältnisses unter den Begriff der „Beschäftigungs- und Arbeitsbedingungen".

Danach ist eine Kündigung allein wegen des Erreichens einer bestimmten Altersgrenze verboten. Keine unmittelbare Benachteiligung besteht dagegen, wenn die Voraussetzungen der Beendigung nicht allein vom Alter abhängig sind[240]. Eine verbotene Benachteiligung Älterer wäre auch eine gesetzliche Regelung, die daran ab Erreichen einer Altersgrenze geringere Anforderungen stellt oder den Ausschluss des Arbeitnehmerschutzes vor Kündigungen vorsieht. Beispiel einer Benachteiligung Jüngerer wäre eine individual- oder kollektivvertragliche Altersgrenze für den Ausschluss der ordentlichen Kündigung bei nur sehr kurzer Beschäftigungsdauer. Damit werden Arbeitnehmer unterhalb dieser Altersgrenze benachteiligt, weil sie noch ordentlich kündbar sind. Kommt es zu Entlassungen, sind sie davon stärker betroffen als ältere Beschäftigte. Knüpfen diese Kündigungsverbote dagegen vorwiegend an die Dauer der Betriebszugehörigkeit an, handelt es sich um eine mittelbare Diskriminierung jüngerer Arbeitnehmer[241].

---

238 Kommissionsbegründung KOM (1999) 565 endg., S. 3

239 Wiedemann/Thüsing, NZA 2002, S.1238

240 vgl. zur Berücksichtigung des Alters im Rahmen der Sozialauswahl des § 1 Abs. 3 KSchG Seite 219 m.w.N.

241 Eine Rechtfertigung nach Art. 2 Abs. 2 b) i) RL kommt im Hinblick auf die Belohnung der Betriebstreue bei 10 bis 15-jährigen Fristen in Betracht.

Dem Geltungsbereich unterliegen auch Altersgrenzen bei Entlassungen für die Abfindungshöhe. Wird bei Beendigung des Arbeitsverhältnisses die Höhe einer zu zahlenden Abfindung nicht allein anhand einer bestimmten Altersgrenze, sondern auch nach der Dauer der Beschäftigung bemessen, handelt es sich dagegen um eine mittelbaren Diskriminierung wegen des Alters nach Art. 2 Abs. 2 b) RL[242]. Eine unmittelbare Ungleichbehandlung wegen des Alters stellen daneben altersabhängige Regelungen in Sozialplänen bei einer Betriebsänderung dar[243]. Das gilt insbesondere, wenn ältere Arbeitnehmer bei Erreichen einer bestimmten Altersgrenze generell von derartigen Leistungen ausgeschlossen werden. Oftmals wird die Altersgrenze so hoch liegen, dass Anspruch auf (vorgezogene) Altersrente besteht und der Arbeitnehmer deshalb als wirtschaftlich abgesichert gilt.

d) Altersgrenzen bei der Bemessung des Arbeitsentgelts

Der sachliche Geltungsbereich erfasst nach Art. 3 Abs. 1 c) RL auch Altersgrenzen für die Höhe des Arbeitsentgelts. Auch hierbei handelt es sich bereits um „Beschäftigungs- und Arbeitsbedingungen“, so dass es sich nur um einen klarstellenden Hinweis handelt.

Für die Erstreckung des Geltungsbereichs auf das Arbeitsentgelt ist die Gemeinschaft nach Art. 13 EG zuständig. Die Kompetenz für ein Diskriminierungsverbot beim Arbeitsentgelt kann nicht deshalb abgelehnt werden, weil es sich bei Art. 13 EG lediglich um eine Rahmenkompetenz handelt[244]. Nach dieser Auffassung könne die Gemeinschaft nur wirksam handeln, wenn ihr durch andere Vorschriften Kompetenz für den Regelungsbereich zusteht. Das ergebe sich aus dem Wortlaut des Art. 13 EG „im Rahmen der auf die Gemeinschaft übertragenen Zuständigkeiten“. Art. 137 Abs. 6 EG schließe aber bei der Kompetenz für Beschäftigungsbedingungen ausdrücklich das Arbeitsentgelt aus[245]. Bei der Annahme einer bloßen Rahmenkompetenz wäre die Regelung des Art. 13 EG aber überflüssig[246]. Richtigerweise sieht die Kommission und der Rat die Rechtsgrundlage für die Richtlinie allein in Art. 13 EG[247]. Dafür spricht neben der systematischen Stellung auch der Wortlaut „unbeschadet der sonstigen Bestimmungen“. Art. 13 EG steht damit eigenständig neben anderen Kompetenzgrundlagen. Es bedarf daher für die Zuständigkeit des europäischen Gesetz-

---

242 Eine höhere Abfindung im Alter ist zum Schutz Älterer im Hinblick auf ihre schlechteren Chancen auf dem Arbeitsmarkt und der regelmäßig längeren Arbeitslosenzeit nach Art. 2 Abs. 2 b) i) RL wohl gerechtfertigt. Dazu Löwisch/Caspers/Neumann, S. 32

243 zu mit dem Alter zunächst ansteigenden, danach absinkenden Leistungen vgl. Kummer, S. 66; Leuchten, NZA 2002, S. 1260

244 Jochum, ZRP 1999, S. 280; Urlesberger, ZAS 2001, S. 76; a. A. Kummer, S. 142 ff.

245 Högenauer, S. 79 sieht daher die Einbeziehung von Entgeltvorschriften nicht von der Kompetenz der Gemeinschaft gedeckt.

246 Epiney-Callies/Ruffert, EUV/EGV, Art. 13 EGV, Rn. 5

247 Kommissionsbegründung KOM (1999), 565 endg., S. 11

gebers für Antidiskriminierungsregeln hinsichtlich des Arbeitsentgelts keiner ausdrücklichen Einzelermächtigung[248]. Es genügt der Berührungspunkt zum Bereich der Arbeitsbedingungen, für die die Gemeinschaft grundsätzlich zuständig ist.

Die Entgelhöhe darf nicht vom Erreichen einer bestimmten Altersgrenze abhängig gemacht werden. Für den Entgeltbegriff kann dabei auf die Legaldefinition des unmittelbar anwendbaren Art. 141 Abs. 2 EG zurückgegriffen werden. „Entgelt" erfasst danach die üblichen Grund- oder Mindestlöhne und -gehälter sowie alle sonstigen Vergütungen, die der Arbeitgeber aufgrund des Dienstverhältnisses dem Arbeitgeber mittelbar oder unmittelbar in bar oder in Sachleistungen gewährt. Wird die Höhe von Entgeltleistungen von einer Altersgrenze abhängig gemacht, handelt es sich um eine grundsätzlich verbotene Diskriminierung wegen des Alters. Grundsätzlich untersagt ist auch die altersgrenzenabhängige Gewährung von Gratifikationen, etwa aufgrund betrieblicher Übung oder kollektivrechtlicher Regelungen[249]. Ebenso fällt eine Altersgrenze bei betrieblichen Altersversorgungsleistungen unter den Entgeltbegriff, weil das Versorgungssystem auf einer Vereinbarung mit dem Arbeitgeber beruht und er sich an der Finanzierung beteiligt[250]. Altersgrenzen für Leistungen des gesetzlichen Altersversorgungssystems sind dagegen von Art. 3 Abs. 1 c) RL nicht erfasst. An einer unmittelbare Diskriminierung durch Altersgrenzen fehlt es bei Lehrlings- und Berufseinstiegsgehältern oder, bei Gratifikationen, die an die Betriebszugehörigkeit und nicht an das Erreichen einer Altersgrenzen anknüpfen[251].

III. Ausnahme für staatliche Systeme sozialer Sicherheit, Art. 3 Abs. 3 RL

Staatliche Leistungen, die an eine bestimmte Altersgrenze anknüpfen, unterliegen nach Art. 3 Abs. 3 RL nicht dem Diskriminierungsverbot wegen des Alters. Insbesondere Altersgrenzen im staatlichen Rentenversicherungssystem sind nach der Richtlinie zulässig[252].

Art. 3 Abs. 3 RL normiert eine Ausnahme des Geltungsbereichs „für Leistungen jeder Art seitens der staatlichen Systeme oder der damit gleichgestellten Systeme einschließlich der staatlichen Systeme der sozialen Sicherheit oder des sozialen Schutzes". Das gilt nach Erwägungsgrund 13 RL für solche Leistungen, die

---

248 a. A. Mohr, S. 182 f.: danach sind die Regelungen der Richtlinie hinsichtlich des Entgelts nichtig.

249 Zu den Diskriminierungsverboten der RL 2000/78/EG bzgl. des Entgelts insb. Mohr, S. 214 ff.

250 Coen-Lenz/Borchardt, EGV, Art. 141 EGV, Rn. 9; es besteht eine Rechtfertigungsmöglichkeit nach Art. 6 Abs. 2 RL, Seite 122

251 Es handelt sich um eine mittelbare Diskriminierung nach Art. 2 Abs. 2 b) i) RL. Dabei ist die Honorierung der höheren Dienst- oder Berufserfahrung wegen der zunehmenden Erfahrung und Übung und der daraus folgenden höheren Produktivität wohl zulässig.

252 Weber, ArbuR, 2002, S. 402

nicht dem Arbeitsentgelt in dem Sinne gleichgestellt werden, der diesem Begriff für die Anwendung des Art. 141 EG gegeben wurde, und für Vergütungen des Staates, die den Zugang zu einer Beschäftigung oder die Aufrechterhaltung eines Beschäftigungsverhältnisses zum Ziel haben. Diese Einschränkung des Geltungsbereichs ergibt sich daraus, dass es sich bei solchen Leistungen nicht um Bedingungen für die Beschäftigung und den Beruf im Sinne des Art. 3 Abs. 1 RL handelt. Für die staatlichen Systeme besteht damit eine Ausnahme, weshalb der nationale Gesetzgeber in diesem Bereich bei der Richtlinienumsetzung nicht tätig werden muss. Art. 3 Abs. 3 RL wird ergänzt durch die Rechtfertigungsvorschrift des Art. 6 Abs. 2 RL, die eine Rechtfertigungsmöglichkeit für Altersgrenzen bei betrieblichen Systeme der sozialen Sicherheit zulässt[253].

Nach Art. 3 Abs. 3 RL sind Altersgrenzen für den Anspruch auf gesetzliche Rentenzahlungen keine verbotene Benachteiligungen wegen des Alters. Das entspricht der Rechtsprechung des EuGH für die ebenfalls in Beschäftigung und Beruf geltende Gleichberechtigungsrichtlinie[254]. Auf Altersgrenzen für eine unterschiedliche Dauer des Anspruchs auf Arbeitslosengeld ist die Antidiskriminierungsrichtlinie ebenso wenig anzuwenden[255]. Auch Altersgrenzen bei der Leistung von Sozialhilfe sind vom Geltungsbereich ausgenommen[256]. Schließlich gilt die Ausnahme auch für die finanzielle Förderung des Studiums nur bis zu einer bestimmten Altersgrenze. Sie dienten der Verwirklichung der Chancengleichheit im Bildungswesen als Teil des Sozialschutzes, dessen Leistung nicht einem Arbeitsentgelt entspricht. Unabhängig von der sozialen und wirtschaftlichen Situation soll der Betroffene eine seinen Neigungen und Fähigkeiten entsprechende berufsqualifizierende Ausbildung absolvieren können[257]. Auch besondere Förderungen zur Eingliederung älterer arbeitsloser Arbeitnehmer sind nicht vom Geltungsbereich erfasst. Zulässig bleibt daher der Entfall des Beitrags zur Arbeitslosenversicherung für Arbeitgeber bei Einstellung einer Person ab einer Altersgrenze von 55 Jahren. Keine verbotene Benachteiligung Jüngerer ist die Entgeltsicherung für Arbeitslose ab dem 50. Lebensjahr, mit der finanzielle Nachteile, die ältere Arbeitslose durch die Aufnahme einer niedriger entlohnten Beschäftigung erleiden, teilweise ausgeglichen werden können, oder ein Eingliederungszuschuss für Ältere ab dem 50. Lebensjahr.

IV. Ausnahme für die Streitkräfte, Art. 3 Abs. 4 RL

Die Mitgliedsstaaten können nach Art. 3 Abs. 4 RL vorsehen, dass für die Streitkräfte das Diskriminierungsverbot bezüglich des Alters nicht gilt.

[253] vgl. dazu Seite 122
[254] EuGH v. 16.2.1982, Rs. 19/81 (Burton), Slg. 1982, 555, Rn. 13 f.
[255] vgl. im nationalen Recht nunmehr die verkürzte Bezugsdauer für ältere Arbeitnehmer nach § 127 Abs. 2 SGB III nach Art. 3 Nr. 2 des Gesetzes zu Reformen am Arbeitsmarkt, BGBl 2003, S. 3004
[256] Högenauer, S. 122
[257] so für das deutsche Recht: Ramsauer/Stallbaum, § 1 BAföG, Rn. 5

Das Verbot von Altersgrenzen als Benachteiligung wegen des Alters gilt grundsätzlich nach Art. 3 Abs. 1 RL auch für Soldaten, weil sie als Personen im öffentlichen Bereich dem persönlichen Geltungsbereich unterliegen. Dagegen fehlt es bei der Dienstverpflichtung der Wehrpflicht wie beim Ersatzdienst ohnehin schon am Erwerbszweck und damit an der „Erwerbstätigkeit" i.S.d. Art. 3 Abs.1 RL[258]. Unter „Erwerbstätigkeit" ist allgemein die Erbringung jedweder Tätigkeit gegen Entgelt zu verstehen. Damit sind Altersgrenzen für Dienstverpflichtungen (wie Wehr- und Zivildienst) von vornherein nicht vom Geltungsbereich erfasst.

Es ist möglich, dass der deutsche Gesetzgeber schon zur Vermeidung eines zweiten Falles „Kreil" für die Altersdiskriminierung und aus Gründen der Rechtssicherheit von der Ausnahme des Art. 3 Abs. 4 RL Gebrauch macht. Die Ausnahmemöglichkeit soll nach Erwägungsgrund 19 RL die Schlagkraft der Streitkräfte sichern. Damit wird aber keine weitere Tatbestandsvoraussetzung aufgestellt, sondern nur das Motiv für diese weitgehende Ausnahmebestimmung dargelegt. Es ist nicht erforderlich, dass Mindest- und Höchstaltersgrenzen für Berufssoldaten tatsächlich dem Erhalt der Schlagkraft des Militärs dienen. Diese Voraussetzung findet sich im Wortlaut des Art. 3 Abs. 4 RL im Unterschied zu Art. 2 Abs. 5 RL, wonach Maßnahmen für die genannten Ziele notwendig sein müssen, nicht[259].

---

258 Schmidt/Senne, RdA 2002, S. 82

259 Macht der nationale Gesetzgeber von Art. 3 Abs. 4 RL keinen Gebrauch, richten sich die Voraussetzungen nach Art. 2 Abs. 5 RL, vgl. dazu Seite 53 ff.

D. Altersgrenzen aufgrund beruflicher Anforderungen, Art. 4 Abs. 1 RL

Die Mitgliedstaaten können nach Art. 4 Abs. 1 RL bei der Diskriminierung u.a. wegen des Alters vorsehen, dass eine Ungleichbehandlung aufgrund „wesentlicher und entscheidender beruflicher Anforderungen“ zulässig ist.

Die Regelung weist starke Ähnlichkeit mit der BFOQ- Einrede des ADEA auf[260]. Im Schrifttum wird sie daher teilweise in enger Anlehnung an die dazu ergangene Rechtsprechung der US Gerichte gehandhabt. Altersgrenzen für Feuerwehrmänner, Polizisten, Fluglotsen, Busfahrer seien danach wegen der besonderen körperlichen Belastung auch nach Art. 4 Abs. 1 RL generell zulässig[261]. Das wird jedoch den Anforderungen der BFOQ- Einrede nicht gerecht.

Nach Art. 4 Abs. 1 RL können feste Altersgrenzen bei Einstellung und Pensionierung zum Schutz der öffentlichen Sicherheit nur in engen Grenzen nach Art. 4 Abs. 1 RL zugelassen werden. Das Alter ist nur ausnahmsweise wesentlich und entscheidend für die sichere Verrichtung der Tätigkeit. Feste Altersgrenzen können nach Art. 4 Abs. 1 RL daneben aus Gründen der Authentizität oder, wenn das Alter Teil der konstitutiven Unternehmenspolitik ist, wegen der Kundenerwartung zugelassen werden.

I. Altersgrenzen nach der vergleichbaren Regelung des ADEA

Nach dem ADEA kann der Arbeitgeber eine Ungleichbehandlung durch Altersgrenzen mit der Einrede begegnen, es handele sich um eine „bona fide occupational qualification“ (BFOQ- Einrede)[262]. Zum Schutz der öffentlichen Sicherheit sind feste Altersgrenzen bei Einstellung und Pensionierung danach aber nur zulässig, wenn ein bestimmtes Alter notwendig für die Bewältigung der mit der speziellen Tätigkeit verbundenen Aufgaben ist. Außerdem muss die Altersgrenze nach Treu und Glauben die einzige Möglichkeit sein, die Sicherheit Dritter zur gewährleisten.

1. Prüfungsmaßstab der BFOQ- Einrede

Nach der BFOQ- Einrede kann eine Benachteiligung Älterer zulässig sein, wenn ein bestimmtes Alter „vernünftigerweise für die Bewältigung der mit der speziellen Tätigkeit normalerweise verbundenen Aufgaben notwendig“ ist (reasonably necessary to the normal operation of the particular business, sec. 623 (f) (1), 1. Fall).

Nach der Rechtsprechung muss dafür eine bestimmte Eigenschaft für die ordnungsgemäße Erbringung der Arbeitsleistung „vernünftigerweise notwendig“,

---

[260] vgl. auch Defeis, S. 90
[261] Thüsing, ZfA 2001, S. 408; ders., NZA 2001, S. 1063
[262] vgl. zu den Ausnahmemöglichkeiten des ADEA Seite 40

nicht bloß angebracht oder vernünftig sein[263]. Anerkannte Eigenschaften sind der gute Gesundheitszustand und das Risiko für die Sicherheit Dritter durch plötzliche körperlich bedingte Ausfälle. Das Vorhandensein dieser Eigenschaften bezieht sich nach überwiegender Auffassung auf die konkrete Arbeitsstelle und nicht auf eine ganze Berufsgruppe[264]. Das überzeugt schon deshalb, weil innerhalb einer Berufsgruppe (z. B. der Polizisten) unterschiedliche Anforderungen (etwa an die körperliche Fitness) gestellt werden. Eine typisierende Zusammenfassung mehrerer Arbeitnehmer würde zudem dem Zweck des ADEA widersprechen. Er wurde geschaffen, um Klischees hinsichtlich des Alters zu verhindern, die Fähigkeiten sollen altersunabhängig und individuell betrachtet werden[265].

Nach der Rechtsprechung muss bei der BFOQ- Einrede außerdem die Anknüpfung an ein bestimmtes Alter die einzige Möglichkeit sein, das Vorhandensein dieser Eigenschaft sicherzustellen. Das ist entweder der Fall, wenn es Untersuchungen gibt, wonach Personen oberhalb einer bestimmten Altersgrenze diese Fähigkeit nicht haben oder wenn es nicht oder nur unter unverhältnismäßig hohem Aufwand möglich ist, die Qualifikation individuell zu überprüfen[266]. Der altersbedingte Leistungsabfall darf dabei nicht auf reinen Vermutungen und pseudo-wissenschaftlichen Erkenntnissen beruhen, weil solche Verhaltensweisen mit dem ADEA gerade verhindert werden sollen[267]. Wie hoch die Anforderungen dabei sind, wird von den einzelnen Gerichten höchst unterschiedlich beurteilt. Ist es dem Arbeitgeber zumutbar, den körperlichen Gesundheitszustand durch Untersuchungen feststellen zu lassen, wird die BFOQ- Einrede nicht berücksichtigt. Die individuelle Betrachtung ist dann einer generellen Altersgrenze bei Einstellung oder Pensionierung vorzuziehen. Maßgeblich für die Zumutbarkeit sind die Unternehmensgröße, die Art der Tätigkeit sowie der Kosten- und Zeitaufwand.

2. Fälle zulässiger Altersgrenzen

Aufgrund dieser strengen Voraussetzungen der BFOQ- Einrede ist es nur bei der Einstellung und Pensionierung im Flug- und Bustransport, und teilweise bei Feuerwehr und Polizei gelungen, das Gericht aufgrund der besonderen psychischen und physischen Belastungen von einem erhöhten Risiko für den Arbeitnehmer oder für Dritte zu überzeugen. Dabei sind die Anforderungen an die Gestattung von Einstellungs- und Pensionsgrenzen umso geringer, je höher das mit der jeweiligen Tätigkeit verbundene Sicherheitsrisiko für Dritte ist. Nur sel-

---

[263] Western Air Lines, Inc. vs. Criswell 472 U.S. 413 (1985)

[264] so die überwiegende US-amerikanische Rechtsprechung, Fenske, S. 148 f.

[265] Kalet, Age Discrimination in Employment Law, S. 82

[266] Usery vs. Tamiami Trail Tours, 531 F.2d 224 (5th Cir. 1976); Western Air lines, Inc. vs. Criswell 472 U.S. 413 (1985)

[267] Peter, ArbuR 1993, S. 386

ten wird der öffentlichen Sicherheit Vorrang vor dem Schutz des Einzelnen vor Altersdiskriminierung eingeräumt[268].

Altersgrenzen für die Einstellung von Piloten wurden aufgrund des speziellen Ausbildungskonzepts zugelassen, wenn bei einem zu hohen Eintrittsalter die Piloten nur noch wenige Jahre vor der Pensionierung als Kapitän arbeiten könnten[269]. Eine ausreichende Erfahrung sei im Hinblick auf das Ausmaß der eventuell eintretenden Schäden und der Flugsicherheit vernünftigerweise notwendig. Ob die Altersgrenze des Ausbildungskonzepts die einzige Möglichkeit ist, für die notwendige Erfahrung zu sorgen, haben die Gerichte unterschiedlich beurteilt[270]. Pensionsgrenzen für Piloten im zivilen Luftverkehr wurden ohnehin nicht am ADEA gemessen, weil für Piloten von Verkehrsmaschinen gesetzlich eine mehrfach höchstrichterlich bestätigte Pensionsgrenze von 60 Jahren angeordnet ist[271]. Altersgrenzen für Cargo-Piloten wurden anhand des ADEA geprüft und die Pensionierung aus Gründen der Sicherheit für Dritte gebilligt[272]. Nach einer vom Supreme Court bestätigten Entscheidung können aber die Gefahren für die Flugsicherheit durch das Alter von Flugingenieuren geringer sein als bei Pilot und Copilot. Die Pensionsgrenze von 60 Jahren wurde daher für diese für unwirksam erklärt[273].

Für Busfahrer wurden in länger zurückliegenden Entscheidungen sowohl Einstellungsgrenzen von 35 bzw. 40 Jahren als auch Pensionsgrenzen von 65 Jahren wegen der BFOQ- Einrede zugelassen[274]. Sie beruhten auf wissenschaftlichen Untersuchungen, nach denen die Fähigkeit, einen Bus sicher zu führen, aufgrund der psychischen und physischen Veränderungen im Alter abnimmt[275]. Danach

---

268 Hebel, S. 120 sieht daher Parallelen zu einer Verhältnismäßigkeitsprüfung des deutschen Rechts.

269 Murnane v. American Airlines, Inc., 667 F.2d 98 (D.C. Cir. 1981); a. A. Smallwood v. United Airlines, Inc. 661 F2d 303 (4th Cir. 1981). Zur Rechtfertigungsmöglichkeit nach der Richtlinie aus diesem Grund nach Art. 6 Abs. 1 S. 2 c) RL Seite 120.

270 Ein Zusammenhang zwischen einer Altersgrenze von 35 Jahren und der Flugsicherheit wurde im Hinblick auf laufende Gesundheitstest bei Smallwood vs. United Air Lines, Inc. 661 F. 2d 303 (4th Cir. 1981) abgelehnt.

271 14 CFR sec. 121.383 (c) (1985). So schon Gray vs. FAA, 594 F.2d 793 (10th Cir. 1979); bestätigt in Professional Pilots Federation vs. FAA, 118 F. 3d 758 (D.C. Cir. 1997): das Risiko ab dem 60. Lebensjahr kann danach nicht mit zunehmender Erfahrung ausgeglichen werden.

272 Johnson vs. American Airlines, Inc., 745 F. 2d 988 (5th Cir. 1984)

273 Western Air Lines vs. Criswell, 472 U.S. 400 (1985); ebenso die Vorinstanz in Criswell vs. Western Air Lines, Inc., 514 F. Supp. 384 (C. D. California 1981). Die Entscheidung betrifft nicht Piloten sondern Flugingenieure. Als dritte Person der Cockpitbesatzung sind diese für alle Aufgaben zuständig, die nicht unmittelbar mit dem Führen des Flugzeugs zusammenhängen. Neuere Flugzeugtypen lassen sich mit Pilot und Copilot fliegen.

274 Hodgson vs. Greyhound Lines, Inc., 449 F. 2d 859 (7th Cir. 1974); Usery vs. Tamiami Trail Tours, 531 F. 2d 224 (5th Cir. 1976); Maki vs. Commissioner of Education, 568 F. Supp. 252 (N.D. New York 1983)

275 Usery vs. Tamiami Trail Tours, 531 F. 2d 236 (5th Cir. 1976)

verbessere sich die Unfallquote im Laufe der 15 – 20-jährigen Berufserfahrung, nehme aber ab dem 55 Lebensjahr wieder zu. Ein über 40-jähriger Bewerber würde daher nach Meinung des Arbeitgebers nicht die ausreichende Unfallsicherheit für die Dauer der Beschäftigung bieten. Es ist fraglich, ob das Gericht nach heutigen gerontologischen Erkenntnissen noch so entscheiden würde, kann doch abnehmende Reaktionsfähigkeit auch durch zunehmende Erfahrung mit schwierigen Verkehrsituationen ausgeglichen werden.

Altersgrenzen für öffentliche Sicherheitsdienste, wie bei Polizei und Feuerwehr, mussten von 1986 bis 1993 nicht den Anforderungen der BFOQ -Einrede genügen, weil der ADEA für diese Tätigkeiten nicht galt. Die befristete Ausnahme wurde nicht verlängert, weil dem öffentlichen Wohl mit einer individuellen Entscheidung besser gedient ist als mit einer festen Altersgrenze[276]. Es erscheint daher fraglich, ob die Gerichte künftig an der Rechtsprechung vor 1986 noch festhalten, die Einstellungs- und Pensionsgrenzen für Polizisten teilweise zugelassen hat[277]. Dagegen spricht, dass für diese Tätigkeiten der körperliche Gesundheitszustand auch durch Untersuchungen laufend individuell getestet wird[278].

3. *Ausschluss bei widersprüchlichem Verhalten*

Die BFOQ- Einrede steht daneben unter dem Vorbehalt des guten Glaubens („bona fide"). Daher kann sich ein Arbeitgeber nicht auf sie berufen, wenn er sich widersprüchlich verhält[279].

Eine Pensionsgrenze kann nicht mit dem Schutz der Gesundheit der Arbeitnehmer begründet werden, wenn Gesundheitskontrollen bei jüngeren Arbeitnehmern nicht durchgeführt werden[280]. Der gute Gesundheitszustand ist nach Treu und Glauben keine „notwendige" Voraussetzung für die Tätigkeit, weil ansonsten Gesundheitsuntersuchungen in jedem Alter verbindlich wären. Werden sie für jüngere Arbeitnehmer nicht durchgeführt, wird älteren Arbeitnehmern eine schlechtere körperliche Verfassung unterstellt. Eine Höchstaltersgrenze ist außerdem treuwidrig, wenn der Arbeitgeber andere Arbeitnehmer auf vergleichbaren Stellen trotz Überschreiten dieses Alters einstellt[281]. Es verstößt auch gegen Treu und Glauben Arbeitnehmer weiterzubeschäftigen, während es für andere vergleichbare Beschäftigte zu einem Ausscheiden aufgrund einer Pensionsgrenze kommt. Auch in diesen Fällen kann das Alter keine „notwendige" Voraussetzung der Tätigkeit sein. Dass eine notwendige Fähigkeit für die Ausführung der

[276] vgl. Seite 55
[277] Fenske, S. 153 ff. m.w.N.
[278] so Rodriguez vs. Taylor, 428 F. Supp. 1118 (E.D. Pennsylvania, 1976)
[279] Fenske, S. 149; Hebel, S. 118 f.
[280] EEOC vs. State Department of Highway Safety & Motor Vehicles, 660 F. Supp. 1104 (N.D. Florida 1986)
[281] EEOC vs. Mississippi, 654 F.Supp.1168 (S.D. Mississippi 1987)

Tätigkeit von einem bestimmten Alter abhängt, kann schließlich zweifelhaft sein, wenn andere Unternehmen der gleichen Branche keine entsprechenden Altersgrenzen haben[282]. Sind die Anforderungen an die spezielle Arbeitsaufgabe mit denen in anderen Unternehmen identisch, spricht trotz individueller Betrachtung der jeweiligen Beschäftigung einiges dafür, dass ein bestimmtes Alter nicht „vernünftigerweise notwendige“ Voraussetzung der Tätigkeit ist.

II. Altersgrenzen nach Art. 4 Abs. 1 RL

Einem ähnlichen Rechtsgedanken folgt der Art. 4 Abs. 1 RL. Danach können die Mitgliedstaaten bestimmen, dass keine Diskriminierung vorliegt, wenn das Alter „aufgrund der Art einer bestimmten beruflichen Tätigkeit oder der Bedingung ihrer Ausübung eine wesentliche und entscheidende berufliche Anforderung darstellt, sofern es sich um einen rechtmäßigen Zweck und eine angemessene Anforderung handelt“.

Feste Altersgrenzen bei der Einstellung und Pensionierung können aus Gründen der Authentizität und der Kundenerwartung nur zugelassen werden, wenn das Alter wesentlich und entscheidend für die konkrete Tätigkeit ist. Zum Schutz der eigenen Gesundheit sind feste Pensionsgrenzen dagegen nicht vernünftigerweise notwendig. Pensionsgrenzen zum Schutz der öffentlichen Sicherheit sind zulässig, wenn das Alter ausnahmsweise für die sichere Verrichtung der Tätigkeit wesentlich und entscheidend ist.

1. Voraussetzungen

Die Zulassung von Altersgrenzen wegen des Alters als „wesentliche und entscheidende berufliche Anforderung“ hat durch eine autonome europarechtliche Auslegung des unbestimmten Rechtsbegriffs zu erfolgen. Die Beurteilung ist vom nationalen Rechtsverständnis losgelöst, weil die Richtlinie Teil der eigenen europäischen Rechtsordnung ist[283].

Um den Schutz vor Altersdiskriminierung nicht leer laufen zu lassen, kann von der Vorschrift nach Erwägungsgrund Nr. 23 RL nur unter sehr begrenzten Bedingungen Gebrauch gemacht werden. Zu dieser Klarstellung gegenüber dem Kommissionsentwurf kam es nachträglich aufgrund der Bedenken des Wirtschaft- und Sozialausschusses gegen eine zu weit reichende Einschränkung des Diskriminierungsverbots[284]. Die Fälle, in denen das Alter als berufliche Anforderung eine Ungleichbehandlung nötig macht, sollen der Ausnahmefall bleiben[285]. Für die Auslegung der Vorschrift kann nicht auf Art. 2 Abs. 2 der

[282] Western Air Lines, Inc. vs. Criswell, 472 U.S. 400 (1985)
[283] Bleckmann, Europarecht, § 8, Rn. 538 f.
[284] ABlEG 2000, Nr. C 204, S. 86
[285] Weber, ArbuR 2002, S. 402

Gleichberechtigungsrichtlinie 76/207/EWG[286] zurückgegriffen werden. Dort wird vom Geschlecht als „unabdingbarer" Voraussetzung für die Tätigkeit gesprochen. Dieser Begriff ist enger gefasst, wobei das Alter nie unabdingbar für die Ausführung einer bestimmten Tätigkeit wäre.

Eine berufliche Anforderung ist als „wesentlich und entscheidend" anzusehen, wenn der Erwerbstätige erst ab oder nur bis zu einem bestimmten Alter „objektiv und vernünftigerweise" für die ordnungsgemäße Erfüllung der Tätigkeit in Betracht kommt[287]. Danach kann die subjektive Beurteilung durch den Arbeitgeber nicht ausschlaggebend sein, da er sonst selbst über den Anwendungsbereich des Diskriminierungsschutzes frei entscheiden könnte. Mit dem Kriterium „objektiv" sind gleichzeitig Fälle ausgeschlossen, in denen sich der Arbeitgeber widersprüchlich verhält. Wie bei der BFOQ- Einrede wird es sich eher nicht um eine wesentliche und entscheidende berufliche Anforderung i.S.d. Art. 4 Abs. 1 RL handeln, wenn Altersgrenzen nicht branchenüblich sind: finden sich bei bestimmten beruflichen Tätigkeiten in anderen Unternehmen keine oder grundsätzlich höhere Altersgrenzen, so wird ein bestimmtes Alter nicht „objektiv" wesentlich und entscheidend sein. Ähnlich hat man zu entscheiden, wenn der Arbeitgeber selbst bei vergleichbaren Tätigkeiten Personen oberhalb der Altersgrenze beschäftigt. Statt einer objektiven Anforderung handelt es sich dann eine unzulässige abwertende Beurteilung des Betroffenen aufgrund seines Alters. Der Begriff „vernünftigerweise" ist dabei eng zu fassen, eine nur sachliche Rechtfertigung genügt nicht. Anderenfalls könnte der Zweck der Bekämpfung der Altersdiskriminierung gem. Art. 1 RL nicht erreicht werden. Von einer wesentlichen und entscheidenden beruflichen Anforderung wird man daher nur ausgehen können, wenn es sich um eine „vernünftigerweise notwendige" Voraussetzung der Tätigkeit handelt. Auch insofern kann man sich an der Definition des ADEA orientieren. Es muss aufgrund des Ereichens einer Altersgrenze feststehen, dass der Erwerbstätige nicht in der Lage ist, die konkrete Vertragsleistung sicher oder vertragsmäßig zu erbringen. Eine Ungleichbehandlung aufgrund nicht spezifisch tätigkeitsbezogener Erwägungen scheidet dabei aus.

Die Altersgrenze muss zudem ihrer Höhe nach angemessen sein und einem rechtmäßigen Zweck dienen. Dafür kommen grundsätzlich geschäftliche Interessen (Kundenerwartung, Authentizität), der Schutz der Gesundheit des Erwerbstätigen sowie die Sicherheit Dritter in Betracht. Vergleichbar der BFOQ-Einrede muss das Schutzinteresse das Individualinteresse an der diskriminierungsfreien Behandlung bei der Einstellung oder Beendigung der Tätigkeit überwiegen. Abzustellen ist dabei auf die spezifischen beruflichen Anforderungen der Tätigkeit oder der Bedingung ihrer Ausübung[288].

---

286 ABlEG 1976, Nr. L 39 S. 40 ff.

287 Högenauer, S. 119 f. legt den Begriff „vernünftigerweise" entgegen dem Zweck der Richtlinie nach Art. 1 RL großzügig aus.

288 Kommissionsbegründung KOM (1999), 565 endg., S. 11

2. *Altersgrenzen aus Gründen der Authentizität oder der Kundenerwartung*

Die Einhaltung einer bestimmten Altersgrenze kann nur für spezielle Tätigkeiten aus Gründen der Authentizität und der Kundenerwartung i.S.d. Art. 4 Abs. 1 RL wesentlich und entscheidend sein.

Eine Altersgrenze für die Einstellung ist z. B. für die Rolle des jungen Liebhabers zulässig, die man nur durch Schauspieler bis zu einer bestimmten Altersgrenze vernünftigerweise besetzen kann. Das gilt auch für die Tätigkeit als Model, weil sich Modeentwürfe gezielt an eine Käufergruppe bestimmten Alters richten, oder des Moderators bei einem Musikfernsehsender, der sich ausschließlich an Zuschauer einer bestimmten Altersgruppe richtet. Die Präsentation muss dann aus Gründen der Geschäftstätigkeit altersgerecht erfolgen. Ebenso wird eine bestimmte Altersgrenze bei Funktionsträgern von Jugend- oder Altersverbänden als mit Art. 4 Abs. 1 RL vereinbar angesehen[289].

Doch kann nicht jede Erwartung der Kunden eine Altersgrenze für die Einstellung oder Beendigung der Tätigkeit vernünftigerweise notwendig machen. Dient sie nur einem jungen und dynamischen Erscheinungsbild des Unternehmens, ist das Alter keine wesentliche und entscheidende berufliche Anforderung zur Ausübung der Tätigkeit. Es ist eine restriktive Anwendung der Vorschrift nur auf die Fälle geboten, in denen eine bestimmte altersmäßig begrenzte Kundengruppe „konstitutiver Teil des Unternehmenskonzepts" ist[290]. Es muss jedenfalls sichergestellt werden, dass nicht aufgrund des Klischees „jung und dynamisch" der Schutz vor Altersdiskriminierung ausgehebelt wird. Die zulässige Grenze ist jedenfalls überschritten, wenn der Arbeitgeber vermutet, dass es Mitarbeitern ab Erreichen einer bestimmten Altersgrenze an dieser Dynamik fehlt. Daher wird etwa für Flugbegleiter eine Altersgrenze aus Imagegründen für die Einstellung oder Pensionierung den Anforderungen des Art. 4 Abs. 1 RL nicht gerecht, weil sie auf überholten gesellschaftlichen Ansichten beruhen[291]. Solche Vorurteile sollen mit der Antidiskriminierungsrichtlinie gerade bekämpft werden.

3. *Altersgrenzen zum Schutz der eigenen Gesundheit*

Feste Altersgrenzen für die Pensionierung sind zum Schutz der eigenen Gesundheit nicht vernünftigerweise notwendig. Das Alter ist daher nicht wesentlich und entscheidend i. S. d. Art. 4 Abs. 1 RL. Eine Altersgrenze aus diesem Grund wäre

---

[289] Schlachter-FS Blomeyer, S. 359

[290] recht großzügig ist die dahingehende Auslegung von Löwisch/Caspers/Neumann, S. 25.

[291] Als Verstoß gegen den irischen EEA wurde eine Anzeige der irischen Ryanair gewertet, in der „junge, dynamische" Flugbegleiter/innen gesucht wurden. Es handele sich um eine mittelbare Diskriminierung wegen des Alters, wobei ein junges und dynamisches Erscheinungsbild des Unternehmens kein die Ungleichbehandlung rechtfertigendes Ziel sei, vgl. Equality Authority vs. Ryanair, File No. EE/2000/19, Date of Issue 29/12/2000.

mit der restriktiven Auslegung der Vorschrift im Lichte einer effektiven Bekämpfung der Altersdiskriminierung nicht vereinbar.

Zwar scheint das Alter für die Ausführung einer Tätigkeit wesentlich und erforderlich sein, wenn dadurch Schäden für die eigene Gesundheit vermieden werden. Dafür kommen von vornherein nur Berufe mit überdurchschnittlich starken psychischen oder physischen Belastungen in Betracht. Ein guter Gesundheitszustand muss dafür so erheblich sein, dass die Tätigkeit sonst nicht ohne Schädigung der eigenen Gesundheit zu verrichten ist. Als Beispiel wird etwa die im Alter nachlassende körperliche Geschicklichkeit und der nachlassende Gleichgewichtssinn des Zirkusartisten als besondere berufliche Anforderungen genannt[292]. Vernünftigerweise notwendig ist eine feste Altersgrenze dafür aber nicht, weil es dem Arbeitgeber möglich und dem Aufwand nach zumutbar ist, die Gesundheit individuell zu überprüfen. Das gilt auch für Pensionsgrenzen bei Führungskräften, die der Gesundheit dienen sollen. Wenn die gute körperliche und geistige Verfassung für die Tätigkeit so wesentlich und entscheidend ist, dass ansonsten Gefahren für den Betroffenen entstehen, ist es dem Arbeitgeber nämlich auch zumutbar, die begrenzte Anzahl von Arbeitnehmern auf ihre Gesundheit zu überprüfen. Keinesfalls darf nämlich ab einem gewissen Alter die fehlende Belastbarkeit des Betroffenen vermutet werden. Dagegen sprechen schon die Erkenntnisse der Gerontologie[293]. Unterstellt der Arbeitgeber aufgrund besserer körperlicher Verfassung also nur an eine höhere Leistungsfähigkeit, so kann er die Altersgrenze nicht mit dem Schutz der Gesundheit des Beschäftigten begründen.

4. Altersgrenzen zum Schutz Dritter

Feste Einstellungsaltersgrenzen lassen sich nicht mit dem Schutz Dritter mit Art. 4 Abs. 1 RL rechtfertigen. Pensionsgrenzen sind aber für Piloten vernünftigerweise notwendig, weil das Alter nachweislich wesentlich und entscheidend für die sichere Verrichtung der Tätigkeit ist. Für andere Tätigkeiten fehlt es bislang an einem entsprechenden Nachweis[294].

a) Altersgrenzen bei der Einstellung

Feste Einstellungsgrenzen sind zum Schutz der öffentlichen Sicherheit nicht mit Art. 4 Abs. 1 RL zu vereinbaren. Eine gute körperliche Konstitution kann zwar für bestimmte berufliche Tätigkeiten vernünftigerweise zur sicheren Ausführung der Tätigkeit notwendig sein. Zum Beispiel ist aufgrund der Art und der Bedingung der Tätigkeit eines Polizisten eine ausreichende körperliche Verfassung

---

292 Zöllner-FS Blomeyer, S. 525

293 vgl. Seite 28 ff.

294 Feste Altersgrenzen für die Tätigkeit als Soldat, bei der Polizei und Feuerwehr, u. ä. sind nicht hinsichtlich des Vorbehalts der öffentlichen Sicherheit gem. Art. 2 Abs. 5 RL vom Diskriminierungsverbot ausgenommen, vgl. Seite 53 ff.

durchaus notwendig, um Dritte nicht zu gefährden. Eine feste Altersgrenze ist dafür aber nicht vernünftigerweise notwendig. So kann die physische Belastbarkeit bei der Einstellung durch einzelfallbezogene Eignungstests, die ohnehin vorgesehen sind, festgestellt werden. Dabei kann zum einen auf die spezifischen Anforderungen der künftigen Tätigkeit Bezug genommen werden. Zum anderen wird Erwerbstätigen, die trotz Überschreitens einer Altersgrenze den Anforderungen der Tätigkeit genügen, auf angemessene Art und Weise Schutz vor der Benachteiligung wegen des Alters gewährt. Da eine Eignungsprüfung in der Regel zusätzliche Einstellungsvoraussetzung ist, ist es dem Arbeitgeber auch durchaus zumutbar, allein danach die Einstellung vorzunehmen.

Eine Höchstaltersgrenze für Piloten kann man nach Art. 4 Abs. 1 RL nicht wegen eines spezifischen Ausbildungskonzepts oder einer angemessenen Beschäftigungszeit vor dem Ruhestand zulassen[295]. Altersgrenzen erfolgen regelmäßig im Hinblick auf dieses spezifische Ausbildungskonzept zur Vermittlung von Berufserfahrung. Das Alter ist insofern aber schon keine Anforderung für die Ausübung der Tätigkeit. Bei einem derartigen „Crew-Konzept" geht es nämlich nicht darum, dass ein bestimmtes Einstiegsalter wesentlich zur Ausführung der Tätigkeit ist, die Fähigkeiten werden nämlich durch individuelle Leistungstests ohnehin ermittelt. Vielmehr dient das Konzept der Verschaffung der notwendigen Erfahrung für den Aufstieg für künftige Tätigkeiten (z. B. vom Copiloten zum Piloten, von Kurz- zu Langstreckenflügen oder von kleineren zu größeren Flugzeugtypen). Ausreichende Erfahrung und nicht das Alter ist also eine wesentliche und entscheidende Voraussetzung für den weiteren Aufstieg.

b) Pensionsgrenzen

Feste Pensionsgrenzen sind nach Art. 4 Abs. 1 RL für Tätigkeiten zulässig, bei denen die Gefahr besteht, dass ein plötzlicher körperlicher Ausfall schwerwiegende Folgen für die Sicherheit und Gesundheit Dritter hat. Ist wissenschaftlich erwiesen, dass das Risiko aufgrund der psychischen und physischen Belastung ab einer bestimmten Altersgrenze ansteigt, sind Altersgrenzen vernünftigerweise erforderlich; denn individuelle Leistungstests können dieses Risiko nicht vollständig ausschließen.

Bislang liegen solche Erkenntnisse nur für Flugzeugführer vor, wonach das Cockpitpersonal überdurchschnittlichen psychischen und physischen Belastungen ausgesetzt ist. Dadurch liegt das Risiko altersbedingter Ausfallerscheinungen und unerwarteter Fehlreaktionen im Alter generell erheblich höher als bei Piloten in jüngeren Jahren. Die Pensionsgrenze dient dem rechtmäßigen Zweck des Schutzes von Leben und Gesundheit nicht nur der übrigen Besatzung, sondern auch der Passagiere und allen anderen Menschen, die bei einem Zwischenfall eines Flugzeugs gefährdet werden können, z. B. die Bewohner des

[295] vgl. aber die Möglichkeit der Rechtfertigung nach Art. 6 Abs. 1 S. 2 c), S. 1 RL, Seite 119

überflogenen Gebietes. Das Gefährdungspotential ist so hoch, das an die Zulassung nach Art. 4 Abs. 1 RL keine übertriebenen Anforderungen zu stellen sind. Daher ist ausnahmsweise eine typische Betrachtung der Leistungsfähigkeit anhand einer Altersgrenze im Hinblick auf die Gefährlichkeit der Tätigkeit zulässig. Unerlässlich ist, dass für diese Tätigkeit Leistungstests für Mitarbeiter jeden Alters durchgeführt werden. Flugzeugführer müssen sich laufend individuellen Leistungstests unterziehen. Die Zulassung als Pilot wird bei Nichtbestehen entzogen, so dass es dann zur Auflösung des Vertrags kommen kann. Das macht aber eine generelle Pensionsgrenze nicht entbehrlich, weil bei Piloten auch bei Bestehen dieser Tests ein nachweisliches Ausfallrisiko besteht. Ist daher ab einem bestimmten Alter ein Risiko von plötzlichen Leitungsausfällen trotz ansonsten guter psychischer und physischer Verfassung gegeben, ist eine feste Pensionsgrenzen verhältnismäßig.

Die Zulassung von Pensionsgrenzen nach Art. 4 Abs. 1 RL für Piloten ist nicht ohne weiteres auf andere Berufsgruppen übertragbar. Vergleichbar zu dieser Tätigkeit ist von den Anforderungen und vom Gefährdungspotential her etwa der Beruf des Fluglotsen. Für Busfahrer und Zugführer sind weder das Ausmaß der Gefährdung Dritter durch menschliche Fehler noch die Anforderung an die Ausführung der Tätigkeit ohne weiteres vergleichbar. Für Flugbegleiter stellt das Alter im Gegensatz zur Cockpitbesatzung jedenfalls keine wesentliche und entscheidende berufliche Anforderung dar. Eine übermäßige psychische wie physische Belastung liegt nicht vor. Zudem ist das Risiko von plötzlichen Leistungsausfällen keinesfalls so hoch wie bei der Cockpitbesatzung. Wie bei der BFOQ- Einrede sind daher im Rahmen der Angemessenheit die Anforderungen an die Verwendung von Altersgrenzen umso geringer, je höher das mit der jeweiligen Stelle verbundene Sicherheitsrisiko für Dritte ist. Feste Altersgrenzen sind nur dann vernünftigerweise notwendig, wenn es unmöglich oder nur unter unverhältnismäßig hohem Aufwand möglich ist, die Fähigkeiten individuell zu testen. Für die meisten mit Gefahren für Dritte verbundenen Tätigkeiten werden sich daher statt einer festen Pensionsgrenze individuelle Tests oder eine Pensionsgrenze mit Verlängerungsmöglichkeit als angemessene Regelung darstellen. Aufgrund der Gefahren für Dritte muss dann der Betroffene seine Leistungsfähigkeit ab einer besstimmten Altersgrenze konkret nachweisen. Kann danach ein Risiko für Dritte ausgeschlossen werden, steht auch der weiteren Tätigkeit nichts entgegen.

E. Altersgrenzen als gerechtfertigte Ungleichbehandlung, Art. 6 RL

Speziell für das Alter schafft Art. 6 RL eine über Art. 4 Abs. 1 RL hinausgehende Möglichkeit, unmittelbare Ungleichbehandlungen zu rechtfertigen[296]. Darin liegt ein entscheidender Unterschied zum Diskriminierungsverbot wegen der anderen von der Richtlinie erfassten Merkmale. Aufgrund der im Vergleich zu Art. 4 Abs. 1 RL geringeren Anforderungen können die Mitgliedsstaaten damit den Schutz vor Altersdiskriminierung weiter einschränken.

Der europäische Gesetzgeber hat den Ermessenspielraum bei Ausgestaltung des Diskriminierungsverbots wegen des Alters nach Art. 13 EG weit ausgeschöpft[297]. Teilweise wird aufgrund der weit reichenden Rechtfertigungsmöglichkeit von einem „Diskriminierungsverbot 2. Klasse" gesprochen[298]. Für die Notwendigkeit der Rechtfertigung spricht jedenfalls die fehlende Differenzierungsleistung des Merkmals „Alter", weil es im Gegensatz zu den anderen Diskriminierungsmerkmalen keine eindeutig benachteiligte Gruppe gibt[299].

I. Voraussetzungen und Systematik des Art. 6 RL

Die allgemeinen Voraussetzungen zur Rechtfertigung von Altersgrenzen ergeben sich aus Art. 6 Abs. 1 S. 1 RL. Die Rechtfertigungsmöglichkeit von Altersgrenzen ist vorrangig dem besonderen Katalog des Art. 6 Abs. 1 S. 2 a) – c) RL zu entnehmen. Neben den darin teilweise genannten legitimen Zielen kann auf weitere Ziele der Generalklausel des Art. 6 Abs. 1 S. 1 RL zurückgegriffen werden. Die Rechtfertigung von Altersgrenzen bei betrieblichen Systemen der sozialen Sicherheit richtet sich allein nach Art. 6 Abs. 2 RL.

1. Generalklausel des Art. 6 Abs. 1 S. 1 RL

Nach der Generalklausel des Art. 6 Abs. 1 S. 1 RL „können die Mitgliedsstaaten vorsehen, dass Ungleichbehandlungen wegen des Alters keine Diskriminierung darstellen, sofern sie objektiv und angemessen sind und im Rahmen des nationalen Rechts durch ein legitimes Ziel, worunter insbesondere rechtmäßige Ziele aus den Bereichen der Beschäftigungspolitik, Arbeitsmarkt und berufliche Bil-

---

296 Was das Alter betrifft, schließt die Rechtfertigungsvorschrift des Art. 6 RL nicht die gleichzeitige Umsetzung des Art. 4 Abs. 1 RL durch die Mitgliedsstaaten aus, vgl. Kommissionsbegründung, KOM (1999) 565 endg., S. 12.

297 Das ist nach Meyer, Das Diskriminierungsverbot des Gemeinschaftsrechts, S. 122 unbedenklich; Zweifel an der Vereinbarkeit mit dem Ziel des Art. 13 EG hat dagegen H. Wiedemann, Gleichbehandlungsgebote, S. 71.Es bleibt abzuwarten, ob sich diese Einschränkung mit einem künftig verfassungsrechtlichen Diskriminierungsverbot wegen des Alters (Art. 21 des Entwurfs der EU-Verfassung) vereinbaren lässt.

298 Schmidt/Senne, RdA 2002, S. 89; kritisch zur Differenzierung bzgl. der einzelnen Diskriminierungsgründe auch: Bell, ILJ 2000, S. 80 f.

299 Schlachter-FS Blomeyer, S. 366 f.

dung zu verstehen sind, gerechtfertigt sind und die Mittel zur Erreichung dieses Ziels angemessen und erforderlich sind".

Eine unmittelbare Ungleichbehandlung durch eine Altersgrenze kann danach nur gerechtfertigt werden, wenn sie (1) im Rahmen des nationalen Rechts durch ein legitimes Ziel gerechtfertigt ist und (2) zum Erreichen dieses Ziels geeignet, erforderlich und im Hinblick auf die Bekämpfung der Benachteiligung wegen des Alters angemessen ist.

(1) Zu den legitimen Zielen zur Rechtfertigung einer Altersgrenze hat man die explizit aufgeführten Ziele aus den Bereichen „Beschäftigungspolitik, Arbeitsmarkt und berufliche Bildung" zu rechnen. Die Aufzählung ist aber nicht abschließend, wie sich aus dem Wortlaut „insbesondere" und der erst nachträglichen Aufnahme dieser Ziele in den endgültigen Richtlinientext ergibt[300]. Konkrete Ziele finden sich außerdem in Art. 6 Abs. 1 S. 2 a) und c) RL, wie z. B. die berufliche Eingliederung von Jugendlichen oder spezifische Ausbildungsanforderungen. Nach Erwägungsgrund 25 RL steht die Rechtfertigungsvorschrift auch im Zusammenhang mit der Erreichung der Ziele der Beschäftigungspolitischen Leitlinien des Rates und der Förderung der Vielfalt im Bereich der Beschäftigung. Danach kann auch die Unterstützung älterer Arbeitnehmer mit dem Ziel der Erhöhung ihres Anteils an der Erwerbsbevölkerung und der Beschäftigungsfähigkeit gerade Älterer durch berufliche Bildung als legitim angesehen werden[301]. Als beschäftigungspolitisches Ziel ist zudem europaweit die Wiedereingliederung Arbeitsloser in den Arbeitsmarkt anerkannt[302].

Altersgrenzen können nach Art. 6 Abs. 1 S. 1 RL „im Rahmen des nationalen Rechts" durch weitere legitime Ziele gerechtfertigt werden. Den Mitgliedsstaaten wird damit ein weiter Spielraum eröffnet, welche Ziele sie künftig als legitim zur Rechtfertigung der Ungleichbehandlung vorsehen[303]. Dabei können auch politische Prioritäten eine Rolle spielen[304]. Die genannten beschäftigungspolitischen Ziele sind jedenfalls auch legitime Ziele des nationalen deutschen Rechts. Beschäftigungspolitische Interessen sind Allgemeininteressen, für dessen Schutz der Staat nach dem Sozialstaatsprinzip des Art. 20 Abs. 1 GG zuständig ist[305].

---

[300] Die Aufzählung war im Kommissionsentwurf nicht enthalten und Gegenstand der abschließenden Beratungen des Rates; vgl. Rat der Europäischen Union, Beratungsergebnisse der Gruppe „Sozialfragen" vom 4.7.2000, Dokument 10159/00 SOC 245 JAI 76, und vom 13.9.2000, Dokument 11352/00 SOC 262 JAI 87

[301] Beschäftigungspolitische Leitlinien 2000, ABlEG 2000 Nr. L 72, S. 17

[302] ABlEG 1996 Nr. C 386, S. 4

[303] Es geht darum, welche Ziele legitimerweise in Umsetzung des Art. 6 Abs. 1 RL zur Rechtfertigung von Pensionsgrenzen normiert werden können. Davon unabhängig ist die Frage, ob die *bisherigen* Rechtfertigungsgründe für solche Altersgrenzen der Richtlinie entsprechen; vgl. dazu Seite 157 ff.

[304] Kommissionsbegründung KOM (1999) 565 endg., S. 12

[305] Scholz-Maunz/Dürig/Herzog, Art. 12 GG, Rn. 45

Trotz dieses Spielraums der Mitgliedsstaaten bleibt zu prüfen, ob gerade eine Altersgrenze im Hinblick auf das Diskriminierungsverbot wegen des Alters geeignet, erforderlich und angemessen ist. Altersgrenzen dürfen überdies nicht durch Ziele gerechtfertigt werden, die vordergründig legitim erscheinen, in Wirklichkeit aber altersdiskriminierend sind. So ist unbedingt zwischen einer durch rechtmäßige Ziele gerechtfertigten Ungleichbehandlung und einer Diskriminierung, die zu verbieten ist, zu unterscheiden[306].

Der Arbeitgeber selbst kann keine legitimen Ziele im Sinne des Art. 6 Abs. 1 S. 1 RL festgelegen[307]. Es kann nicht im Ermessen des einzelnen Arbeitgebers stehen, selbst legitime Ziele in diesem Sinne zu formulieren. Das ergibt sich zwar nicht daraus, dass die Vorschrift das Einzelinteresse des Arbeitgebers nicht nennt[308]. Der Wortlaut ist nämlich nicht abschließend („insbesondere"). Die Rechtfertigungsvorschrift ermächtigt aber nicht den einzelnen Arbeitgeber, Ungleichbehandlungen zu rechtfertigen. Adressat der Vorschrift ist nach Art. 21 RL i.V.m. Art. 249 Abs. 3 EG der nationale Gesetzgeber. Er kann vom Diskriminierungsverbot allein aus übergeordneten Gründen des Gemeinwohls eine Ausnahme für Altersgrenzen rechtfertigen. So könnten Altersgrenzen z. B. nach Art. 6 Abs. 1 S. 1 RL auch dem Schutz der Gesundheit des Betroffenen oder der Sicherheit Dritter dienen. Das *spezielle* Interesse des einzelnen Arbeitgebers, durch Altersgrenzen auf die Beschäftigungspolitik und berufliche Bildung seines Unternehmens einzugreifen, ist dagegen ein solches Allgemeininteresse. Dagegen ist er für *allgemeine* Ziele des Arbeitsmarktes und der beruflichen Bildung nicht zuständig. Diese Ziele sind allein von übergeordneten, öffentlichen und staatlichen Interesse des Allgemeinwohls[309]. Der einzelne Arbeitgeber ist nicht für den gesamten Arbeitsmarkt oder die allgemeine berufliche Bildung zuständig[310].

(2) Altersgrenzen müssen sich zur Erreichung dieser Ziele nicht nur eignen, sondern auch erforderlich sein. Es darf für den Betroffenen kein milderes Mittel geben, das für die Erreichung des Ziels in gleicher Weise geeignet ist. Der Wortlaut des Art. 6 Abs. 1 S. 1 RL ist insofern missverständlich, als „Ungleichbehandlungen wegen des Alters keine Diskriminierungen darstellen [sollen], sofern sie objektiv und angemessen sind". Eine Ungleichbehandlung wegen des Alters selbst kann nicht objektiv und angemessen sein. Diese Voraussetzungen müssen vielmehr die Maßnahmen erfüllen, die zu einer Ungleichbehandlung führen[311].

---

[306] Erwägungsgrund Nr. 25 RL

[307] ebenso Mohr, S. 276; unklar Weber, ArbuR 2002, S. 403, der eine so weitgehende Einschränkung der Privatautonomie ablehnt, aber die freie unternehmerische Entscheidung „zumindest bei Benachteiligungen Älterer" dieser Kontrolle unterwerfen will.

[308] so wohl Wiedemann/Thüsing, NZA 2002, S. 1237

[309] Thüsing, ZfA 2001, S. 409

[310] Wiedemann/Thüsing, NZA 2002, S. 1237

[311] in diesem Sinne: Thüsing, NZA 2001, S. 1063; Schmidt/Senne, RdA 2002, S. 85

Für die Angemessenheit kommt es auf einen Ausgleich der widerstreitenden Interessen an: auf der einen Seite steht das Interesse der Erwerbstätigen, durch eine Altersgrenze nicht aufgrund des Alters diskriminiert zu werden; auf der anderen Seite steht die Erreichung eines legitimen Ziels, vorwiegend ein Interesse der Beschäftigungspolitik und des Arbeitsmarktes. Die Rechtfertigungsmöglichkeit des Art. 6 Abs. 1 S. 1 RL ist im Licht einer effektiven Bekämpfung der Altersdiskriminierung eng auszulegen. Es handelt sich systematisch um eine Ausnahmebestimmung, die dem Zweck der Bekämpfung der Altersdiskriminierung gem. Art. 1 RL nicht zuwiderlaufen darf[312]. Nach der Vorschrift soll es nur in Ausnahmefällen möglich sein, Altersdiskriminierungen durch Altersgrenzen zu rechtfertigen. Die Kommission begründet die Rechtfertigungsmöglichkeit damit, dass das geltende Recht der Gemeinschaft und der Mitgliedsstaaten davon ausgehe, dass Ungleichbehandlungen unter *ganz besonderen, außergewöhnlichen Umständen* gerechtfertigt sein können[313].

2. Besondere Rechtfertigungsmöglichkeiten der Art. 6 Abs. 1 S. 2 RL

Art. 6 Abs. 1 S. 2 RL enthält einen Katalog zur Rechtfertigung spezieller Ungleichbehandlungen, der auch für Altersgrenzen vorrangig heranzuziehen ist.

Nach dem Einleitungssatz „können“ gerechtfertigte Ungleichbehandlungen „insbesondere“ die in Art. 6 Abs. 1 S. 2 a) - c) RL aufgeführten Maßnahmen sein. Durch diese Formulierung wird klargestellt, dass die genannten Ziele nicht per se eine Ungleichbehandlung wegen des Alters rechtfertigen[314]. Es handelt sich nicht um eine erleichterte Rechtfertigungsmöglichkeit gegenüber S. 1[315]. Vielmehr muss es sich im Einzelfall um ein legitimes Ziel handeln, für dessen Erreichen die Altersgrenze geeignet, erforderlich und angemessen ist[316]. Dafür spricht auch der Wortlautvergleich mit Art. 6 Abs. 2 RL, der einen solchen Vorbehalt nicht enthält[317]. Altersgrenzen sind danach im Rahmen des Art. 6 Abs. 1 S. 2 a) - c) RL nur dann gerechtfertigt, wenn sie den aufgeführten oder denen sich aus dem nationalen Recht gem. Satz 1 ergebenen legitimen Zielen dienen. Es kann daher bei der Rechtfertigung auf weitere Ziele aus dem Bereich der Beschäftigungspolitik, Arbeitsmarkt und der beruflichen Bildung zurückgegriffen

[312] dazu Seite 48

[313] Kommissionsbegründung, KOM (1999) 565 endg., S. 12

[314] Es kann daher nicht von weniger strengen Anforderungen ausgegangen werden; a.A. Meyer, Das Diskriminierungsverbot des Gemeinschaftsrechts, S. 123.

[315] a. A. Mohr, S. 276, der wegen des an Art. 2 Abs. 2 b) i) RL angelehnten Wortlauts des Art. 6 Abs. 1 RL sachliche Gründe von einigem Gewicht zur Rechtfertigung ausreichen lassen will. Die Aufzählung des Art. 6 Abs. 1 S. 2 RL soll dabei einer zu engen Auslegung der Ausnahme durch den EuGH entgegenwirken.

[316] Kommissionsbegründung, KOM (1999) 565 endg., S 12; Wiedemann, H., Gleichbehandlungsgebote, S. 72

[317] Schmidt, Das Arbeitsrecht der Europäischen Gemeinschaft, S. 203

werden. Dieses System ist durch die bloß beispielhafte Aufzählung legitimer Ziele in Satz 2 Buchstabe a) - c) angelegt.

Nach Art. 6 Abs. 1 S. 2 a) RL besteht eine Rechtfertigungsmöglichkeit für Ungleichbehandlungen als „Festlegung besonderer Bedingungen für den Zugang [...] zur beruflichen Bildung sowie besonderer Beschäftigungs- und Arbeitsbedingungen, einschließlich der Bedingungen für Entlassung und Entlohnung". Die Rechtfertigung kann insbesondere erfolgen, um „die berufliche Eingliederung von Jugendlichen, älteren Arbeitnehmern und Personen mit Fürsorgepflichten zu fördern oder ihren Schutz sicherzustellen". Der Wortlaut erfasst daher Mindest- und Höchstaltersgrenzen in jeder Phase der Beschäftigung, weil es sich grundsätzlich um Beschäftigungs- und Arbeitsbedingungen handelt.

Art. 6 Abs. 1 S. a) RL betrifft jedoch nur Höchstaltersgrenzen bei Berufsaufstieg, Altersgrenzen bei beruflicher Bildung, Altersgrenzen in Beschäftigungs- und Entlassungsbedingungen, sowie Pensionsgrenzen und Altersgrenzen bei der Entlohnung. Für *Mindestaltersgrenzen* hinsichtlich des Zugangs zur Beschäftigung einschließlich des Berufsaufstiegs und für Altersgrenzen bei Beschäftigungsvorteilen stellt Art. 6 Abs. 1 S. 2 b) RL die speziellere Regelung dar. Denn es werden Mindestanforderungen an das Alter bei Zugang zur Beschäftigung oder Beschäftigungsvorteilen als zu rechtfertigende Maßnahme genannt. Die Vorschrift enthält keine legitimen Ziele, so dass insofern auf Art. 6 Abs. 1 S. 1 RL zurückgegriffen werden muss. Für *Höchstaltersgrenzen* bei der Einstellung gilt dagegen Art. 6 Abs. 1 S. 2 c) RL. Als legitime Ziele sind spezifischen Ausbildungsanforderungen eines bestimmten Arbeitsplatzes und die Notwendigkeit einer angemessenen Beschäftigungszeit vor dem Eintritt in den Ruhestand aufgeführt.

II. Rechtfertigung nach Art. 6 Abs. 1 S. 2 a), S. 1 RL

1. Altersgrenzen für Berufsaufstieg und Zugang zur beruflichen Bildung

a) Berufsaufstieg

Feste Altersgrenzen für den Berufsaufstieg fallen nach Art. 3 Abs. 1 a) RL unter den Begriff „Zugang zur Beschäftigung" und damit unter das Diskriminierungsverbot. Höchstaltersgrenzen können mit Art. 6 Abs. 1 S. 2 a) RL nicht gerechtfertigt werden.

Wird der berufliche Aufstieg innerhalb einer Laufbahn gesetzlich oder vertraglich nur bis zum Erreichen einer Altersgrenze ermöglicht, so werden damit regelmäßig keine legitimen Ziele i.S.d. Art. 6 Abs. 1 S. 2 a), S. 1 RL verfolgt. Mit solchen Altersgrenzen soll im Hinblick auf die Leistungsfähigkeit nämlich sichergestellt werden, dass der Betroffene nach dem Aufstieg noch angemessene Zeit in seiner neuen Position tätig sein kann. Die Altersgrenze beruht letztlich auf der Vermutung, dass ein Beschäftigter bei Überschreiten einer bestimmten

Altersgrenze nicht leistungsfähig genug für die bis zu seinem Ausscheiden verbliebene Beschäftigungszeit ist. Die vermutete generelle Abnahme der Leistungsfähigkeit älterer Beschäftigter ist wissenschaftlich widerlegt und daher kein legitimes Interesse, sondern eine zu bekämpfende Benachteiligung wegen des Alters[318].

Nicht zu rechtfertigen ist auch die individuelle Entscheidung des Arbeitgebers, die Beförderungsmöglichkeit nur bis zu einer bestimmten Altersgrenze zu gewähren. Zwar könnte eine Altersgrenze bei der Beförderungsentscheidung dem legitimen Ziel dienen, nur beruflich ausreichend qualifizierte Mitarbeiter zu befördern. Dafür ist eine feste Altersgrenze aber weder geeignet noch erforderlich. Kriterien für den beruflichen Aufstieg sollen nämlich die individuellen beruflichen Fähigkeiten, die Qualifikation und die Kompetenz sein[319]. Das Alter kann dafür kein Anhaltspunkt sein, denn die beruflichen Fähigkeiten hängen nicht maßgeblich vom Alter, sondern vom individuellen Ausbildungsstand ab[320]. Ein geringeres Alter muss nicht zwingend mit einer besseren Qualifikation einhergehen. Das gilt vor allem für Tätigkeiten, bei denen es eher auf berufliche Erfahrung als auf den neuesten Wissenstand ankommt.

b) Berufsbildung

Die Entscheidung des Arbeitgebers, nur bis zu einer bestimmten Altersgrenze Aus-, Fort- und Weiterbildungen oder Umschulungen seiner Beschäftigten vorzunehmen, ist nicht nach Art. 6 Abs. 1 S. 2 a) RL zu rechtfertigen.

Legitime Ziele des Art. 6 Abs. 1 S. 2 a), S. 1 RL werden mit diesen Altersgrenzen nicht verfolgt. Der Arbeitgeber schließt Ältere vielmehr aus, weil sich seiner Meinung nach das finanzielle und zeitliche Investment der Aus-, Fort- und Weiterbildung für Arbeitnehmer ab einem bestimmten Alter nicht mehr lohnt. Je weiter der technische Forschritt aber auf die Beschäftigung einwirkt, umso mehr verliert dieses Argument an Überzeugungskraft. Denn die Weiterbildung erfolgt auf immer kürzere Sicht und angeeignetes Wissen erfährt schon nach kurzer Zeit wieder Neuerungen[321].

Berufliche Bildungsmaßnahmen dienen der Erhöhung der Qualifikation im Hinblick auf gestiegene Anforderungen der Tätigkeit. Legitime Gründe, die es rechtfertigen, Arbeitnehmer ab einem bestimmten Alter an dieser Entwicklung

[318] vgl. Seite 28 ff. Weber, ArbuR 2002, S. 403, weist zudem darauf hin, dass durch diese Altersgrenze auch der sinnvolle Quereinstieg von Personen aus der freien Wirtschaft erschwert wird.

[319] Kommissionsbegründung, KOM (1999) 565 endg., S. 11

[320] Fraglich ist dann, ob es sich bei der Anknüpfung an die Berufserfahrung oder das Dienstalter um eine mittelbare Diskriminierung i.S.d. Art. 2 Abs. 2 b) ii) RL handelt.

[321] vgl. insofern auch die Argumente zur Rechtfertigung eines Einstellungsalters nach Art. 6 Abs. 1 S. 2 c), S. 1 RL Seite 119 ff.

nicht mehr teilnehmen zu lassen, sind nicht ersichtlich. Die Berufsbildung schafft daneben die Voraussetzung für die Beförderung oder die Übernahme höherwertiger Tätigkeiten. Auch diese Möglichkeit darf niemanden allein wegen des Erreichens einer Altersgrenze genommen werden. Das würde dem legitimen Ziel der Erhöhung der Beschäftigungsfähigkeit Älterer entgegenstehen. Gleichzeitig verringert man bei älteren Arbeitnehmern die Chance der beruflichen Eingliederung bei Arbeitsplatzverlust, obwohl dies als ein legitimes Ziel in Art. 6 Abs.1 S. 2 a) RL genannt wird. Entscheidungen im Bereich der beruflichen Bildung sind daher altersunabhängig allein aufgrund der Anforderungen der Tätigkeit und der individuellen Fähigkeiten des Betroffenen für künftige Aufgaben zu treffen.

2. Altersgrenzen in Beschäftigungs- und Arbeitsbedingungen

a) Gewährung von Altersteilzeit

Eine Benachteiligung Jüngerer liegt im vertraglichen Anspruch auf Gewährung von Altersteilzeit erst ab einer bestimmten Altersgrenze[322]. Die Reduzierung der Arbeitszeit kommt nur Arbeitnehmern ab einer bestimmten Altersgrenze zugute. Das kann nach Art. 6 Abs. 1 S. 2 a), S. 1 RL nur gerechtfertigt werden, wenn die Gewährung ab einer festen Altersgrenze dem gleitenden Übergang vom Erwerbsleben in den Ruhestand dient[323].

(1) Die Altersgrenze bei der Gewährung von Altersteilzeit ist für die Förderung der beruflichen Eingliederung Jugendlicher und älterer Arbeitnehmer i.S.d. Art. 6 Abs. 1 S. 2 a), S. 1 RL in der Regel nicht erforderlich. Man kann zwar die Gewährung von Altersteilzeit zur Förderung der beruflichen Eingliederung eines sonst Arbeitslosen als geeignet ansehen. Durch Reduzierung der Arbeitszeit älterer Mitarbeiter erschließt sich neues Arbeitspotential und damit eine neu zu besetzende Stelle. Bei der Beurteilung der Geeignetheit dieser beschäftigungspolitischen Maßnahme wird man den Mitgliedstaaten einen großen Beurteilungsspielraum zuzustehen haben. Selbst wenn es zur Eingliederung Beschäftigungsloser durch die Gewährung von Altersteilzeit kommt, fehlt es aber an der Erforderlichkeit der Gewährung erst ab einer bestimmten Altersgrenze. Diese Gewährung von Altersteilzeit ist nicht das mildeste, gleich geeignete Mittel, um die Eingliederung Arbeitsloser zu fördern. Das Ziel der beruflichen Eingliederung von Jugendlichen und älteren Arbeitnehmern würde durch eine von einer Altersgrenze unabhängige Arbeitszeitreduzierung genauso gut erreicht. Damit würde vermieden, dass die Begünstigung älterer Arbeitnehmer durch die Möglichkeit von Altersteilzeit gleichzeitig jüngere Arbeitnehmer benachteiligt.

---

[322] vgl. Seite 60 f.

[323] zur Frage, ob es sich um eine positive Maßnahme handelt vgl. Seite 125

(2) Die Altersgrenze zur Gewährung von Altersteilzeit kann aber nach Art. 6 Abs. 1 S. 2 a), S. 1 RL zur Ermöglichung eines gleitenden Übergangs vom Erwerbsleben in den Ruhestand gerechtfertigt sein. Dabei handelt es sich um ein legitimes Ziel der Beschäftigungspolitik i.S.d. Art. 6 Abs. 1 S. 1 RL. So wünschte der Rat mehrfach die Förderung des allmählichen Übergangs vom Erwerbsleben in den Ruhestand[324]. Für einen gleitenden Übergang von der Arbeits- in die Ruhestandsphase ist die Gewährung von Altersteilzeit ab einer bestimmten Altersgrenze grundsätzlich geeignet, erforderlich und je nach Höhe der Altersgrenze auch angemessen. Es kommt zu einer Reduzierung der Arbeitszeit in den Jahren vor dem Ausscheiden aus dem Erwerbsleben, womit ein Übergang zwischen voller Erwerbstätigkeit und der Zeit der erwerbslosen Zeit nach dem Ausscheiden aus dem Arbeitsverhältnis geschaffen wird. Gleichzeitig wird aber das Arbeitsentgelt nicht im selben Verhältnis wie die Arbeitszeit herabgesetzt und die Regelung dadurch für Arbeitnehmer attraktiv. Durch den gleitenden Übergang wird auch der Praxis der Arbeitgeber entgegengewirkt, Arbeitnehmer durch Abfindungszahlungen in Aufhebungsverträgen in die Arbeitslosigkeit zu entlassen und letztlich in den vorzeitigen Ruhestand zu führen. Es wird also auch die Verkürzung der Erwerbstätigkeit Älterer vermieden. Die Verlängerung der Erwerbstätigkeit Älterer ist ebenfalls ein legitimes Ziel i.S.d. Art. 6 Abs. 1 S. 1 RL[325].

Keine Rechtfertigungsmöglichkeit nach Art. 6 Abs. 1 S. 2 a), S. 1 RL besteht aber, wenn die Altersteilzeit tatsächlich nicht zu einem gleitenden Übergang in den Ruhestand führt. Das gilt insbesondere, wenn die Reduzierung der Arbeitszeit auch blockweise vorgenommen werden kann. Die Arbeitszeitreduzierung erfolgt dabei nicht konstant über einen bestimmten Zeitraum, sondern wirkt sich zunächst nicht aus und führt anschließend zur vollständigen Freistellung von der Arbeitspflicht. Es kommt dann nicht zu einem gleitenden Übergang aus dem Erwerbsleben, sondern zu einem vorzeitigen Ausscheiden des Erwerbstätigen. Eine solche Regelung kann im Hinblick auf das entgegenstehende Ziel der Erhöhung des Anteils Älterer an der Erwerbsbevölkerung nach Erwägungsgrund 8 RL nicht gerechtfertigt werden. Bislang fehlt auch der empirische Nachweis, dass durch vorzeitiges Ausscheiden aus dem Erwerbsleben Älterer die Eingliederung Jugendlicher als legitimes Ziel des Art. 6 Abs. 1 S. 2 a) RL gefördert wird. Vielmehr scheiden Ältere aus Berufsbereichen vorzeitig aus, in denen keine Zunahme Jüngerer zu verzeichnen ist[326].

---

[324] ABlEG 1993, Nr. C 188, S. 1 und ABlEG 1995, Nr. C 288, S. 2. Das ist nach der Mitteilung zur Anhebung der Beschäftigungsquote älterer Arbeitskräfte und des Erwerbsaustrittsalters, KOM (2004) 146 endg., S. 13, auch beschäftigungspolitisch sinnvoll. Eine Beschäftigung in Altersteilzeit ist dem vorzeitigen Ausscheiden aus dem Erwerbsleben vorzuziehen.

[325] Erwägungsgrund Nr. 8 RL verweist insofern auf die beschäftigungspolitischen Leitlinien für 2000, in denen dieses Ziel explizit genannt ist, vgl. ABlEG 2000, Nr. L 72, S. 17.

[326] Mitteilung zur Anhebung der Beschäftigungsquote älterer Arbeitskräfte und des Erwerbsaustrittsalters, KOM (2004) 146 endg. S. 11

b) Sachgrundlose Befristung des Anstellungsverhältnisses mit älteren Beschäftigten

Die Befristungsmöglichkeit eines Arbeitsverhältnisses, ohne dass es ab Erreichen einer bestimmten Altersgrenze eines sachlichen Grundes bedarf, ist eine verbotene Benachteiligung wegen des Alters[327]. Die Altersgrenze kann aber zur Förderung der Eingliederung älterer Arbeitnehmer nach Art. 6 Abs. 1 S. 2 a), S. 1 RL gerechtfertigt werden, wenn sie der Höhe nach angemessen ist[328].

Den Verzicht auf einen Sachgrund bei der Befristung von Arbeitsverhältnissen ab einer bestimmten Altersgrenze kann man als geeignet für das legitime Ziel ansehen, ältere Arbeitnehmer in den Arbeitsmarkt einzugliedern. Bei der Beurteilung der Geeignetheit hat man den Mitgliedstaaten insofern einen gewissen Beurteilungsspielraum einzuräumen[329]. Sie können eine solche Regelung als geeignet ansehen, einen Anreiz für die Einstellung von mehr älteren Arbeitnehmern zu schaffen. Es wird bezweckt, die Chance älterer Arbeitssuchender zumindest auf eine befristete Einstellung zu erhöhen. Damit wird das beschäftigungspolitische Ziel der Erhöhung des Anteils älterer Arbeitnehmer gefördert[330].

Zur Erreichung dieses Ziels ist eine Altersgrenze für den Verzicht auf den sachlichen Grund auch erforderlich. Ein milderes, gleich geeignetes Mittel als eine Altersgrenze besteht nicht, um die Eingliederung älterer Arbeitnehmer zu fördern. Zwar könnte man die Anforderungen an den sachlichen Grund ab einer Altersgrenze auch senken, anstatt völlig auf diese Voraussetzung zu verzichten[331]. Das würde die Intensität der Ungleichbehandlung durch die Altersgrenze verringern, weil man den Schutz vor Befristung des Arbeitsverhältnisses in Form des Erfordernisses des sachlichen Grundes nicht vollständig aufheben würde. Zur Förderung der beruflichen Eingliederung Älterer wäre dieses Mittel aber nicht in gleicher Weise geeignet. Es wäre in der Praxis schwieriger zu entscheiden, ob im Einzelfall die geringeren Voraussetzungen für die Befristung vorliegen, als wenn sie von vornherein nicht vorliegen müssen. Der Anreiz für Arbeitgeber, ältere Arbeitnehmer in Beschäftigung zu führen, wäre nicht in gleicher Weise gegeben.

---

327 vgl. Seite 60 ff.

328 Es kann sich ggf. um eine positive Maßnahme zugunsten Älterer handeln, vgl. Seite 125 f.

329 Die beschäftigungspolitische Geeignetheit ist bei der nationalen Regelung jedoch umstritten, vgl. Seite 148 ff.

330 Der positive Effekt von Teilzeitarbeit auf die Beschäftigungsquote wird von der Kommission hinsichtlich der über 55-jährigen betont, vgl. Mitteilung zur Anhebung der Beschäftigungsquote älterer Arbeitskräfte und des Erwerbsaustrittsalters, KOM (2004) 146 endg., S. 13.

331 Wiedemann/Thüsing, NZA 2002, S. 1239

Der Verzicht auf das Sachgrunderfordernis ab einer bestimmten Altersgrenze ist zur Förderung der Einstellung Älterer nur bei einer hohen Altersgrenze angemessen i. S. d. Art. 6 Abs. 1 S. 2 a), S. 1 RL. Bei Abwägung der widerstreitenden Gesichtspunkte überwiegt das Interesse an der Förderung der beruflichen Eingliederung älterer Arbeitnehmer dann die Benachteiligung durch die Altersgrenze für den fehlenden Schutz des Sachgrunderfordernisses.

Einerseits stellt der Verzicht auf das Erfordernis eines sachlichen Grundes zur Eingehung eines befristeten Arbeitsverhältnisses eine erhebliche Benachteiligung von Arbeitssuchenden oberhalb der Altersgrenze im Vergleich zu Jüngeren dar. Ihnen wird der Schutz vor Eingehung eines nur befristeten Beschäftigungsverhältnisses ab der Altersgrenze genommen. Damit wird der Abschluss eines unbefristeten Arbeitsverhältnisses, mit regelmäßig höherem Bestandschutz durch das Erfordernis eines Kündigungsgrundes, für ältere Arbeitnehmer zum Ausnahmefall. Andererseits erfolgt die Benachteiligung ab einer bestimmten Altersgrenze dabei, weil es für den Arbeitssuchenden immer noch besser erscheint, zumindest befristet beschäftigt zu werden, als weiter arbeitslos zu blieben. Diese Wertung steht in einem gewissen Widerspruch zum Kündigungsschutz, der bewusst nicht altersmäßig beschränkt ist und gerade ältere Arbeitnehmer aus sozialen Gründen vor einem Verlust der Arbeitsstelle schützen soll. Letztlich könnte man daher mit dieser Argumentation älteren Arbeitnehmern auch andere Arbeitsschutzbestimmungen nehmen[332]. Eine Unterscheidung wegen des Alters beim Erfordernis des Sachgrundes vorzunehmen, erscheint nicht im Vergleich zu den anderen Diskriminierungstatbeständen der Richtlinie unangemessen[333]. Zwar würde man eine vergleichbare Unterscheidung für Religion oder Behinderung mit der Begründung, die Neueinstellung aus diesem Grund müsste gefördert werden, wohl nicht als angemessen ansehen. Da Art. 6 Abs. 1 RL jedoch nur Rechtfertigungen hinsichtlich des Alters gestattet, wäre eine Unterscheidung aus diesem Grund ohnehin nicht zu rechtfertigen.

Bei der Abwägung dieser Interessen wäre die Benachteiligung wegen des Alters von vornherein nicht so gewichtig, wenn das angestrebte Ziel der Eingliederung von älteren Arbeitnehmern generell überwiegen würde. Dafür spricht, dass der Schutz des Sachgrunderfordernisses nur deswegen entzogen wird, weil es schwierig ist, überhaupt eine Beschäftigung zu finden. In der Verringerung des Schutzniveaus bei der Einstellung älterer Arbeitnehmer liegt im Hinblick auf die hohe Arbeitslosigkeit dieser Altersklasse ein beschäftigungspolitischer Anreiz zur Einstellung. Der Abschluss eines befristeten Arbeitsverhältnisses soll die Möglichkeit einer Übernahme in ein unbefristetes Beschäftigungsverhältnis eröffnen. Ein generelles Überwiegen ist daher nur anzunehmen, wenn es tatsächlich in ausreichender Zahl zu solchen Arbeitsverhältnissen kommt. Je höher der

[332] Wiedemann/Thüsing, NZA 2002, S. 1239, Leuchten, NZA 2002, S. 1257; MünchArbR-Wank, § 116, Rn. 210

[333] so auch Linsenmaier, RdA 2003, Sonderbeilage zu Heft 5, S. 30

Anteil der sich anschließenden unbefristeten Arbeitsverhältnisse ist, umso eher wird man von der Angemessenheit der Regelung ausgehen können.

Jedenfalls ist das Bedürfnis der Förderung älterer Arbeitnehmer im Verhältnis zu der Benachteilung durch die Altersgrenze umso gewichtiger, je höher die Altersgrenze liegt. Denn mit zunehmendem Alter wird man von einer immer schwierigeren Lage der Betroffenen auf dem Arbeitsmarkt auszugehen haben. Bei einer relativ hoch angesetzten Altersgrenze schränkt man den Bestandsschutz des Arbeitsverhältnisses zudem für Personen ein, die in der Regel schon eine lange Erwerbstätigkeit hinter sich haben. Sie konnten ihre wirtschaftlichen und ideellen Ziele der Beschäftigung größtenteils erreichen. Für die Angemessenheit einer hohen Altersgrenze spricht auch, dass die Nichtverlängerung des bloß befristeten Arbeitsverhältnisses in diesem Alter wirtschaftlich eher zu bewältigen sein wird als in jüngeren Jahren. Bei einer Altersgrenze, die nach einer kurzfristigen Teilzeitbeschäftigung alsbald den Erwerb von (vorgezogener) Altersrente vorsieht, ist der Betroffene nämlich wirtschaftlich abgesichert.

Dagegen überwiegen die Interessen am Schutz durch das Sachgrunderfordernis, wenn die Altersgrenze erheblich niedriger liegt. Die Ungleichbehandlung im Verhältnis zu jüngeren Arbeitnehmern ist zur Förderung der Eingliederung Älterer in das Erwerbsleben nicht angemessen. Der arbeitsrechtliche Schutz bei Neueinstellung wird dann bereits in einem Alter entzogen, in dem der Beschäftigte nach den Wertungen des sozialen Kündigungsschutzes besonders schutzwürdig ist. Die nur befristete Einstellung solcher Arbeitnehmer erfolgt dann, obwohl weder ideelle Bedürfnisse der Beschäftigung befriedigt noch eine ausreichende wirtschaftliche Absicherung gegeben ist. Kommt es nicht zur Verlängerung des befristeten Arbeitsverhältnisses, fehlt es an einer wirtschaftlichen Absicherung. Je weiter die Altersgrenze für den Verzicht auf das Sachgrunderfordernis vom Erreichen der Rentenaltersgrenze entfernt ist, umso weniger kann man von der Angemessenheit i. S. d. Art. 6 Abs. 1 S. 2 a), S. 1 RL ausgehen.

c) Altersgrenze zur Anpassung der Arbeitszeit

Eine verbotene Ungleichbehandlung zu Lasten älterer Arbeitnehmer liegt in der Altersgrenze für die verpflichtende Reduzierung der Arbeitszeit ohne Lohnausgleich[334]. Sie ist nicht mit Art. 6 Abs. 1 S. 2 a), S. 1 RL zu rechtfertigen, insbesondere werden dadurch keine beschäftigungspolitischen Ziele verfolgt[335].

Die Ungleichbehandlung im Verhältnis zu jüngeren Arbeitnehmern, für die eine Verkürzung der Arbeitszeit nur freiwillig erfolgt, lässt sich nicht mit der Förderung von Personen mit Fürsorgepflichten nach Art. 6 Abs. 1 S. 2 a), S. 1 RL rechtfertigen. Für dieses legitime Ziel ist die verpflichtende Regelung für Ältere

[334] vgl. Seite 60 f.

[335] Leuchten, NZA 2002, S. 1259. Es könnte sich um eine positive Maßnahme handeln, vgl. Seite 126

ab einer bestimmten Altersgrenze nicht geeignet. Ein genereller Zusammenhang zwischen dem Alter und der Belastung mit Fürsorgepflichten besteht außer bei sehr jungen Arbeitnehmern eher nicht. Unterhaltsverpflichtungen für Kinder oder Geschiedene können nämlich in auch im höheren Alter gegeben sein. Eine Vermutung dahingehend, dass gerade Jüngere solchen Verpflichtungen unterliegen, ist daher nicht sachgerecht[336]. Arbeitnehmern ab einer bestimmten Altersgrenze ist die finanzielle Belastung auch nicht eher zuzumuten als jüngeren Mitarbeitern. Wie stark finanzielle Einbußen eine Person betreffen, kann nicht abstrakt vom Erreichen einer Altersgrenze beurteilt werden, sondern ist individuell höchst unterschiedlich. Maßgeblich sind allenfalls die zurückgelegten Beschäftigungsjahre, die nicht zwingend bei Arbeitnehmern gleichen Alters übereinstimmen müssen.

Erfolgt die Reduzierung der Arbeitszeit ab Erreichen einer Altersgrenze mit vollem Lohnausgleich, handelt es sich um einen Beschäftigungsvorteil, dessen Rechtfertigung sich nach Art. 6 Abs. 1 S. 2 b) RL richtet.

3. Pensionsgrenzen

Als unmittelbare Benachteiligung Älterer sind Pensionsgrenzen grundsätzlich verboten[337]. Für sie besteht im Hinblick auf die effektive Gewährung des Diskriminierungsverbots keine *generelle* Rechtfertigungsmöglichkeit nach Art. 6 Abs. 1 S. 2 a), S. 1 RL. Feste Pensionsgrenzen sind allein bei *konkreter* Betrachtung des Beschäftigungsverhältnisses zur Erreichung *spezifischer* legitimer Ziele geeignet, erforderlich und angemessen.

a) Auslegung nach Erwägungsgrund 14 RL

Für die Auslegung des Art. 6 Abs. 1 S. 2 a), S. 1 RL ergeben sich keine Besonderheiten aus Erwägungsgrund 14 RL, wonach „diese Richtlinie nicht die einzelstaatlichen Bestimmungen über die Festsetzung der Altersgrenze für den Eintritt in den Ruhestand" berührt.

Richtigerweise handelt sich dabei um eine Auslegungsvorschrift für die Rechtfertigung von Pensionsgrenzen[338]. Art. 6 Abs. 1 RL ist deswegen aber nicht dahingehend auszulegen, dass für die Rechtfertigung einer Pensionsgrenze wegen des Erwägungsgrundes geringere Anforderungen gelten[339]. Diese Auffassung würde dem klaren Wortlaut der differenzierten Rechtfertigungsvorschrift des

[336] vgl. Seite 104 f.

[337] Es handelt sich um eine Beschäftigungs- und Arbeitsbedingung bzw. Entlassungsbedingung. Der Geltungsbereich ist nicht durch Erwägungsgrund 14 RL eingeschränkt, vgl. Seite 61 ff.

[338] Das ergibt sich aus der historischen, systematischen und teleologischen Auslegung, Seite 65 ff.

[339] für die erleichterte Rechtfertigung Zöllner-FS Blomeyer, S. 530; Kuras, RdA 2003, Sonderbeilage zu Heft 5, S. 15

Art. 6 Abs. 1 RL widersprechen. Darin findet sich keine besondere Regelung für Pensionsgrenzen, sie fallen als Beschäftigungs- und Arbeitsbedingungen bzw. Entlassungsbedingungen unter Art. 6 Abs. 1 S. 2 a) RL. Der Wortlaut ist insofern nicht auslegungsbedürftig und -fähig. Einer Abweichung vom Maßstab des Art. 6 Abs. 1 RL stehen zudem schwerwiegende systematische Bedenken entgegen. Abweichende Anforderungen des Art. 6 Abs. 1 RL für Pensionsgrenzen hätten allenfalls durch eine Richtlinienvorschrift, nicht jedoch durch einen Erwägungsgrund erfolgen können. Eine Einschränkung wäre auch nicht im Sinne des europäischen Gesetzgebers. Das zeigt sich daran, dass ein Vorschlag zur erleichterten Rechtfertigungsmöglichkeit für Pensionsgrenzen keinen Eingang in den endgültige Fassung der Richtlinie gefunden hat. Nach dem Vorschlag der britischen Delegation bedurfte es weder eines damit verfolgten legitimen Ziels noch der Voraussetzungen der Geeignetheit, Erforderlichkeit und Angemessenheit[340].

Aus Erwägungsgrund 14 RL ergibt sich vielmehr, dass Pensionsgrenzen mit der Richtlinie vereinbar sein *können*. Der Wortlaut „berührt nicht“ ist insofern missverständlich, als dass die Pensionsgrenze dafür den Maßstäben der Rechtfertigungsvorschrift des Art. 6 Abs. 1 RL genügen muss. Bei der Anerkennung legitimer Ziele für Pensionsgrenzen ist zu beachten, dass die in Art. 6 Abs. 1 RL genannten Ziele grundsätzlich den Schutz von Arbeitnehmern stärken und nicht abschwächen sollen[341]. Ziele, die Arbeitnehmern weder direkt noch indirekt zugute kommen, sondern allein dem Arbeitgeber dienen, sind daher nicht als legitim zur Rechtfertigung von Pensionsgrenzen anzuerkennen[342]. Beschäftigungspolitische Interessen des Arbeitgebers und übergreifende Ziele des Arbeitsmarktes können aber die wirtschaftliche Entwicklung fördern und eine höhere Beschäftigungsquote auch Vorteile für Arbeitnehmer bringen. Nicht als legitim anzuerkennen sind spezielle Ziele, die allein Pensionsgrenzen, nicht aber andere Altersgrenzen rechtfertigen können. Denn der aufgrund der Pensionsgrenze gerechtfertigt vom Arbeitsplatz Vertriebene dürfte nicht ungerechtfertigt wegen seines Alters benachteiligt werden, würde er sich um dieselbe Stelle wieder bewerben[343].

---

[340] vgl. Rat der Europäischen Union, Beratungsergebnisse der Gruppe „Sozialfragen“ vom 12.10.2000, Dokument 12270-ADD 1/00 SOC 345 JAI 113, S. 5.

[341] Schlachter-FS Blomeyer, S. 369

[342] vgl. dazu Seite 88 ff.

[343] Wiedemann/Thüsing, NZA 2002, S. 1239

b) Förderung der beruflichen Eingliederung von Jugendlichen

Feste Pensionsgrenzen lassen sich grundsätzlich nicht zur Förderung der beruflichen Eingliederung von Jugendlichen nach Art. 6 Abs. 1 S. 2 a), S. 1 RL rechtfertigen. Sie sind dafür zwar geeignet, aber nur in Berufen, deren Zugang staatlich begrenzt ist, erforderlich und angemessen.

aa) Geeignetheit

Feste Pensionsgrenzen wird man zur Erreichung des legitimen Ziels der Förderung der beruflichen Eingliederung Jugendlicher als geeignet ansehen können.

Dafür spricht die aus der Pensionsgrenze folgende Umverteilung von vorhandenen Arbeitsplätzen. Zwar werden letztlich keine *neuen* Arbeitsplätze für Jugendliche geschaffen, sondern nur vorhandene einseitig zu Lasten Älter umverteilt[344]. Teilweise wird von einer Art „Kollektivverantwortung älterer Arbeitnehmer für die Arbeitslosigkeit jüngerer Arbeitnehmer" gesprochen[345]. Die Eingliederung Jugendlicher sei nur ein Begleitnutzen der Zwangspensionierung durch eine Verringerung der Konkurrentenzahl im Arbeitsmarkt. Sie käme zudem allen und nicht nur jüngeren Arbeitssuchenden zu gute[346].

Neue Arbeitsplätze entstehen aber nur auf diese Weise und durch zusätzliche Neueinstellungen des Arbeitgebers, z. B. im Rahmen der Expansion des Unternehmens. Letztlich beruht der Arbeitsmarkt in erster Linie auf diesem Kreislauf des Nachrückens auf bereits vorhandene Stellen. So wird der Arbeitnehmer, der von einer Pensionsgrenze betroffen ist, seinerseits bei Einstellung und Beförderung vom Ausscheiden eines Kollegen profitiert haben. An der Geeignetheit fehlt es auch nicht deswegen, weil nicht gezielt Jüngere, sondern generell allen Arbeitssuchenden eine Einstellungschance eröffnet wird. Mit dem durch die Pensionsgrenze erzwungenen Ausscheiden eines älteren Erwerbstätigen und seinem Übergang in den Ruhestand wird das Potential eines Arbeitsplatzes frei. Wird die Stelle neu besetzt, kommt es zwar regelmäßig nicht zur Neueinstellung eines jugendlichen Arbeitssuchenden auf diese Stelle. Vielmehr rückt dieser in der Regel innerhalb der Stellenhierarchie nach, ein neuer Arbeitsplatz wird damit auf unterer Ebene geschaffen. Gleichzeitig wird also auch der berufliche Aufstieg gefördert, der nach Art. 3 Abs. 1 b) RL Teil des Zugangs zu einer (höheren) Beschäftigung ist[347]. Auch insofern wird ein legitimes Ziel der Beschäftigungspolitik i.S.d. Art. 6 Abs. 1 S. 1 RL verfolgt.

---

[344] Wiedemann/Thüsing, NZA 2002, S. 1239

[345] Leuchten, NZA 2002, S. 1259

[346] Schlachter-FS Blomeyer, S. 369

[347] Teilweise werden Pensionsgrenzen daher als positive Maßnahmen für Jüngere i.S.d. Art. 7 Abs.1 RL angesehen, vgl. dazu Seite 127 f.

bb) Erforderlichkeit

Feste Pensionsgrenzen sind aber für die Förderung der beruflichen Eingliederung Jugendlicher grundsätzlich nicht erforderlich i. S. d. Art. 6 Abs. 1 S. 2 a), S. 1 RL. Sie sind nicht das mildeste, gleich geeignete Mittel zur Erreichung dieses Ziels.

Die Erforderlichkeit kann nicht generell ohne eine konkrete Betrachtung beurteilt werden, ob für eine bestimmte Region, Branche oder Tätigkeit überhaupt das Bedürfnis der Förderung der beruflichen Eingliederung Jugendlicher besteht[348]. Herrscht ein Mangel an geeigneten Arbeitskräften, kommt es auch ohne Bestehen der Altersgrenze zur Einstellung Jugendlicher. Ein erzwungenes Ausscheiden älterer Arbeitnehmer ist dann nicht erforderlich, um Stellen für Jugendliche freizumachen. Angesichts der demographischen Entwicklung wird man mittelfristig eher mit einem solchen Mangel an geeigneten Nachwuchskräften zu rechnen haben. Dadurch wird die Notwendigkeit zur Umverteilung vorhandener Arbeitsplätze geringer, Pensionsgrenzen werden zunehmend nicht erforderlich zur Eingliederung Jugendlicher.

Auch für Bereiche mit Arbeitskräftemangel sind feste Pensionsgrenzen aber nicht erforderlich, um Jugendliche in den Arbeitsmarkt einzugliedern. Es bedarf daher keiner Differenzierung nach Bereichen mit und ohne Arbeitskräftemangel. Die Umsetzung einer solchen Regelung wäre auch praktisch kaum möglich[349]. Der Bedarf an Arbeitsplätzen kann je nach Entwicklung der Branche rasch ändern, auch die Zahl der Auszubildenden wird sich je nach Berufsaussichten variieren. Jedenfalls fehlt es an der Erforderlichkeit fester Pensionsgrenzen wegen der geringen Zahl derer, die bei ausreichender wirtschaftlicher Absicherung über ein bestimmtes Alter hinaus überhaupt tätig sein wollen[350]. Der überwiegende Teil der Betroffenen hat kein Interesse an der Fortsetzung der Erwerbstätigkeit über die Pensionsgrenze hinaus und ein Großteil der Erwerbstätigen scheidet bereits vor Erreichen der festen Pensionsgrenze aus. Daher trägt die feste Altersgrenze zur Förderung der beruflichen Eingliederung Jugendlicher allenfalls geringfügig bei. Als milderes gleich geeignetes Mittel zur Förderung der beruflichen Eingliederung Jugendlicher kommt eine Altersgrenze in Betracht, bei der das Arbeitsverhältnis endet, der Betroffene aber auf die Fortsetzung bestehen kann. Damit würde die Beschäftigung Jugendlicher nahezu in gleicher Weise gefördert.

Erforderlich sind feste Pensionsgrenzen jedoch bei Tätigkeiten, bei denen das Angebot an Arbeitsplätzen aufgrund überragender Gemeinwohlinteressen (z. B. Kosten im Gesundheitswesen, ordnungsgemäße Rechtspflege) staatlich begrenzt

[348] Däubler, Handelsblatt v. 8.3.2001, S. 6, differenziert hinsichtlich der Zulässigkeit von Pensionsgrenzen aus diesem Grund nach Bereichen mit und ohne Arbeitskräftemangel.
[349] Bauer, NJW 2001, S. 2674
[350] Hanau, RdA 1976, S. 28

ist. Das gilt zum Beispiel für Professorenstellen, weil ein Allgemeininteresse an der Förderung wissenschaftlichen Nachwuchses besteht. Für solche Tätigkeiten sind flexible Höchstaltersgrenzen nicht in gleicher Weise geeignet, die berufliche Eingliederung Jugendlicher zu fördern. Der Zugang erfolgt für solche Tätigkeiten nur nach Bedarf, so dass allein durch Ausscheiden Älterer aus dem Beruf der Einstieg in die Tätigkeit möglich ist. Würde es an einer festen Höchstaltersgrenze für die Ausübung fehlen, würde man die Verteilung der vorhandenen Arbeitsplätze einseitig zu Lasten Jüngerer vornehmen und sie dadurch unangemessen benachteiligen.

cc) Angemessenheit

Feste Pensionsgrenzen sind außerdem grundsätzlich zur Förderung der Eingliederung Jugendlicher nicht angemessen i.S.d. Art. 6 Abs. 1 S. 2 a), S. 1 RL. Das Interesse des Arbeitnehmers, nicht gegen seinen Willen mit Erreichen der Altersgrenze aus der Erwerbstätigkeit auszuscheiden, überwiegt regelmäßig das Interesse an der Förderung der beruflichen Eingliederung Jugendlicher.

(1) An der Angemessenheit fester Pensionsgrenzen zur Schaffung von Beschäftigungschancen für Jugendliche fehlt es jedenfalls bei Fehlen einer ausreichenden wirtschaftlichen Absicherung. Das Interesse an der Förderung der beruflichen Eingliederung Jugendlicher kann nur dann überwiegen, wenn der ältere Arbeitnehmer zumindest seine wirtschaftlichen Interessen an der Berufstätigkeit erfüllt hat. Die Beschäftigung soll dem Erwerbstätigen nach europarechtlicher Wertung auch die Möglichkeit zur Sicherung eines angemessen Lebensstandards bis zum Ruhestand geben[351]. Das hat unabhängig vom Alter zu gelten. Mit einer festen Pensionsgrenze wird dem Betroffenen dagegen allein wegen des Erreichens einer Altersgrenze die Möglichkeit genommen, selbständig seine wirtschaftlichen Bedürfnisse zu befriedigen. Dazu gehört auch, sich wirtschaftlich für die Zeit nach der Erwerbstätigkeit abzusichern. Einem Beschäftigten darf diese Möglichkeit nicht genommen werden, nur um eine Beschäftigungsmöglichkeit für Jüngere zu eröffnen. Ist es ihm bis zum Erreichen der Altersgrenze nicht gelungen, sich eine wirtschaftliche Grundlage für den Ruhstand zu schaffen, überwiegt daher sein Interesse an der Fortsetzung der Tätigkeit.

(2) Auch bei Bestehen einer ausreichenden wirtschaftlichen Absicherung überwiegt regelmäßig das Bestandsschutzinteresse Älterer gegenüber dem Interesse Jugendlicher an ausreichenden Beschäftigungsmöglichkeiten.

Eine feste Altersgrenze für das Ende der Tätigkeit ist eine stark wirkende Ungleichbehandlung wegen des Alters. Nach dem Zweck des Diskriminierungsverbots kommt es dabei nicht nur auf die wirtschaftlichen Folgen für den

[351] Ziff. 21 der Sozialcharta der Sozialen Grundrechte, KOM (1989) 248 endg.

Betroffenen an. Die Richtlinie bezweckt auch die Förderung Älterer an der sozialen Teilhabe an der Gesellschaft und der individuellen Entfaltung der Persönlichkeit[352]. Dieses Interesse wegen des Erreichens der Pensionsgrenze weniger stark zu gewichten, ist daher letztlich selbst eine altersdiskriminierende Maßnahme. Mit Erreichen der Pensionsgrenze wird dem Betroffenen die Entscheidungsfreiheit genommen, selbst über das Ende der Erwerbstätigkeit zu entscheiden. Überdies wären die derzeit jungen Erwerbslosen irgendwann selbst von einer festen Pensionsgrenze betroffen. Ihnen käme die Möglichkeit einer verlängerten Berufstätigkeit später selbst zugute[353]. Daher würde das Fehlen jeder Pensionsgrenze dieses Interesse Älterer vollständig zur Geltung bringen.

Auf der anderen Seite steht das Interesse an der Förderung der Einstiegschancen junger Menschen in den Beruf. Mit einer unbeschränkten Fortsetzung der Tätigkeit Älterer besteht die Gefahr eines Verdrängungswettbewerbs „nach unten" zu Lasten von Berufseinsteigern. Gerade in Branchen, in denen ein Überangebot an Arbeitskräften herrscht, ist das Interesse an Neueinstellungen besonders zu beachten. Je höher die Gefahr von Arbeitslosigkeit und je geringer das Angebot an freien Stellen, umso gewichtiger ist das Interesse der beruflichen Eingliederung Jugendlicher im Rahmen der Abwägung. Außerdem haben ältere Arbeitnehmer in der Regel selbst von der einen anderen treffenden Pensionsgrenze bei Einstellung oder Beförderung profitiert. Dieses Interesse Jüngerer käme bei einer festen Pensionsgrenze umfassend zur Geltung.

Im Rahmen der Abwägung würde das völlige Fehlen einer Pensionsgrenze das Interesse jüngerer Erwerbssuchender außer Acht lassen. Dieses Interesse überwiegt eindeutig nur bei solchen Tätigkeiten, deren Zugang staatlich reglementiert ist. In diesen Fällen ist eine feste Pensionsgrenze nicht nur erforderlich, sondern auch angemessen. Im Übrigen vernachlässigt eine feste Pensionsgrenze dagegen die Entscheidungsfreiheit Älterer über die Fortsetzung der Tätigkeit. Sie steht zudem dem Ziel einer Erhöhung des Anteils älterer Erwerbsfähigen entgegen. Ein angemessener Ausgleich dieser widerstreitenden Interessen liegt in einer flexiblen Altersgrenzenregelung. Es bleibt dabei bei einer generellen Höchstaltersgrenze, ab der grundsätzlich die Beschäftigung endet. Der Arbeitnehmer kann jedoch vor Erreichen der Pensionsgrenze erklären, dass er weiterbeschäftigt werden möchte. Damit wird dem Betroffenen die Möglichkeit gegeben, bei Erreichen der Altersgrenze in den Ruhestand zu treten oder aber weiterzuarbeiten. Gleichzeitig kommt es zum Freiwerden von Stellen durch die flexible Pensionsgrenze, wenn von der Verlängerungsmöglichkeit kein Gebrauch gemacht wird. Damit wird der Förderung der beruflichen Eingliederung Jugendlicher angemessen Rechnung getragen.

---

[352] vgl. Seite 48 f.

[353] Wiedemann/Thüsing, NZA 2002, S. 1239

c) Förderung von Personen mit Fürsorgepflichten

Feste Pensionsgrenzen lassen sich nicht mit der Förderung von Personen mit Fürsorgepflichten nach Art. 6 Abs. 1 S. 2 a) RL rechtfertigen, weil sie dafür schon ungeeignet sind[354].

Mit dem durch eine feste Pensionsgrenze erzwungenen Ausscheiden älterer Arbeitnehmer kann eine Einstellung jüngerer Arbeitnehmer verbunden sein. Man könnte daher meinen, auf diese Weise würden jüngere Arbeitnehmer mit in der Regel höheren Fürsorgepflichten gefördert. Unterhaltslasten beträfen danach vor allem junge Erwerbstätige, die gerade eine Familie gegründet haben. Das gelte insbesondere für Frauen, bei denen die Belastung durch Fürsorgepflichten durch Kinder in jungen Jahren auftreten. Ihre Einstellung auf einen durch eine feste Pensionsgrenze frei werdenden Arbeitsplatz würde damit eine Förderung von Personen mit Fürsorgepflichten darstellen.

Ein generelles Verhältnis von Fürsorgepflichten und Alter besteht jedoch nicht, denn jüngere Erwerbstätige sind nicht grundsätzlich dadurch stärker belastet[355]. Die finanziellen Lasten von Erwerbstätigen sind unabhängig vom Alter und individuell unterschiedlich. Eine generelle Betrachtung dahingehend, dass die Fürsorgepflichten gerade bei jungen Erwerbstätigen höher sind als bei älteren Arbeitnehmern, ist nicht statthaft. Zu denken ist neben der Familiengründung erst in höherem Alter auch an die Belastungen Älterer durch Unterhaltszahlungen nach einer Scheidung. Zudem erfasst der Begriff der Fürsorgepflicht auch die Betreuung älterer Familienmitglieder, für die Unterhaltsbelastungen bestehen können. Solche Fürsorgepflichten werden mit höherem Alter sogar eher zunehmen.

d) Schutz älterer Arbeitnehmer

Feste Pensionsgrenzen lassen sich nicht mit dem Schutz älterer Arbeitnehmer nach Art. 6 Abs. 1 S. 2 a), S. 1 RL rechtfertigen. Zum Schutz ihrer Gesundheit sind sie nicht erforderlich. Dagegen ist der Schutz vor den Belastungen einer Auseinandersetzung über ihre Leistungsfähigkeit im Rahmen eines Kündigungsprozesses ist kein legitimes Ziel i. S. d. Art. 6 Abs. 1 S. 1 RL, feste Pensionsgrenzen dafür überdies schon gar nicht geeignet.

---

[354] so auch Schmidt, Das Arbeitsrecht der Europäischen Gemeinschaft, S. 204
[355] Schmidt/Senne, RdA 2002, S. 85, Fn. 56

aa) Schutz der Gesundheit

Feste Pensionsgrenzen lassen sich nicht nach Art. 6 Abs. 1 S. 2 a), S. 1 RL rechtfertigen, weil sie zum Schutz der Gesundheit älterer Arbeitnehmer nicht erforderlich sind[356].

Zwar ist der Schutz älterer Arbeitnehmer auch hinsichtlich ihrer Gesundheit ein legitimes Ziel i. S. d. Art. 6 Abs. 1 S. 2 a) RL. Dafür spricht unter anderem der Rechtsgedanke des Art. 2 Abs. 5 RL[357], nach dem der Schutz der Gesundheit höher bewertet wird als die Bekämpfung der Diskriminierung. Zum Schutz der Gesundheit des Beschäftigten sind feste Pensionsgrenzen auch geeignet. Das Gesundheitsrisiko Älterer wird mit dem erzwungenen Ausscheiden aus dem Erwerbsleben gesenkt[358].

Im Hinblick auf die Ungleichbehandlung wegen des Alters ist eine generelle feste Pensionsgrenze aber nicht erforderlich. Schon wegen der wirksamen Bekämpfung der Altersdiskriminierung sind sie nur dann zuzulassen, wenn eine Einzelfallentscheidung nicht durchführbar oder nicht aussagekräftig ist[359]. Eine Altersgrenze, ab der die Gesundheit des Beschäftigten generell gefährdet ist, besteht jedoch nicht. Das gilt im Hinblick auf die gestiegene Lebenserwartung und bessere Gesundheit im Alter jedenfalls für eine Altersgrenze von 65 Jahren. Ob der Schutz der Gesundheit eine Beendigung des Arbeitsverhältnisses erfordert, richtet sich nach der individuellen körperlichen Verfassung, der Art und Ausführung der Tätigkeit und den Maßnahmen des Arbeitsschutzes. Gegenüber einer festen Pensionsgrenze wäre jedenfalls eine flexible Altersgrenze das mildere, gleich geeignete Mittel. Zur Weiterbeschäftigung nach Erreichen der Altersgrenze könnte der Arbeitgeber dann einen Nachweis ausreichender Gesundheit verlangen. Dadurch würde berücksichtigt, dass in fortgeschrittenem Alter eine weitere Erwerbstätigkeit im Einzelfall Risiken für die Gesundheit des Betroffenen bergen kann. Bei ausreichender Gesundheit des Betroffenen könnte es ihm dann nicht verwehrt werden, weiter seiner Tätigkeit nachzugehen. Eine solche Regelung wäre auch angemessen, weil es Arbeitgebern nicht generell zumutbar ist, laufend sämtliche Beschäftigte auf ihre Gesundheit zu überprüfen.

bb) Vermeidung von Kündigungsstreitigkeiten

Eine feste Pensionsgrenze ist nicht zum Schutz älterer Arbeitnehmer vor Kündigungsstreitigkeiten nach Art. 6 Abs. 1 S. 2 a), S. 1 RL zu rechtfertigen. Es han-

---

[356] a. A. Schmidt/Senne, RdA 2002, S. 88. Das Alter ist hinsichtlich der Gesundheit des beschäftigten keine wesentliche und entscheidende berufliche Anforderung, um eine Pensionsgrenze nach Art. 4 Abs. 1 RL zuzulassen, vgl. Seite 83 f.

[357] Wiedemann/Thüsing, NZA 2002, S. 1239

[358] Diese Überlegung stand auch hinter der Einführung der Regelaltersgrenze für den Rentenbezug in deutsches Recht, Schlachter-FS Blomeyer, S. 369.

[359] Wiedemann, H., Gleichbehandlungsgebote, S. 72

delt sich um kein legitimes Ziel, das Beschäftigungsverhältnis mit Erreichen einer Altersgrenze aufzulösen, um dem Betroffenen vor Kündigungsstreitigkeiten zu bewahren. Sie kommt Arbeitnehmern weder direkt noch indirekt zu gute und dient daher nicht seinem Schutz[360].

Eine feste Pensionsgrenze aus diesem Grund zu rechtfertigen hieße, dem Betroffenen den Bestandschutz seines Arbeitsverhältnisses zu nehmen. Das Arbeitsverhältnis kann unterhalb der Altersgrenze regelmäßig nur bei einer nachgewiesenen abnehmenden Leistungsfähigkeit beendet werden kann. Es ist daher nicht fürsorglich, dem Arbeitnehmer die Konfrontation mit dem konkreten Nachweis seines Leistungsabfalls im Alter zu ersparen. Es ist keine unzumutbare Belastung, wenn es aufgrund eines solchen Befundes zu einer Kündigung kommt, die auf einer dann nachgewiesen Leistungsunfähigkeit beruht. Liegt tatsächlich eine zunehmende Überforderung des Betroffenen vor, so wird sein Wunsch zur weiteren Tätigkeit nicht allzu ausgeprägt sein[361]. Der Arbeitnehmer wird sich dann auch nicht gegen die personenbedingte Kündigung wehren. Es handelt sich um eine Unterstellung, ab einem bestimmten Alter sei der Betroffene zu einer objektiven Einschätzung nicht in der Lage, sondern würde subjektiv seine Leistungsfähigkeit noch positiv beurteilen.

Zwar wird dem Arbeitnehmer in einem Rechtstreit die fehlende Eignung zur Erfüllung der vertraglichen Verpflichtungen durch ein ärztliches Gutachten vor Augen geführt. Der Schutz davor kann aber die Ungleichbehandlung im Vergleich zu jüngeren Beschäftigten im Hinblick auf die wirtschaftlichen Folgen und der Beschränkung des Persönlichkeitsrechts mit dem erzwungenen Ende der Beschäftigung nicht rechtfertigen. Zum einen ist der Arbeitnehmer zu einem Rechtsstreit in keiner Weise gezwungen. Vielmehr kann er die Kündigung akzeptieren oder durch eine eigene Kündigung das Arbeitsverhältnis beenden[362]. Zum anderen bedarf es keiner besonderen Fürsorge ab einem bestimmten Alter, ihn vor dem Nachweis seiner altersbedingt nachlassenden Leistungsfähigkeit zu schützen. Auch ein junger Arbeitnehmer kann mit einer gesundheitlich bedingten fehlenden Leistungsfähigkeit konfrontiert sein. Ihm werden gleichwohl die Konfrontation mit einem Nachweis und einem drauffolgender Rechtsstreit ohne weiteres zugemutet. Es handelt sich daher nicht um ein legitimes Ziel i. S. d. Art. 6 Abs. 1 RL. Vielmehr steht hinter diesem fürsorglichen Argument nicht der Schutz Älterer sondern der Wunsch nach der Entbehrlichkeit der sachlichen Rechtfertigung für eine Kündigung[363].

---

[360] zur Anerkennung legitimer Ziele vgl. Seite 98
[361] in diesem Sinne Schlachter-FS Blomeyer, S. 371
[362] Hanau, RdA 1976, S. 29
[363] so Schmidt/Senne, RdA 2002, S. 87; kritisch dazu Zöllner-FS Blomeyer, S. 532

e) Ziele der Beschäftigungspolitik und des Arbeitsmarkts

Zur Rechtfertigung von Pensionsgrenzen kann grundsätzlich auf Ziele der Beschäftigungspolitik und des Arbeitsmarkts i. S. d. Art. 6 Abs. 1 S. 1 RL zurückgegriffen werden[364].

aa) Rechtfertigung durch wirtschaftliche Absicherung

Feste Pensionsgrenzen lassen sich mit Art. 6 Abs. 1 S. 1 RL jedoch nicht allein damit rechtfertigen, weil Erwerbstätige mit Erreichen der Altersgrenze für den Rentenbezug wirtschaftlich abgesichert sind. Die Ermöglichung der wirtschaftlicher Betätigung für Jüngere kann nicht als legitimes Ziel der Beschäftigungspolitik i. S. d. Art. 6 Abs. 1 S. 1 RL anerkannt werden.

Für die Legitimität des Ziels spricht zwar, dass nach Erwägungsgrund 9 RL allen Arbeitnehmern die Chance an der Teilhabe u. a. am wirtschaftlichen Leben eröffnet werden soll. Im Rahmen einer gerechten Verteilung bestehenden Arbeitsplatzpotentials würde Jüngeren mit der Pensionsgrenze der Zugang zur Existenzsicherung ermöglicht, weil sie im Gegensatz zu älteren Arbeitnehmern noch nicht wirtschaftlich abgesichert sind. Eine feste Pensionsgrenze bei Anspruch auf Rentenleistungen würde demnach beschäftigungspolitisch bezwecken, Jugendlichen die Schaffung ihrer wirtschaftlichen Lebensgrundlage zu ermöglichen.

Dieses Ziel kann aber nicht als legitim i. S. d. Art. 6 Abs. 1 S. 1 RL anerkannt werden, weil es für die Ungleichbehandlung wegen des Alters nicht ausschließlich auf die Teilhabe am wirtschaftlichen Leben ankommen kann. Vielmehr ist die wirtschaftliche Absicherung im Rahmen der Angemessenheit bei der Rechtfertigung durch andere legitime Ziele zu berücksichtigen[365]. Eine Umverteilung von Arbeitsplätzen zu Lasten Älterer allein zur Ermöglichung der wirtschaftlichen Entfaltungsmöglichkeit Jüngerer widerspräche dem Zweck des Diskriminierungsverbots nach Art. 1 RL. Mit ihm sollen durch die Berufstätigkeit nicht nur die wirtschaftliche, sondern auch die soziale Teilhabe an der Gesellschaft und die individuellen Entfaltung der Persönlichkeit gefördert werden[366]. Auch bei wirtschaftlicher Absicherung ist die Berufstätigkeit unabhängig vom Alter Teil des sozialen Lebens und der Persönlichkeit, sie hat für den Betroffenen nämlich Auswirkungen auf seinen Stellenwert in der Gesellschaft[367]. Diese Interessen bleiben bei der Rechtfertigung allein wegen des Erreichens der Altersgrenze für den Rentenbezug außer acht. Es findet sich in der Richtlinie kein Anhaltspunkt dafür, dass die Schutzbedürftigkeit vor Altersdiskriminierung bei wirtschaftlicher Absicherung geringer sein soll. Gegen die Anerkennung als le-

[364] zur Systematik des Art. 6 Abs. 1 RL vgl. Seite 89 f.
[365] dazu Seite 102
[366] vgl. zum Zweck nach Art. 1 RL Seite 48 f.
[367] Nussberger, JZ 2002, S. 532

gitimes Ziel spricht außerdem, dass ansonsten jede Ungleichbehandlung wegen des Alters bei wirtschaftlicher Absicherung gerechtfertigt wäre[368]. Eine Rechtfertigungsmöglichkeit besteht jedoch nicht, wenn sich der wegen Erreichens der Pensionsgrenze von der Stelle ausgeschiedene ältere Arbeitnehmer bei der Neubesetzung wieder bewerben würde. Seine Einstellung könnte nicht wegen Art. 6 Abs. 1 S. 1 RL mit der Begründung verweigert werden, er sei wirtschaftlich durch Rentenbezüge abgesichert.

Die Anerkennung als legitimes Ziel im Rahmen des nationalen Rechts würde schließlich den Wertungen des Bestandschutzes bei Kündigungen widersprechen. Danach kann die wirtschaftliche Absicherung durch Bestehen eines Rentenanspruchs eine Kündigung nicht rechtfertigen[369]. Nichts anderes kann für die Beendigung der Tätigkeit aufgrund des Erreichens einer Pensionsgrenze gelten. In diesem Sinne haben auch die Gerichte zum ADEA entscheiden, wonach die Möglichkeit des Bezugs von Altersruhegeld keine Ungleichbehandlung wegen des Alters rechtfertigen kann[370].

bb) Leistungsabbau, geringere Produktivität älterer Beschäftigter

Kein legitimes beschäftigungspolitisches Ziel des Art. 6 Abs. 1 S. 1 RL ist der Leistungsabbau älterer Beschäftigter. Zwar ist der Erhalt einer leistungsfähigen Belegschaft ein anzuerkennendes Ziel des Arbeitgebers. Eine generelle Betrachtung durch den Arbeitgeber, der aufgrund des Alters in typisierender Betrachtungsweise davon ausgeht, dass ein Jüngerer leistungsfähiger ist als ein älterer Kollege, kann deswegen aber nicht als legitim i. S. d. Art. 6 Ab. 1 S. 1 RL anerkannt werden. Die Ergebnisse der Gerontologie haben gezeigt, dass gerade kein unmittelbarer Zusammenhang zwischen Leistungsfähigkeit und Alter besteht[371]. Die Ungleichbehandlung durch die Pensionsgrenze erfolgt daher aufgrund bloßer Vermutung des Leistungsabbaus im Alter. Die Benachteiligung aufgrund überkommender Vorurteile und ungesicherter Erfahrungsgrundsätze über angeblich mangelnde Arbeitsproduktivität soll mit dem Diskriminierungsverbot jedoch bekämpft werden. Selbst für Führungskräfte kann nicht generell davon ausgegangen werden, dass sie bereits vor Erreichen einer bestimmten Altersgrenze den Anforderungen an eine ordnungsgemäße Vertragserfüllung nicht mehr genügen. Zur Gewährleitung eines effektiven Schutzes vor Altersdiskriminierung bedarf es einer vom Alter losgelösten Beurteilung der Leistungsfähigkeit. Dabei kommt es auf die individuelle Leistungsfähigkeit und die Art und Ausführung der konkreten Tätigkeit an.

Auch eine (angeblich) geringere Produktivität älterer Beschäftigter kann kein legitimes Ziel zur Rechtfertigung von Pensionsgrenzen nach Art. 6 Abs. 1 S. 1

---

[368] zur Auslegung des Merkmals „legitimes Ziel" bei Pensionsgrenzen Seite 98
[369] im deutschen Arbeitsrecht ist das in § 41 S. 1 SGB VI ausdrücklich geregelt.
[370] EEOC vs. Commonwealth of Massachusetts, 987 F2d 64 (1st Cir. 1993)
[371] vgl. Seite 28 ff.

RL sein. Dahinter steht die Vorstellung einer unterschiedliche Gehalts- und Produktivitätskurve im Laufe der Beschäftigungszeit. Während das Erwerbseinkommen von Beschäftigten mit zunehmender Beschäftigungsdauer kontinuierlich ansteigt, liegt die Produktivität anfangs über dem Erwerbseinkommen und gegen Ende der Beschäftigung darunter. Das Erwerbseinkommen bleibt daher in den ersten Beschäftigungsjahren regelmäßig hinter der tatsächlichen Produktivität zurück. Ein Ausgleich erfolgt für ältere Arbeitnehmer durch ein Einkommen, das über ihrer Produktivität liegt. Selbst wenn man diese generalisierte Betrachtungsweise für zulässig hält, wäre es nicht legitim, älteren Arbeitnehmern durch eine feste Pensionsgrenze im Alter diesen Ausgleich zu verwehren.

cc) Sachgerechter Altersaufbau der Belegschaft

Feste Pensionsgrenzen sind zur Schaffung und Sicherung eines „sachgerechten Altersaufbaus der Belegschaft" nach Art. 6 Abs. 1 S. 1 RL nur ausnahmsweise geeignet, jedenfalls nicht erforderlich. Das ergibt die Auslegung des unbestimmten Rechtsbegriffs des „sachgerechten Altersaufbaus der Belegschaft".

Zwar kann ein sachgerechter Altersaufbau der Belegschaft als legitimes Ziel der Beschäftigungspolitik im Rahmen des nationalen Rechts bei Umsetzung des Art. 6 Abs. 1 RL normiert werden. Schon bisher ist in Einzelfällen das betriebliche Interesse an einer ausgewogenen *Personal*struktur anerkannt, wozu auch das Alter der Belegschaft gehört, vgl. § 125 Abs. 1 S. 1 Nr. 2, 2. Hs. InsO. Nach der Änderung des § 1 Abs. 3 S. 2 KSchG zum 1.1.2004 sind in die Sozialauswahl solche Arbeitnehmer nicht einzubeziehen, deren Weiterbeschäftigung u. a. zur Sicherung einer ausgewogenen Personalstruktur des Betriebes im berechtigten betrieblichen Interesse liegt[372]. Die Regelung bezweckt, dass das betriebliche Interesse an der Erhaltung einer leistungsfähigen Alters- und Qualifikationsstruktur größeres Gewicht gegenüber sozialen Gesichtspunkten erhält[373]. Die Altersstruktur ist insofern nur Teil der Gewichtung, nicht alleiniges Kriterium für das anerkennenswerte Interesse an einer ausgewogenen Personalstruktur[374]. Den Mitgliedstaaten steht bei der Umsetzung des Art. 6 Abs. 1 S. 1 RL jedoch ein großer Beurteilungsspielraum zu, künftig auch die *Alters*struktur ausdrücklich als beschäftigungspolitisches Ziel anzuerkennen.

Geeignet zur Erreichung des Ziels eines sachgerechten Altersaufbaus „der Belegschaft" sind Pensionsgrenzen aber nur für einen *bestimmten* Betrieb. Welche Altersstruktur der Belegschaft sachgerecht ist, muss sich notwendigerweise aus dem spezifischen Altersaufbau einer Belegschaft ergeben. Pensionsgrenzen sind ferner nur geeignet, wenn unter „sachgerechten" Altersaufbau eine Verjüngung der Belegschaft zu verstehen wäre. Denn Pensionsgrenzen führen zum Aus-

[372] Art. 1 Nr. 1 a) bb) des Gesetzes zur Reform am Arbeitsmarkt BGBl I 2003, S. 3002; dazu Thüsing/Wege, RdA 2005, S. 12 ff.
[373] vgl. Nationaler Beschäftigungspolitischer Aktionsplan 2003, S. 18
[374] ErfK-Ascheid, § 1 KSchG, Rn. 502

scheiden älterer Mitarbeiter und damit zu einer Altersstruktur, die Arbeitnehmer ab diesem Alter grundsätzlich nicht mehr vorsieht. Eine derartige Altersstruktur ist für die wenigsten Betriebe sachgerecht. Das wäre nämlich nur der Fall, wenn der Betrieb oder die Verrichtung der jeweiligen Tätigkeit einen Ausschluss von Beschäftigten ab einer Altersgrenze erforderlich macht. Denn „sachgerecht" kann nicht generell nur eine jüngere Altersstruktur, die durch eine feste Pensionsgrenze erreicht wird, meinen. Eine einseitig jugendlich orientierte Beschäftigungsstruktur stände dem Ziel des Diskriminierungsverbots entgegen, die Anhebung der Beschäftigungsquote älterer Arbeitskräfte zu fördern[375]. Außerdem hat die Auslegung des unbestimmten Rechtsbegriffs einer „sachgerechten" Altersstruktur im Lichte eines effektiven Schutzes vor Altersdiskriminierung und vor dem Hintergrund zu erfolgen, dass es sich bei Art. 6 Abs. 1 S. 1 RL um einen Ausnahmetatbestand handelt. Daher können sich selbst innerhalb einer Belegschaft unterschiedliche Anforderungen an die Sachgerechtigkeit des Altersaufbaus ergeben. Auch danach wird für die allerwenigsten Tätigkeiten eine Altersstruktur, die Beschäftigte ab einem bestimmten Alter ausschließt, sachgerecht sein. So kann es innerhalb des Betriebs Bereiche geben, für die eine ältere Altersstruktur wegen der fachmännischen Kenntnis älterer Arbeitnehmer sachgerecht ist. Eine Pensionsgrenze wäre dann eine Vergeudung von Ressourcen und Berufserfahrung.

Selbst wenn für bestimmte Tätigkeiten eine Altersstruktur sachgerecht ist, die Arbeitnehmer ab einer bestimmten Altersgrenze ausschließt, fehlt es aber an der Erforderlichkeit einer festen Pensionsgrenze. Einerseits erreicht nur ein geringer Teil der Arbeitnehmer überhaupt die Pensionsgrenze, der Großteil scheidet bereits zuvor aus dem Erwerbsleben aus. Andererseits hat der verbleibende Teil der Arbeitnehmer zum Teil bei Erreichen der Altersgrenze kein Interesse mehr an der Fortsetzung der Tätigkeit. Daher wäre eine Pensionsgrenze mit der Möglichkeit der Verlängerung der Beschäftigung, etwa in einem anderen Bereich des Betriebs, ein gleich geeignetes, für den Betroffenen aber milderes Mittel.

dd) Vorhersehbare Personal- und Nachwuchsplanung

Feste Pensionsgrenzen sind nur für spezielle Tätigkeiten aufgrund einer vorhersehbaren Personal- und Nachwuchsplanung nach Art. 6 Abs. 1 S. 1 RL erforderlich.

Die vorhersehbare Personal- und Nachwuchsplanung des Arbeitgebers ist ein legitimes Ziel der Beschäftigungspolitik i. S. d. Art. 6 Abs. 1 S. 1 RL. Für den Arbeitgeber hat nämlich ein Ausscheiden älterer Arbeitnehmer erhebliche Auswirkungen auf seine Personal- und Nachwuchsplanung. Er muss die Arbeitsstel-

[375] Die Sensibilisierung zur Verhinderung von Diskriminierungen durch Werbung für eine diversifizierte Altersstruktur fordert die Kommission in ihrer Mitteilung zur Anhebung der Beschäftigungsquote älterer Arbeitskräfte und des Erwerbsaustrittsalters, KOM (2004) 146 endg., S. 17

le neu besetzen, die bei älteren Beschäftigten mit einer hohen Stellung innerhalb der Unternehmenshierarchie verbunden sein kann. Dafür müssen zu befördernde Mitarbeiter eventuell fortgebildet werden und eine sorgfältige Auswahl aufgrund der mit der Tätigkeit verbundenen hohen Verantwortung erfolgen. Das künftige Ausscheiden von Arbeitnehmern hat auch Auswirkungen auf die Zahl der vom Unternehmen auszubildenden Personen. Selbst wenn die Stelle nicht neu besetzen wird, hat das Ausscheiden des Beschäftigten Bedeutung für die Personal- und Nachwuchsplanung. Ist der Arbeitgeber auf eine Verringerung seiner Belegschaft angewiesen, so kann er das Ausscheiden von Arbeitnehmern wegen der Pensionsgrenze berechenbar vorhersehen. Verkleinert sich seine Belegschaft ohnehin, kann er auf Kündigungen verzichten.

Zur Erreichung dieses Ziels sind feste Pensionsgrenzen zwar geeignet, weil der Arbeitgeber frühzeitig den Zeitpunkt des Ausscheidens des Beschäftigten kennt. Für die Vorhersehbarkeit der Personal- und Nachwuchsplanung sind sie aber nur ausnahmsweise erforderlich. Als für den betroffenen Arbeitnehmer milderes, für die Vorhersehbarkeit der Personal- und Nachwuchsplanung jedoch ebenso geeignetes Mittel genügt zum einen die Dauer der Kündigungsfrist. Bei älteren Beschäftigten ist sie so bemessen, dass der Arbeitgeber ausreichend Zeit zur Beschaffung angemessenen Ersatzes hat. Ein milderes Mittel wäre überdies eine Pensionsgrenze, die dem Arbeitnehmer auf seinen Wunsch eine weitere Tätigkeit ermöglicht. Es kommt zu einem angemessen Ausgleich bei der Abwägung des Interesses des Erwerbstätigen an der freiwilligen Entscheidung über das Ende seiner Tätigkeit und dem Interesse an der Planung des Arbeitgebers. Denn auch hier wird ein großer Teil der Beschäftigten bei Erreichen der Altersgrenze und ausreichender wirtschaftlicher Sicherung kein Interesse mehr an der weiteren Tätigkeit haben.

Erforderlich sind feste Pensionsgrenzen daher allenfalls für hoch spezialisierte Tätigkeiten oder für Führungskräfte[376]. Für derartige Tätigkeiten und Personen ist angemessener Ersatz nicht kurzfristig zu finden. Die Neubesetzung dieser Positionen erfordert einen erheblichen Planungs- und Vorbereitungsaufwand und ist daher nur bei einer langen Vorbereitungsphase zu bewerkstelligen. Eine falsche unternehmerische Entscheidung bei der Neubesetzung hat so schwerwiegende betriebswirtschaftliche Folgen, dass die Vorhersehbarkeit des Ausscheidens besondere Bedeutung hat. Daher muss für den Arbeitgeber ein fester Austrittstermin feststehen, wenngleich auch hier lange Kündigungsfristen ausreichen können.

f) Schutz vor Gefahren für Dritte

Feste Pensionsgrenzen können nur für spezielle Tätigkeiten zum Schutz vor Gefahren für Dritte mit Art. 6 Abs. 1 S. 1 RL gerechtfertigt werden. Nicht erforder-

[376] Schlachter-FS Blomeyer, S. 372

lich ist dafür, dass das Alter eine wesentliche und entscheidende berufliche Anforderung ist[377]. Im Rahmen des Art. 6 Abs. 1 S. 1 RL stellt der Schutz der Sicherheit für Personen, die mit der Arbeitsleistung in Berührung kommen, ein legitimes Ziel dar; denn es handelt sich, wie bei den normierten Gründen um ein anerkanntes Ziel des Allgemeinwohls[378].

Pensionsgrenzen stellen dafür ein geeignetes Mittel dar, weil sie Arbeitnehmer von der weiteren Tätigkeit ausschließen. Feste Pensionsgrenzen sind dafür aber nur erforderlich, wenn ab einem bestimmten Alter nicht ausgeschlossen werden kann, dass die Fortsetzung der Tätigkeit eine Gefahr für Dritte darstellt. Das gilt nur für Berufe, in denen ein körperlich bedingter Ausfall zu einer Gefahr für Leib und Leben Dritter werden kann. Solche sicherheitsrelevanten Tätigkeiten sind einzelne Aufgaben bei Polizei und Feuerwehr oder die Tätigkeit als Busfahrer, Zug- und Flugzeugführer. Dabei kann jedoch regelmäßig der Abbau der körperlichen Leistungsfähigkeit je nach Art und Ausübung der Tätigkeit bis zu einem gewissen Grad durch Erfahrung ausgeglichen werden. Eine Pensionsgrenze ist daher nur erforderlich, wenn die physische und psychische Fähigkeiten nachweislich im Alter nachlassen und nicht durch Fachkenntnisse und Berufserfahrung ausgeglichen werden können. Da das nur für einzelne Tätigkeit innerhalb der genannten Berufszweige der Fall ist, steht als milderes, gleich geeignetes Mittel grundsätzlich die individuelle Betrachtung durch Leistungstests zur Verfügung. Wegen der von der Tätigkeit ausgehenden Gefahren werden sie für die genannten Berufe ohnehin laufend durchgeführt und sind daher dem Arbeitgeber zumutbar. Liegen für die konkrete Tätigkeit aber Erfahrungswerte vor, wonach Arbeitnehmer den notwendigen Anforderungen mit Erreichen einer bestimmten Altersgrenze regelmäßig nicht mehr gerecht werden, ist eine Pensionsgrenze mit Verlängerungsmöglichkeit bei weiterer Eignung jedenfalls das mildere Mittel. Nur wenn trotz Bestehen von Leistungstests eine nicht auszuschließende Gefahr für die öffentliche Sicherheit besteht, sind feste Pensionsgrenzen erforderlich. Das gilt nachweislich für Piloten mit dem 60. Lebensjahr.

4. Altersgrenzen bei Entlassungsbedingungen

a) Altersgrenze als Kündigungsgrund

Keine Rechtfertigungsmöglichkeit nach Art. 6 Abs. 1 S. 2 a), S. 1 RL ergibt sich für eine Kündigung wegen des Erreichens einer Altersgrenze. Sie kann nicht mit dem Ziel der Förderung der beruflichen Eingliederung von jüngeren Arbeitnehmern gerechtfertigt werden[379]. Es fehlt jedenfalls an der Angemessenheit, weil der Bestandschutz für ältere Beschäftigte das Interesse an der Eingliederung Ju-

---

[377] Die Anforderungen an die Rechtfertigung sind weniger streng als nach Art. 4 Abs. 1 RL. Sind Pensionsgrenzen für spezielle Tätigkeiten nach Art. 4 Abs. 1 RL zulässig, gilt das erst Recht für Art. 6 Abs. 1 S. 1 RL; siehe dazu Seite 85 f.

[378] zur Auslegung des Begriffs „legitimes Ziel" Seite 98 f.

[379] vgl. auch die Argumente auf Seite 102

gendlicher überwiegt. Denn die Ungleichbehandlung Älterer wirkt wegen der Beendigung der Beschäftigung besonders intensiv, ab einer bestimmten Altersgrenze wird ihnen jedes Bestandschutzinteresse an der Beschäftigung abgesprochen. Eine Rechtfertigung kann auch nicht nach Art. 6 Abs. 1 S. 2 a) RL aufgrund der wirtschaftlichen Absicherung mit Erreichen der Altersgrenze für den Rentenbezug ergeben. Dabei handelt es sich genauso wenig um ein legitimes Ziel wie beim vermuteten Leistungsabbau ab einer bestimmten Altersgrenze[380].

b) Altersgrenzen für Kündigungsverbote

Ist die ordentliche Kündigungsmöglichkeit für Arbeitnehmer mit Erreichen einer bestimmten Altersgrenze ausgeschlossen, werden Beschäftigte unterhalb der Altersgrenze unzulässig benachteiligt[381]. Setzen sie dabei nur eine geringe Beschäftigungsdauer voraus, sind sie zum Schutz älterer Arbeitnehmer nicht angemessen i. S. d. Art. 6 Abs. 1 S. 2 a), S. 1 RL[382].

Der Ausschluss der ordentlichen Kündbarkeit dient zwar dem legitimen Ziel des Schutzes älterer Arbeitnehmer gem. Art. 6 Abs. 1 S. 2 a) RL. Dafür ist die Altersgrenze auch ein geeignetes Mittel und für die Sicherung des Bestands des Arbeitsverhältnisses auch erforderlich. Im Rahmen der Angemessenheit muss aber das Interesse jüngerer Arbeitnehmer an einer Gleichbehandlung nicht völlig zurücktreten. Es ist nicht verhältnismäßig, den Bestandschutz eines erst kurz bestehenden Arbeitsverhältnisses allein nach dem Erreichen einer Altersgrenze zu beurteilen. Dadurch würde ein jüngerer Arbeitnehmer, dessen Arbeitsverhältnis aus anderen Gründen schutzwürdiger ist, wegen seines Alters unangemessen benachteiligt. Es bestände ein Wertungswiderspruch zum System des sozialen Kündigungsschutzes, in dem das Alter nicht der einzige Grund für die besondere Schutzbedürftigkeit ist. Vielmehr ist das Alter insofern ein Teil einer umfangreichen Abwägung bei der Sozialauswahl im Falle betrieblich bedingter Kündigungen. Die ordentliche Kündbarkeit allein vom Erreichen einer Altersgrenze abhängig zu machen, widerspräche außerdem den legitimen Zielen des Schutz Jüngerer nach Art. 6 Abs. 1 S. 2 a) RL.

c) Altersgrenzen in Sozialplänen

Eine feste Altersgrenze für den Ausschluss von Leistungen aus Sozialplänen ist eine grundsätzlich verbotene Benachteiligung älterer Beschäftigter[383]. Stehen

[380] insofern wird auf die Ausführungen zur Pensionsgrenze auf Seite 107 ff. verwiesen.

[381] vgl. Seite 72 f.

[382] Für die Belohnung der Betriebstreue sind Regelungen, die bei nur kurzer Beschäftigungsdauer an eine Altersgrenze anknüpfen, schon ungeeignet. Solche Altersgrenzen könnten daneben als positive Maßnahmen zulässig sein, Seite 127

[383] vgl. Seite 72 f.

nur begrenzte finanzielle Mittel zu Verfügung, ist sie zum Schutz Jüngerer nach Art. 6 Abs. 1 S. 2 a), S. 1 RL zu rechfertigen[384].

Die Rechtfertigung richtet sich nicht nach den erleichterten Voraussetzungen des Art. 6 Abs. 2 RL. Die Vorschrift betrifft allein den Bezug betrieblicher Altersrente oder Leistungen bei Invalidität. Sozialpläne werden dagegen bei einer Betriebsänderung zur gerechten Verteilung vorhandener Mittel unter Arbeitnehmern aufgestellt. Durch diese Zahlungen soll bei Entlassungen die finanzielle Überbrückung bis zu einer neuen Erwerbstätigkeit oder dem Erreichen der Rentenaltersgrenze ermöglicht werden. Stehen nur beschränkte finanzielle Mittel für die Verteilung im Sozialplan zur Verfügung, ist der Ausschluss von Zahlung aus einem Sozialplan mit Erreichen der Altersgrenze im Hinblick auf die Schutzbedürftigkeit jüngerer Arbeitnehmer nach Art. 6 Abs. 1 S. 2 a), S. 1 RL geeignet und erforderlich.

Die Benachteiligung von Arbeitnehmern oberhalb der Altersgrenze bei möglichen Bezug einer (vorgezogenen) Altersrente ist wegen der Folgen von Dauerarbeitslosigkeit ohne ausreichende wirtschaftliche Absicherung für jüngere Arbeitnehmer angemessen i. S. d. Art. 6 Abs. 1 S. 2 a), S. 1 RL. Zwar kann älteren Arbeitnehmern nicht unterstellt werden, ihnen sei die Inanspruchnahme vorgezogener Altersrente wirtschaftlich ohne weiteres zuzumuten. Im Vergleich zum bisherigen Erwerbseinkommen kommt es zu einer spürbaren Absenkung des Lebensstandards und möglicherweise zur Minderung der Rentenansprüche, wenn vorzeitig Altersrente bezogen wird. Der Ausschluss von Leistungen zur Überbrückung bis zu einer neuen Anstellung zeigt außerdem, dass Betroffenen im Alter des vorgezogenen Ruhestandes ohnehin keine Chancen mehr auf dem Arbeitsmarkt gegeben werden. Ein durch Ausschluss von Sozialleistungen wirtschaftlich erzwungener Eintritt in den vorgezogenen Ruhestand steht zudem dem Ziel der Richtlinie entgegen, ältere Erwerbstätige möglichst lange in Beschäftigung zu halten. Doch überwiegt bei begrenzten Mitteln das Interesse jüngerer Arbeitnehmer auf Zahlung einer angemessenen Überbrückungshilfe. Im Unterschied zu älteren Arbeitnehmern sind Jüngere nicht einmal durch vorgezogene Altersrente wirtschaftlich abgesichert. Dieses Interesse ist schutzbedürftiger als das Interesse Älterer, die zumindest durch Rentenzahlung (teilweise) wirtschaftlich abgesichert sind. Das gilt vor allem dann, wenn in der betroffenen Branche eine erhebliche Gefahr der Dauerarbeitslosigkeit auch für jüngere Erwerbssuchende besteht.

[384] Däubler, Handelsblatt v. 8.3.2001, S. 6, hält dagegen eine solche Altersgrenze generell für unzulässig.

5. Altersgrenzen bei der Bemessung der Entlohnung

a) Erhöhung des Arbeitslohnes nach Altersgrenzen

Altersgrenzen für die Erhöhung des Arbeitsentgelts können von den Mitgliedsstaaten nicht durch Art. 6 Abs. 1 S. 2 a), S. 1 RL gerechtfertigt werden.

Zur Förderung von Personen mit Fürsorgepflichten sind Altersgrenzen für die Erhöhung des Lohnes nicht geeignet. Ein Zusammenhang zwischen Alter und Fürsorgepflichten besteht grundsätzlich nicht[385]. Dagegen wäre die gezielte Förderung erziehungspflichtiger Arbeitnehmer durch eine höhere Vergütung zulässig, wenn sie altersunabhängig erfolgt.

Zum Schutz älterer Arbeitnehmer ist eine höhere Entlohnung ab einer bestimmten Altersgrenze jedenfalls nicht angemessen[386]. Diese Begünstigung stellt zugleich eine Benachteiligung jüngerer Arbeitnehmer dar, die nicht in den Genuss der Lohnsteigerung kommen. Es sind keine sachlichen Gründe ersichtlich, warum und wogegen Arbeitnehmer bei Ereichen einer Altersgrenze durch eine höhere Entlohnung geschützt werden sollen. Beschäftigungspolitisch kann in einer mit dem Alter zunehmenden Entlohnung sogar eine Benachteiligung Älterer liegen. Ihre Anstellung ist teuerer als die jüngerer Arbeitnehmer. So fordert die Kommission, die Berechnung des Lohnes stärker auf die Produktivität und auf die Leistung abzustimmen[387].

Eine Honorierung höherer Lebenserfahrung mit zunehmendem Alter ist kein legitimes Ziel des Art. 6 Abs. 1 S. 1 RL[388]. Darin liegt eine Diskriminierung Jüngerer durch die Vermutung, ihnen fehle es an Lebenserfahrung. In den wenigsten Fällen wird es sich bei der Lebenserfahrung um eine Anforderung für die entsprechende berufliche Tätigkeit handeln. Vielmehr unterstellt der Arbeitgeber, dass ein älterer Mitarbeiter aufgrund seiner höheren Lebenserfahrung die ihm aufgetragenen Tätigkeiten besser verrichten kann. Zudem ist eine bestimmte Altersgrenze für die Beurteilung einer höheren Lebenserfahrung nicht geeignet. So wird die Lebenserfahrung nicht durch das Alter, sondern vielmehr durch die individuelle Lebensbiographie geprägt.

Zwar wäre die Honorierung der höheren Dienst- oder Berufserfahrung grundsätzlich ein legitimes Ziel zur Rechtfertigung von Altersgrenzen für die Entloh-

---

[385] vgl. Seite 104

[386] unentschlossen Weber, ArbuR 2002, S. 404 und Mohr, S. 277 ff.; Leuchten, NZA 2002, S. 1258, geht dagegen wohl von einer positiven Maßnahme i.S.d. Art. 7 RL aus.

[387] Die Kommission fordert eine Prüfung des Gewichts, das Dienstalterelementen bei der Berechnung zukommt, vgl. Mitteilung zur Anhebung der Beschäftigungsquote älterer Arbeitskräfte und des Erwerbsaustrittsalters, KOM (2004) 146 endg., S. 4. Damit wird nicht nur die Rechtfertigung mittelbarer Benachteiligungen bei der Entgelthöhe nach Art. 2 Abs. 2 b) i) RL fraglich, sondern auch die Entlohnung nach Altersgrenzen.

[388] so auch Linsenmaier, RdA 2003, Sonderbeilage zu Heft 5, S. 29

nung nach Art. 6 Abs. 1 S. 1 RL. Mit zunehmender Erfahrung und Übung kann der Arbeitnehmer die Produktivität und die Qualität seiner Arbeitsleistung steigern, daher ist eine höhere Vergütung auch angemessen. Allerdings ist eine Altersgrenze zur Erreichung dieses Ziels nicht geeignet. Eine generelle Betrachtung anhand einer Altersgrenze verbietet sich, weil mit dem Alter nicht zwingend eine höhere Berufserfahrung einhergeht. Zu denken ist etwa an Arbeitnehmer, die erst später den Beruf gewechselt haben. Trotz höherem Alter können sie über weniger Berufserfahrung verfügen als jüngere Arbeitnehmer. Zudem gibt es Tätigkeiten, in denen es weniger auf Berufserfahrung ankommt, bei anderen Arten von Beschäftigung ist dagegen eine ausreichende Erfahrung ein entscheidendes Qualifikationsmerkmal.

Die Erhöhung der Entlohnung nach Altersgrenzen ist auch nicht zur Honorierung höherer Leistungsfähigkeit geeignet. Die Leistungsfähigkeit ist nicht vom Alter, sondern von den persönlichen Fähigkeiten des Arbeitnehmers abhängig, wie berufliche Bildung und Motivation für die Tätigkeit sowie dem gesellschaftlichen und sozialen Umfeld.

b) Gratifikationen

Altersgrenzen für die Gewährung von Gratifikationen können nicht nach Art. 6 Abs. 1 S. 2 a), S. 1 RL gerechtfertigt werden[389].

Zwar handelt es sich um legitime Ziele der Beschäftigungspolitik nach Art. 6 Abs. 1 S. 1 RL, die Treue zum Betrieb oder die Bindung an den Arbeitgeber unter Verzicht auf Karrierechancen durch Stellenwechsel zu belohnen. Dafür sind aber Regelungen ungeeignet, die eine Gratifikation bei Erreichen einer Altersgrenze für eine Vielzahl von Branchen und Unternehmen vorsehen. Insofern ist auf die europäische Rechtsprechung zur fehlenden Geeignetheit zur Belohnung der Betriebstreue und Bindung an den Arbeitgeber zu verweisen[390]. Danach ist die Berücksichtigung der Beschäftigungsdauer zur Honorierung der Betriebstreue nicht geeignet, wenn eine solche Regelung weit verbreitet ist. Der EuGH argumentierte zu einer Gratifikationsregelung im deutschen BAT, dass aufgrund des großen Anwendungsbereichs der Regelungen eine beachtliche Mobilität innerhalb der Gruppe von einander unabhängigen Arbeitgebern besteht, auf welche die Vorschrift Anwendung findet. Auch bei Zahlung betriebsspezifischer Gratifikationen bei Erreichen einer bestimmten Altersgrenze fehlt es an der Geeignetheit zur Belohnung der Betriebstreue. Die Treue zum Betrieb hängt von der Dauer der Beschäftigung, nicht jedoch vom Erreichen einer bestimmten Altersgrenze ab.

---

389 Wird die Gewährung von der Dauer der Betriebszugehörigkeit abhängig gemacht, handelt es sich nach Wiedemann/Thüsing, NZA 2002, S. 1241 f., um eine zulässige mittelbare Diskriminierung.

390 EuGH v. 15.1.1998 (Schöning-Kougebetopoulou), Rs. C-15/96, Slg. 1998, I-48, Rn. 26 f.

III. Rechtfertigung nach Art. 6 Abs. 1 S. 2 b), S. 1 RL

1. Mindestaltersgrenzen für Beschäftigungszugang und Beförderung

Mindestanforderungen an das Alter bei Zugang zur Beschäftigung, die nach Art. 3 Abs. 1 a) RL auch den beruflichen Aufstieg erfassen, können generell nicht durch Art. 6 Abs. 1 S. 2 b), S. 1 RL gerechtfertigt werden.

Durch eine Mindestanforderung an das Alter für den Zugang zur Beschäftigung soll das legitime Ziel der Sicherstellung einer ausreichenden Berufserfahrung für die spezielle Tätigkeit verfolgt werden. Dafür ist eine feste Altersgrenze aber schon nicht geeignet[391]. Im Hinblick auf eine effektive Bekämpfung der Diskriminierung wegen des Alters muss jedenfalls hinsichtlich der einzelnen Berufsarten unterschieden werden[392]. Daher kommt eine Rechtfertigung schon nicht für Altersgrenzen in Betracht, die für eine Vielzahl von beruflichen Tätigkeiten gilt. Denkbar ist allenfalls eine Mindestaltersgrenze für eine spezielle Tätigkeit in einer Stellenanzeige oder als Einstellungskriterium. Denn nur in einigen Berufen steigt der Grad der Qualifikation mit zunehmender Berufserfahrung an. Der EuGH hat sich hinsichtlich der Einstellung im Bereich der mittelbaren Diskriminierung wegen des Geschlechts geäußert. Wegen des engen Zusammenhangs im Kampf gegen jegliche Form der Diskriminierung kann die Entscheidung auch für die Altersdiskriminierung herangezogen werden. Das Gericht führte im Fall Nimz[393] aus, mit dem Dienstalter wachse auch die dienstliche Erfahrung, die den Arbeitgeber grundsätzlich zu einer besseren Erfüllung seiner Aufgaben befähige. In Abkehr von seiner früheren Rechtsprechung[394] gilt das jedoch nicht allgemein, vielmehr hängt die Beurteilung von allen Umständen des Einzelfalles ab. Maßgeblich ist die Beziehung zwischen Art der ausgeübten Tätigkeit und der Erfahrung, welche die Ausübung der Tätigkeit verschaffe. Daraus folgt auch, dass allein die Anknüpfung an das Dienstalter bzw. die Dauer der bisherigen beruflichen Tätigkeit geeignet ist, eine ausreichende Qualifikation sicherzustellen[395]. Eine feste Altersgrenze ist dafür im Regelfall nicht geeignet, weil das Alter des Beschäftigten nicht mit der Dauer der Beschäftigung übereinstimmen muss. Das gilt jedenfalls dann, wenn auch das Eintrittsalter in den Beruf individuell unterschiedlich sein kann. Daher ist beispielsweise eine Stellenanzeige, in der eine Altersgrenze von 35 Jahren als Einstellungsvoraussetzung genannt ist, eine mit Art. 6 Abs. 1 S. 2 b), S. 1 RL nicht zu rechtfertigende Diskriminierung. Eine Rechtfertigungsmöglichkeit besteht nach Art. 6 Abs. 1 S. 2 b), S. 1 RL da-

---

[391] Eine Rechtfertigung lehnt Stadler, S. 226, im Hinblick auf eine immer längere Ausbildungsdauer ab.

[392] Schmidt/Senne, RdA 2002, S. 88

[393] EuGH v. 7.2.1991, Rs. C-184/89 (Nimz), Slg. 1991, I - 297, Rn. 14

[394] EuGH v. 17.10.1989, Rs. 109/88 (Danfoss), Slg. 1989, 3199, Rn. 24

[395] Soweit das Dienstalter bzw. die Dauer der Beschäftigung zur Ausführung der Tätigkeit erforderlich ist, ist diese mittelbare Diskriminierung nach Art. 2 Abs. 2 b) i) bzw. Art. 6 Abs. 1 S. 2 b) RL zu rechtfertigen.

gegen aus Gründen der Personalplanung für Tätigkeiten auf Lebenszeit. Die Altersgrenze ist geeignet, die verfestigte Rechtstellung erst zu gewähren, wenn erfahrungsgemäß die Berufswahl endgültig getroffen ist und mit einem Wechsel nicht mehr gerechnet werden muss. Die Altersgrenze ist dafür auch erforderlich und angemessen, weil mit zunehmendem Alter ein Berufswechsel unwahrscheinlicher wird.

Wird der berufliche Aufstieg vom Erreichen einer Mindestaltersgrenze abhängig gemacht, oder verweigert der Arbeitgeber die Beförderung allein wegen des Nichterreichens einer Mindestaltersgrenze, ist das ebenfalls mit Art. 6 Abs. 1 S. 2 b), S. 1 RL nicht zu rechtfertigen. Auch Mindestanforderungen an das Alter für den beruflichen Aufstieg sind aus diesen Gründen nicht zur Sicherstellung einer ausreichenden Qualifikation geeignet. Um beruflich ausreichend qualifizierte Mitarbeiter zu befördern, bedarf es keiner festen Mindestaltersgrenze. Nach der Kommissionsbegründung sollen zur effektiven Gewährung des Diskriminierungsverbots allein die individuellen berufliche Fähigkeiten, Qualifikationen und Kompetenzen Kriterien für den beruflichen Aufstieg sein[396]. Ein bestimmtes Mindestalter kann daher nicht alleiniger Anhaltspunkt sein, nur die Anknüpfung an die bisherige Dauer der Beschäftigung wäre dafür ein geeignetes Mittel. So bringt für berufliche Quereinsteiger ein höheres Alter im Vergleich zu anderen Beschäftigten keine größere Berufserfahrung für die betreffende Tätigkeit mit sich.

2. Mindestanforderungen an das Alter für Beschäftigungsvorteile

Mindestaltersgrenzen für Beschäftigungsvorteile, wie die Gewährung von mehr Urlaubstagen[397] oder eine reduzierte Arbeitszeit mit Lohnausgleich, lassen sich regelmäßig mit Art. 6 Abs. 1 S. 2 b), S. 1 RL zum Schutz Älterer rechtfertigen[398]. Die Arbeitsbedingungen Älterer sollen zum Erhalt ihrer Gesundheit und individuellen Leistungsfähigkeit an das höhere Alter angepasst werden. Die Gewährung dieser Beschäftigungsvorteile erst bei Erreichen einer bestimmten Altersgrenze ist für dieses Ziel geeignet, erforderlich und auch angemessen.

Die Gewährung längeren Urlaubs bewirkt einerseits eine Besserstellung älterer Arbeitnehmer, führen aber gleichzeitig zu einer Ungleichbehandlung zu Lasten jüngerer Arbeitnehmer. Sie kommen allein wegen des Nichterreichens einer Altersgrenze nicht in diesen Genuss. Die Gewährung längeren Erholungsurlaubs

---

[396] Kommissionsbegründung, KOM (1999) 565 endg., S. 11

[397] Die deutsche Delegation hat im Rahmen der Beratungen im Rat vorgeschlagen, eine Rechtfertigungsvorschrift u.a. für Gewährung von mehr Urlaubstagen ausdrücklich zu normieren, vgl. Rat der Europäischen Union, Beratungsergebnisse der Gruppe „Sozialfragen" vom 13.9.2000, Dokument 11352/00 SOC 292 JAI 87. Dem wurde nicht gefolgt, schließlich handelt es sich um einen u.U. zu rechtfertigenden Beschäftigungsvorteil i. S. d. Art. 6 Abs. 1 S. 2 b) RL.

[398] Es handelt sich außerdem um positive Maßnahmen nach Art. 7 Abs. 1 RL, vgl. Seite 126

ist gleichwohl im Verhältnis zur Benachteiligung Jüngerer angemessen, weil sie der Regenerierung und dem Erhalt der Leistungsfähigkeit dienen soll. Je nach Art der Tätigkeit wird bei schwerer körperlicher Anstrengung ab einem bestimmten Alter diese Belastung durch mehr Erholung in Form von zusätzlichen Urlaubstagen ausgeglichen. Das gilt vor allem für solche Beschäftigungen, bei denen sich trotz ausreichender Arbeitschutzmaßnahmen die körperliche Belastung durch die Tätigkeit mit zunehmendem Alter auf die Leistungsfähigkeit auswirkt. Bei der Gewährung zusätzlichen Urlaubs gegen Ende des Erwerbslebens für spezifische Tätigkeiten überwiegt dies das Interesse Jüngerer an der Gleichbehandlung wegen des Alters. Nicht angemessen ist es dagegen, bereits im mittleren Erwerbsalter eine Verlängerung des Erholungsurlaubs vorzusehen. Die Unterschiede hinsichtlich des Regenerationsbedarfs und dem Schutz der Gesundheit sind nicht stark genug, um das Interesse an der Gleichbehandlung wegen des Alters zu überwiegen.

Auch eine geringere Arbeitszeit bei Lohnausgleich ab einer bestimmten Altersgrenze ist angemessen, weil sie zu einem gleitenden Übergang in den Ruhestand führt. Dieses Interesse besteht naturgemäß nur für ältere Arbeitnehmer zum Ende der Beschäftigungszeit. Das Interesse an der Gleichbehandlung wegen des Alters von Beschäftigten unterhalb der Altersgrenzen tritt dahinter zurück. An der Angemessenheit fehlt es dagegen, wenn es gleichzeitig zu einer Kürzung des Lohns käme. Dann würde es sich nämlich nicht mehr um einen Beschäftigungsvorteil handeln, der dem Schutz älterer Arbeitnehmer dient[399].

IV. Gerechtfertigtes Einstellungshöchstalter, Art. 6 Abs. 1 S. 2 c), S. 1 RL

1. Spezifische Ausbildungsanforderungen

Die Festsetzung eines angemessenen Höchstalters für die Einstellung kann wegen der spezifischen Ausbildungsanforderungen eines bestimmten Arbeitsplatzes nach Art. 6 Abs. 1 S. 2 c), S. 1 RL gerechtfertigt werden.

Schon nach dem Wortlaut besteht eine Rechtfertigungsmöglichkeit nur hinsichtlich *spezifischer* Ausbildungsanforderungen einer *bestimmten* Tätigkeit. Die Anforderung muss sich gerade auf die spezifische Tätigkeit beziehen, wenn dafür etwa körperliche Leistungsfähigkeit oder besondere Konzentrations- und Reaktionsfähigkeit entscheidend sind. Eine Altersgrenze für verschiedene Tätigkeiten oder die generelle Einstellungspraxis des Arbeitgebers, Bewerber nur bis zu einem bestimmten Alter zu berücksichtigen, kann deswegen nicht gerechtfertigt werden. Eine feste Altersgrenze für die Einstellung ist dafür nur erforderlich, wenn kein milderes Mittel als die Benachteiligung von Beschäftigten oberhalb der Altersgrenze besteht, um den Ausbildungsanforderungen der Tätigkeit zu genügen. Man hat eine restriktive Auslegung vorzunehmen, um das Diskrimi-

[399] zur Rechtfertigungsmöglichkeit nach Art. 6 Abs. 1 S. 2 a), S. 1 RL vgl. Seite 97

nierungsverbot nicht leer laufen zu lassen. Um der Angemessenheit zu genügen, dürfen zudem nicht Arbeitnehmer benachteiligt werden, die aufgrund späteren Ausbildungsbeginns oder langen Erziehungszeiten ohnehin Schwierigkeiten bei der Arbeitssuche haben[400].

Eine Rechtfertigungsmöglichkeit besteht danach bei Trainee- Programmen für Tätigkeiten innerhalb eines Unternehmens, die erst nach Durchlaufen einer bestimmten Laufbahn offen stehen. Diese Programme dienen dazu, Personen in eine spezifische Position innerhalb eines Unternehmens zu führen. Das finanzielle und zeitliche Investment ist für die Unternehmen nur dann lohnend, wenn der Trainee für eine lange Beschäftigungszeit im Unternehmen sein erworbenes Know-how einbringt und die Laufbahn bis zum Ende vollzieht. Dafür bedarf es wegen der spezifischen Ausbildungsanforderungen eines bestimmten Alters schon bei der Einstellung. Das gilt aber nicht für Programme, die nicht auf spezifische künftige Anforderungen im Unternehmen zugeschnitten sind. So kann die Einstellung als Trainee auch dazu dienen herauszufinden, für welche Tätigkeit im Unternehmen der Betreffende am besten geeignet ist. Angemessen ist die Benachteiligung Älterer jedenfalls nur, wenn die Möglichkeit individueller Ausnahmen besteht und sich die Höhe der Altersgrenze nach der späteren Tätigkeit richtet.

Wegen der spezifischen Ausbildungsanforderungen sind Höchstaltersgrenzen für die Einstellung im Rahmen des Crew-Konzepts für Piloten erforderlich[401]. Es sieht eine spezielle Ausbildungslaufbahn vor, mit der die notwendige Erfahrung für die Tätigkeit als Pilot verschafft werden soll. Zunächst erfolgt die Einstellung als Copilot, dann der Aufstieg zum Pilot von Kurz- und später von Langstreckenflügen. Die spezifische Ausbildungsanforderung für die Tätigkeit als Pilot bedarf eines bestimmten Höchstalters, weil nur über Jahre hinweg genügend Flugstunden gesammelt werden können, um das Crew-Konzept zu durchlaufen. Zudem lohnt sich die lange und finanziell aufwendige Ausbildung für die Fluglinie nur, wenn der Beschäftigte die Laufbahn entsprechend lange absolviert. Zudem geht es beim Crew-Konzept auch darum, dass Piloten vor ihrer Pensionierung ausreichende Zeit auf gehobenen Positionen als Flugkapitäne arbeiten können.

2. Angemessene Beschäftigungszeit vor Eintritt in den Ruhestand

Wegen der Notwendigkeit einer angemessen Beschäftigungszeit vor dem Eintritt in den Ruhestand kann nur für spezielle Tätigkeiten eine angemessene Höchstaltersgrenze für die Einstellung mit Art. 6 Abs. 1 S. 2 c), S. 1 RL gerechtfertigt werden.

---

[400] auf diesen Aspekt verweist auch Stadler, S. 189.

[401] Mit Art. 4 Abs. 1 RL lassen sich solche Altersgrenzen nicht rechtfertigen, vgl. Seite 84 f.

Höchstaltersgrenzen sind zur Erreichung dieses legitimen Ziels geeignet und erforderlich. Um dem Zweck des Diskriminierungsverbots nach Art. 1 RL zu genügen, ist der unbestimmte Rechtsbegriff der „angemessenen" Beschäftigungszeit vor dem Eintritt in den Ruhestand restriktiv auszulegen. Bei konkreter Betrachtung muss das Höchstalter für die Einstellung so hoch angesetzt werden, dass sie die Benachteiligung Älterer zu rechtfertigen vermag. Dabei soll nach der Richtlinie gerade älteren Erwerbstätigen die Teilnahme an Beschäftigung und Beruf ermöglicht werden[402]. Altersgrenzen selbst im mittleren Erwerbsalter sind daher keineswegs angemessen.

Die Festsetzung eines maximalen Einstiegsalters kann sich außerdem als mittelbare Diskriminierung wegen des Geschlechts erweisen, weil Frauen aufgrund von Kindeserziehungszeiten älter als männliche Bewerber sein können[403]. Für die Angemessenheit bedarf es daher insofern einer Ausnahmeregelung.

Der systematische Zusammenhang mit den Ausbildungsanforderungen zeigt außerdem, dass die Angemessenheit auch von der Art der speziellen Tätigkeit und der dafür erforderlichen Qualifikation durch den Arbeitgeber abhängt. Das Interesse an der Gleichbehandlung wegen des Alters tritt daher jedenfalls zurück, wenn sich das finanzielle und zeitliche Investment des Arbeitgebers bis zum Ausscheiden aus dem Erwerbsleben nicht mehr lohnen würde. Das ist z. B. der Fall bei Höchstaltersgrenzen im Zusammenhang mit dem „Crew Konzept". Bis der angehende Flugkapitän seine endgültige berufliche Stellung erreicht, hat er eine jahrelange Laufbahn zu absolvieren. Bis zur Pensionierung mit 60 Jahren bleibt daher für die Tätigkeit des Piloten eine nur begrenzte Zeitspanne[404].

3. Sachgerechter Altersaufbau

Eine Höchstaltersgrenze für die Einstellung kann grundsätzlich nicht mit dem Interesse an einer sachgerechten Altersstruktur nach Art. 6 Abs. 1 S. 2 c), S. 1 RL gerechtfertigt werden[405].

Für einen sachgerechten Altersaufbau der Belegschaft sind feste Höchstaltersgrenzen bei der Einstellung nicht geeignet. Die Beurteilung, welcher Altersaufbau sachgerecht ist, kann nur anhand einer konkreten Betrachtung der Altersstruktur des Unternehmens erfolgen. Um Altersdiskriminierung effektiv zu bekämpfen, muss der Rechtsbegriff des „sachgerechten" Altersaufbaus restriktiv ausgelegt werden. Es sind dieselben Anforderungen zu stellen wie bei

---

[402] vgl. Erwägungsgrund 8, 9 RL

[403] Schmidt, Das Arbeitsrecht der Europäischen Gemeinschaft, S. 205; Schmidt/Senne, RdA 2002, S. 89

[404] Die US- Gerichte sehen darin teilweise einen Fall der BFOQ- Einrede, Seite 78 f.

[405] a. A. Linsenmaier, RdA 2003, Sonderbeilage zu Heft 5, S. 28; zur Systematik des Art. 6 Abs. 1 RL Seite 87 ff.

der Rechtfertigung von Pensionsgrenzen[406]. Es kann daher nicht gemeint sein, dass ältere Beschäftigte durch eine Höchstaltersgrenze grundsätzlich der Zugang zur Tätigkeit verweigert wird. Sachgerecht ist eine Altersstruktur, die Arbeitnehmer ab einer bestimmten Altersgrenze den Zugang zur Beschäftigung ausschließt, nur dann, wenn es der ordnungsmäßige Betrieb oder die Verrichtung der jeweiligen Tätigkeit erforderlich macht. Ein solcher Fall wird regelmäßig nicht gegeben sein. Eine einseitig jugendlich orientierte Beschäftigungsstruktur widerspricht dagegen dem Zweck des Diskriminierungsverbots, das auch zur Anhebung der Beschäftigungsquote älterer Arbeitskräfte beitragen soll.

V. Rechtfertigung von Altersgrenzen nach Art. 6 Abs. 2 RL

Altersgrenzen bei betrieblichen Systemen der sozialen Sicherheit fallen zwar als Beschäftigungs- und Arbeitsbedingungen unter das Diskriminierungsverbot. Im Gegensatz zu staatlichen Leistungen gilt die Ausnahme des Art. 3 Abs. 3 RL nicht[407].

Nach Art. 6 Abs. 2 RL ist es aber im Rahmen der Umsetzung möglich, Altersgrenzen als Voraussetzung für die Mitgliedschaft oder den Bezug von Altersrente bei den betrieblichen Systemen der sozialen Sicherheit zuzulassen. Das betrifft sowohl Höchstaltersgrenzen für den Zugang als auch Altersgrenzen für die Höhe von Altersbezügen abhängig von Höchsteintrittsalter bei Beginn des Arbeitsverhältnisses. Eine Einschränkung bezüglich des verfolgten Ziels und der dafür eingesetzten Mittel findet sich im Gegensatz zu Art. 6 Abs. 1 RL nicht[408]. Solche Altersgrenzen dürfen jedoch nicht zu einer Diskriminierung wegen des Geschlechts führen[409]. Dabei ist zu berücksichtigen, dass Zeiten der Kindeserziehung gerade Frauen treffen und insofern eine Anrechnung dieser Zeiten erfolgen soll.

---

[406] vgl. Seite 109

[407] vgl. Seite 74

[408] Schmidt/Senne, RdA 2002, S. 89

[409] Die Rechtfertigungsmöglichkeit besteht nur hinsichtlich des Diskriminierungstatbestands Alter; zu den sonstigen Auswirkung der Richtlinie auf das Betriebsrentensystem vgl. Mohr, S .220 ff.

F. Gestattung von Altersgrenzen nach Art. 7 Abs. 1 RL

Die Richtlinie gestattet nach Art. 7 Abs. 1 RL die Beibehaltung und Einführung positiver und spezifischer Maßnahmen[410]. Dieser Rechtsgedanke beruht auf Art. 141 Abs. 4 EG und Art. 2 Abs. 2 der Richtlinie 76/297/EWG, die solche Regelungen für die Benachteiligung wegen des Geschlechts zulassen. Es erwies sich nämlich als eine effektive Methode zur Bekämpfung von Ungleichbehandlungen, nicht allein ein Diskriminierungsverbot wegen des Geschlechts zu normieren. Gleichzeitig wurde den Mitgliedsstaaten gestattet, Frauen zum Ausgleich von Benachteiligungen in der Vergangenheit besser zu stellen. Es kam damit zu einer rechtlichen Schlechterstellung von Männern, die aber zum Ausgleich von tatsächlichen Benachteiligungen von Frauen in der Vergangenheit gebilligt wurde. Dahinter steht die Erwägung, dass eine rein *rechtliche* Gleichbehandlung nicht ausreicht, wenn sie nicht zu einer *faktischen* Gleichstellung führt. Diesen Rechtsgedanken greift Art. 7 Abs. 1 RL für die Benachteiligung u. a. wegen des Alters auf[411].

Der ADEA sieht dagegen die Besserstellung älterer Arbeitnehmer bei der Bekämpfung der Altersdiskriminierung nicht vor. Eine sog. „affirmative action" ist nach der Rechtsprechung bisher nur in Fällen der Geschlechter- und Rassendiskriminierung gestattet. Die Begünstigung muss dabei nicht nur geeignet und angemessen sein, sondern auch eine in der Vergangenheit konkret eingetretene Benachteiligung kompensieren. Eine Bevorzugung darf nur erfolgen, wenn Anhaltspunkte dafür bestehen, dass ältere Arbeitnehmer gerade durch den jeweiligen Arbeitgeber oder seine Branche in der Vergangenheit benachteiligt wurden[412].

I. Voraussetzungen des Art. 7 Abs. 1 RL

Nach Art. 7 Abs. 1 RL hindert der Gleichberechtigungssatz „die Mitgliedsstaaten nicht daran, zur Gewährleistung der völligen Gleichstellung im Berufsleben spezifische Maßnahmen beizubehalten oder einzuführen, mit denen Benachteiligungen verhindert oder ausgeglichen werden". Die Vorschrift richtet sich ausschließlich an die Mitgliedsstaaten[413]. Altersgrenzen durch die Kollektivvertrags- oder Arbeitsvertragsparteien wären ohne gesetzliche Gestattung nicht

[410] Die Gestattung positiver Maßnahmen hält sich im Rahmen der generell auf die Gemeinschaft übertragenden Zuständigkeiten i.S.d. Art. 13 EG; a. A. Jochum, ZRP 1999, S. 281; zweifelnd Mohr, S. 185, da in Art. 13 EG nur von der „Bekämpfung" von Diskriminierungen die Rede sei.

[411] Kommissionsbegründung KOM (1999) 565 endg., S. 12

[412] Wygant vs. Jackson Board of Education, 476 U.S. 267 (1986)

[413] Das übersieht Mohr, S. 210, wenn er positive Maßnahmen zum Schutz Älterer auch durch Richterrecht und Individualarbeitsverträge für möglich hält.

von Art. 7 Abs. 1 RL gedeckt, weil sie von „unzuständigen Akteuren“ geschaffen würden[414].

Eine Altersgrenze ist nach Art. 7 Abs. 1 RL nur zulässig, wenn sie dazu dient, Benachteiligungen zu verhindern oder auszugleichen. Nur unter dieser Voraussetzung besteht die Möglichkeit einer Bevorzugung vor allem älterer Arbeitnehmer. Art. 7 Abs. 1 RL ist daher keine zu Art. 6 Abs. 1 RL speziellere Regelung zu Gunsten Älterer[415]. Dagegen spricht außerdem der unterschiedliche Zweck der Vorschriften: Art. 6 Abs. 1 RL dient der Rechtfertigung einer rechtlichen Ungleichbehandlung wegen des Alters. Art. 7 Abs. 1 RL geht dagegen von einer rechtlichen Ungleichbehandlung aus, billigt aber die tatsächliche Besserstellung zur faktischen Gleichstellung wegen des Alters.

Die Bevorzugung ab einer bestimmten Altersgrenze muss außerdem im Vergleich zur Verhinderung oder zum Ausgleich von Benachteiligungen verhältnismäßig sein. Die Vorschrift ist im Licht der Rechtsprechung zur Geschlechterdiskriminierung restriktiv auszulegen[416]. Für die Diskriminierung wegen des Geschlechts ist insofern anerkannt, dass die Bevorzugung nicht automatisch erfolgen darf, sondern unter dem Vorbehalt der Verhältnismäßigkeit steht[417]. Eine arbeitsrechtliche Altersgrenze führt jedoch allein wegen des Alters zu einer solchen automatischen Besserstellung. Deshalb wird Art. 7 Abs. 1 RL mit der Zielrichtung der völligen Gleichstellung für den Bereich der Altersdiskriminierung teilweise für ungeeignet gehalten[418]. Doch kann auch die Besserstellung einer bestimmten Altersgruppe zum Ausgleich bestehender Benachteiligungen in angemessenem Verhältnis stehen. Im Rahmen der Abwägung ist jedoch zu beachten, dass das Diskriminierungsverbot wegen des Alters nach Art 2 Abs. 1, 2 RL nicht nur der Benachteiligung Älterer, sondern auch jüngerer Beschäftigter dient. Im Unterschied zum Verbot der Geschlechterdiskriminierung gibt es keine Gruppe, die nach den Wertungen der Antidiskriminierungsrichtlinie von vornherein mehr schützenswert ist[419]. Eine Besserstellung Älterer durch eine Altersgrenze ist deswegen nur angemessen, wenn sie im Verhältnis zu der damit einhergehenden Benachteiligung jüngerer Arbeitnehmer steht. Für die Angemessenheit fester Altersgrenzen im Rahmen des Art. 7 Abs. 1 RL ist daher entscheidend, inwieweit durch eine Besserstellung Älterer gleichzeitig eine Schlechterstellung jüngerer Erwerbstätiger erfolgt. Es gilt für die Verhält-

---

[414] Schlachter-FS Blomeyer, S. 365

[415] so wohl Linsenmaier, RdA 2003, Sonderbeilage zu Heft 5, S. 27; Löwisch/Caspers/Neumann, S. 19

[416] Kommissionsbegründung, KOM (1999) 565 endg., S. 12 f. mit Verweis auf: EuGH v. 17.10.1995 (Kalanke), Rs. C-450/93, Slg. 1995, I-3051; EuGH v. 11.11.1997 (Marschall), Rs. C-409/95, Slg. 1997, I-6363

[417] EuGH (Lommers), Rs. C-476/99, Slg. 2002, I- 2289

[418] Bedenken gegen die Anwendung positiver Maßnahmen zur Bekämpfung von Altersdiskriminierung äußert Schmidt, Das Arbeitsrecht der Europäischen Gemeinschaft, S. 201 f.

[419] vgl. Seite 49

nismäßigkeit nach Art. 7 Abs. 1 RL ein strengerer Maßstab für Altersgrenzen, die Jüngere direkt benachteiligen, als für Altersgrenzen, die Jüngere nicht direkt schlechter stellen[420].

II. Gestattung von Altersgrenzen nach Art. 7 Abs. 1 RL

1. Altersgrenzen für besondere Beschäftigungsbedingungen

Eine Mindestaltersgrenze für die Inanspruchnahme von Altersteilzeit ist keine nach Art. 7 Abs. 1 RL zulässige positive Maßnahme zugunsten Älterer. Die Gewährung von Altersteilzeit ab einer bestimmten Altersgrenze ist daher nur unter den Voraussetzungen des Art. 6 Abs. 1 S. 2 a), S. 1 RL zu rechtfertigen[421]. Zwar nennt die Kommissionsbegründung den schrittweisen Übergang zwischen Berufstätigkeit und Ruhestand als eine mögliche positive Maßnahme[422]. Ein solcher Übergang in den Ruhestand wird durch Altersteilzeit ermöglicht. Die Gewährung von Altersteilzeit dient aber nicht dazu, einen Ausgleich für eventuelle Benachteiligung älterer Arbeitnehmer im Vergleich zu Jüngeren zu schaffen.

Eine angemessen Altersgrenze für den Verzicht auf den sachlichen Grund bei befristeten Arbeitsverhältnissen ist dagegen eine nach Art. 7 Abs. 1 RL zulässige Maßnahme zugunsten Älterer.

Die Altersgrenze dient dazu, die Benachteiligung älterer Erwerbssuchender auszugleichen[423]. Mit dem verminderten Schutz vor Befristung des Arbeitsverhältnisses soll die Einstellung Älterer gefördert werden. Diese Altersgruppe ist nämlich faktisch bei Einstellungen benachteiligt. Dahinter steht die Sorge der Arbeitgeber, solche Arbeitnehmer bei notwendigen Kündigungen aufgrund des Kündigungsschutzes schwer entlassen zu können. Der Gesetzgeber kann daher zum Ausgleich vorsehen, älteren Erwerbslosen die Chance auf eine zumindest befristete Anstellung zu geben.

Die Bevorzugung Älterer ist im Verhältnis zur fehlenden Bevorzugung Jüngerer bei einer hohen Altersgrenze angemessen. Solange die Altersgrenze nicht so niedrig liegt, dass Arbeitgeber vorwiegend Ältere befristet anstellen, wird man sie nach Art. 7 Abs. 1 RL zulassen können. Jüngere Arbeitnehmer werden durch den Verzicht auf das Sachgrunderfordernis für Ältere dann nicht unmittelbar benachteiligt. Es handelt sich in erster Linie um eine Begünstigung Älterer. An der Angemessenheit fehlt es aber, wenn die Altersgrenze an ein Alter anknüpft, indem für Arbeitnehmer noch akzeptable Chancen auf dem Arbeitsmarkt bestehen. Die fehlende Bevorzugung eines Arbeitssuchenden kurz vor Erreichen der Altersgrenze ist im Vergleich zu der Bevorzugung eines Arbeitsuchenden über

[420] im Ergebnis ebenso Wiedemann/Thüsing, NZA 2002, S. 1240
[421] vgl. dazu Seite 93 f.
[422] Kommissionsbegründung, KOM (1999) 565 endg., S. 13
[423] zweifelnd: Leuchten, NZA 2002, S. 1257

der Altersgrenze dann nicht mehr verhältnismäßig. Es könnte bei einer so niedrigen Altersgrenze für den Arbeitgeber attraktiv sein, gezielt Arbeitnehmer mittleren Alters ohne sachlichen Grund befristet anzustellen, statt nur unwesentlich Jüngere unbefristet. Dadurch käme es zu einer Benachteiligung jüngerer Erwerbssuchender, die im Vergleich zu den Benachteiligungen älterer nicht mehr in angemessen Verhältnis steht. Es gelten daher strengere Anforderungen an die Gestattung nach Art. 7 Abs. 1 RL.

2. Altersgrenzen für Beschäftigungsvorteile und beim Arbeitsentgelt

Beschäftigungsvorteile wie die Gewährung von mehr Urlaubstagen und eine Reduzierung der Arbeitszeit bei Lohnausgleich sind positive Maßnahmen nach Art. 7 Abs. 1 RL. Ältere Arbeitnehmer werden besser gestellt, um die höhere Gefahr einer im Alter eher abnehmenden körperlichen Belastbarkeit im Vergleich zu jüngeren Arbeitnehmern auszugleichen. Ohne eine solche Besserstellung durch zusätzlich gewährten Gesundheitsschutz würde ihre Leistungsfähigkeit abnehmen und sie daher faktisch im Vergleich zu Jüngeren benachteiligt. Die Bevorzugung ist verhältnismäßig, weil Jüngere dadurch nicht unmittelbar einen Nachteil erleiden.

Die Bevorzugung älterer Arbeitnehmer durch eine Altersgrenze bei der Entlohnung oder der Gewährung von Gratifikationen ist mit Art. 7 Abs. 1 RL nicht vereinbar[424].

Mit einer bei Erreichen von Altersgrenzen kontinuierlich ansteigenden Entlohnung werden nicht Ältere im Vergleich zu Jüngeren besser gestellt, sondern Nachteile im Laufe des Erwerbslebens ausgeglichen. Eine kontinuierliche Lohnzunahme entspricht regelmäßig nicht der Produktivitätskurve im Laufe der Erwerbstätigkeit. Die maximale Leistungsfähigkeit liegt weit vor dem Zeitpunkt des Ruhestands, dennoch steigt das Gehalt weiter an. Dadurch wird ein Ausgleich für die bei Beginn der Erwerbstätigkeit im Vergleich zur hohen Leistungsfähigkeit zu niedrige Bezahlung vorgenommen[425]. Es geht es also nicht um den faktischen Ausgleich von Ungleichbehandlungen von Älteren gegenüber Jüngeren zur völligen Gleichstellung im Berufsleben. Vielmehr wird das Verhältnis von Leistung und Gehalt des einzelnen Beschäftigten im Laufe des konkreten Beschäftigungsverhältnisses ausgeglichen.

Auch die Gewährung von Gratifikationen dient nicht dem Ausgleich von Nachteilen Älterer im Vergleich zu Jüngeren. Sie dient vielmehr der Belohnung von Betriebstreue, einer zunehmenden Qualität der Arbeitsleistung oder dem Verzicht auf Karrierechancen durch den Wechsel des Arbeitgebers.

---

[424] a. A. Leuchten, NZA 2002, S. 1258, der aber den Aspekt der darin liegenden Ungleichbehandlung Jüngerer unerwähnt lässt.

[425] Wiedemann/Thüsing, NZA 2002, S. 1241

3. Altersgrenzen bei Beendigung der Tätigkeit

Ein Kündigungsverbot, das vorwiegend an das Erreichen einer Altersgrenze anknüpft, ist keine zulässige positive Maßnahme nach Art. 7 Abs. 1 RL[426]. Zwar werden damit die schlechteren Chancen älterer Arbeitnehmer ab einer bestimmten Altersgrenze auf dem Arbeitsmarkt ausgeglichen. Es fehlt aber an der Verhältnismäßigkeit, weil mit dem Ausschluss der ordentlichen Kündigung für ältere Mitarbeiter jüngere Kollegen unmittelbar benachteiligt werden. Bei einer sozialen Auswahl im Rahmen einer Kündigung werden Mitarbeiter ab einer bestimmten Altersgrenze wegen ihres Alters ausgeschlossen. Es käme es zu einer automatischen Besserstellung wegen des Alters. Im Verhältnis zu der Benachteiligung eines Beschäftigten unterhalb der Altersgrenze, der aufgrund Fürsorgepflichten einen höheren Bestandschutz genießen würde, werden Arbeitnehmer oberhalb der Altersgrenze unangemessen bevorzugt. Etwa anderes gilt dagegen, wenn die Regelung zusätzlich eine ausreichende Anzahl von Jahren der Betriebszugehörigkeit voraussetzt. Dann kommt es nicht zu einer automatischen Bevorzugung Älterer. Die Altersgrenze ist aufgrund der Schwierigkeiten älterer Beschäftigter auf dem Arbeitsmarkt verhältnismäßig.

Eine mit Erreichen einer bestimmten Altersgrenze ansteigende Abfindung bei der Kündigung ist eine positive Maßnahme nach Art. 7 Abs. 1 RL. Sie dient u. a. der finanziellen Überbrückung bis zu einem neuen Beschäftigungsverhältnis.

Pensionsgrenzen sind keine positive Maßnahmen nach Art. 7 Abs. 1 RL, um Nachteile Jüngerer auszugleichen[427]. Ihre Zulässigkeit richtet sich daher neben Art. 4 Abs. 1 RL nach Art. 6 Abs. 1 S. 2 a), S. 1 RL[428]. Pensionsgrenzen dienen nicht dazu, die Benachteiligung Jüngerer bei der Einstellung zu verhindern oder auszugleichen. Eine solche faktische Ungleichbehandlung zu Lasten Jüngerer besteht nicht, vielmehr sind die Chancen auf dem Arbeitsmarkt für Jüngere besser als für ältere Arbeitnehmer.

Überdies wäre die Bevorzugung Jüngerer bei der Stellensuche im Verhältnis zur Benachteiligung Älterer durch die Zwangspensionierung nicht angemessen; denn auch ohne eine feste Pensionsgrenze würde ein Großteil der Beschäftigten nicht länger erwerbstätig bleiben. Der Anteil derer, die nach Erreichen der Pen-

---

[426] Die Berücksichtung des Alters bei der Sozialauswahl bei betriebsbedingten Kündigungen nach § 1 Abs. 3 KSchG ist mit Art. 7 Abs. 1 RL vereinbar. Es handelt sich um eine verhältnismäßige Besserstellung aufgrund der faktischen Benachteiligung Älterer auf dem Arbeitsmarkt. Überdies ist das Alter nur Teil der Abwägung. Vgl. Wiedemann/Thüsing, NZA 2002, S. 1240; Weber, ArbuR 2002, S. 404; Schmidt/Senne, RdA 2002, S. 84; Thüsing, NZA 2001, S. 1064.

[427] Ebenso Schlachter-FS Blomeyer, S. 362; a. A. Zöllner-FS Blomeyer, S. 531 und wohl Schmidt/Senne, RdA 2002, S. 83 f., welche die Zulässigkeit von Pensionsgrenzen allein nach Art. 7 Abs. 1 RL beurteilen.

[428] vgl. Seite 98 ff.

sionsgrenze noch länger arbeiten wollen, ist gering[429]. Bei einer Pensionsgrenze, die nahe am Rentenbezugsalter liegt, scheidet zudem ein Großteil der älteren Arbeitnehmer freiwillig aus dem Beschäftigungsverhältnis aus. Eine Besserstellung Jüngerer würde dadurch nur in geringen Umfang erreicht.

[429] Schmidt/Senne, RdA 2002, S. 84 f.

G. Ergebnis

Nur in einigen Mitgliedsstaaten der EU bestand vor der Richtlinienumsetzung ein Diskriminierungsverbot wegen des Alters im Arbeitsrecht. Die Bekämpfung der Diskriminierung wegen des Alters ist dagegen durch den ADEA seit langem vorbildlich geregelt, Pensionsgrenzen sind grundsätzlich verboten. Auf europäischer Ebene besteht zwar eine lange Tradition der Antidiskriminierungspolitik, doch konnte erst mit Schaffung des Art. 13 EG die Richtlinie 2000/78/EG als erste rechtsverbindliche Regelung dazu erlassen werden. Sie bezweckt nach Art. 1 RL die Teilhabe am wirtschaftlichen, kulturellen und sozialen Leben und die individuelle Entfaltung in Beschäftigung und Beruf unabhängig vom Alter des Beschäftigten. Wegen ihres Charakters als Rahmenrichtlinie bestehen weitgehende Möglichkeiten für die Mitgliedsstaaten, den Schutz vor Altersdiskriminierung einzuschränken.

Arbeitsrechtliche Altersgrenzen behandeln junge und alte Erwerbstätige aufgrund ihres Alters ungleich. Sie sind daher als unmittelbare Benachteiligungen gem. Art. 2 Abs. 2 a) RL grundsätzlich verboten. Im Unterschied zum ADEA sind nicht nur ältere Arbeitnehmer, sondern Beschäftigte jeden Alters vor einer altersbedingten Benachteiligung geschützt. Es handelt sich um ein Allgemeines Diskriminierungsverbot. Als Ausnahme zur Gewährung der öffentlichen Sicherheit sind Altersgrenzen nach Art. 2 Abs. 5 RL etwa für die Arztzulassung und die Einstellung und Pensionierung von Richtern erforderlich, während es für Prüfingenieure keiner festen Pensionsgrenze bedarf. Ansonsten stehen als milderes, gleich geeignetes Mittel individuelle Leistungstests zur Verfügung.

Das Diskriminierungsverbot gilt nach Art. 3 Abs. 1 RL nicht nur für abhängig Beschäftigte im privaten und öffentlichen Sektor sondern, anders als der ADEA, auch für Selbständige. Verboten sind Altersgrenzen als Auswahlkriterium bei Einstellung und Beförderung. Das gilt für Stellenanzeigen und für die individuelle Entscheidung des Arbeitgebers zur Eingehung des Arbeitsverhältnisses. Die Einhaltung einer Altersgrenze darf grundsätzlich auch keine Voraussetzung für den Zugang zur beruflichen Bildung sein. Beschäftigungs- und Arbeitsbedingungen, die an eine Altersgrenze anknüpfen, fallen unter das Verbot der Altersdiskriminierung. Die Richtlinie nimmt durch den Erwägungsgrund 14 RL Pensionsgrenzen nicht vom Geltungsbereich aus. Zwar ist der Wortlaut widersprüchlich, jedoch spricht die Auslegung der Richtlinie nach Entstehungsgeschichte, Systematik sowie Sinn und Zweck für die Anwendbarkeit. Pensionsgrenzen sind daher gesetzlich sowie in Kollektiv- und Individualverträgen grundsätzlich als Benachteiligung wegen des Alters verboten. Die Geltung auch für Altersgrenzen bezüglich des Arbeitsentgelts ist von der Kompetenz der Gemeinschaft gedeckt. Altersgrenzen für die Beendigung der Beschäftigung sind ebenso untersagt wie Altersgrenzen für das Schutzniveau von Kündigungen oder die Höhe von Kompensationszahlungen. Altersgrenzen für die Systeme der sozialen Sicherheit fallen nach Art. 3 Abs. 3 RL nicht unter die Richtlinie; daher sind sie etwa für den Bezug staatlicher Rentenzahlungen zulässig. Altersgrenzenregelungen für die Streitkräfte können von den Mitgliedsstaaten nach Art. 3 Abs. 4 RL vom Geltungsbereich ausgenommen werden.

Altersgrenzen können wegen des Alters als wesentliche und entscheidende berufliche Anforderung nur im Einzelfall nach Art. 4 Abs. 1 RL gerechtfertigt und feste Altersgrenzen für spezielle Tätigkeiten aus Gründen der Authentizität oder wegen der Kundenerwartung zugelassen werden. Wie bei der vergleichbaren Regelung des ADEA hat die Auslegung restriktiv zu erfolgen. Danach können feste Altersgrenzen bei Einstellung und Pensionierung zum Schutz Dritter regelmäßig nicht zugelassen werden. Sie können nur bei besonders gefährlichen Tätigkeiten rechtmäßig sein, wenn gesicherte Erkenntnisse über ein generell höheres Risiko altersbedingter Leistungsausfälle bestehen (etwa bei Piloten).

Keine Rechtfertigungsmöglichkeit ergibt sich aus Art. 6 Abs. 1 S. 2 a), S. 1 RL für Höchstaltersgrenzen für Beförderungen und Altersgrenzen für den Zugang zur Berufsbildung. Die Gewährung von Altersteilzeit ab einer bestimmten Altersgrenze ist zur Förderung der beruflichen Eingliederung Arbeitssuchender nicht erforderlich, kann aber grundsätzlich im Hinblick auf den gleitenden Übergang in den Ruhestand gerechtfertigt werden. Eine Altersgrenze für den Verzicht auf den sachlichen Grund zur Befristung eines Arbeitsverhältnisses kann dagegen zur Förderung der Eingliederung Älterer in den Arbeitsmarkt gerechtfertigt sein; die Angemessenheit ist aber von der Höhe der Altersgrenze abhängig. Eine Reduzierung der Arbeitszeit ohne Lohnausgleich ab einer bestimmten Altersgrenze ist nicht aus dem Grund zu rechtfertigen, dass sie älteren Beschäftigten finanziell eher zumutbar ist.

Feste Pensionsgrenzen sind nach Art. 6 Abs. 1 S. 2 a), S. 1 RL von vornherein (jedoch nicht allein) nur bei einer ausreichenden wirtschaftlichen Absicherung angemessen. Zur Förderung der beruflichen Eingliederung von Jugendlichen sind sie nur in Berufen erforderlich, für die der Zugang staatlich begrenzt ist oder dort, wo mit der Nachwuchsförderung weitere Ziele der Allgemeinheit verfolgt werden. Ansonsten sind flexible Altersgrenzen das verhältnismäßig mildere, gleich geeignete Mittel. Zur Förderung von Personen mit Fürsorgepflichten sind Pensionsgrenzen nicht geeignet, weil ein Zusammenhang von Fürsorgepflichten und Alter nicht zwingend besteht. Auch für den Schutz der Gesundheit älterer Arbeitnehmer sind sie nicht erforderlich. Die Vermeidung eines Kündigungsprozesses kann sie ebenfalls nicht rechtfertigen. Im Rahmen der Beschäftigungspolitik und des Arbeitsmarktes i. S. d. Art. 6 Abs. 1 S. 1 RL kann die wirtschaftliche Absicherung durch einen Rentenanspruch allein die Pensionsgrenze nicht rechtfertigen. Keine legitimen Ziele sind auch beschäftigungspolitische Erwägungen wie ein vermuteter Leistungsabbau oder die angeblich geringere Produktivität älterer Beschäftigter. Für einen sachgerechten Altersaufbau sind Pensionsgrenzen nur geeignet, wenn es für den jeweiligen Betrieb und die betreffenden Tätigkeiten eines Altersaufbaus bedarf, der Arbeitnehmer ab

Erreichen der Altersgrenze ausschließen muss. Selbst dann sind aber feste Pensionsgrenzen nicht erforderlich. Für die Personal- und Nachwuchsplanung sind feste Pensionsgrenzen nur bei Spezialisten und Führungskräften erforderlich. Zum Schutz der Sicherheit Dritter sind Pensionsgrenzen, die eine Fortführung bei nachgewiesener Eignung ermöglichen, regelmäßig das mildere, gleich geeignete Mittel.

Das Erreichen einer Altersgrenze kann aus diesen Gründen auch nicht die Beendigung der Beschäftigung durch eine ordentliche Kündigung nach Art. 6 Abs. 1 S. 2 a), S. 1 RL rechtfertigen. Kündigungsverbote, die vor allem am Erreichen einer Altersgrenze anknüpfen, sind im Hinblick auf die damit verbundene Benachteiligung Jüngerer nicht angemessen. Ein Ausschluss von Leistungen aus einem Sozialplan ist im Rahmen der Verteilung begrenzter Mittel dagegen zum Schutz Jüngerer gerechtfertigt.

Altersgrenzen bei der Entlohnung sind nach Art. 6 Abs. 1 S. 2 a), S. 1 RL weder bei der Lohnhöhe noch für die Gewährung von Gratifikationen zu rechtfertigen. Mindestaltersgrenzen für den Zugang zur Beschäftigung und den beruflichen Aufstieg sind zur Sicherstellung einer ausreichenden Berufserfahrung im Regelfall nicht geeignet und deswegen nicht nach Art. 6 Abs. 1 S. 2 b), S. 1 RL zu rechtfertigen. Zur Personalplanung sind sie beim Zugang nur zuzulassen, wenn die Anstellung auf Lebenszeit erfolgt. Dagegen lassen sich Mindestanforderungen an das Alter für Beschäftigungsvorteile, wie längeren Urlaub und Arbeitszeitverkürzung mit Lohnausgleich, rechtfertigen. Eine Rechtfertigungsmöglichkeit nach Art. 6 Abs. 1 S. 2 c), S. 1 RL besteht für die Festsetzung eines angemessenen Höchstalters für die Einstellung nur bei bestimmten Tätigkeiten wegen spezifischer Ausbildungsanforderungen oder der Notwendigkeit einer angemessen Beschäftigungszeit vor dem Eintritt in den Ruhestand. Mit dem Argument des Interesses an einer sachgerechten Altersstruktur können sie grundsätzlich nicht gestaltet werden. Altersgrenzen bei betrieblichen Systemen der sozialen Sicherheit sind nach Art. 6 Abs. 2 RL ohne weiteres zu rechtfertigen.

Die Altersgrenze für die Gewährung von Altersteilzeit dient nicht dem Ausgleich von Nachteilen für Ältere und ist daher nicht nach Art. 7 Abs. 1 RL zulässig. Dagegen dient eine angemesse Altersgrenze für den Verzicht auf das Sachgrunderfordernis dem Ausgleich von Benachteiligungen Älterer bei der Einstellung. Altersgrenzen für Beschäftigungsvorteile, wie mehr Urlaubstage oder Arbeitszeitverkürzung, sind nach Art. 7 Abs. 1 RL zulässige Begünstigungen Älterer. Für die Gewährung von Gratifikationen und die Entgelthöhe gleichen sie dagegen keine Nachteile Älterer gegenüber Jüngeren aus. Ein Kündigungsverbot, dass maßgeblich auf das Erreichen einer Altersgrenze abstellt, ist im Hinblick auf die Ungleichbehandlung Jüngerer nicht verhältnismäßig. Höhere Abfindungen ab Erreichen einer Altersgrenze sind nach Art. 7 Abs. 1 RL zulässig. Keine positive Maßnahme zugunsten Jüngerer i. d. S. sind Pensionsgrenzen.

Teil II. Auswirkungen auf die Beurteilung von Altersgrenzen nach nationalem Recht

Welche Auswirkungen das europarechtliche Diskriminierungsverbot auf die Beurteilung von Altersgrenzen nach nationalem Recht hat, zeigt der Vergleich der bisherigen Rechtslage mit den Anforderungen der Richtlinie.

A. Altersgrenzen bei Berufszugang, Beförderung und Berufsbildung

I. Zugang zur Beschäftigung

Die bestehenden gesetzlichen Mindest- und Höchstaltersgrenzen für den Berufszugang betreffen vorwiegend Tätigkeiten zum Schutz der öffentlichen Sicherheit. Soweit sie dafür erforderlich sind, können sie vom Diskriminierungsverbot ausgenommen werden. Mindestaltersgrenzen für Beamte auf Lebenszeit lassen sich wegen des damit verfolgten Ziels auch nach Umsetzung der Richtlinie rechtfertigen, unzulässig ist dagegen die allgemeine Höchstaltersgrenze für Beamte. Nicht mit der Richtlinie zu vereinbaren sind die Altersgrenzen für sicherheitsrelevante Tätigkeiten, weil sie zum Schutz der Sicherheit Dritter nicht geeignet bzw. erforderlich sind.

Altersgrenzen als Zugangskriterium bei der Einstellung, bei Stellenausschreibungen und bei der Auswahl von Bewerbern durch Arbeitgeber sind im Gegensatz zur bisherigen Rechtslage nach der Richtlinie generell unzulässig. Soweit auf betrieblicher Ebene Einschränkung bestehen, sind sie nach der Richtlinie nicht ausreichend. Die Entscheidungsfreiheit des Arbeitgebers bei der Einstellung wird erheblich eingeschränkt. Nur für spezifische Tätigkeiten besteht bei Umsetzung der Art. 4 Abs. 1 und Art. 6 Abs. 1 RL eine Rechtfertigungsmöglichkeit für die Altersgrenze aus beschäftigungspolitischen Gründen. Im Einzelnen:

1. Gesetzliche Altersgrenzen

Für Beamte auf Lebenszeit besteht nach den Beamtengesetzen eine Mindestaltersgrenze für den Zugang zur Beschäftigung von 27 Jahren[430]. Zwar soll nach Art. 33 Abs. 2 GG nur die Eignung, Befähigung und fachliche Leistung maßgeblich für die Einstellung sein. Intention der Altersgrenze ist aber, die verfestigte Rechtstellung des Beamten auf Lebenszeit erst zu gewähren, wenn erfahrungsgemäß die Berufswahl endgültig getroffen ist und mit einem Wechsel nicht mehr gerechnet werden muss. Außerdem sei dann die Persönlichkeitsentwicklung in ihren Grundzügen abgeschlossen[431] und daher das Lebensalter ein

[430] § 9 Nr. 2 BBG; § 6 Abs. 1 BRRG i.V.m. § 11 Abs. 1 Nr. 2 LBG Brandenburg
[431] Plog/Wiedow/Bayer, BBG/BeamtVG, § 9 BBG, Rn. 7

erhebliches Kriterium für eine sachgerechte Personalplanung[432]. Diese Altersgrenze ist mit Art. 6 Abs. 1 S. 2 b), S. 1 RL zu rechtfertigen[433]. Es besteht das legitime Ziel, Beamte nur dann auf Lebenszeit einzustellen, wenn davon auszugehen ist, dass sie ihre Lebensarbeitszeit dieser Aufgabe widmen. Dafür kann man das Vorliegen eines bestimmten Alters typisierend heranziehen, weil mit zunehmendem Alter ein Berufswechsel unwahrscheinlicher wird. Dagegen kann die Argumentation, die Persönlichkeitsentwicklung sei erst in diesem Alter abgeschlossen, vor dem Hintergrund des Verbots der Altersdiskriminierung nicht überzeugen.

Die Höchstaltersgrenze für die Einstellung als Beamter liegt regelmäßig bei 32 Jahren[434]. Eine Rechtfertigung von Höchstaltersgrenzen für den allgemeinen Beamtendienst aufgrund vermuteter Leistungsunfähigkeit ab einem bestimmten Alter widerspräche schon dem Zweck der Richtlinie[435]. Die Annahme fehlender Leistungsfähigkeit im höheren Alter ist gerade eine zu bekämpfende Benachteiligung wegen des Alters. Die Altersgrenze ist auch nicht wegen einer angemessenen Beschäftigungszeit vor dem Eintritt in den Ruhestand nach Art. 6 Abs. 1 S. 2 c), S. 1 RL zu rechtfertigen[436]. Unerheblich ist daher, dass die Höchstaltersgrenze insofern angemessen wäre, weil sie Erziehungszeiten oder die verlängerte Dienstzeit bei der Bundeswehr berücksichtigt.

Für besondere Tätigkeiten (Polizei, Feuerwehr, u. ä.) sind Höchstaltersgrenzen für die Einstellung in den Beamtengesetzen vorgesehen[437]. Hintergrund solcher Altersgrenzen ist eine ausreichende physische und psychische Eignung des Bewerbers. Das Interesse der öffentlichen Sicherheit nach Art. 2 Abs. 5 RL kann aber nicht dazu führen, generelle Höchstaltersgrenzen bei der Einstellung etwa bei Polizei, Feuerwehr oder Notdiensten zuzulassen[438]. Für den Erhalt der Einsatzbereitschaft kommt es nicht allein auf das Alter, sondern auf die individuelle körperliche und geistige Verfassung an. Eine generelle Altersgrenze ist dafür auch nicht geeignet, weil es an der ausreichend konkreten Betrachtung der einzelnen Tätigkeit fehlt. Die ohnehin vorgenommenen Leistungstests bei der Einstellung sind dafür außerdem das gleich geeignete, aber weniger altersdiskriminierende Mittel.

---

[432] BVerwG v. 20.4.1983, abgedruckt im Sammel- und Nachschlagewerk der Rechtsprechung des BVerwG, Band 2 a Öffentlicher Dienst, ab 1.1.1981, 237.1 Art. 42 BayBG Nr. 6

[433] vgl. Seite 117 f.

[434] § 14 Abs. 2 BLV; § 17 Abs. 2 LVO Brandenburg. Das Ernennungsverbot zum Beamten liegt bei 65 Jahren nach § 41 Abs. 4 BBG bzw. bei 45 Jahren nach § 10 LBG Brandenburg

[435] Das widerlegen auch gerontologische Ergebnisse, Seite 28.Die Argumentation fehlender Leistungsfähigkeit kann bei der Rechtfertigung nach Art. 6 Abs. 1 RL generell nicht überzeugen, dazu Seite 108.

[436] vgl. Seite 121

[437] Bsp.: §§ 12, 14 und 21 der LBV Polizei Brandenburg

[438] vgl. Seite 53 ff.; a. A. offenbar Schaub-ArbR-Hdb., § 112, Rn. 60

Bei Richtern spielt das Mindestalter für die Ernennung auf Lebenszeit von 27 Jahren wegen der langen Ausbildungsdauer sowie der dreijährigen Vorbereitungszeit kaum eine Rolle[439]. Die Altersgrenze von 40 Jahren für die Berufung zum Richter am Bundesverfassungsgericht nach § 3 Abs. 1 BVerfG wird mit der notwendigen Berufs- und Lebenserfahrung begründet. Diese Altersgrenze ist nach Art. 6 Abs. 1 S. 2 b), S 1 RL zu rechtfertigen. Zwar ist grundsätzlich die Berufs- und Lebenserfahrung individuell zu bestimmen und nicht generell mit Erreichen einer Altersgrenze zu vermuten. Allerdings wird man für Richter am BVerfG ausnahmsweise wegen der vergleichbaren Ausbildung und dem beruflichen Werdegang der Betroffenen typisierend davon ausgehen können, dass mit gleichem Alter auch ein gleiches Maß an Erfahrung einhergeht[440].

Die Zugang zur vertragsärztlichen Tätigkeit kann nur bis zu einer Altersgrenze von 55 Jahren erfolgen, § 98 Abs. 2 Nr. 12 SGB V i.V.m. § 25 Ärzte-/ Zahnärztezulassungsverordnung. Der Gesetzgeber hat die Altersgrenze eingeführt, um einer Gefährdung der Wirtschaftlichkeit der vertragsärztlichen Versorgung entgegenzuwirken. Bei erst nach dem 55. Lebensjahr zugelassenen Ärzten bestehe nämlich die Gefahr, dass sie während der kurzen verbleibenden Berufsausübungszeit versuchen, ihre Praxisinvestitionen durch gesteigerte und unwirtschaftliche Tätigkeit zu amortisieren[441]. Diese Altersgrenze schränkt den Betroffenen nicht nur in seiner verfassungsrechtlichen geschützten Berufs*ausübung* ein. Sie betrifft in ihrer Wirkung auch die Berufs*wahlfreiheit*, weil der Arzt aufgrund der überwiegend gesetzlich versicherten Patienten wirtschaftlich auf die Kassenzulassung angewiesen ist. Der Eingriff dient dem Schutz des besonders wichtigen Gemeinschaftsgutes der finanziellen Sicherheit des Versicherungssystems. Ob Vertragsärzte über 55 Jahren zu einem unwirtschaftlichen Verhalten neigen und die Altersgrenze deshalb mit Art. 12 GG vereinbar ist, wurde vom BSG unterschiedlich beurteilt[442]. Das BVerfG hielt dies für eine plausible Annahme und verneinte daher einen verfassungsrechtlichen Verstoß[443]. Entscheidend ist letztlich, dass es mit der Altersgrenze zu einer Begrenzung der Arztzahlen und damit zum Erhalt der Finanzierbarkeit der gesetzlichen Krankenversicherung kommt[444]. Denn nach Auffassung des Gesetzgebers ist nachgewiesen, dass die Leistungsausgaben pro Versicherten umso höher liegen, je mehr Ärzte eine gleiche Zahl von Versicherten zu versorgen haben[445]. Einkommenseinbußen durch die geringere Patientenzahl werden anscheinend durch Ausweitung des Leistungsvolumens ausgeglichen[446]. Schon wegen des Ermitt-

[439] Schmidt-Räntsch, DRiG, § 10, Rn. 18
[440] vgl. zum Regelfall nach der Richtlinie dagegen Seite 117.
[441] BT-Drucks. 11/2237, S. 195
[442] vgl. Vorlagebeschluss des BSG v. 16. 6. 1993, SGb 1994, 332; das BSG v. 24.11.1993, BSGE 73, 225 bejahte dagegen im Ergebnis die Vereinbarkeit mit Art. 12 GG.
[443] BVerfG v. 20.3.2001, BVerfGE 103, 190 f.
[444] BSG v. 24.11.1993, BSGE 73, 225 f. ; v. 18.12.1996, BSGE 80, 12
[445] BT-Drucks. 12/3608, S. 98 f.
[446] Gitter-FS Söllner, S. 369

lungsaufwandes kommt eine breit angelegte Wirtschaftlichkeitsprüfung nicht als milderes Mittel zur Sicherung der Finanzierbarkeit in Betracht[447].

Diese Höchstaltersgrenze für die Zulassung als Kassenarzt von 55 Jahren ist auch mit der Richtlinie vereinbar, weil sie unter den Vorbehalt des Art. 2 Abs. 5 RL fällt[448]. Die Benachteiligung von Ärzten über 55 Jahren ist erforderlich, weil die Altersgrenze zum Erhalt der Wirtschaftlichkeit der vertragsärztlichen Versorgung führt. Die bisherige Argumentation überzeugt größtenteils auch für die Ungleichbehandlung wegen des Alters. Die Altersgrenze von 55 Jahren ist so hoch angesetzt, dass sie bei regelmäßigem Verlauf des Berufslebens nicht erreicht wird[449]. Man wird dem Gesetzgeber auch einen Spielraum bei der Einschätzung zur Verursachung von Mehrkosten in höherem Alter zubilligen können. Eine solche generelle Betrachtung ist zwar nur ausnahmsweise zulässig, doch ist die Angemessenheit gewahrt. Schließlich besteht eine Ausnahmeregelung in § 25 S. 2 Ärzte-/Zahnärztezulassungsverordnung, die unbillige Härten im Einzelfall vermeidet. Dagegen könnte man die Altersgrenze nicht nach Art. 6 Abs. 1 RL rechtfertigen, weil es älteren Ärzten, die bereits ihr Berufsziel und ihre Alterssicherung in einem anderen Berufszweig verwirklicht haben, eher zuzumuten sei, die Kassenzulassung zu versagen[450]. Damit würde man allein wegen des Alters ihr Interesse an der beruflichen Tätigkeit geringer bewerten. Der Schutz vor Altersdiskriminierung dient nicht allein der wirtschaftlichen Absicherung, sondern auch der Entfaltung der Persönlichkeit, unabhängig vom Alter. Bedenklich ist daher auch die Rechtsprechung, einen Härtefall gem. § 25 S. 2 Ärzte-/Zahnärztezulassungsverordnung aufgrund der Möglichkeit der Inanspruchnahme vorgezogener Altersrente auszuschließen[451].

Keine Auswirkungen hat die Richtlinie auf die Mindest- und Höchstaltersgrenze für die Wehrpflicht (§ 1 Abs. 1, § 5 WPflG). Altersgrenzen bei der Bundeswehr können nicht nur nach Art. 3 Abs. 4 RL vom nationalen Gesetzgeber ausgenommen werden, die Wehrpflicht fällt mangels Entgeltlichkeit der Tätigkeit schon nicht in den Geltungsbereich der Richtlinie[452]. Der Betroffene kann sich daher nicht darauf berufen, wegen Unterschreitens der Altersgrenze noch zum Wehrdienst herangezogen zu werden und damit gegenüber demjenigen, der die Altersgrenze schon überschritten hat, wegen seines Alters benachteiligt zu werden.

447 BSG v. 24.11.1993, BSGE 73, 231

448 vgl. Seite 55

449 Das BVerfG hat einen Verstoß gegen Art. 3 Abs. 1 GG im Hinblick auf Ungleichbehandlung Älterer verneint, BVerfG v. 20.3.2001, BVerfGE 103, 193 f.

450 So zur alten Rechtslage Hess-KassKomm, § 95 SGB V, Rn. 51; kritisch: Gitter-FS Söllner, S. 371. Insofern kann auf die Argumentation zur fehlenden Rechtfertigungsmöglichkeit für Pensionsgrenzen verwiesen werden, Seite 107.

451 so BSG v. 29.9.1999, SGb 1999, S. 696

452 vgl. Seite 75

Von der Richtlinie unberührt bleiben auch Altersgrenzen, ab denen die Eingliederung in den Beruf durch staatliche Leistungen gefördert wird. Beispielsweise erfolgt ein Eingliederungszuschuss für ältere Arbeitnehmer ab 55 Jahren nach § 218 Abs. 1 Nr. 3 SGB III oder die Übernahme von Weiterbildungskosten für Arbeitnehmer ab 50 Jahren in Betrieben mit weniger als 100 Arbeitnehmern nach § 417 SGB III. Die staatliche Förderung zur Eingliederung Älterer nach den Vorschriften des SGB III fällt schon nicht in den Geltungsbereich der Richtlinie nach Art. 3 Abs. 3 RL und bleibt daher weiter zulässig[453].

2. *Stellenausschreibungen und Einstellung von Arbeitnehmern*

Aufgrund der Vertragsfreiheit konnte der Arbeitgeber bisher eine Stellenanzeige und seine Einstellungsentscheidung frei gestalten und sich dadurch ausschließlich an Bewerber innerhalb bestimmter Altersgrenzen wenden. Der allgemeine Gleichheitssatz des Art. 3 Abs. 1 GG hinderte ihn nicht daran, weil er im Verhältnis der Grundrechtsträger (Arbeitnehmer und Arbeitgeber) zueinander nicht gilt. Ergänzend greift in diesem Verhältnis auch nicht das allgemeine arbeitsrechtliche Gleichbehandlungsgebot vorliegend ein. Danach besteht zwar mit Vertragsschluss eine Sonderbeziehung, die besondere Gleichbehandlungsgebote auslöst[454]. Der Rechtsgrund zeigt jedoch, dass dieser Grundsatz in der vorvertraglichen Phase gerade keine Anwendung findet, weil die Verpflichtung aus dem Arbeitsverhältnis noch nicht besteht[455]. Ein gesetzliches Differenzierungsverbot wegen des Alters fehlt ebenso wie eine darüber hinausgehende Gleichstellungspflicht. Einschränkungen hinsichtlich der Ungleichbehandlung wegen des Alters bei der Begründung des Arbeitsverhältnisses nach Vorbild der Geschlechtergleichbehandlung in § 611 a BGB fehlen im deutschen Arbeitsrecht.

Gewisse Einschränkungen bestehen allein für Unternehmen mit einem Betriebsrat. Nach § 80 Abs. 1 Nr. 6 BetrVG kommt ihm die allgemeine Aufgabe zu, die Beschäftigung Älterer im Betrieb zu fördern. Das gilt insbesondere bei Neueinstellung älterer Arbeitnehmer auf für sie geeignete Arbeitsplätze und den Erhalt solcher Stellen[456]. Es handelt sich hierbei jedoch nur um einen in der Praxis zu beobachtenden Schutzauftrag und eine Förderungspflicht, welche zudem nur zugunsten älterer Arbeitnehmer gelten. Weder besteht ein Mitbestimmungsrecht noch ein gerichtlich durchsetzbarer Anspruch gegen den Arbeitgeber[457]. Bislang kann die Einhaltung einer Altersgrenze sogar ein esichtspunkte bei Auswahlrichtlinien zur Einstellung gem. § 95 BetrVG sein. Die Nichtberücksichtigung älterer Bewerber ist aber ein Widerspruchsgrund nach § 99 BetrVG bei der Ein-

[453] vgl. Seite 74
[454] Säcker, ZRP 2002, S. 288
[455] MünchArbR-Buchner, § 40, Rn. 148
[456] Fitting, BetrVG, § 80, Rn. 31 verweist insofern allein auf die Rechtfertigungsmöglichkeit von Altersgrenzen bei der Einstellung nach Art. 4 Abs. 1 RL.
[457] ErfK-Kania, § 80 BetrVG, Rn. 1

stellung[458]. Auch die Weigerung, einen Arbeitnehmer nach Beendigung der Berufsausbildung nicht zu übernehmen, weil er eine bestimmte Altersgrenze überschritten hat, ist ein Verstoß gegen die Vorschrift[459]. Sie schützt vor Schlechterstellung „Älterer" ohne Beschränkung auf eine bestimmte Altersstufe. Daher kann auch eine Altersgrenze von 20 oder 25 Jahren schon eine Benachteiligung „Älterer" sein. Anwendbar ist die Vorschrift aber nur, wenn die besonderen Voraussetzungen der Mitbestimmung bei personalen Angelegenheiten vorliegen, also mindestens 20 wahlberechtigte Arbeitnehmer vorhanden sind. Im Übrigen hat der Unternehmer den Betriebsrat bei der Personalplanung nur insofern einzubeziehen, als der Betriebsrat ein Vorschlagsrecht hat, § 92 Abs. 1, 2 BetrVG. Ein Auftrag zur Förderung der Gleichstellung findet sich in § 92 Abs. 3 BetrVG bisher nur für das Geschlecht, nicht jedoch für das Alter.

Nach der Richtlinie erstreckt sich das Gleichstellungsgebot wegen des Alters auch auf den vorvertraglichen Bereich. Es kommt daher zu einem über das bisherige Recht hinausgehenden Eingriff in die Privatautonomie des Arbeitgebers. Im Schrifttum wird dagegen vorgebracht, dass es bisher zwar im Einzelfall zu Ungerechtigkeiten gegenüber Älteren komme, die sich aber im Großen und Ganzen ausgleichen würden[460]. Je weniger Diskriminierungsschutz es künftig gäbe, desto leichter fiele es, unbedenklich einzustellen[461]. Jedenfalls für die gängige, Ältere benachteiligende Einstellungspraxis kann dieser Auffassung nicht gefolgt werden. Es würde praktisch jeder rechtliche Schutz vor Diskriminierung pervertiert werden. Maßgeblich muss sein, dass sich der Einzelne in einer konkreten Situation darauf berufen kann, wegen seines Alters nicht benachteiligt zu werden.

Eine Stellenausschreibung hat daher künftig grundsätzlich ohne Altersgrenze zu erfolgen und Einstellungsentscheidungen dürfen nach Vorbild der Geschlechterdiskriminierung nicht von der Einhaltung einer Altersgrenze abhängig gemacht werden[462]. Ausnahmen aufgrund des Alters als berufliche Anforderung können nach Art. 4 Abs. 1 RL nicht deswegen gemacht werden, weil man Bewerbern in jungen Jahren bessere Kenntnisse und Fertigkeiten unterstellt oder eine größere Berufserfahrung mit höherem Alter vermutet[463]. Die Beurteilung hat im Einzelfall nicht anhand der mit dem Alter unterstellten Fähigkeiten, sondern der konkret nachgewiesenen Qualifikation zu erfolgen. Nur in engen Grenzen wird man Höchst- und Mindestaltersgrenzen etwa bei Schauspielrollen und für Models

[458] Fitting, BetrVG, § 80, Rn. 31; ders. § 99, Rn. 164
[459] Kreutz, GK-BetrVG, § 75, Rn. 79; Fitting, BetrVG, § 75, Rn. 69
[460] Bauer, NJW 2001, S. 2673; Säcker, ZRP 2002, S. 288
[461] Adomeit, NJW 2002, S. 1622
[462] Vorgeschlagen wird bei Rechtfertigung solcher Altersgrenzen, dass der Arbeitgeber diese begründen muss, um sich den Anforderungen bewusst zu werden und über eine Begründung nachzudenken, Stadler, S. 187. Das ginge freilich über die Anforderungen der Richtlinie hinaus.
[463] vgl. Seite 83 ff.

aufgrund der Authentizität als mit Art. 4 Abs. 1 RL vereinbar ansehen können. Das Alter ist auch dann eine wesentliche und entscheidende berufliche Voraussetzung wenn es auf die Kundenerwartung ankommt. Das gilt aber nur, wenn das Alter Teil des Unternehmenskonzepts und damit notwendig für die wirtschaftliche Betätigung ist. Eine bloß veraltete Vorstellung von einem „jungen und dynamischen Erscheinungsbild" des Unternehmens genügt dafür nicht. Beispiel für ein jugendliches Erscheinungsbild als Teil des unternehmerischen Konzepts sind Tätigkeiten in der Modebranche oder die der Moderation für einen Musik-Fernsehsender[464].

Eine Altersgrenze bei der Einstellung entzieht sich künftig der Rechtfertigungsmöglichkeit aufgrund einer angemessen, ausgewogenen betrieblichen Altersstruktur i.S.d. Art. 6 Abs. 1 S. 2 c), S. 1 RL[465]. Ansonsten würde dem Vorurteil Vorschub geleistet, gerade eine ältere Beschäftigungsstruktur sei unangemessen. Im Sinne einer wirksamen Bekämpfung der Diskriminierung vor allem Älterer, wird man eine ausgewogene betriebliche Altersstruktur nur bei Betrachtung des konkreten Einzelfalles zulassen können. Mindestanforderungen an das Alter sind auch nicht gem. Art. 6 Abs. 1 S. 2 b) RL aufgrund der Sicherheit Dritter, die mit der Arbeitsleitung in Berührung kommen, zu rechtfertigen[466]. Man wird wohl kaum Tätigkeiten finden, in denen man die Sicherheitsgefährdung Dritter kausal auf das Alter zurückführen kann. Ausnahmsweise ist dagegen eine Altersgrenze bei der Einstellung aufgrund der spezifischen Ausbildungsanforderungen nach Art. 6 Abs. 1 S. 2 c) RL zu rechtfertigen[467]. Beispiele sind etwa das Crew-Konzept beim Cockpitpersonal oder spezielle Trainee- Programme für Führungskräfte. Die Ausbildung für die Unternehmen ist dann nur lohnend, wenn der Bewerber für eine lange Beschäftigungszeit im Unternehmen sein erworbenes Know-how einbringt. Soweit Trainee-Programme auf künftige spezifische Anforderungen im Unternehmen und nicht auf generelle Fähigkeiten zugeschnitten sind, wird damit ein legitimes Ziel verfolgt. Allerdings muss im Einzelfall die Altersgrenze der Höhe nach angemessen sein. Beim Crew-Konzept der Fluglinien kommt ergänzend dazu, dass die Rechtfertigung auch aufgrund einer angemessenen Beschäftigungszeit vor Erreichen der (von Ausnahmefällen abgesehen) gesetzlichen Altersgrenze von 60 Jahren für Piloten erfolgen kann.

Die auf betrieblicher Ebene vorgesehen Informations-, Beteiligungs- und Beratungsrechte des Betriebsrats allein genügen zur Umsetzung der Richtlinie nicht. Schon bislang haben sie in der Praxis bisher wenig zur Verbesserung der Stellung Älterer beigetragen[468]. Das gilt neben dem fehlenden Verbotscharakter

---

[464] Löwisch/Caspers/Neumann, S. 25

[465] vgl. Seite 121

[466] a. A. Preis, Individualarbeitsrecht, § 34 Kap. I Nr. 5 b)

[467] vgl. Seite 119

[468] so die Einschätzung von Richardi-Richardi, BetrVG, § 80 Rn. 42

auch aufgrund des nur beschränkten Anwendungsbereichs der Vorschriften auf Betriebe, in denen überhaupt ein Betriebsrat besteht. Künftig wird man eine arbeitsrechtliche Regelung außerhalb des BetrVG nach Vorbild des § 75 Abs. 1 S. 2 BetrVG vorsehen müssen, von der auch die Benachteiligung Jüngerer erfasst werden muss. Die Einhaltung einer Altersgrenze wird daneben nicht mehr Teil einer Auswahlrichtlinie nach § 95 BetrVG sein können. Vielmehr gelten auch hierfür die aufgezeigten Anforderungen der Richtlinie. Dagegen wird man die Förderungspflicht der Beschäftigung Älterer nach § 80 Abs. 1 Nr. 6 BetrVG als positive Maßnahme nach Art. 7 Abs. 1 RL zum Ausgleich derzeit bestehender tatsächlicher Ungleichbehandlungen auf dem Arbeitsmarkt rechtfertigen können.

II. Beförderung

Die beamtenrechtlichen Altersgrenzen für den Berufsaufstieg entsprechen nicht den Anforderungen der Richtlinie, weil sie sich regelmäßig nicht mit einer angemessen Beschäftigungszeit vor dem Eintritt in den Ruhestand rechtfertigen lassen. Während Ungleichbehandlungen bei der Beförderung durch den Arbeitgeber zulässig waren, wenn sie nicht willkürlich oder aufgrund sachfremder Erwägungen erfolgen, sind Altersgrenzen künftig regelmäßig untersagt. Weder der arbeitsrechtliche Gleichbehandlungsgrundsatz noch die Vorschriften des BetrVG genügen hinsichtlich Altersgrenzen bei der Beförderung der Richtlinie.

Gesetzlich ist der Aufstieg für Beamte entweder an ein Höchstalter von 45 Jahren oder für gehobene Tätigkeiten an ein Mindestalter von 45 und ein Höchstalter von 58 Jahren gebunden[469]. Dahinter steht die Erwägung, dass der Bewerber nach dem Aufstieg noch angemessene Zeit in seiner neuen Stellung tätig sein kann[470]. Es wird aber auch angenommen, dass der Bewerber ab Erreichen einer bestimmen Altersgrenze über eine nicht mehr ausreichende Leistungsfähigkeit verfügt. Während man die Altersgrenze wegen einer ausreichenden Beschäftigungsdauer von 58 Jahren im Hinblick auf das regelmäßige Pensionsalter noch nach Art. 6 Abs. 1 S. 2 a), S. 1 RL rechtfertigen kann, ist eine Mindestaltersgrenze von 45 Jahren nicht angemessen[471]. Um Altersdiskriminierung wirksam zu bekämpfen, muss für die erforderliche Qualifikation für den Aufstieg überdies an die individuellen Fähigkeiten und nicht an eine feste Altersgrenze angeknüpft werden. Es fehlt daher schon an der Geeignetheit. Eine mit dem Alter vermutete Leistungsfähigkeit kann bei Altersgrenzen zur Beförderung nicht nach Art. 6 Abs. 1 S. 2 a), S. 1 RL gerechtfertigt werden[472].

---

[469] § 33 a Abs. 1; § 33 b Abs. 1 BLV bzw. § 27 Abs. 1 Nr. 3; § 34 Abs. 1 Nr. 4 LVO Brandenburg

[470] so für die Regelung auf Bundesebene: Plog/Wiedow/Bayer, BBG/BeamtVG, § 25 BBG, Rn. 7a

[471] vgl. insofern die Argumentation zum Einstellungsalter auf Seite 121. Bedenklich ist aber die fehlende Spezifizierung der Tätigkeit.

[472] Seite 137 f.

Außerhalb des Beamtenrechts gelten bei der Beförderung im Unterschied zur Rechtslage bei Zugang zur Beschäftigung die Grenzen des arbeitsrechtlichen Gleichbehandlungsgrundsatzes. Sein Bestehen ist gesetzlich vorausgesetzt, auf ihn wird insbesondere in § 1 Abs. 1 S. 4 BetrAVG verwiesen. Er verlangt vom Arbeitgeber die Gleichbehandlung von Arbeitnehmern in vergleichbarer Lage, verbietet eine sachfremde Schlechterstellung sowie eine willkürliche Differenzierung[473]. Der Maßstab ist weit weniger streng als etwa beim spezialgesetzlichen Gleichbehandlungsgrundsatz der Geschlechterdiskriminierung[474]. Man hat insbesondere das Alter vielfach als Rechtfertigungsgrund einer Ungleichbehandlung anerkannt, so dass es sich nicht um eine sachfremde Schlechterstellung handelt. In Betrieben mit Betriebsrat haben Arbeitgeber und Betriebsrat nach § 75 Abs. 1 S. 2 BetrVG darauf zu achten, dass Arbeitnehmer nicht wegen Überschreitung bestimmter Altersstufen benachteiligt werden. Daher darf die Beförderung nicht deshalb verweigert werden, weil der Betroffene eine bestimmte Alterstufe überschritten hat. Ansonsten kann der Betriebsrat die Zustimmung zur Versetzung verweigern, § 99 Abs. 2 Nr. 6 BetrVG[475].

Diese Einschränkungen für den Arbeitgeber genügen der Vorgabe der Richtlinie nicht, weil die Altersgrenze bei der Beförderung danach nicht einmal bei Vorliegen sachlicher Gründe erfolgen darf. Auch bei der Beförderung wird damit erheblich in die Privatautonomie des Arbeitgebers eingegriffen. Es ist ein erklärtes Ziel der Richtlinie auch Entscheidungen beim beruflichen Aufstieg frei von altersdiskriminierenden Altersgrenzen zu halten[476]. So sind Mindestaltersgrenzen zur Sicherstellung einer ausreichenden Berufserfahrung nicht geeignet und daher nicht nach Art. 6 Abs. 1 S. 2 b), S. 1 RL zu rechtfertigen[477]. Soweit die Vorschrift des § 75 Abs. 1 S. 2 BetrVG anwendbar ist, wird man das Verbot der Benachteiligung auch auf die *Unterschreitung* bestimmter Altersstufen zum Schutz jüngerer Arbeitnehmer vor Diskriminierung erweitern müssen. Ein vergleichbares Verbot hat dann für alle Beschäftigungsverhältnisse zu gelten. Überdies bestehen nach der Richtlinie keine sachlichen Gründe, die Altersgrenzen insofern rechtfertigen können.

III. Berufsbildung

Für Arbeitgeber war es bisher nahezu unbeschränkt möglich, Arbeitnehmer ab einer bestimmten Altersgrenze die Teilnahme an Maßnahmen der Berufsbildung zu verweigern.

Für den Arbeitgeber bestand insofern nur die Einschränkung des Verbots willkürlicher und unsachgemäßer Benachteiligung nach dem arbeitsrechtlichen

---

[473] Schaub, ArbR-Hdb., § 112, Rn. 22 f.
[474] Preis, Individualarbeitsrecht, § 33 Kap. II
[475] Preis, Kollektivarbeitsrecht, § 146, Kap. IV Nr. 1
[476] vgl. Kommissionsbegründung, KOM (1999) 565 endg., S. 11
[477] vgl. Seite 117 f.

Gleichbehandlungsgrundsatz. Bei einer betrieblichen Weiterbildung besteht daneben eine Förderungspflicht gem. § 96 Abs. 2 S. 2 BetrVG, wonach Arbeitgeber und Betriebsrat die Belange älterer Arbeitnehmer zu berücksichtigen haben. Eine Verpflichtung, etwa ältere Arbeitnehmer trotz Überschreiten einer bestimmten Altersgrenze daran zu beteiligen, beinhaltet das jedoch nicht. Ein Mitbestimmungsrecht für den Betriebsrat besteht nach § 87 Abs. 2 BetrVG nur, wenn es aufgrund der Berufsbildung zu veränderten Anforderungen an die Kenntnisse und Fähigkeiten zur Erfüllung der Tätigkeit kommt. Auch tarifvertraglich kann die Förderung der beruflichen Bildung älterer Mitarbeiter vorgesehen sein.

Nach der Richtlinie dürfen dagegen Mitarbeiter aufgrund des Erreichens einer Altersgrenze grundsätzlich nicht von bestimmten beruflichen und betrieblichen Weiterbildungsmaßnahmen ausgeschlossen werden. Eine Rechtfertigung einer solchen Differenzierung kann nicht aufgrund der angemessenen Beschäftigungszeit vor dem Eintritt in den Ruhestand nach Art. 6 Abs. 1, S. 2 a), S. 1 RL erfolgen[478]. Zwar ist aufgrund des Kosten- und Zeitaufwands beruflicher Bildungsmaßnahmen eine ausreichende verbleibende Beschäftigungsdauer im Unternehmen notwendig. Ein Ausschluss ab einer bestimmten Altersgrenze wird man wegen des finanziellen und zeitlichen Aufwands aber nur kurze Zeit vor dem Ausscheiden aus dem Unternehmen rechtfertigen können. Das gilt außerdem nur für Bildungsmaßnahmen bei Tätigkeiten, die nur einem langsamen technischen Wandel unterliegen, weil für die meisten Tätigkeiten eine Weiterbildung nur noch eine kurze Halbwertzeit hat und angeeignetes Wissen immer schneller veraltet. Das Argument, dass sich Weiterbildung nicht mehr lohne, kann daher zur Rechtfertigung regelmäßig nicht herangezogen werden[479].

Die im BetrVG und in einigen Tarifverträgen vorgesehene Förderung der beruflichen Bildung Älterer ist mit Art. 7 Abs. 1 RL als gezielte Förderung der Qualifizierung dieser Altersgruppe vereinbar. Damit werden Nachteile ausgeglichen, die gerade Ältere ansonsten im Berufsleben erfahren. Eine Notwendigkeit solcher positiver Maßnahmen für die Berufsbildung besteht, weil damit der Grundstein für einen weiteren Berufsaufstieg gelegt und die Chancen bei der Wiedereingliederung nach Verlust des Arbeitsplatzes erhöht werden.

Keinen Einfluss hat die Richtlinie auf die gesetzliche Berufsberatung und Bildungsförderung. Der Zugang zur Berufsberatung ist nach § 29 SGB III unabhängig von einer Altersgrenze. Weder das Aufstiegsfortbildungsgesetz (AFBG) noch das Berufsbildungsgesetz (BBiG) sieht eine Beschränkung durch Altersgrenzen vor. Die Handwerksordnungen enthalten ebenso wenig Altersgrenzen für den Zugang zur Ausbildung. Auch das Hochschulstudium steht geeigneten Personen ohne Rücksicht auf eine Altersgrenze offen. Allerdings erfolgt die fi-

---

[478] vgl. Seite 92

[479] in diesem Sinne Lehr-Späth/Lehr, S. 102

nanzielle staatliche Förderung des Studiums nur bis zur Altersgrenze von 30 Jahren nach § 10 Abs. 3 BAföG. Es bestehen jedoch weit reichende Ausnahmevorschriften. Die Leistungen nach BAföG betreffen zwar nicht direkt den Zugang zur beruflichen Bildung, vielmehr geht es um die Gewährung eines staatlichen Darlehens, um sozial schwächeren Personen die Möglichkeit eines Hochschulstudiums zu eröffnen. Durch die Regelung wird aber eine Bedingung für den Zugang geschaffen, weil sozial Schwachen ab dem 30. Lebensjahr de facto der Zugang verwehrt ist. Die Richtlinie gilt insofern aber nicht, weil es sich nach Art. 3 Abs. 3 RL um eine Förderung als Teil des Sozialschutzes handelt, dessen Leistung nicht dem Arbeitsentgelt entspricht[480].

[480] vgl. Seite 74 ff.

B. Altersgrenzen in besonderen Beschäftigungsbedingungen

I. Gewährung von Altersteilzeit

Bislang ist es rechtlich zulässig, Altersteilzeit ab einer bestimmten Altersgrenze zu gewähren. Soweit Altersteilzeit in Form des Blockmodells angeboten wird, ist das künftig aufgrund der Richtlinie untersagt[481]. Für die Eingliederung Jugendlicher ist Altersteilzeit ohnehin nicht erforderlich, für den gleitenden Übergang vom Erwerbsleben in den Ruhestand ist sie wegen der Möglichkeit des Blockmodells ungeeignet.

1. Derzeitige Rechtslage

Für nahezu allen Branchen findet sich in Tarifverträgen ab einer bestimmten Altersgrenze ein Anspruch auf Übergang der Beschäftigung in die Form von Altersteilzeit[482]. Die Förderung von Altersteilzeit ist nach § 92 a BetrVG auch Teil des Vorschlagsrechts des Betriebsrats zur Förderung der Beschäftigung. Eine solche altersgrenzenabhängige Regelung kann aber auch individualvertraglich vereinbart werden. Regelmäßig ist eine Arbeitsreduzierung um die Hälfte vorgesehen, wobei jedoch der Arbeitgeber das Gehalt um mindestens 20 % (meist mehr) aufstockt, so dass der Arbeitnehmer 70 % seines bisherigen Netto-Einkommens erhält.

Hintergrund dieser arbeitsrechtlichen Vereinbarungen sind die Vorschriften des Altersteilzeitgesetzes (ATG), das die finanzielle Förderung durch die Bundesagentur für Arbeit (BfA) regelt. Die Förderung ist nach derzeitigem Rechtsstand gem. § 16 ATG bis 31.12.2009 befristet. Im Jahr 2002 wurden bereits 61.440 Arbeitsverhältnisse in Altersteilzeit gefördert[483]. Nach § 2 Abs. 1 Nr. 1 ATG erfolgt die Förderung bei Einstellung eines ansonsten arbeitslosen Arbeitnehmers bei Reduzierung der Arbeitszeit ab dem 55. Lebensjahr um die Hälfte durch Aufstockung des Gehaltes auf 70 % des bisherigen Nettolohnes. Dadurch wird es für den Arbeitnehmer attraktiv, weil er trotz hälftiger Arbeitsreduzierung mindestens 70 % (meist mehr) der Netto-Lohnbezüge erhält. Es ist gleichzeitig für den Arbeitgeber vorteilhaft, weil ihm der Differenzbetrag von 20% erstattet wird. Kollektivverträge sehen regelmäßig nach Vorbild des Pilotabschlusses der Chemischen Industrie sogar eine höhere, jedoch nicht erstattungsfähige Aufstockung auf 85 % des Nettogehalts vor. Nach § 2 Abs. 2 Nr. 1 ATG erfolgt die

---

[481] Eine „reduction in force" mit 55 Jahren stellt keine Ungleichbehandlung gegenüber Jüngeren nach dem ADEA dar, vgl. EEOC vs. McDonnell Douglas Corp., 191 F. 3d 948 (8th Cir 1999)

[482] ErfK-Rolfs, § 1 ATG, Rn. 2; ab 60 Jahren besteht ein Anspruch gem. § 2 Abs. 2 Altersteilzeittarifvertrags für den öffentlichen Dienst. Tarifvertraglich wird regelmäßig an das 55. Lebensjahr angeknüpft, vgl. Nachweise bei Husemann (u.a.), Beschäftigungswirksame Arbeitszeitmodelle, S. 341 ff.

[483] Nationaler Beschäftigungspolitischer Aktionsplan 2003, S. 68

Förderung auch bei Verteilung der reduzierten Arbeitszeit im Zeitraum von 6 Jahren en Block. Es besteht die Möglichkeit auf eine Ausweitung auf 10 Jahre.

2. Auswirkungen der Antidiskriminierungsrichtlinie

Zwar sind die gesetzlichen Vorschriften des ATG nach Art. 3 Abs. 3 RL nicht an der Richtlinie zu messen, weil diese Förderung eine staatliche Leistung seitens der Systeme der sozialen Sicherheit darstellt. Die arbeitsrechtliche Vereinbarung nur für Beschäftigte oberhalb einer bestimmten Altersgrenze unterliegt jedoch der Richtlinie[484].

Eine Rechtfertigung dieser Ungleichbehandlung wegen des Alters scheidet im Hinblick auf die Förderung der Eingliederung Jugendlicher oder Älterer gem. Art. 6 Abs. 1 S. 2 a), S. 1 RL aus[485]. Zuzugeben ist zwar, dass es grundsätzlich der uneingeschränkten Beurteilung des deutschen Gesetzgebers obliegt, welche Förderungsmöglichkeiten er aus beschäftigungspolitischen Gründen vorsieht. Er hat daher einzuschätzen, ob die Förderung von Altersteilzeit durch staatliche Leistungen für die Eingliederung Arbeitsloser in das Berufsleben geeignet ist.

Es fehlt aber an der Erforderlichkeit für die Rechtfertigung der Gewährung von Altersteilzeit in einer individual- oder kollektivrechtlichen Vereinbarung. Denn es kommt nicht immer in der Praxis aufgrund der Gewährung von Altersteilzeit zu einer Förderung der Einstellung Jugendlicher. Bislang ist der Anspruch für ältere Arbeitnehmer auf Gewährung von Altersteilzeit mithin nicht zwingend mit der Einstellung eines Jugendlichen Arbeitslosen verknüpft. Vielmehr kann es jedenfalls bei Unternehmen mit weniger als 50 Arbeitnehmern nur zur Anstellung von Auszubildenden kommen. Nach § 3 Abs. 1 Nr. 2 ATG können Arbeitgeber mit weniger als 50 Beschäftigen statt eines Arbeitslosen ohne Einschränkung der Förderung auch einen Auszubildenden beschäftigen. Das könnte man noch im Hinblick auf das Ziel der Eingliederung auch Jugendlicher in das Berufsleben hinnehmen. Es wird aber zusätzlich für solche Unternehmen unwiderleglich vermutet, dass die Übernahme des Arbeitslosen oder Auszubildenden gerade aufgrund der Gewährung von Altersteilzeit erfolgte. Für die Förderung spielt es daher keine Rolle, ob die Einstellung aufgrund der Gewährung von Altersteilzeit erfolgt. Überdies lässt die Wiederbesetzung der Stelle nicht nur durch ein regelmäßiges Arbeitsverhältnis sondern auch durch eine auf zwei Jahre befristete Anstellung die Förderung nicht entfallen[486]. Arbeitgeber machen daher von der förderunschädlichen Möglichkeit Gebrauch, Beschäftigte nur be-

---

[484] Es handelt sich nicht um eine positive Maßnahme i.S.d. Art. 7 RL, weil die Gewährung von Altersteilzeit nicht zum Ausgleich von Benachteiligungen Älterer erfolgt, Seite 125.

[485] vgl. Seite 93 ff.

[486] Rittweger/Petri/Schweikert, § 3 ATG, Rn. 110 ff.

fristet einzustellen, so dass sogar mit den Jahren zu einem Stellenabbau kommen kann[487].

Eine Rechtfertigung eines solchen Anspruchs ab einer Altersgrenze zum Zweck eines gleitenden Übergangs in den Ruhestand nach Art. 6 Abs. 1 S. 2 a), S. 1 RL kommt wegen der Möglichkeit des Blockmodells nicht in Betracht[488]. Diese Benachteiligung Jüngerer ist nicht zu rechtfertigen, weil es regelmäßig nicht zu einem *gleitenden* Übergang sondern zu einem *vorzeitigen* Ausscheiden aus dem Erwerbsleben kommt. Gerade das entgegenstehende Ziel der Verlängerung der Erwerbstätigkeit Älterer ist aber ein legitimes Ziel i.S.d. Art. 6 Abs. 1 S. 1 RL. Ist ein gleitender Übergang in den Ruhestand aus Sicht der Gerontologie auch wünschenswert, wird er durch diese Form der Altersteilzeit nicht erreicht[489]. Die arbeitsrechtlichen Vereinbarungen von Altersteilzeit sehen nämlich regelmäßig die Gewährung in Form des so genannten Blockmodells vor[490]. Dabei wird zunächst der Arbeitnehmer eine gewisse Zeit wie bisher voll weiterbeschäftigt, danach arbeitet er in einem gleich langen Freizeitblock gar nicht mehr. So wird Altersteilzeit in der überwältigenden Mehrheit der Fälle wahrgenommen[491]. Zwar wird dieses Blockmodell nur in einem Zeitraum von sechs Jahren staatlich gefördert; es kann aber auf den Zeitraum von zehn Jahren erstreckt werden, so dass es mit Übergang der Beschäftigungsform in die Altersteilzeit mit dem 55. Lebensjahr nach 5-jähriger vollen Beschäftigung im Extremfall zu einer Freistellung von der Tätigkeit mit 60 Jahren kommen kann.

Daher sollte die Förderung nach dem ATG nicht für das Blockmodell und das Vorschlagsrecht des Betriebsrates nach § 92 a BetrVG nicht für die Förderung der Altersteilzeit im Blockmodell gelten[492]. Unterliegt auch die Förderungsmöglichkeit des ATG nicht dem Diskriminierungsverbot, findet sich die Ursache dieser Fehlentwicklung gerade hier. Das ATG hatte zum Ziel, die Frühverrentungspraxis der Arbeitgeber zu bekämpfen. Vor seiner Einführung wurden durch Aufhebungsverträge Arbeitnehmer in die Arbeitslosigkeit entlassen und die Zahlungen des Arbeitsamtes aufgestockt. Durch die Arbeitslosigkeit entstand ein Anspruch auf vorgezogene Altersrente wegen Erwerbslosigkeit ab dem 60. Lebensjahr. Folge dieser Entwicklung war eine kürzere Erwerbstätigkeit und eine zunehmende Belastung der Rentensysteme[493]. Um dem entgegenzuwirken, sollten die sozialen Systeme entlastet und Beschäftigte länger erwerbstätig gehalten

---

[487] Die volle staatliche Förderung bleibt bestehen, vgl. Rittweger/Petri/Schweikert, § 3 ATG, Rn.125 f.

[488] im Ergebnis ebenso Schmidt/Senne, RdA 2002, S. 85 f.

[489] neben Nachteilen aus Sicht der Betriebe durch den finanziellen und organisatorischen Aufwand, Kruse-Rothkirch, Altern und Arbeit, S. 85

[490] Die Tarifparteien überlassen die Entscheidung darüber regelmäßig den Betriebsparteien, die sich überwiegend dafür entscheiden, ErfK-Rolfs, § 2 ATG, Rn. 9 ff.

[491] Es sollen 87 % der Betroffenen sein, vgl. Löwisch/Caspers/Neumann, S. 57 m.w.N.

[492] Löwisch/Caspers/Neumann, S. 69

[493] Rittweger/Petri/Schweikert, Vor § 1 ATG, Rn. 4 ff.

werden. Durch die Gewährung von Altersteilzeit würde dieses Ziel eigentlich erreicht, so dass die Gewährung in Kollektiv- und Einzelarbeitsverträgen nach Art. 6 Abs. 1 S. 2 a), S. 1 RL gerechtfertigt wäre. Durch die Möglichkeit des Blockmodells kommt es aber zu einer Verkürzung der Lebensarbeitszeit, wenn auch auf Kosten der Rentenkassen und nicht der BfA.

II. Sachgrundlose Befristung der Beschäftigung

Die gesetzliche Altersgrenze von 52 Jahren für das Erfordernis des Sachgrundes einer Befristung gem. § 14 Abs. 3 TzBfG ist nach der Richtlinie eine unangemessene Benachteiligung wegen des Alters. In Form der bis zum 31.12.2003 geltenden Fassung (Altersgrenze von 58 Jahren) wäre die Regelung dagegen hinsichtlich der Förderung der beruflichen Eingliederung Älterer angemessen bzw. als positive Maßnahme zulässig.

1. Die Regelung des § 14 Abs. 3 TzBfG

Zum Abschluss eines befristeten Arbeitsverhältnisses bedarf es grundsätzlich der Rechtfertigung durch einen sachlichen Grund des § 14 Abs. 1 TzBfG. Damit soll eine Umgehung des KSchG, das nur für unbefristete Beschäftigungsverhältnisse ab 6 Monaten bei größeren Bertieben die Kündigung allein wegen personen-, verhaltens- oder betriebsbedingten Gründen gestattet, vermieden werden. Für ältere Arbeitnehmer wurde auf das Erfordernis des sachlichen Grundes nach § 1 Abs. 2 BeschFG zunächst mit Erreichen des 60. und später nach § 14 Abs. 3 S. 1 TzBfG des 58. Lebensjahrs verzichtet. Damit sollte ein Anreiz zur Neueinstellung älterer Arbeitnehmer geschaffen werden. Nach der dahinter stehenden Wertung ist es für ältere Arbeitslose besser, zumindest befristet beschäftigt zu werden, als weiter arbeitslos zu blieben[494]. Der verminderte Bestandsschutz durch die Nichtanwendbarkeit des KSchG wurde insofern hingenommen.

Die Vorschrift hat durch Art. 7 des Ersten Gesetzes für moderne Dienstleistungen am Arbeitsmarkt vom 23.12.2002 einen neuen Inhalt bekommen. Seit dem 1.1.2003 ist eine sachgrundlose Befristung eines Arbeitsvertrages nunmehr bereits ab einer Altersgrenze von 52 Jahren möglich, § 14 Abs. 3 S. 4 TzBfG. Da das Anschlussverbot des § 14 Abs. 3 S. 2 TzBfG nur für unbefristete Arbeitsverträge gilt, kann bei einer Neueinstellung eine 2-jährige sachgrundlose befristete Beschäftigung gem. § 14 Abs. 2 S. 1 TzBfG und eine anschließende befristete Tätigkeit ab der Altersgrenze von 52 Jahren erfolgen. Neu eingestellte Arbeitnehmer können damit im Ergebnis bereits ab einer Altersgrenze von 50 Jahren beschäftigt werden, ohne dass sie bei der Kündigung dem Kündigungsschutz unterliegen. Die Gesetzesbegründung verweist auf die geringe Bereitschaft der Arbeitgeber, ältere Arbeitslose unbefristet einzustellen. Die Erfahrung hätte gezeigt, dass die Möglichkeit sachgrundloser Befristungen vielen Arbeitgebern die

[494] so auch Maschmann-Annuß/Thüsing, TzBfG, § 14, Rn. 83

Einstellungsentscheidung erleichtere. Eine zunächst befristete Beschäftigung sei für einen großen Teil der Arbeitnehmer eine Brücke zur Dauerbeschäftigung, weil durchschnittlich etwa die Hälfte der befristeten Arbeitsverhältnisse in unbefristete Beschäftigung münde[495].

2. Vereinbarkeit mit der Antidiskriminierungsrichtlinie

Die Altersgrenze für das Sachgrunderfordernis stellt eine nicht zu rechtfertigende, ältere Arbeitnehmer benachteiligende Beschäftigungsbedingung dar, weil sie zur Förderung der Eingliederung ins Berufsleben solcher Arbeitnehmer der Höhe nach nicht angemessen ist. Sie kann daher nicht mit Art. 6 Abs. 1 S. 2 a), S. 1 RL gerechtfertigt werden[496] oder nach Art. 7 Abs. 1 RL beibehalten werden.

Schon vor Absenkung der Altersgrenze vom 58. auf das 52. Lebensjahr wurde der Verzicht auf das Erfordernis des sachlichen Grundes für ältere Arbeitnehmer in erster Linie als mit der Richtlinie 1999/70/EG unvereinbar angesehen[497]. Andere Stimmen im Schrifttum verwiesen insofern aber auf den erheblichen Gestaltungsspielraum der Mitgliedsstaaten, welche beschäftigungspolitischen Maßnahmen sie für geeignet erachten. Die Altersgrenze sei überdies angemessen, weil bei Nichtverlängerung der befristeten Beschäftigung eine wirtschaftliche Absicherung durch (vorgezogenen) Rentenbezug bestehe[498].

Von einem Verstoß gegen die Richtlinie 1999/70/EG ist aber nicht auszugehen, da die Schaffung des § 1 Abs. 2 BeschFG zeitlich vor der Umsetzung dieser Richtlinie, und die Absenkung der Altersgrenze in § 14 Abs. 3 TzBfG unabhängig von den Gemeinschaftsverpflichtungen erfolgte. Es fehlt an einer Verletzung des Verschlechterungsverbots nach Art. 8 Abs. 3 der Richtlinie[499].

Zugleich wurde auch aufgrund der altersdiskriminierenden Wirkung des § 14 Abs. 3 TzBfG eine Überprüfung durch den EuGH als unvermeidbar angese-

---

[495] BT-Drucks. 15/25, S. 40

[496] a. A. Koberski, NZA 2005, S. 83 f.; HaKo-Mestwerdt, § 14 TzBfG, Rn. 195; Bauer, NZA 2003, S. 31; Preis, Individualarbeitsrecht, § 34 Kap. I 5 c; APS-Backhaus, § 14 TzBfG, Rn. 417a; Zweifel an der Richtlinienkonformität hat Kreutz, ArbuR 2003, S. 43; offen gelassen dagegen bei Linsenmaier, RdA 2003, Sonderbeilage zu Heft 5, S. 30; auch Kummer, S. 60 stellt die Vereinbarkeit nach Absenken der Altersgrenze in Frage.

[497] Zum Meinungsstand: APS-Backhaus, § 14 TzBfG, Rn. 417 ff., der von einem Verstoß ausgeht; Sievers, TzBfG, § 14, Rn. 240 ff.; Dörner, Sonderbeilage zu NZA Heft 16, 2003, S. 39; ErfK-Müller-Glöge, § 14 TzBfG, Rn. 133 m.w.N; zuletzt: Schlachter, RdA 2004, S. 354 f.

[498] so Maschmann-Annuß/Thüsing, TzBfG, § 14, Rn. 83; Däubler, ZIP 2000, S. 1967; ders., ZIP 2001, S. 224

[499] vgl. Schlussanträge des Generalanwalts v. 30.06.2005 in der Rechtssache C- 144/04 (Mangold/Rüdiger Helm), Rn. 36-78, http://www.curia.eu.int; Koberski, NZA 2005, S. 82, begründet dies wenig überzeugend mit der gleichzeitig erfolgten Besserstellung befristet beschäftigter Arbeitnehmer gegenüber der früheren Rechtslage.

hen[500]. Denn die Altersgrenze führe zu einem faktischen Entzug der arbeitsrechtlichen Schutzbestimmungen des KSchG, obwohl das Gesetz selbst keine Höchstaltersgrenze für dessen Anwendbarkeit vorsieht. Von Teilen des Schrifttums wurde die Regelung bei schwierigen Arbeitsmarktbedingungen für Ältere für gerechtfertigt gehalten[501]. Andere Stimmen sprachen der Regelung dagegen jeden positven beschäftigungspolitischen Effekt ab[502].

Der Gesetzgeber selbst hält die vorgenommene Absenkung der Altersgrenze auf 52 Jahre anscheinend für mit der Antidiskriminierungsrichtlinie vereinbar. Es führt insofern aus, dass die damit verbundene Ungleichbehandlung dieser Altersgruppe gegenüber anderen Arbeitnehmern durch das beschäftigungspolitische Ziel gerechtfertigt sei, die Chancen der von Arbeitslosigkeit besonders betroffenen älteren Arbeitnehmer auf Wiedereingliederung in den Arbeitsmarkt deutlich zu verbessern[503].

Für die Geeignetheit der Altersgrenze von 52 Jahren zur Förderung der Einstellung Älterer nach Art. 6 Abs. 1 S. 2 a), S. 1 RL ist zwar auf den weiten Beurteilungsspielraum des nationalen Gesetzgebers zu verweisen[504]. Der Gesetzgeber geht von einer Übernahmequote in ein unbefristetes Beschäftigungsverhältnis von gut 50% aus[505]. Es könnte danach jedenfalls eine Eignung der Regelung zur dauerhaften Eingliederung älterer Arbeitnehmer ins Berufleben bestehen. Wie sich die Absenkung der Altersgrenze auswirkt, kann aber noch nicht prognostiziert werden. Für die Geeignetheit wird darauf verwiesen, dass sich das KSchG gerade für ältere Arbeitslose alles andere als beschäftigungsfördernd auswirke, weshalb durch die sachgrundlose Befristung, die faktisch keinen Kündigungsschutz für ältere Arbeitnehmer gewährt, die Einstellung gefördert werden müsse[506]. Das entspricht nicht der Intention des Gesetzgebers. Er sieht in seiner Gesetzesbegründung das Beschäftigungshindernis für Ältere vielmehr in der „unzutreffenden, aber weit verbreiteten und hartnäckig vertretenen Auffassung, dass neu eingestellte ältere Arbeitnehmer aufgrund besonders starken Kündigungsschutzes bei einem später erforderlichen Personalabbau nicht mehr entlassen werden könnten. Dabei werde verkannt, dass im Rahmen der Sozialauswahl bei betriebsbedingten Kündigungen jüngere Arbeitnehmer häufig schutzwürdi-

---

500 Kittner/Däubler/Zwanziger-Däubler, KSchR, § 14 TzBfG, Rn. 179

501 Wiedemann/Thüsing, NZA 2002, S. 1239

502 Bauer, NZA 2003, S. 32 begründet dies mit den bestehenden europarechtlichen Bedenken im Hinblick auf die RL 1999/70/EG, was Arbeitgeber aus Furcht vor der Rechtsfolge eines unbefristeten Arbeitsverhältnisses von Inanspruchnahme dieser Möglichkeit zurückweichen lässt.

503 so wohl BT-Drucks. 15/25, S. 40 mit Verweis auf die europäischen beschäftigungspolitischen Leitlinien 2001, ABlEG 2001 Nr. L 22, S. 18

504 Zu den Anforderungen für die Rechtfertigung nach Art. 6 Abs. 1 S. 2 a), S. 1 RL Seite 95 ff.

505 BT-Drucks. 15/25, S. 40

506 Bauer, NZA 2003, S. 30

ger sind, wenn sie Unterhaltspflichten zu erfüllen haben oder eine längere Betriebszugehörigkeit aufweisen“[507]. Zweifelhaft könnte die Geeignetheit allenfalls sein, wenn man den Grund für die Nichteinstellung Älterer weniger in der fehlenden Möglichkeit der sachgrundlosen Befristung als vielmehr in den tarifvertraglichen Klauseln zur Unkündbarkeit sieht[508]. Nach dieser Auffassung wird es aufgrund der Neuregelung kaum zu unbefristeten Folgearbeitsverhältnissen kommen, wenn schon nach relativ geringer Beschäftigungszeit eine ordentliche Kündigung durch den Tarifvertrag ausgeschlossen ist[509].

Ein milderes Mittel als eine Altersgrenze für das Sachgrunderfordernis wäre eine höhere Altersgrenze, so dass § 14 Abs. 3 TzBfG zur Förderung der Eingliederung Jugendlicher bereits nicht erforderlich ist. Einer Altersgrenze von 52 Jahren fehlt es aber jedenfalls an der Angemessenheit nach Art. 6 Abs. 1 S. 2 a), S. 1 RL. Die Ungleichbehandlung durch den faktischen Entzug des KSchG bei einer Neueinstellung bereits ab dem 50. Lebensjahr ist nicht angemessen, um die berufliche Eingliederung älterer Arbeitnehmer zu fördern. Die Kommission sieht in Übereinstimmung mit dem Rat einen Bedarf zur Anhebung der Beschäftigungsquote Älterer frühestens ab dem 55. Lebensjahr[510]. Die Vorenthaltung arbeitsrechtlicher Schutzbestimmungen wiegt im Rahmen der Abwägung zwischen dem Entzug des Bestandsschutzes und der Förderung der Eingliederung in das Berufsleben erheblich mehr als bei einer Altersgrenze von 58 Jahren. An die Verhältnismäßigkeit der Regelung nach Absenkung der Altersgrenze sind strengere Anforderungen zu stellen. Es wird nämlich bereits in einem Alter der Kündigungsschutz bei einer Neueinstellung entzogen, in dem der Beschäftigte nach den Wertungen des Kündigungsschutzgesetzes besonders schutzwürdig ist. Konnte man bei der höheren Altersgrenze noch den Eingriff in den Bestandschutz im Verhältnis zur Förderung der Eingliederung Älterer als angemessen ansehen, ist das nach der Absenkung auf 52 Jahre nicht mehr überzeugend. Eine Nichtverlängerung des bloß befristeten Arbeitsverhältnisses bereits in diesem Alter ist insbesondere wirtschaftlich kaum zu bewältigen. Bei einer befristeten Anstellung mit Anfang 50 führt die Nichtverlängerung erst zur Arbeitslosigkeit und dann zum Abstieg in die Sozialhilfe. Es vergeht noch eine lange Zeit bis zur wirtschaftlichen Absicherung durch vorgezogene (und mit erheblichen Abschlägen verbundenen) Altersrente[511].

Das Arbeitsgericht München hat diese Rechtsfrage am 26.2.2004 dem EuGH im Rahmen eines Vorabentscheidungsverfahrens (Art. 234 EG) zur Beantwortung

---

[507] BT-Drucks. 15/25, S. 40

[508] Löwisch/Caspers/Neumann, S. 27 f.

[509] Zur Vereinbarkeit des tarifvertraglichen Kündigungsverbots mit der Richtlinie, vgl. Seite 219 ff.

[510] Kommissionsmitteilung KOM (2004), 146 endg., S. 3 f.; ebenso der Vorschlag von Preis, RdA 2003, S. 79

[511] so auch Hümmerich/Holthausen/Weslau, NZA 2003, S. 9

vorgelegt[512]. In den Schlussanträgen des Generalanwalts wird dem Gerichtshof als Entscheidung empfohlen, dass Art. 6 RL einer nationalen Regelung wie der des § 14 Abs. 3 TzBfG entgegensteht[513]. Danach handele es sich nach Absenkung der Altersgrenze auf 52 Jahre um eine nicht gerechtfertigte Ungleichbehandlung wegen des Alters, weil es an der Erforderlichkeit der Regelung zur beruflichen Wiedeingliederung älterer Arbeitnehmer fehlt.

Ob eine Altersgrenze von 58 oder 55 Jahren angemessen ist, lässt sich den Schlussanträgen zwar nicht entnehmen; doch wird ausdrücklich darauf hingewiesen, dass die Regierungskommission zum Ersten Gesetz für moderne Dienstleistungen am Arbeitsmarkt eine Altersgrenze von 55 Jahren empfohlen, da ab diesem Alter nur jeder Vierte wieder eingestellt wird.

Eine richtlinienkonforme Auslegung ist zwar durch nationale Gerichte unabhängig vom Ablauf der Umsetzungsfrist nach Art. 10 Abs. 2 EGV geboten, verbietet sich aber hier aufgrund des klaren Gesetzeswortlautes. Die Rechtsfolge des Verstoßes gegen die RL ist aber nach der jüngeren Rechtsprechung des EuGH[514], wonach „die volle Wirksamkeit des Gemeinschaftsrechts verlange, dass das Gericht erforderlichenfalls jede entgegenstehende Bestimmung des nationalen Rechts unangewendet lässt", ungewiss[515].

Allerdings könnte - so der Generalanwalt in den Schlussanträgen - auch ein Verstoß den europarechtlichen Gleichbehandlungsgrundsatz vorliegen, auf den sich der Arbeitnehmer gegenüber dem Arbeitgeber mittelbar berufen könnte. Eine Entscheidung des BAG zur Wirksamkeit des § 14 Abs. 3 TzBfG könnte insofern mehr Klarheit bringen[516].

Der Gesetzgeber kann § 14 Abs. 3 TzBfG auch nicht als positive Maßnahme nach Art. 7 Abs. 1 RL beibehalten[517]. Geht es auch um den Ausgleich der Benachteiligung Älterer auf dem Arbeitsmarkt, fehlt es nach Absenkung der Altersgrenze auf 52 Jahre an der Verhältnismäßigkeit. Die Altersgrenze liegt so niedrig, dass sie zum Ausgleich von Nachteilen der älteren gegenüber den jüngeren Arbeitnehmern erforderlich ist. Es ist nämlich zu berücksichtigen, dass die Besserstellung älterer gleichzeitig eine Benachteiligung jüngerer Erwerbstätiger

---

[512] ABlEG 2004, Nr. C 146, S. 1

[513] Schlussanträge des Generalanwalts v. 30.6.2005 in der Rechtssache C- 144/04 (Mangold / Helm), Rn. 80 - 98; unter http://www.curia.eu.int.

[514] Zuletzt etwa EuGH v. 5.10.2004, Rs. 397/01 (Pfeiffer) Rn. 18.

[515] ausführlich zur Rechtsfolge im Falle eines Verstoßes gegen die RL: Schlachter, RdA 2004, S. 356 ff.

[516] Das LAG Baden-Württemberg, Urteil v. 30.03.2003, Az: 14 Sa 41/03, hielt § 14 Abs. 3 TzBfG bereits mangels Anwendbarkeite der RL 2000/78/EG für rechtswirksam, was Gegenstand der unter dem Az: 7 AZR 72/04 eingelegten Revision ist; das LAG Schleswig-Holstein verneinte einen Verstoß gegen die RL 1999/70/EG; es wurde Revision unter dem Az: 7 AZR 500/04 eingelegt.

[517] vgl. Seite 125 f.

mit sich bringt. Bei der Vorgängerregelung bestand die Möglichkeit der sachgrundlosen Befristung nur für eine geringe Zahl von Arbeitslosen, die aufgrund ihres fortgeschrittenen Alters nahe der Altersgrenze für vorgezogene Altersrente nur noch ein geringes Interesse an einer Tätigkeit hatten[518]. Nunmehr kommt diese Regelung einer erheblich größeren Zahl von Arbeitnehmern zu gute. Es wird Arbeitgebern dadurch ermöglicht, aus einer größeren Zahl von Arbeitssuchenden auszuwählen und sie a 52 Jahren einzustellen. Das kann zu einer stärkeren Benachteiligung von Jüngeren (etwa 51jährgen) führen, die nach den Wertungen des KSchG ebenso schützenswert sind. Damit wird letztlich die Wertung des § 14 Abs. 1 TzBfG pervertiert, weil das Erfordernis des sachlichen Grundes zur Befristung des Arbeitsverhältnisses letztlich nicht dem Schutz weiter Teile der Arbeitslosen, sondern zur Benachteiligung Arbeitssuchender vor den knapp unterhalb der Altersgrenze führen könnte.

III. Entlohnung

Bisher ist es zulässig, die Höhe des Arbeitsentgelts und die Gewährung von Gratifikationen vom Erreichen einer Altersgrenze abhängig zu machen. Solche kollektiv- und individualvertraglichen Altersgrenzen sind aber nach der Richtlinie nicht zu rechtfertigen und können auch nicht als positive Maßnahmen zugelassen werden.

Enthalten Tarifverträge bisher Regelungen zum Arbeitsentgelt, ist regelmäßig eine Staffelung nach Beschäftigungsdauer oder Berufsjahren vorgesehen. Die Zunahme des Entgelts kann aber auch, wie in § 27 BAT, unmittelbar an das Überschreiten einer Altersgrenze gekoppelt sein. Von dieser Regelung sind derzeit etwa 1,7 Mio. Beschäftigte betroffen, sie gilt nicht nur für die meisten öffentlich-rechtlichen, sondern auch für private Unternehmen, die Mitglied der kommunalen Arbeitgeberverbände sind[519]. Der Anstieg des Arbeitsentgelts und die Gewährung von Gratifikationen könnte daneben in Betriebsvereinbarungen und im Arbeitsvertrag von Erreichen einer bestimmten Altersgrenze abhängig gemacht werden. Als Bevorzugung Älterer sind solche Regelungen in Betriebsvereinbarungen nicht nach § 75 Abs. 1 S. 2 BetrVG untersagt. Die Vorschrift verbietet nur die Benachteiligung älterer, nicht aber die Schlechterstellung jüngerer Beschäftigter. Für das Alter fehlt es insofern an einem speziell normierten Diskriminierungsverbot für die Entlohnung nach Vorbild des § 612 Abs. 3 S. 1 BGB. Maßstab der Zulässigkeit ist daher allein der arbeitsrechtliche Gleichbehandlungsgrundsatz. Ein Grundsatz „gleicher Lohn für gleiche Arbeit“ besteht jedoch nicht[520]. Vielmehr wird man eine altersgrenzenabhängige Entlohnung oder Gratifikation schon dann als sachlich gerechtfertigt anzusehen haben, wenn sie der Honorierung der Berufs- und Lebenserfahrung dient.

---

[518] in diesem Sinne anscheinend Maschmann-Annuß/Thüsing, TzBfG, § 14, Rn. 83
[519] Rothbrust-Dassau/Rothbrust, Einführung, Rn. 1
[520] BAG v. 21.6.2000, AP Nr. 60 zu § 612 BGB

Die Einstufung in eine höhere Vergütungsgruppe allein aufgrund des Erreichens der nächsten Lebensalterstufe nach § 27 Abs. 1 BAT ist als nicht zu rechtfertigende Benachteiligung Jüngerer mit der Richtlinie unvereinbar. Die Vergütung nach Alterstufen dient in der Regel der Honorierung der steigenden Dienst- und Lebenserfahrung und der damit angeblich verbundenen höheren Leistung des Beschäftigten[521]. Die Honorierung der Lebenserfahrung ist aber kein legitimes Ziel i.S.d. Art. 6 Abs. 1 S. 2 a), S. 1 RL zur Rechtfertigung solcher Entgeltvereinbarungen[522]. Auch zur Honorierung steigender Produktivität sind Altersgrenzen nicht geeignet, weil eine zunehmende Produktivität mit steigendem Alter nicht zwingend ist. An der Rechtfertigungsmöglichkeit fehlt es auch bei Entgeltvereinbarungen oder der Gewährung von Gratifikationen auf Betriebsebene bzw. im Arbeitsvertrag. Daher darf künftig sowohl die Steigerung des Arbeitsentgelts als auch die Gewährung von Gratifikationen nicht allein vom Erreichen einer Altersgrenze abhängig sein[523]. Auch eine Zulassung als positive Maßnahme nach Art. 7 Abs. 1 RL ist nicht möglich, weil die ansteigende Vergütung oder die Gewährung von Gratifikationen mit zunehmenden Alter schon nicht dem Ausgleich von Benachteiligungen dient. Vielmehr werden Vor- und Nachteile im Laufe der Beschäftigung ausgeglichen[524].

IV. Weitere Beschäftigungsvorteile

1. Arbeitszeit

Auch künftig ist die Reduzierung der Arbeitszeit bei Lohnausgleich ab einer bestimmten Altersgrenze zulässig. Sie lässt sich nach Art. 6 Abs. 1 S. 2 b), S. 1 RL rechtfertigen bzw. ist eine positive Maßnahme zugunsten älterer Beschäftigter. Die Rechtsprechung des BAG zur Zulässigkeit einer Vereinbarung über die zwingende Arbeitszeitreduzierung ohne Lohnausgleich bei Überschreiten einer Altersgrenze (während sie unterhalb nur freiwillig erfolgt) ist dagegen mit der Richtlinie unvereinbar.

Vor allem in Tarifverträgen und in Betriebsvereinbarungen finden sich Arbeitszeitverkürzungen mit Lohnausgleich für ältere Erwerbstätige ab Erreichen einer Altersgrenze. Ebenso kann die Befreiung von Schichtarbeit ab einer bestimmten Altersgrenze vorgesehen sein, oder muss als Ausgleich für Schichtarbeit ab ei-

---

[521] Rothbrust-Dassau/Rothbrust, § 27 BAT, Rn. 1

[522] vgl. Seite 113 ff.; „Konfliktpotential" sieht auch Thüsing, NZA 2003, S. 3444; Löwisch/Caspers/Neumann, S. 34, bezeichnen das Kriterium der Lebenserfahrung als „zu vage"

[523] Auch beschäftigungspolitisch wird eine Anpassung der Entlohnung an die individuelle Produktivität hinsichtlich des Niveaus, der Tätigkeit, der Struktur des Betriebs und der Erwerbsbiographie gefordert, vgl. Bertelsmann Stiftung und BDA, Beschäftigungschancen für ältere Arbeitnehmer, S. 23 f.

[524] Seite 126 f.

nem bestimmten Alter zusätzliche Arbeitsbefreiung gewährt werden[525]. Auch in Individualarbeitsverträgen kann ein solcher Beschäftigungsvorteil aufgrund der Privatautonomie der Vertragsparteien vereinbart werden. Der arbeitsrechtliche Gleichbehandlungsgrundsatz steht dem nicht entgegen, weil nur eine sachfremde und willkürliche Schlechterstellung während der Beschäftigung verboten ist[526]. Finden sich solche Regelungen in Betriebsvereinbarungen, greift das Verbot des § 75 Abs. 1 S. 2 BetrVG nicht ein, weil nur die Schlechterstellung nicht aber die Bevorzugung Älterer verboten ist[527].

Bisher wurde auch eine Regelung ohne Lohnausgleich in einer Betriebsvereinbarung vom BAG als rechtmäßig anerkannt, die für die ältesten Mitarbeiter zwingend, für Jüngere aber nur freiwillig war[528]. Die Nachteile aus einer kürzeren individuellen wöchentlichen Arbeitszeit träfen dadurch ältere Arbeitnehmer im Allgemeinen weniger hart als jüngere Arbeitnehmer. Diese befänden sich häufig noch im Aufbau ihrer Existenz und hätten für Familie und Kinder in der Ausbildung zu sorgen. Zudem seien bei typisierender Betrachtung ältere Arbeitnehmer häufig gesundheitlich weniger leistungsfähig. Eine kürzere Arbeitszeit könnte gleichzeitig zu einer Verminderung der Belastungen durch die berufliche Tätigkeit führen. Eine solche Regelung verstößt aber schon gegen § 75 Abs. 1 S. 2 BetrVG, weil sie ältere Arbeitnehmer durch eine Betriebsvereinbarung wegen des Überschreitens einer Altersgrenze benachteiligt[529].

Nach der Richtlinie ist eine Reduzierung der Arbeitszeit mit Lohnausgleich auch künftig zulässig[530]. Eine Verkürzung der Arbeitszeit ab einer bestimmten Altersgrenze kann einerseits wegen des gleitenden Übergangs von der Erwerbstätigkeit in den Ruhestand nach Art. 6 Abs. 1 S. 2 b), S. 1 RL gerechtfertigt werden. Das gilt jedenfalls für solche Regelungen, die eine Verkürzung zeitnah vor dem Ausscheiden aus dem Erwerbsleben vorsehen. Eine stufenweise Reduzierung der Arbeitszeit bereits ab einer Altersgrenze von 50 Jahren ist dagegen für dieses Ziel nicht geeignet. Eine Rechtfertigungsmöglichkeit besteht andererseits grundsätzlich zum Schutz Älterer nach Art. 6 Abs. 1 S. 2 b), S. 1 RL. Das gilt auch für Altersgrenzen zum Ausschluss von Schichtarbeit und für zusätzlichen Freizeitausgleich bei Schichtarbeit. Hier wird man nämlich branchen- und tätigkeitsbezogen von einem hohen körperlichen Verschleiß ausgehen können. Mit zunehmendem Alter wird sich diese erhöhte Belastung auf die körperliche Leistungsfähigkeit auswirken. Jedoch ist bei kollektiv- und individualvertraglichen Vereinbarungen die Zulässigkeit von der Intensität der Belastungen durch

[525] vgl. Beispiele bei Löwisch/Caspers/Neumann, S. 40
[526] Schaub, ArbR-Hdb., § 112, Rn. 22 f.
[527] Kreutz, GK-BetrVG, § 75, Rn. 80
[528] BAG v. 18.8.1987, AP Nr. 23 zu § 77 BetrVG 1972
[529] so zutreffend: v. Hoyningen-Huene, Anm. zu BAG v. 18.8.1987, AP Nr. 23 zu § 77 BetrVG 1972
[530] zur Rechtfertigung nach Art. 6 Abs. 1 S. 1 b), S. 1 RL Seite 118, zur Gestattung als positive Maßnahme Seite 126.

die konkrete Tätigkeit abhängig. Nur wenn diese so erheblich sind, dass sie zu einem nachweisbaren altersbedingten Abbau der körperlichen Leistungsfähigkeit führen würden, wird man eine Arbeitszeitverkürzung für Ältere auch im Hinblick auf die Nichtgewährung für Jüngere rechtfertigen können. Aus diesen Gründen kann man dann eine solche Altersgrenze auch als positive Maßnahme nach Art. 7 Abs. 1 RL zulassen.

Keine Rechtfertigungsmöglichkeit nach Art. 6 Abs. 1 S. 2 a), S. 1 RL besteht dagegen, wenn eine zwingende Arbeitszeitverkürzung auch mit Einschränkungen beim Lohn verbunden ist[531]. Zur Förderung von Personen mit Fürsorgepflichten ist die Altersgrenze nicht geeignet[532]. Man kann nicht generell davon ausgehen, dass die mit der Verkürzung der Arbeitszeit verbundene Verdienstminderung Arbeitnehmer ab einer bestimmten Altersgrenze weniger hart treffe. Vielmehr wird man die wirtschaftliche Absicherung im konkreten Einzelfall oder jedenfalls anhand der zurückgelegten Beschäftigungsjahre beurteilen müssen. Die Argumentation zur generell abnehmenden Leistungsfähigkeit im Alter ist überdies gerontologisch nicht haltbar und widerspricht dem Zweck der Richtlinie.

2. *Urlaub*

Kollektiv- oder individualvertragliche Regelungen, die erst bei höheren Altersgrenzen zusätzlichen Erholungsurlaub gewähren, sind auch künftig rechtlich zulässig. Altersgrenzen für die Gewährung zusätzlicher arbeitsfreier Tage, wie die Staffelung beginnend mit dem 30. Lebensjahr nach § 48 Abs. 1 BAT, verstoßen dagegen gegen die Richtlinie.

Die Höhe des Urlaubsanspruchs kann bisher in denselben Grenzen wie die Verkürzung der Arbeitszeit mit Lohnausgleich von einer Altersgrenze abhängig gemacht werden. Im Hinblick auf das Verbot der Benachteiligung wegen des Alters sind solche Altersgrenzen grundsätzlich zum gesundheitlichen Schutz Älterer nach Art. 6 Abs. 1 S. 2 b), S. 1 RL gerechtfertigt bzw. nach Art. 7 Abs. 1 RL zulässig[533]. Wie bei Senioritätsregelungen für die Arbeitszeit drängt sich im Rahmen der Geeignetheit zwar die Frage auf, ob es zur Förderung der Beschäftigungsquote Älterer nicht sinnvoll wäre, diese Regelungen aufzuheben[534]. Sie stören das Äquivalenzverhältnis von Leistung und Gegenleistung und machen es daher für den Arbeitgeber teuer, Personen oberhalb dieser Altersgrenze zu beschäftigen. Letztlich handelt es sich aber um eine beschäftigungspolitische Beur-

---

[531] vgl. Seite 98

[532] in diesem Sinne Leuchten, NZA 2002, S. 1259 m.w.N.; offen gelassen von Linsenmaier, RdA 2003, Sonderbeilage zu Heft 5, S. 29

[533] vgl. zur Rechtfertigungsmöglichkeit Seite 118 und zur Zulassung als positive Maßnahme Seite 126

[534] so die Empfehlung von Löwisch/Caspers/Neumann, S. 40 f.

teilung, die dem nationalen Gesetzgeber und den Tarif- bzw. Betriebsparteien obliegt.

Diese Staffelung der Anzahl von Urlaubstagen schon in jüngeren Jahren nach § 48 Abs. 1 BAT ist nach Art. 6 Abs. 1 S. 2 b), S. 1 RL nicht zu rechtfertigen[535]. Die Abstufung des Urlaubsanspruchs erfolgt nämlich im Laufe der gesamten Erwerbstätigkeit, beginnend bereits mit 30 Jahren. Daher dienen sie nicht einem gezielten Schutz älterer Arbeitnehmer. So liegt in einem Urlaubsanspruch von 26 Tagen bis zum 30. Lebensjahr gegenüber 29 Tagen zwischen dem 30. und 40. Lebensjahr eine ungerechtfertigte Benachteiligung Jüngerer. Ebenso wird man die Erhöhung um einen Tag mehr im Jahr ab dem 40. Lebensjahr nicht mit dem Schutz älterer Arbeitnehmer begründen können. Hier hat der Betroffene erst die Mitte seines Erwerbsalters erreicht, so dass es auch hier an einem gezielten Schutz Älterer fehlt.

[535] Löwisch/Caspers/Neumann, S. 40

C. Pensionsgrenzen

I. Gesetzliche Höchstaltersgrenzen

1. Beamtenrecht

Die gesetzliche allgemeine Pensionsgrenze für Beamte ist mit der Richtlinie unvereinbar. Die bestehenden besonderen Pensionsgrenzen für sicherheitsrelevante Berufe können nur auf Bundesebene beibehalten werden, weil sie im Gegensatz zu den landesrechtlichen Regelungen wegen der spezifischen Aufgaben erforderlich sind. Sie fallen daher nicht unter das Diskriminierungsverbot.

Die allgemeine Pensionsgrenze für Beamte liegt bei 65 Jahren, § 41 Abs. 1 S. 1 BBG bzw. § 25 BRRG i. V. m. den jeweiligen landesrechtlichen Regelungen[536]. Seit jeher werden diese Vorschriften mit einer zulässigen Typisierung der Dienstunfähigkeit mit Erreichen der Altersgrenze begründet. Die Dienstunfähigkeit müsse nicht für jeden Beamten individuell festgestellt, sondern könne nach einer allgemeinen, aus der Lebenserfahrung heraus aufgestellten Regelung für alle Beamten bestimmt werden[537]. Die Dienstunfähigkeit wird also unwiderleglich vermutet. Wenn es im dienstlichen Interesse liegt, besteht Möglichkeit, ein Hinausschieben des Eintritts in den Ruhestand um jeweils ein Jahr bis zum 68. Lebensjahr zu beantragen[538]. Auch hier folgen die Länder dem Vorbild der bundesrechtlichen Regelung. Ursprünglich sah diese eine weit reichende Verlängerungsmöglichkeit über das 65. Lebensjahr hinaus vor, „soweit dienstliche Belange nicht entgegenstehen". Im Interesse einer effektiven Personalwirtschaft und einer sachgemäßen Berücksichtigung der Interessen der öffentlichen Verwaltung wurde schon kurz nach der Einführung zum 1.1.1992 die Vorschrift rückwirkend geändert; die Möglichkeit der Verlängerung sollte dadurch nicht eingeschränkt werden[539]. Im Regelfall wird aber das dienstliche Interesse an einem Nachrücken jüngerer Beamter der Verlängerung entgegenstehen. Soweit eine rechtspolitische Verschiebung angesichts der erhöhten Lebenserwartung diskutiert wird, hält man die bisherige Verlängerungsmöglichkeit für ausreichend[540].

Nach der Richtlinie kann eine Pensionsgrenze nicht wegen des vermuteten Abbaus der Leistungsfähigkeit nach Art. 6 Abs. 1 S. 2 a), S. 1 RL gerechtfertigt werden[541]. Die gerontologischen Ergebnisse haben der Argumentation der all-

[536] Bsp.: § 110 LBG Brandenburg
[537] so die Entscheidung des Reichsgerichts vom 14.3.1922 zum preußischen Altersgrenzengesetz, RGZ 104, 62.
[538] Bsp.: § 41 Abs. 2 S. 1 BBG bzw. § 110 Abs. 3 LBG Brandenburg
[539] BT-Drucks. 12/1455, S. 62
[540] Plog/Wiedow/Bayer, BBG/BeamtVG, § 41 BBG, Rn. 1
[541] vgl. Seite 108

gemeinen Dienstunfähigkeit mit 65 Jahren den Boden entzogen[542]. Zwar ist zu berücksichtigen, dass bei Beamten keine Möglichkeit gegeben ist, bei fehlender Leistungsfähigkeit das Beschäftigungsverhältnis zu lösen[543]. Dennoch bedarf es keiner festen Altersgrenze, weil eine Altersgrenze mit Verlängerungsoption ebenso dem Maßstab der Erforderlichkeit genügen würde. Die gesetzlich vorgesehene Verlängerungsmöglichkeit ist auch nicht angemessen, weil sie das Interesse der Betroffenen an der Fortsetzung der Tätigkeit zu weit einschränkt. Eswird ausschließlich berücksichtigt, ob ein dienstliches Interesse an der Fortsetzung der Beschäftigung besteht. Dagegen wäre die ursprünglich vorgesehene Fassung mit der Richtlinie vereinbar, weil dienstliche Interessen bei der Fortsetzung der Tätigkeit nur Teil der Abwägung sind. Das Nachrücken jüngerer Beamter kann nach Art. 6 Abs. 1 S. 2, S. 1 RL die Pensionsgrenze nicht rechtfertigen, weil eine Altersgrenze mit Verlängerungsmöglichkeit, soweit dienstliche Belange nicht entgegenstehen, das ebendo geeignete aber mildere Mittel ist[544].

Besondere Höchstaltersgrenzen gelten für Bundessbeamte in sicherheitsrelevanten Berufen. Die Pensionsgrenze liegt bei 60 Jahren für Polizeivollzugsbeamte des Bundes (§ 5 BPolBG) und bei der Bundesfeuerwehr (§ 41 a BBG). Für Polizeivollzugsbeamte des Bundes ist sie im Hinblick auf ihre speziellen Aufgaben und dem damit verbundenen körperlichen Einsatz, der schnellen Entschlusskraft und möglichen Beweglichkeit erforderlich i.S.d. Art. 2 Abs. 5 RL. Das gilt auch für die Bundesfeuerwehr, die nur spezifische Aufgaben hat. Auch der Landesgesetzgeber hat für seine Beamten spezielle Regelungen für die Polizei, den feuerwehrtechnischen Dienst und den Justizvollzug geschaffen[545]. Eine Verlängerungsmöglichkeit über das 60. Lebensjahr hinaus besteht jedoch selbst dann nicht, wenn der Betroffene nachweislich noch über eine ausreichende Befähigung für die Ausführung der Tätigkeit verfügt. Allein aus dringenden dienstlichen Gründen kann im Einzelfall eine Verlängerung erfolgen[546]. Die Pensionsgrenzen des Beamtenrechts der Länder sind nicht nach Art. 2 Abs. 5 RL vom Vorbehalt der öffentlichen Sicherheit erfasst[547]. Auch wenn sie regelmäßig auf den Erhalt der Einsatzbereitschaft zielen, sind individuelle Leistungstests dafür eine besser geeignete Möglichkeit. Es handelt sich auch um eine zumutbare Maßnahme, weil aufgrund der besonderen Bedeutung für die öffentliche Sicherheit ohnehin laufend die Einsatzbereitschaft für diese Tätigkeiten überprüft wird. Diesen Anforderungen genügt eine Höchstaltersgrenze ohne Bezug auf die spezifischen Aufgaben des Betroffenen nicht.

---

542 Nussberger, JZ 2002, S. 532
543 Schröder, S. 93
544 vgl. Seite 99 ff.
545 Bsp.: § 110 Abs. 1 S. 3 i.V.m. §§ 142, 143, 144 LBG Brandenburg
546 Bsp.: § 110 Abs. 3 LBG Brandenburg
547 vgl. Seite 53

2. Altersgrenzen für Professoren, Richter, Soldaten

Die Pensionsgrenze für Professoren entspricht den Anforderungen an die Richtlinie, weil sie zur Förderung des wissenschaftlichen Nachwuchses zu rechtfertigen ist. Die Altersgrenzen für Richter unterliegen schon nicht dem Diskriminierungsverbot und können daher nach Umsetzung der Richtlinie bestehen bleiben. Für Soldaten muss der Gesetzgeber die Geltung des Diskriminierungsverbotes beschränken, weil die gesetzlichen Pensionsgrenzen nur teilweise zum Erhalt der Einsatzbereitschaft erforderlich sind.

Das Emeritierungsalter für Professoren von 65 Jahren ist nach dem BVerfG im Hinblick auf Art. 12 GG zur Förderung des wissenschaftlichen Nachwuchses gerechtfertigt[548]. Diese Entscheidung ist unter anderem deshalb kritisiert worden, weil es nach Auffassung des Gerichts unerheblich ist, ob die Stelle wiederbesetzt wird oder wegfällt. Im letzten Fall kommt es zwar nicht zu einer Neubesetzung, so dass es nicht zur Förderung des wissenschaftlichen Nachwuchses kommt[549]. Allerdings dürfe insofern nicht in die Entscheidung der Universität wegen ihrer verfassungsrechtlich gewährten Wissenschaftsfreiheit eingegriffen werden. Es obliege ihrer Entscheidung, ob der Lehrstuhl für Nachwuchsbewerber oder Kollegen mit anderen Wissenschaftsschwerpunkten zur Verfügung stehen soll[550]. Nach der Richtlinie besteht hinsichtlich der Pensionsgrenze für Professoren die Möglichkeit der Rechtfertigung aufrund der ausgewogenen Altersstruktur und der Förderung des wissenschaftlichen Nachwuchses als legitime Ziele des Art. 6 Abs. 1 S. 2 a), S. 1 RL[551]. Wenngleich eine frühzeitige Pensionierung zu einem Verlust von Hochschullehrern am Höhepunkt ihres beruflichen Wissensstands und damit zu einer Vergeudung von öffentlichen Mitteln führen kann, ist sie zur Förderung des wissenschaftlichen Nachwuchses geeignet, erforderlich und angemessen. Erfolgt die Ernennung zum Hochschulprofessor auf Lebenszeit, kommt es nur durch die feste Pensionsgrenze zum Freiwerden einer Stelle.

Für Richter auf Lebenszeit gilt die Pensionsgrenze von 65 Jahren nach § 48 DRiG[552]. Mit Erreichen dieses Alters wird die Dienstunfähigkeit unwiderleglich vermutet, eine Verlängerungsmöglichkeit besteht nach § 48 Abs. 2 DRiG nicht. Auf den Nachweis, dass die Ausübung des Richterberufs tatsächlich die Funktionsfähigkeit der Rechtspflege behindert, wird also verzichtet[553]. Nach § 4 Abs. 3 BVerfGG gilt für Richter am Bundesverfassungsgericht eine Altersgrenze von

[548] BVerfG v. 10.4.1984, BVerfGE 67, 1

[549] Vornehmlich für die Anstellung auf Lebenszeit kommt es ansonsten kaum zu Neueinstellungen. Zu den Möglichkeiten der Befristung von Arbeitsverträgen im Hochschulbereich nach den §§ 57 a ff. HRG vgl. Lipke, S. 17 ff.

[550] Battis/Deutelmoser, RdA 1994, S. 266

[551] vgl. Seite 100 ff.; Linsenmaier, RdA 2003, Sonderbeilage zu Heft 5, S. 31

[552] vgl. § 4 Abs. 1, 2 Brandenburgisches Richtergesetz

[553] Nussberger, JZ 2002, S. 530

68 Jahren. Mit einer im Vergleich zu anderen Richter hinausgeschoben Altersgrenze sollte ursprünglich die Kontinuität der höchstgerichtlichen Rechtsprechung gewahrt werden. Diese Altersgrenzen sind zum Schutz der Rechtsordnung i.S.d. Art. 2 Abs. 5 RL erforderlich[554]. Eine mit Eintreten des 65. Lebensjahres unwiderleglich vermutete Dienstunfähigkeit von Richtern ist zwar eine nach der Richtlinie verbotene Benachteiligung wegen des Alters und sie entspricht auch nicht gerontologischen Erkenntnissen. Mit dem Verzicht auf die Verlängerungsmöglichkeit soll aber eine Ermessensentscheidung der Dienstbehörde über die weitere Eignung im Hinblick auf die persönliche Unabhängigkeit des Richters vermieden werden[555]. Dass eine Altersgrenze bei Gerichten festgelegt werden kann, ist in Art. 97 Abs. 2 GG ausdrücklich vorgesehen. Insofern hält sich der Gesetzgeber bei der Höhe der Altersgrenze auch bei Richtern am BVerfG im zugebilligten Ermessensspielraum der Richtlinie.

Für Berufssoldaten knüpft die allgemeine Pensionsgrenze in § 41 Abs. 1 SG an das 61., ab dem 1.1.2007 an das 62. Lebensjahr an. Besondere Pensionsgrenzen finden sich in § 41 Abs. 2 SG für spezielle Dienstgrade. Diese Pensionsgrenzen könnte der nationale Gesetzgeber ausdrücklich von der Richtlinie nach Art. 3 Abs. 4 RL ausnehmen[556]. Andernfalls sind die unterschiedlichen Pensionsgrenzen nur teilweise zur Gewährung der öffentlichen Sicherheit und zur Verteidigung der Ordnung erforderlich i.S.d. Art. 2 Abs. 5 RL. Die allgemeine Pensionsgrenze gilt unabhängig von der Art der Tätigkeit und wird daher den Anforderungen der Richtlinie nicht gerecht. Die besonderen Altersgrenzen des § 45 SG knüpfen am Dienstgrad an, lassen aber unberücksichtigt, ob das Alter entscheidend für die Ausführung der damit verbundenen Tätigkeit ist. Nur dann könnte man eine Altersgrenze als notwendig zum Schutz der öffentlichen Sicherheit ansehen. Zwar ist zuzugeben, dass sich die individuellen Aufgaben mit dem Dienstgrad verändern. Eine Anknüpfung an die Anforderungen der jeweiligen Tätigkeit, etwa der betroffenen Einheit, erscheint jedoch zum Schutz der öffentlichen Sicherheit geeigneter. Die Ausnahmen von der generellen Altersgrenze für Offiziere des Sanitätsdienstes, des Militärmusikdienstes und des Geoinformationsdienstes in § 41 Abs. 2 SG betreffen jedenfalls Bereiche, die nicht für die öffentliche Sicherheit maßgeblich sind. Erfasst sind auch nur Offiziere der genannten Bereiche (nicht andere Dienstgrade), so dass die Regelung ebenfalls nicht mit Art. 2 Abs. 5 RL vereinbar ist. Nach § 45 Abs. 2 Nr. 6 SG gilt die Altersgrenze von 41 Jahren für Offiziere, die in strahlgetriebenen Kampfflugzeugen als Flugzeugführer oder Waffensystemoffizier eingesetzt werden. Diese Pensionsgrenze berücksichtigt die besonderen physischen und psychischen Belastungen, stellen mithin die öffentliche Sicherheit sicher[557]. Diese Regelung ist

---

554 vgl. Seite 53 f.
555 Schmidt-Räntsch, DRiG, § 48, Rn. 8
556 vgl. Seite 75
557 Scherer/Aff, § 45, Rn. 4

auch angemessen, zeigt doch die mögliche Beschränkung mit 40 Jahren bei Wehrfliegerverwendungsunfähigkeit, dass eine Einzelfallprüfung stattfindet.

3. Altersgrenzen für freie Berufe

Die bestehende gesetzliche Altersgrenze für die Ausübung der Arzttätigkeit ist schon wegen des Schutzes der öffentlichen Sicherheit mit der Richtlinie vereinbar. Unzulässig sind künftig dagegen die festen Altersgrenzen für Prüfingenieure ohne Verlängerungsmöglichkeit trotz nachgewiesener Eignung. Für die Altersgrenze bei der Notartätigkeit besteht nach der Richtlinie eine Rechtfertigungsmöglichkeit zur Förderung der beruflichen Eingliederung Jugendlicher.

Seit längerem ist für die Arzttätigkeit die Ausübung wegen der Kosten des Gesundheitswesens staatlich reglementiert. Die freiberufliche Tätigkeit wird durch Einbindung in das staatliche System der Krankenversorgung einer Bindung an Gemeinwohlinteressen unterworfen. Ein zwingender Berufsausstieg wurde zunächst als Eingriff in Art. 12 GG für verhältnismäßig gehalten, wenn der Betroffene wirtschaftlich abgesichert ist. Die Entfaltung der Persönlichkeit hat dann hinter diesem überragend wichtigen Gemeinwohlinteresse zurückzutreten. Seit dem 1.1.1999 besteht nach § 95 Abs. 7 SGB V eine gesetzliche Höchstaltersgrenze für Vertragsärzte von 68 Jahren.

Diese Altersgrenze ist zur Sicherung eines ordnungsgemäßen Gesundheitssystems nach Art. 2 Abs. 5 RL vom Diskriminierungsverbot ausgenommen[558]. Sie dient zwar nicht der Abwehr von Gefahren, die von älteren und daher nicht mehr voll leistungsfähigen Ärzten ausgehen[559]. Gegen eine Rechtfertigung aus diesem Grund sprechen schon die Erkenntnisse der Altersforschung[560]. Trotz des Gesundheitsschutzes als wichtiges Gemeinschaftsgut verbietet sich außerdem eine typisierende Betrachtung. Denn eine generell höhere Gefahr der Beeinträchtigung der Leistungsfähigkeit ab dem 68. Lebensjahr besteht nicht; die für die ärztliche Tätigkeit besonders wichtige Erfahrung wird bei älteren Ärzten sogar höher sein[561]. Fragwürdig ist diese Rechtssprechung auch, weil die Behandlung von Kassenpatienten ab dem 68. Lebensjahr zu gefährlich, die gestattete Fortführung der privatärztlichen Tätigkeit aber als Möglichkeit zum Ausgleich von Einkommensausfällen dienen kann[562]. Die angeblichen Gefahren für die Patienten können allenfalls vom konkreten Gesundheitszustand des betroffenen Arztes ausgehen und nicht von der Art des Versicherungsschutzes.

---

[558] vgl. Seite 53

[559] so aber der Beschluss des BVerfG v. 31.3.1998, NJW 1998, S. 1777; a. A. Pauly/Hesselbarth, Neue Justiz, 1999, S. 464

[560] vgl. Seite 28 ff.

[561] so zu Recht Gitter-FS Söllner, S. 373

[562] BVerfG v. 31.3.1998, NJW 1998, S. 1777

Die Altersgrenze ist aber erforderlich i. S. d. Art. 2 Abs. 5 RL, weil sie eine aufgrund der Finanzierbarkeit der gesetzlichen Krankenversicherung notwendige Beschränkung nicht nur zu Lasten Jüngerer vornimmt[563]. Seit dem 1.1.1999 erfolgt die Zulassung in Form der sog. Bedarfszulassung, § 102 SGB V. Daher ist zur Eröffnung ausreichender Berufsaussichten eine Begrenzung der Ausübung der Vertragsarzttätigkeit für Ältere notwendig[564]. Es kommt damit zu einem verhältnismäßigen Ausgleich der Interessen jüngerer Ärzte am Zugang zur vertragsärztlichen Tätigkeit und dem bestehenden Interesse Älterer an seiner Fortführung. Die Altersgrenze kann auch dadurch gerechtfertigt werden, dass sie zur Sicherung der finanziellen Grundlagen der Krankenkassen geeignet ist. Denn sie bewirkt eine Begrenzung der Arztzahlen, was nach Auffassung des Gesetzgebers die Kosten im Gesundheitswesen begrenzt[565]. Sie verfolgt damit ein legitimes Ziel i.S.d. Art. 6 Abs. 1 S. 1 RL[566]. Die Altersgrenze ist auch angemessen, weil in § 95 Abs. 7 S. 3 SGB V eine Härtefallregelung vorgesehen ist, die zumindest eine 20-jährige Berufsausübung gewährt. Es kann wohl davon ausgegangen werden, dass sich in dieser Zeit die Investitionskosten amortisiert haben. Insofern wird auch berücksichtigt, dass eine feste Pensionsgrenze jedenfalls nur bei ausreichender wirtschaftlicher Absicherung angemessen ist.

Das BVerwG billigte außerdem eine Altersgrenze von 65 Jahren für Prüfingenieure für Baustatik[567]. Wie das BVerfG für denselben Berufsstand bei einer Pensionsgrenze von 70 Jahren ausführte, sei diese Altersgrenze den Betroffenen eher zumutbar als seine fortbestehende Leistungsfähigkeit jeweils durch Vorlage amtsärztlicher Zeugnisse nachzuweisen[568]. Auch eine Altersgrenze von 68 Jahren für öffentlich bestellte Sachverständige sei zum Schutz des Allgemeinwohls zulässig, weil nach allgemeiner Erfahrung das körperliche und geistige Leistungsvermögen im Alter nachlasse[569]. Inzwischen finden sich in einigen Landesbauordnungen gesetzliche Pensionsgrenzen von 60 Jahren für Baustatikingenieure[570].

Diese festen Altersgrenzen ohne Verlängerungsmöglichkeit sind aber zum Schutz der Öffentlichkeit nicht erforderlich i.S.d. Art. 2 Abs. 5 RL und daher

---

563 Würde der Vorbehalt des Art. 2 Abs. 5 RL nicht eingreifen, könnte sich daher jedenfalls nach Art. 6 Abs. 1 S. 2 a), S. 1 RL gerechtfertigt werden, weil der Zugang stark reglementiert ist, vgl. Seite 102.

564 in diesem Sinne wohl Hess-KassKomm, § 98 SGB V, Rn. 51; Die Auffassung von Pauly/Hesselbarth, Neue Justiz, 1999, S. 465, es läge ein unzulässiger Konkurrentenschutz für Jüngere vor, mag daher vor dem Hintergrund der Verwirklichung der Gleichbehandlung wegen des Alters nicht überzeugen.

565 BT-Drucks. 12/3608, S. 97 ff.

566 vgl. Seite 121

567 BVerwG v. 20.11.1959; DÖV 1960, S. 148

568 BVerfG v. 4.5.1983, BVerfGE 64, 72

569 BVerfG v. 16.11.1990, NVwZ 1991, S. 358

570 § 7 Abs. 1 Nr. 2 Bautechnische Prüfungsverordnung Brandenburg

nicht vom Diskriminierungsverbot ausgenommen. Ein Schutz vor einem generellen erheblichen Nachlassen des Leistungsvermögens kann ebenso geeignet durch eine flexible Altersgrenze gewährleistet werden. Zur Vermeidung einer Benachteiligung wegen des Alters ist es verhältnismäßig, einen Nachweis über die noch vorhandene Leistungsfähigkeit zu verlangen, anstatt generell die Ausübung der Tätigkeit zu untersagen. Die Begründung der Rechtsprechung überzeugt nicht. Das Alter ist eine wesentliche und entscheidende berufliche Anforderung im Hinblick auf die Sicherheit Dritter nach Art. 4 Abs. 1 RL[571]. An der Erforderlichkeit fehlt es auch zum Schutz der Sicherheit Dritter nach Art. 6 Abs. 1 S. 2 a), S. 1 RL[572].

Mit Erreichen des 70. Lebensjahres erlischt schließlich das Amt des Notars[573]. Verfassungsrechtliche Bedenken im Hinblick auf Art. 12 GG bestehen nach Auffassung des BVerfG nicht, weil die Altersgrenze für eine geordnete Altersstruktur innerhalb des Notarberufs sorge[574]; ansonsten würden zu wenige Stellen geschaffen und es käme zu einer Überalterung im Notarberuf. Diese Begründung überzeugt auch im Hinblick auf die Ungleichbehandlung wegen des Alters, die Altersgrenze kann nach Art. 6 Abs. 1 S. 2 a), S. 1 RL gerechtfertigt werden[575]. Die Benachteiligung Älterer kann zwar nicht mit einer abnehmenden körperlichen Leistungsfähigkeit gerechtfertigt werden, gerade weil es in diesem Beruf besonders auf Erfahrung ankommt. Der Zugang zum Notariat ist aber stark reglementiert. Um eine Benachteiligung Jüngerer zu vermeiden, müssen daher durch eine Höchstaltersgrenze freie Stellen geschaffen werden.

II. Tarifvertragliche Pensionsgrenzen

In Tarifverträgen findet sich bisher typischerweise eine Vereinbarung, nach der die Arbeitsverhältnisse, ohne dass es einer Kündigung bedarf, in dem Monat endet, in dem die Beschäftigten das 65. Lebensjahr vollendet haben.

1. Bisherige Zulässigkeit tarifvertraglicher Pensionsgrenzen

a) Pensionsgrenzen als bloße Umgehung des KSchG

In der ersten Entscheidung des BAG aus dem Jahr 1978 blieb der Prüfungsmaßstab für eine tarifliche Pensionsgrenze noch offen. Eine Pensionsgrenze von 65 Jahren wurde für zulässig gehalten, wenn eine ausreichende betriebliche Altersversorgung besteht[576]. Verwiesen wurde auch auf Erwägungen wie die einheitliche Durchführung von betrieblichen Versorgungsmaßnahmen und eines

---

571 a. A. Linsenmaier, RdA 2003, Sonderbeilage zu Heft 5, S. 31
572 vgl. Seite 112
573 §§ 47 Nr. 1, 48a Bundesnotarordnung
574 BVerfG v. 29.10.1992, NJW 1993, S. 1575
575 vgl. Seite 102
576 BAG v. 18.7.1978, AP Nr. 9 zu § 99 BetrVG 1972

vernünftigen Altersaufbaus in Verbindung mit Aufstiegsmöglichkeiten für Nachwuchskräfte innerhalb überschaubarer Zeiträume[577]. Die Entscheidung folgte damit den Anforderungen, die zuvor an eine betriebliche Pensionsgrenze gestellt wurde. Dabei hatte das BAG noch nicht Art. 12 GG als Prüfungsmaßstab herangezogen[578]. Es ging vielmehr vom Gedanken der Umgehung des KSchG aus und hat die Prüfung daher am Maßstab vorgenommen, der für die Befristung von Arbeitsverhältnissen nach § 620 BGB entwickelt wurde[579]. Tarifvertragliche Pensionsgrenzen waren danach zulässig, weil bei ausreichender wirtschaftlicher Absicherung ein „sachlicher Grund" für die Altersgrenze vorlag. Das stieß auf Ablehnung, weil die tarifvertragliche Pensionsgrenze als Eingriff in die Freiheit der Berufswahl an Art. 12 GG zu messen sei[580]. Die sachlichen Erwägungen des Gerichts würden für eine Rechtfertigung nicht ausreichen. Zudem fehle den allgemeinen Erwägungen der Bezug zur konkreten Tätigkeit[581].

Später stellte das BAG klar, dass zur Vermeidung der Umgehung des Kündigungsschutzes die Grundsätze der Befristungskontrolle entsprechend auf tarifvertragliche Pensionsgrenzen anzuwenden seien[582]. Denn mit der Pensionsgrenze käme es zum Ausscheiden aus dem Arbeitsverhältnis ohne Kündigung. Während das BAG in einer solchen Vereinbarung zuvor einen vorweggenommen Auflösungsvertrag des Arbeitsverhältnisses sah[583], ging es in Abkehr von dieser Rechtsprechung davon aus, das Arbeitsverhältnis stehe unter einer auflösenden Bedingung. Auf sie seien die Regelungen über die Befristungskontrolle entsprechend anzuwenden. Im entschiedenen Fall war der Arbeitgeber zur Vertragsverlängerung über das 55. Lebensjahr verpflichtet, wenn der Angestellte für eine weitere Tätigkeit körperlich und beruflich geeignet sei, und die betrieblichen und wirtschaftlichen Verhältnisse des Arbeitgebers seinen weiteren Einsatz in der bisherigen Stellung zuließen. Das Ermessen war aber eingeschränkt, wenn der Betroffene wirtschaftlich nicht abgesichert war.

Kritisiert wurde insofern das abermalige Fehlen der verfassungsrechtlichen Prüfung anhand des Art. 12 GG. Weder die Qualifizierung der tariflichen Höchstaltersgrenze als Bedingung noch als Befristung des Arbeitsverhältnisses könnten überzeugen. Das Erreichen der Altersgrenze für das Ausscheiden aus dem Beschäftigungsverhältnis sei schon kein für eine Bedingung typisches *ungewisses*

---

577 Diese Erwägungen betrafen jedoch die Zulässigkeit einer betrieblichen Pensionsgrenze, BAG v. 25.3.1971, AP Nr. 5 BetrVG 1952; ebenso Zöllner, Gutachten 52. DJT, S. 124

578 vgl. Seite 193 f.

579 entwickelt in BAG v. 12.10.1960, AP Nr. 16 zu § 620 BGB befristeter Arbeitsvertrag

580 Hanau, RdA 1976, S. 24 ging nur von einer Einschränkung der Berufsausübung aus. Die Beendigung der konkreten Beschäftigung führt aufgrund der schlechten Chancen Älter auf dem Arbeitsmarkt aber de facto zu einem Eingriff auf Ebene der Berufswahl.

581 Belling, SAE 1979, S. 278

582 BAG v. 20.12.1984, AP Nr. 9 zu § 620 BGB Bedingung

583 für Betriebsvereinbarungen, BAG v. 25.3.1971, AP Nr. 5 zu § 57 BetrVG 1952

Ereignis[584]. Auch eine Befristung liege in einer tarifvertraglichen Altersgrenze nicht vor. Eine tarifvertragliche Altersgrenze habe nach § 1 Abs. 1 TVG die Qualität einer Rechtsnorm, nach der das Erreichen des maßgeblichen Alters zur Beendigung des Arbeitsverhältnisses führt[585]. Sowohl das Setzen einer Bedingung als auch einer Befristung sei nur rechtsgeschäftlich möglich. Die tarifvertragliche Pensionsgrenze sei dagegen eine dem Parteiwillen der Arbeitsvertragsparteien entzogene Tarifnorm, die normativ auf das konkrete Arbeitsverhältnis einwirkt[586].

Tarifvertragliche Pensionsgrenzen seien auch deshalb auf ihre Vereinbarkeit mit Art. 12 GG zu untersuchen, weil die Figur der Umgehung des KSchG nicht überzeugen könne[587]. Es fehle der verbindliche Prüfungsmaßstab, so dass die Gefahr eines Wertungswiderspruchs zu Art. 12 GG besteht. Stellt man maßgeblich auf die wirtschaftliche Absicherung ab, habe sich diese Gefahr realisiert[588]. Denn letztlich werde bei ausreichender Alterssicherung der Schutz vor der Umgehung des KSchG durch die Befristungskontrolle eingeschränkt. Der Sinn des Kündigungsschutzes bestehe nämlich nicht allein darin, dem Arbeitnehmer seine wirtschaftliche Grundlage zu sichern[589]. Eine Umgehung des Kündigungsschutzes werde im Ergebnis nicht verhindert, weil das Erreichen einer Altersgrenze weder einen personen- oder verhaltens- noch einen betriebsbedingten Kündigungsgrund darstellen würde[590].

Dazu kommt, dass man die Grundsätze konsequenterweise nur bei Geltung des KSchG anwenden dürfte. Man würde dadurch die Anforderungen an die Rechtfertigung des Grundrechtseingriffs davon abhängig machen, ob der Betrieb aufgrund der Anzahl der Beschäftigten dem KSchG unterliegt[591].

b) Eingriff in die Berufsfreiheit, Art. 12 GG

Lange Zeit hat das BAG tarifvertragliche Pensionsgrenzen *unmittelbar* an Art. 12 GG gemessen. Es hat den Eingriff aber nicht nur zum Schutz wichtiger Gemeinschaftsinteressen gerechtfertigt, sondern schon das Vorliegen eines „sachlichen Grundes" genügen lassen. Im Ergebnis bestehen danach keine weiteren Einschränkungen als nach der Prüfung anhand der Befristungskontrolle von Individualverträgen. Inzwischen geht der zuständige 7. Senat des BAG davon aus,

---

584 ausführlich: Belling, Anm. zu BAG v. 20.12.1984, AP Nr. 9 zu § 620 BGB Bedingung

585 Belling, ZfA 1999, S. 550, Fn. 19

586 Belling, Anm. zu BAG v. 20.12.1984, AP Nr. 9 zu § 620 BGB Bedingung

587 Auch die Voraussetzung einer analogen Anwendung des Prüfungsmaßstabs für Einzelverträge liegt nicht vor. Waltermann, Berufsfreiheit im Alter, S. 66 ff.; ders., RdA 1990, S. 213 f.

588 Waltermann, Berufsfreiheit im Alter, S. 152

589 Laux, NZA 1991, S. 970

590 Belling, Zeitschrift für Gerontologie, 1989, S. 130

591 Dieser Aspekt tritt zurück, wenn man nunmehr § 14 Abs. 1 TzBfG als Prüfungsmaßstab heranziehen würde, der auch für Kleinbetriebe gilt. Vgl. dazu Seite 182

die Tarifparteien seien nur *mittelbar* an die Grundrechte gebunden. Art. 12 GG würde daher nicht als Abwehrrecht, sondern in seiner Schutzfunktion wirken. Ausreichenden Grundrechtsschutz gewähre der Staat durch das KSchG und den Schutz bei der Befristung von Arbeitsverhältnissen. Tarifvertragliche Altersgrenzen, die den Anforderungen der arbeitsgerichtlichen Befristungskontrolle genügen, seien daher auch im Hinblick auf Art. 12 GG unbedenklich.

Weder die Rechtfertigung des Grundrechtseingriffs durch einen sachlichen Grund noch die Gewährung ausreichenden Grundrechtsschutzes durch die Befristungskontrolle können überzeugen. Tarifvertragliche Pensionsgrenzen sind vielmehr unmittelbar an den Grundrechten zu messen. Art. 12 GG wirkt in seiner Abwehrfunktion, der Eingriff in die Berufsfreiheit ist durch Vorliegen eines sachlichen Grundes nicht zu rechtfertigen. Richtigerweise sind generelle Pensionsgrenzen daher in Tarifverträgen nicht schon zulässig, wenn sie durch einen sachlichen Grund gerechtfertigt sind. Allein zum Schutz der Sicherheit Dritter können sie (auch wenn sie das Ende der Beschäftigung vor dem 65. Lebensjahr vorsehen) nur für besondere Tätigkeiten zugelassen werden.

aa) Gerechtfertigte Beschränkung der Berufsfreiheit

(1) Unmittelbare Grundrechtsbindung der Tarifparteien

Nach seinen ersten Entscheidungen hat das BAG in der Folgezeit tarifvertragliche Pensionsgrenzen unmittelbar an Art. 12 GG geprüft[592] bzw. an die Wertentscheidungen des Art. 12 Abs. 1 GG angeknüpft[593]. Das entsprach der herrschenden Auffassung der unmittelbaren Bindung der Tarifparteien an die Grundrechte[594].

Begründet wurde dies mit der Rechtswirkung der Tarifnormen. Einerseits handele es sich bei Tarifnormen um materielle Gesetzgebung im Sinne des Art. 1 Abs. 3 GG. Wenn die Tarifparteien nach § 1 Abs. 1, § 4 Abs. 1 TVG befugt seien Rechtsnormen zu setzen, unterlägen diese Rechtsnormen denselben Bindungen wie die des staatlichen Gesetzgebers. Für eine unmittelbare Grundrechtsbindung spreche auch, dass der Staat den Tarifparteien nach § 1 Abs. 1 TVG seine Normsetzungskompetenz übertragen habe. Diese durch Delegation des Staates angeleitete Kompetenz könne nicht weiter reichen als die Ursprungskompetenz des Gesetzgebers, der unmittelbar an die Grundrechte gebunden sei[595]. Es gelte der Grundsatz *„nemo plus iuris ad alium transferre potest quam ipse habet"*.

---

592 BAG v. 6.3.1986, AP Nr. 1 zu § 620 BGB Altersgrenze
593 BAG v. 20.10.1993, AP Nr. 3 zu § 41 SGB VI; v. 1.12.1993, AP Nr. 4 zu § 41 SGB VI
594 grundlegend BAG v. 15.1.1955, AP Nr. 4 zu Art. 3 GG
595 BAG v. 15.1.1955, AP Nr. 4 zu Art. 3 GG; BAG v. 23.3.1957, AP Nr. 16 zu Art. 3 GG

(2) Zulässigkeit tarifvertraglicher Pensionsgrenzen

Bei der unmittelbaren Prüfung anhand Art. 12 GG stellte das BAG klar, dass eine Pensionsgrenze formal zwar nur zur Beendigung des konkreten Arbeitsverhältnisses führt. Dennoch sei nicht nur die *Berufsausübungsfreiheit* betroffen[596]. Aufgrund der schlechten Chancen älterer Arbeitnehmer auf dem Arbeitsmarkt bewirkt nämlich der Verlust der konkreten Beschäftigung regelmäßig das Ende der Berufstätigkeit überhaupt[597]. Daher wirkt die Pensionsgrenze als Eingriff in Art. 12 GG auf der Ebene der *Berufswahl.*

Der Grundrechtseingriff durch eine tarifvetragliche Altersgrenze wurde durch das Vorliegen eines sachlichen Grundes gerechtfertigt. Im Ergebnis bestanden danach keine weiteren Einschränkungen als nach dem Maßstab der Befristungskontrolle. Zur Rechtfertigung des Eingriffs wurde damit ein geringerer Schutzmaßstab angewendet, als für den Eingriff auf Ebene der Berufswahl nach Auffassung des BVerfG erforderlich ist. Ein solcher Grund wurde in erster Linie in einer ausreichenden wirtschaftlichen Absicherung gesehen. Daneben rechtfertige die Vermeidung von Auseinandersetzungen über den Fortbestand der Leistungskraft, eine verlässliche Personalplanung und die Nachwuchsförderung das Ausscheiden aus dem Erwerbsleben, wenn der Arbeitnehmer wirtschaftlich abgesichert ist. Es wurde also nicht auf den Schutz besonders *wichtiger Gemeinschaftsgüter* abgestellt[598].

Später konnte das Gericht die Frage offen lassen, ob damit an die Zulässigkeit von Altersgrenzen zu geringe Anforderungen gestellt werden. Es wurde aber betont, es spräche „vieles dafür, dass tarifliche Altersgrenzen insoweit nicht anders zu behandeln seien als gesetzliche"[599]. Eine feste Altersgrenze von 60 Jahren war aufgrund der Gefährdung durch einen altersbedingten körperlichen Ausfall für die Sicherheit der Passagiere jedenfalls zulässig. Daneben wurde eine Pensionsgrenze von schon 55 Jahren gerechtfertigt, wenn bis zum Erreichen des Regelrentenalters eine betriebliche Übergangsversorgung besteht[600]. Denn bei der Pensionsgrenze für Piloten sei das Schutzbedürfnis Dritter jedenfalls ein gewichtiges Gemeininteresse zur Rechtfertigung der Altersgrenze. Voraussetzung war aber insofern, dass eine Verlängerungsmöglichkeit bei körperlicher Eignung vorgesehen war.

[596] Belling, Anm. zu BAG v. 18.7.1978, SAE 1979, S. 278; a. A. Hanau, RdA 1976, S. 29
[597] BAG v. 6.3.1986, AP Nr. 1 zu § 620 BGB Altersgrenze; Schlüter/Belling, NZA 1988, S. 301
[598] so aber BVerfG v. 11.6.1958, BVerfGE 7, 405
[599] BAG v. 12.2.1992, AP Nr. 5 zu § 620 BGB Altersgrenze
[600] BAG v. 6.3.1986, AP Nr. 1 zu § 620 BGB Altersgrenze

bb) Grundrechtsschutz durch Befristungskontrolle

(1) Mittelbare Grundrechtsbindung von Tarifnormen

Im Gegensatz dazu geht der 7. Senat des BAG in jüngeren Entscheidungen davon aus, die Tarifparteien seien *mittelbar* an die Grundrechte gebunden. Die Tarifnormen beruhten auf kollektiv ausgeübter Privatautonomie. Der Eingriff in die Berufsausübung erfolge nicht von Seiten des Staates, sondern durch private Disposition. Die Normwirkung werde durch privatautonomen Verbandsbeitritt der Mitglieder legitimiert[601]. Schon zuvor wurde sich teilweise für eine mittelbare Grundrechtsbindung der Tarifparteien ausgesprochen[602], wofür vor allem die privatrechtliche Natur des Tarifvertrags angeführt wurde[603]. Letzte Klärung könnte allein eine Entscheidung des BVerfG bringen, das allerdings bislang diese Frage nicht zu entscheiden hatte[604]. So halten andere Senate des BAG bis jetzt an der unmittelbaren Grundrechtsbindung fest[605].

Die unmittelbare Grundrechtsbindung wird vom 7. BAG Senat mit der Konzeption der Tarifautonomie und der Eigenart der tarifrechtlichen Rechtsgestaltung für unvereinbar gehalten. Eine Verhältnismäßigkeitsprüfung wäre eine nicht sachgerechte Inhaltskontrolle von Tarifnormen. Die in Art. 9 Abs. 3 GG gewährleistete negative Tarifautonomie der Verbände werde übermäßig beschränkt, es erfolge eine „Tarifzensur"[606]. Tarifliche Altersgrenzen seien das Ergebnis der durch Art. 9 Abs. 3 GG geschützten autonomen Rechtssetzung. Es handele sich daher nicht um *staatliche* Gewalt i.S.d. Art. 1 Abs. 3 GG[607]; „Gesetzgebung" in diesem Sinne meine nämlich nur formelle (also vom Parlament vorgenommene) Gesetzgebung, wie der systematische Zusammenhang zwischen Gesetzgebung, vollziehender Gewalt und Rechtsprechung zeige[608]. Nur wenn eine Allgemeinverbindlichkeitserklärung (§ 5 TVG) für den Tarifvertrag erfolgt, liege ein staatlicher Rechtssetzungsakt vor, der die unmittelbare Grundrechtsbindung rechtfertigen würde[609].

---

[601] BAG v. 25.2.1998, AP Nr. 11 zu § 1 TVG Tarifverträge: Luftfahrt; BAG v. 11.3.1998, AP Nr. 12 zu § 1 TVG Tarifverträge: Luftfahrt; v. 31.7.2002, AP Nr. 14 zu § 1 TVG Luftfahrt; v. 27.11.2002, AP Nr. 21 zu § 620 BGB Altersgrenze; v. 27.11.2002, AP Nr. 22 zu § 620 BGB Altersgrenze

[602] Dieterich-FS Schaub, S. 117 ff.; Wiedemann, A., S. 117; MünchArbR-Richardi, § 10, Rn. 26, 30; Vollstädt, S. 336; Schmidt-FS Dieterich, S. 593

[603] Dürig-Maunz/Dürig/Herzog, Art. 1 III GG, Rn. 115 ff.; Scholz, Koalitionsfreiheit als Verfassungsproblem, S. 369 f.

[604] ausdrücklich offen gelassen in BVerfG v. 30.5.1990, BVerfGE 82, 154

[605] BAG (6. Senat) v. 25.7.1996, NZA 1997, 321; ErfK-Dieterich, Einl. GG, Rn. 21; Belling, ZfA 1999, S. 551

[606] Dieterich-FS Schaub, S. 122 f.; ErfK-Dieterich, Einl. GG, Rn. 48

[607] ErfK-Dieterich, Einl. GG, Rn. 20

[608] Wiedemann, A., S. 29

[609] BVerfG v. 24.5.1977, BVerfGE 44, 343, 346; Dieterich-FS Schaub, S. 132

Auch von einer Delegation staatlicher Normsetzungskompetenz könne nicht ausgegangen werden. Als notwendiges Korrelat der Delegation würde es an der Staatsaufsicht über die Tarifnormen fehlen[610]. Mit § 4 Abs. 1 TVG werde nicht die Rechtsetzung legitimiert, sondern nur der grundrechtlichen Pflicht zur Ausgestaltung der Tarifautonomie nachgekommen[611]. Die Legitimationsgrundlage der Normwirkung ergebe sich nicht durch staatliches Mandat, sondern sei Ergebnis autonomer Rechtsgestaltung. Diese sei durch Art. 9 Abs. 3 GG gewährleistet und damit Ausübung der negativen Koalitionsfreiheit[612]. Die Tarifparteien seien Private und daher grundsätzlich nicht Grundrechts*verpflichtete* sondern *–berechtigte.* Daher würde Art. 12 GG gegen Grundrechtsbeeinträchtigung durch tarifvertragliche Pensionsgrenzen nur mittelbare Schutzpflichtfunktion entfalten. Daran würde sich auch nichts durch die Normwirkung ihrer Vereinbarungen nach § 4 Abs. 1 TVG ändern. Denn die Legitimierung der Rechtsnorm beruhe auf mitgliedschaftlicher Legitimation durch Verbandsbeitritt, also ohne Beteiligung des (grundrechtsverpflichteten) Staates[613]. Mit der Wahrnehmung ihres Grundrechts aus Art. 9 Abs. 3 GG würden die Mitglieder sich bestehendem und künftigem Tarifrecht unterwerfen. Das gelte auch hinsichtlich der mit der Regelung von Arbeits- und Wirtschaftsbedingungen typischerweise verbundenen Beschränkungen der Berufsfreiheit von Arbeitgebern und Arbeitnehmern[614].

(2) Zulässigkeit tarifvertraglicher Pensionsgrenzen

Als Folge dieser mittelbaren Grundrechtsbindung sind nach dem BAG tarifvertragliche Pensionsgrenzen gerade nicht wie eine gesetzliche Regelung zu behandeln. Tarifvertragliche Altersgrenzen, die den Anforderungen der arbeitsgerichtlichen Befristungskontrolle genügen, seien im Hinblick auf Art. 12 GG unbedenklich.

Die Schutzpflichtfunktion der Grundrechte gewähre der Staat durch Kündigungsvorschriften und den Schutz bei Befristung von Arbeitsplätzen[615]. Bei der Befristung von Arbeitsverhältnissen durch Altersgrenzen werde die Funktion des KSchG von der arbeitsrechtlichen Befristungskontrolle (nunmehr TzBfG) übernommen. Da die von der Rechtsprechung entwickelten Grundsätze der Befristungskontrolle nicht tarifdispositiv seien, bedürften auch tarifliche Normen über Befristungen und auflösende Bedingungen zu ihrer Wirksamkeit eines

---

[610] Wiedemann, A., S. 30
[611] ErfK-Dieterich, Einl. GG, Rn. 20
[612] Dieterich-FS Schaub, S. 121
[613] BAG v. 25.2.1998, AP Nr. 11 zu § 1 TVG Tarifverträge: Luftfahrt
[614] Dieterich-FS Schaub, S. 121; BAG v. 11.3.1998, AP Nr. 12 zu § 1 TVG Tarifverträge: Luftfahrt
[615] BAG v. 25.2.1998, AP Nr. 11 zu § 1 TVG Tarifverträge: Luftfahrt; BAG v. 11.3.1998, AP Nr. 12 zu § 1 TVG Tarifverträge: Luftfahrt; v. 31.7.2002, AP Nr. 14 zu § 1 TVG Tarifverträge: Luftfahrt; v. 27.11.2002, AP Nr. 21 zu § 620 BGB Altersgrenze; v. 27.11.2002, AP Nr. 22 zu § 620 BGB Altersgrenze

rechtfertigenden Sachgrunds[616]. Damit wären generelle Pensionsgrenzen in Tarifverträgen bei Vorliegen der seit jeher vom BAG anerkannten sachlichen Gründe bei ausreichender wirtschaftlicher Absicherung mit Art. 12 GG vereinbar.

In den Entscheidungen des BAG stand als sachlicher Grund jeweils das erhebliche Sicherheitsrisiko durch altersbedingte Ausfallerscheinungen zur Verfügung, weil es um Pensionsgrenzen für Piloten von 55 bzw. 60 Jahren ging. Das Interesse des Piloten am Bestand seines Arbeitsverhältnisses habe hinter dem Interesse des Arbeitgebers am Schutz vor Gefahren für Leib und Leben der Passagiere, des Flugpersonals und der Menschen der überflogenen Gebiete zurückzustehen[617]. In seiner jüngeren Entscheidung hat das BAG eine Übertragung dieser Rechtsprechung auf eine Pensionsgrenze von 55 Jahren für Flugbegleiter aber abgelehnt[618]. In diesem Fall konnte davon ausgegangen werden, dass die dargelegten Gefahren für Dritte nicht bestehen. So sah die Pensionsgrenze für Piloten derselben Fluggesellschaft ein Ausscheiden erst mit 60 Jahren vor, so dass ein noch größeres Gefahrenpotential durch Flugbegleiter hätte bestehen müssen.

cc) Eigener Standpunkt

(1) Grundrechtsbindung der Tarifnormen

Tarifvertragliche Altersgrenzen sind jedoch unmittelbar an Art. 12 GG zu messen. Die Rechtswirkung der von den Tarifparteien autonom gesetzten Pensionsgrenze beruht nicht auf der mitgliedschaftlichen Legitimierung, sondern auf dem staatlichen Rechtsgeltungsbefehl in § 1 Abs. 1 TVG. Es handelt sich daher um einen staatlichen Eingriff, der zur unmittelbaren Grundrechtsbindung führt. Die Tarifunterworfenen sind von Tarifnormen ebenso betroffen wie von einer staatlichen Regelung und bedürfen daher des Grundrechtsschutzes in ihrer Abwehrfunktion. Indem der Staat den Tarifparteien eine Regelungsmacht verschafft hat, die seiner vergleichbar ist, bleibt er für einen effektiven Grundrechtsschutz verantwortlich. Der Grundrechtseingriff durch eine tarifliche Pensionsgrenze ist ihm daher zuzurechnen.

Tarifvertrag als privatautonome Rechtsetzung

Bei Tarifnormen handelt es sich um autonome (also vom Staat unabhängige) privatrechtliche Rechtssetzung. Eine unmittelbare Grundrechtsbindung kann

616 BAG v. 31.7.2002, AP Nr. 14 zu § 1 TVG Tarifverträge: Luftfahrt

617 BAG v. 25.2.1998, AP Nr. 11 zu § 1 TVG Luftfahrt; v. 11.3.1998, AP Nr. 12 zu § 1 TVG Luftfahrt; v. 27.11.2002, AP Nr. 21 zu § 620 BGB Altersgrenze

618 BAG v. 31.7.2002, AP Nr. 14 zu § 1 TVG Luftfahrt. Dazu auch Schmid/Sarbinowski, NZA-RR 2003, S. 116

sich deshalb nicht aus der Rechtsnormqualität ergeben[619]. Es handelt sich nicht um staatliches Recht i.S.d. Art. 1 Abs. 3 GG oder um die Ausführung einer vom Staat delegierten Aufgabe[620].

Eine Regelung im Tarifvertrag hat in seinem normativen Teil die Wirkung einer Rechtsnorm nach § 1 Abs. 1 TVG. Sie wirkt generell und ist nicht einvernehmlich zwischen Normgeber und Normadressat vereinbart. Sie weist daher die typischen Merkmale einer Rechtsnorm auf[621]. Es handelt sich aber nicht um Gesetzgebung nach Art. 1 Abs. 3 GG, weil Gesetzgebung in diesem Sinne nur staatliche Gesetzgebung meinen kann. Insofern ist der neueren BAG Rechtsprechung also zuzustimmen, die auf den systematischen Zusammenhang von „Gesetzgebung, vollziehende Gewalt und Rechtsprechung" hinweist[622]. Es ist Ausdruck der Privatautonomie der Tarifparteien nach Art. 9 Abs. 3 GG, Arbeits- und Wirtschaftsbedingungen auszuhandeln und autonomes Recht zu setzen. Es handelt sich aus diesem Grund bei Tarifnormen auch nicht um hoheitliche Normen aufgrund Delegation durch den Staat. Dem Gesetzgeber fehlt es schon an einer ursprünglichen Regelungskompetenz für den Bereich der Arbeits- und Wirtschaftsbedingungen, die er übertragen könnte. Denn Art. 9 Abs. 3 GG entzieht dem Gesetzgeber die ihm nach Art. 74 Nr. 12 i.V.m. Art. 72 GG zukommende Kompetenz und überträgt sie auf die Koalitionen. Arbeits- und Wirtschaftsbedingungen zu regeln, ist in erster Linie Aufgabe der Tarifparteien, die ihnen schon nach Art. 9 Abs. 3 GG von Verfassungs wegen zugewiesen ist[623].

Normwirkung durch staatlichen Geltungsbefehl

Die Normwirkung des autonom gesetzten Rechts ergibt sich nicht privatrechtlich durch eine Legitimation der Mitglieder aufgrund des Verbandsbeitritts. Daher erfolgt der Grundrechtseingriff durch eine tarifliche Altersgrenze nicht durch Private. Vielmehr tritt diese Wirkung mit dem staatlichen Geltungsbefehl nach § 4 Abs. 1 TVG ein.

Die Rechtsnormwirkung einer Regelung im Tarifvertrag lässt sich nämlich nicht damit erklären, dass die Tarifparteien dazu von den Mitgliedern durch Verbandsbeitritt legitimiert seien[624]. Man kann den freiwilligen Beitritt zum Verband nicht dahingehend auslegen, sich dadurch bestehendem und künftigem Tarifrecht zu unterwerfen. Die Auslegung der Willenserklärung des Beitretenden anhand § 133 BGB ergibt nur, dass er sich dem Verband anschließt, um da-

---

619 Belling, ZfA 1999, S. 566
620 Waltermann, FS-Söllner, S. 1265, 1274 f.
621 Belling, ZfA 1999, S. 579
622 so schon Waltermann, Berufsfreiheit im Alter, S. 88; ders. RdA 1990, S. 140; Schwarze ZTR 1996, S. 1
623 Waltermann-FS Söllner, S. 1257
624 Belling, ZfA 1999, S. 589; Waltermann, FS-Söllner, S. 1266 ff.

mit tarifgebunden zu sein. Die Freiwilligkeit dieser Entscheidung ist verfassungsrechtlich durch die positive Koalitionsfreiheit in Art. 9 Abs. 3 GG verbürgt. Eine Ermächtigung, sich den Rechtsnormen des bestehenden und künftigen Tarifrechts zu unterwerfen, widerspräche dagegen der Stellung eines zivilrechtlichen Mandatars[625]. Zwar besteht zwischen der Koalition und seinem Mitglied ein Verhältnis, das auf dem Beitritt beruht. Der Beitritt und die damit erteilte Ermächtigung zur Interessensvertretung erfolgt aber nur für den *eigenen* Verband. Eine Ermächtigung der anderen Tarifpartei, die an der Setzung der Tarifnorm gleichermaßen beteiligt ist, kann der Beitritt nicht enthalten. Die Legitimierung kann sich daher nicht auf den ausgehandelten Kompromiss zwischen der eigenen Tarifvertragspartei und der -gegensätzlichen Interessen vertretenen – anderen Tarifvertragspartei beziehen. Der Beitritt kann eine derartige Selbstbindung nicht mit sich bringen[626].

Die zwingende Wirkung der Tarifnorm ist auch nicht vom Willen des Vertretenen abhängig; sie tritt nämlich unabhängig davon von Gesetzes wegen nach § 4 Abs. 1 TVG ein. Nicht einmal durch Austritt kann sich das Mitglied nach § 3 Abs. 3 TVG dieser Rechtswirkung entziehen[627]. Eine Unterwerfung unter künftiges Tarifrecht würde zudem den Anforderungen an die Bestimmtheit der Ermächtigung nicht genügen. Der freiwillige Beitritt der Tarifparteien stellt daher weniger den Geltungsgrund der Tarifnormen dar, sondern bestimmt vielmehr den sachlichen Geltungsbereich der Normen[628]. Damit verschafft das Mitglied aber den Tarifparteien weder die Rechtsmacht, sein Arbeitsverhältnis zu gestalten, noch den Tarifnormen Geltung. So räumt selbst *Dieterich* ein, dass durch die privatautonome Legitimation *allein* den Koalitionen noch nicht die Kompetenz erwächst Normen zu schaffen; dazu bedürfe es noch eines staatlichen Geltungsbefehls[629].

Eine gegen Art. 12 GG verstoßende Pensionsgrenze ist folglich ein staatlicher Eingriff, dem Betroffenen steht gegen den staatlichen Geltungsbefehl ein grundrechtlicher Abwehranspruch zu[630]. Der Tarifvertrag ist daher unmittelbar an den Grundrechten zu messen. Denn die Befugnis, im Rahmen der Tarifautonomie Rechtsnomen zu setzen, beruht auf dem Geltungsbefehl des Staates in §§ 1, 4 Abs. 1 TVG[631]. Das Tarifvertragsgesetz bestimmt also die Regelungswirkung der Vereinbarungen des Tarifvertrags. Allein dem Staat steht es zu autonome Rechtsetzung anzuerkennen, weil er Träger der Rechtsordnung ist[632]. Erst damit verleiht er der privatrechtlichen Tarifvereinbarung normative Wirkung.

---

[625] Belling, ZfA 1999, S. 597
[626] Schlachter-FS Schaub, S. 654
[627] Waltermann, ZfA 2000, S. 66 f.
[628] Belling, ZfA 1999, S. 593
[629] ErfK-Dieterich, Einl. GG, Rn. 47
[630] Waltermann, Berufsfreiheit im Alter, S. 152
[631] Belling, ZfA 1999, S. 591; Boerner, Altersgrenzen, S. 29
[632] Waltermann, FS-Söllner, S. 12

Notwendigkeit des Grundrechtsschutzes als Abwehrrechte

Für die unmittelbare Grundrechtsbindung spricht aber vor allem die Ähnlichkeit der Regelungsmacht der Tarifparteien mit derjeniegen des Staates. Daraus folgt die Notwendigkeit des Schutzes der Grundrechte in ihrer Abwehrfunktion.

Hat der Staat mit Art. 9 Abs. 3 GG einen Autonomiebereich freigegeben, so bleibt er gegenüber dem Bürger gleichwohl dafür verantwortlich, dass die überlassenen Aufgaben rechtmäßig wahrgenommen werden. Die Tarifunterworfenen sind in besonderer Art und Weise Beeinträchtigungen ihrer grundrechtlich geschützten Positionen, insbesondere ihrer Berufsfreiheit, durch die Übermacht der Tarifparteien ausgeliefert[633]. Eine unmittelbare Anwendung von Grundrechtensnormen ist geboten, wenn es sich um die Ausübung rechtlicher Macht eines privaten Verbandes gegenüber dem Einzelnen handelt. Mit der Wahrung der Arbeits- und Wirtschaftsbedingungen hat der Staat die Koalitionen gegenüber den Arbeitnehmern mit einer Machtfülle ausgestattet, die seiner eigenen Regelungsmacht gleicht[634]. Die Fremdbestimmung des Tarifunterworfenen ähnelt also der durch Gesetz[635]. Denn der Arbeitsmarkt wird durch Tarifnormen wie staatliche Gesetze reguliert, wobei der Einzelne auf die Normsetzung wenig Einfluss hat[636]. Wegen der gesellschaftlichen Macht genügt die bloße Schutzfunktion der Grundrechte daher nicht. Vielmehr haben die Tarifparteien die Grundrechte der Tarifunterworfenen uneingeschränkt zu respektieren[637]. Der Staat behält die Verantwortung, die er dadurch erfüllt, dass er die Begrenzung der Tarifautonomie durch die Grundrechte der Tarifgebundenen wahrt. Aus diesem Grund ist ihm über § 4 Abs. 1 TVG eine Grundrechtsbeeinträchtigung zuzurechnen[638].

(2) Zulässigkeit tarifvertraglicher Pensionsgrenzen

Kann sich der von einer tariflichen Altersgrenze Betroffene auf Art. 12 GG als Abwehrrecht berufen, bedeutet das noch nicht, dass die Intensität des Grundrechtsschutzes im gleichen Maß wie gegenüber einem staatlichen Eingriff besteht. Ist die Grundrechtsbindung von Tarifnormen zwar im Ausnahmefall weniger streng als die staatlicher Rechtsnormen, liegt gleichwohl bei generellen Altersgrenzen eine solche Ausnahme nicht vor.

[633] MünchArbR-Löwisch/Rieble, § 259, Rn. 23
[634] Belling, ZfA 1999, S. 575; Waltermann-FS Söllner, S. 1275; ders., Berufsfreiheit im Alter, S. 89; auch MünchArbR-Wank, § 116, Rn. 146 fordert wegen der Intensität des Grundrechtseingriffs eine unmittelbare Prüfung anhand des Art. 12 GG
[635] Schwarze, ZTR 1996, S. 7
[636] Wiedemann, H., TVG, Einl. Rn. 206
[637] Belling/Hartmann, NZA 1993, S. 1010
[638] Belling, ZfA 1999, S. 591

Grundsätzlich ist der Eingriff in die Berufsfreiheit auf Ebene der Berufswahl nur zu rechtfertigen, wenn er dem Schutz besonders wichtiger („überragender") Gemeinschaftsgüter dient und die Altersgrenze dafür geeignet, erforderlich und angemessen ist[639]. Eine Ausnahme ist insofern zu machen, als der Grad der Fremdbestimmtheit bei Tarifnormen geringer ist, als bei gesetzlichen Vorschriften. Denn die Koalitionen als Private haben die inhaltliche Gestaltung vorgenommen. Die tarifgebundenen Mitglieder haben daher die Einschränkungen, die mit der kollektiven Interessensvertretung unvermeidlich verbunden sind, hinzunehmen [640]. Nur so wird berücksichtigt, dass Tarifverträge Ausdruck der Koalitionsfreiheit nach Art. 9 Abs. 3 GG sind[641]. Die Grundrechte sind daher modifiziert anzuwenden, wobei der Ausgleich bei Altersgrenzen zwischen Art. 12 GG und Art. 9 Abs. 3 GG im Wege der praktischen Konkordanz zu erfolgen hat. Bei einem möglichst schonenden Ausgleich der Interessen muss als Ziel der Ausbau der Freiheit im arbeitsrechtlichen System im Mittelpunkt stehen[642]. Der Verlust an individueller Freiheit darf daher nur soweit gehen, wie es gerade der Zweck der Koalitionsfreiheit erfordert[643]. Je mehr also eine tarifliche Regelung darauf beruht, dass sie nur aufgrund des Verhandlungsgleichgewichts von Tarifvertragsparteien erlassen werden kann, desto eher wird man die Einschränkung des Art. 12 GG zu billigen haben[644].

Im Gegensatz dazu hat die frühere Rechtsprechung des BAG bei Pensionsgrenzen, die an das Rentenalter anknüpfen, einen solchen Ausnahmefall generell angenommen. Auf diese Weise wird der Grundrechtsschutz nicht ausreichend gewährt. Nach Auffassung des 7. Senats des BAG bedurfte es dagegen einer besonderen Begründung, warum ausnahmsweise für Tarifnormen strengere Maßstäbe gelten als für eine vertragliche Regelung. Das Regel-Ausnahme-Verhältnis ist gerade umgekehrt, es bedarf einer Rechtfertigung nicht der *Beschränkung* sondern der *Erweiterung* des Grundrechtsschutzes. Diese Auffassung ist daher nicht nur wegen ihrer Annahme nur mittelbarer Grundrechtsbindung abzulehnen. Es kommt auch zu einer erheblichen Abschwächung des Grundrechtsschutzes des Betroffenen[645]. Zwar wird eine Pflicht des Staates anerkannt, Grundrechtsträger „vor einer unverhältnismäßigen Beschränkung durch privatautonome Regelungen zu bewahren"[646]. Dennoch wird, ohne auf die Besonderheiten tariflicher Normsetzung einzugehen, der Prüfungsmaßstab der Befristungskontrolle für die verfassungsrechtliche Prüfung herangezogen. Damit

---

639 BVerfG v. 11.6.1958 BVerfGE 7, 405; BVerfG v. 17.7.1961 BVerfGE 13, 104

640 Belling, ZfA 1999, S. 601, 611

641 Söllner, NZA 1996, S. 902

642 dazu Heinze, NZA 1997, S. 2

643 Belling, ZfA 1999, S. 603

644 Die Tarifparteien können durch Mindestlöhne oder Kündigungsverbote weiter in die Berufsfreiheit des Arbeitgebers eingreifen als der Staat. Diese Regelungen sind aber gerade sachnotwendiger Teil kollektiver Interessensvertretungen; Belling, ZfA 1999, S. 661

645 Möstl, JZ 1999, S. 203; Belling, ZfA 1999, S. 559

646 BAG v. 11.3.1998, AP Nr. 12 zu § 1 TVG Tarifverträge: Luftfahrt

werden die Tarifparteien von den Anforderungen des Art. 12 GG befreit, die aufgrund der Fremdbestimmung durch die Tarifparteien und der Schutzwürdigkeit vor ihrer Regelungsmacht erforderlich sind[647].

Generelle Pensionsgrenzen

Tarifliche Pensionsgrenzen, die eine Beendigung des Arbeitsverhältnisses mit Erreichen des 65. Lebensjahres vorsehen, sind entgegen der Rechtsprechung des BAG bei Vorliegen eines sachlichen Grundes mit Art. 12 GG unvereinbar. Da der Eingriff auf Ebene der Berufswahlfreiheit erfolgt, ist er nur zum Schutz *wichtiger Gemeinschaftsgüter* erforderlich und darf nicht außer Verhältnis zum angestrebten Zweck stehen. Eine Abweichung von diesem Grundrechtsschutz ist nicht durch die Zweckerfordernisse der kollektiven Interessenvertretung gerechtfertigt[648]. Allein das Vorliegen eines sachlichen Grundes kann den Eingriff auf Ebene der Berufswahl daher nicht rechtfertigen[649].

Eine tarifliche Pensionsgrenze ist nicht schon bei Vorliegen einer ausreichenden Alterssicherung durch Bezug von gesetzlicher Altersrente zulässig[650]. Einerseits bringt eine tarifliche Altersgrenze eine Einschränkung durch eine im Vergleich zum bisherigen Arbeitsverdienst erheblich niedrigeren Altersversorgung. Das Grundrecht auf Berufsfreiheit hat andererseits einen personalen Bezug[651]. Die Berufsausübung dient nämlich auch der ideellen Entfaltung der Persönlichkeit und schützt nicht allein die Sicherung der wirtschaftlichen Lebensgrundlage[652]. Der Eingriff in die Berufsfreiheit ist daher nicht deshalb verhältnismäßig, weil der Betroffene wirtschaftlich abgesichert ist. Dieser Aspekt kann alleine im Rahmen der Angemessenheit des Grundrechtseingriffs zum Schutz wichtiger Gemeinschaftsgüter eine Rolle spielen[653].

Beschäftigungspolitische Erwägungen wie Personalstruktur, die Schaffung von Aufstiegsmöglichkeiten für jüngere Arbeitnehmer und die Verringerung von Jugendarbeitslosigkeit können als Gemeinwohlbelange nicht anerkannt werden[654]. Dabei wird den Tarifparteien teilweise schon die Befugnis abgesprochen,

---

647 Belling, ZfA 1999, S. 552

648 Belling, ZfA 1999, S. 613

649 Steinmeyer, RdA 1992, S. 11

650 a. A. BAG v. 6.3.1986, AP Nr. Nr. 1 zu § 620 BGB Altersgrenze

651 Waltermann, Berufsfreiheit im Alter, S. 152; BVerfG v. 16.3.1971, BVerfGE 30, 334

652 BAG v. 27.2.1985, AP Nr. 14 zu § 611 BGB Weiterbeschäftigungsanspruch; Schlüter/Belling, NZA 1988, S. 303 f.; Stahlhacke, DB 1989, S. 2331; Waltermann, RdA 1993, S. 214; ders. NJW 1998, S. 2490

653 so das BAG in seinen späteren Entscheidungen; ebenso Waltermann, Berufsfreiheit im Alter, S. 154; Wiedemann, H., TVG § 1, Rn. 529

654 Laux, NZA 1991, S. 971; Boerner, ZfA 1995, S. 559; es fehlt jedenfalls an der Erforderlichkeit, Waltermann, Berufsfreiheit im Alter, S. 141; unklar: ErfK-Müller-Glöge, § 14 TzBfG, Rn. 77 mit Verweis auf BAG v. 19.11.2003, AP TzBfG § 17 Nr. 3, wonach bei wirtschaftlicher Absicherung durch den Rentenbezug eine sachliche Rechtfertigung beste-

Beschäftigungspolitik zu betreiben. Die Tarifparteien seien weder dem Gemeinwohl verpflichtet, noch verfügten sie über eine dahingehende Legitimation[655]. Sie würden allein Gruppeninteressen vertreten[656]. Soweit es um allgemeine arbeitsmarktpolitische Zwecke geht, sei auf den Gesetzgeber zu verweisen, der gezielte Maßnahmen durch arbeitsrechtliche Gesetzgebung fördern könne. Dagegen spricht, dass die Tarifparteien nach Art. 9 Abs. 3 GG die Arbeits- und Wirtschaftsbedingungen für die Tarifgebundenen festlegen. Gegen die Berücksichtigung dieser Erwägungen im Rahmen des Art. 12 GG spricht aber vor allem, dass dieses Grundecht nicht unter einem Gemeinwohlvorbehalt steht[657]. Als arbeitspolitisches Instrument oder für die betriebliche Personalplanung ist eine Altersgrenze im Hinblick auf den Charakter des Grundrechts auf Berufsfreiheit daher nicht zu rechtfertigen[658]. Ob eine feste Altersgrenze daneben ein geeignetes, erforderliches und angemessenes Mittel ist, das Arbeitsplatzangebot zu erhöhen, wird wegen des hohen Anteils der ohnehin ausscheidungswilligen Arbeitnehmer zu Recht bezweifelt[659]. Es ist nicht ersichtlich, warum durch eine generelle Pensionsgrenze Arbeitspolitik zu Lasten älterer Arbeitnehmer betrieben werden muss. Auf Ebene des Tarifvertrags ist eine Pensionsgrenze auch für den zweckmäßigen Altersaufbau der Belegschaft schon ungeeignet. Was „zweckmäßig“ in diesem Sinne ist, kann nämlich nach Aufbau, Personalstruktur und Tätigkeit von Betrieb zu Betrieb höchst unterschiedlich sein. Ob Pensionsgrenzen für eine voraussehbare Personalplanung erforderlich sind, wird ebenfalls betriebs- oder tätigkeitsspezifisch davon abhängen, welche Zeit die Neubesetzung der jeweiligen Stelle in Anspruch nimmt.

Die sachliche Rechtfertigung hat daher allein an berufsspezifischen Merkmalen und den Folgen eines altersbedingten Nachlassens der Leistungsfähigkeit anzuknüpfen[660]. Das entscheidende Kriterium für eine mit Art. 12 GG zu vereinbarende Altersgrenze besteht in den jeweiligen Anforderungen und Folgen eines altersbedingten Nachlassens der Leistungsfähigkeit. Generelle tarifliche Altersgrenzen, die nicht nach der Tätigkeit unterscheiden, unterstellen aber eine abnehmende Leistungsfähigkeit mit 65 Jahren. Die Vollendung des 65. Lebensjahres allein enthält noch keine Vermutung für eine abnehmende Leistung oder eine erhöhte Gefahr des Nachlassens der Leistungsfähigkeit[661]. Ein

---

hen soll, falls die Regelung den Arbeitnehmer nicht diskriminiert oder gleichheitswidrig benachteiligt.

655 Bengelsdorf, ZfA 1990, S. 570; Boerner, ZfA 1995, S. 557

656 Loritz, ZfA 1990, S. 163; Bengelsdorf, ZfA 1990, S. 570

657 Schlüter/Belling, NZA 1988, S. 303; Belling, ZfA 1999, S. 612

658 Schlüter/Belling, NZA 1988, S. 303; Gitter-Maydell/Schnapp, S. 93; Boerner, ZfA 1995, S. 559; Boecken, S. 36

659 Belling, Zeitschrift für Gerontologie, 1989, S. 133

660 Belling, Anm. zu BAG v. 18.7.1978, SAE 1979, S. 278 f.

661 Schlüter/Belling, NZA 1988, S. 302; a. A. ErfK-Müller-Glöge, § 14 TzBfG, Rn. 77 mit Verweis auf BVerfG v. 26.8.1993, DVBl. 1994, S. 43; v. 25.7.1997, NVwZ 1997, S. 1207

solches Defizit-Modell widerspricht gerontologischen Erkenntnissen[662]. Es ist daher unverhältnismäßig, ab einem bestimmten Alter ein altersbedingtes Nachlassen der Leistungsfähigkeit anzuführen, wenn der einzelne doch noch leistungsfähig ist[663]. Der Maßstab ist nicht verallgemeinerungsfähig und kann daher nicht durch einen Tarifvertrag für verschiedene Tätigkeiten festgelegt werden. Bei konkreter Betrachtung wird man noch innerhalb der jeweiligen Berufssparte je nach Ausführung der Tätigkeit zu unterscheiden haben.

Besondere Pensionsgrenzen

Tarifliche Pensionsgrenzen, welche die Beendigung des Arbeitsverhältnisses für besondere Tätigkeiten auch schon vor dem 65. Lebensjahr festlegen, sind dagegen mit Art. 12 GG vereinbar. Denn sie sind regelmäßig zum Schutz wichtiger Gemeinschaftsgüter erforderlich und im Verhältnis zum angestrebten Zweck verhältnismäßig, wenn eine ausreichende materielle Absicherung vorgesehen ist[664].

Betrifft eine tarifvertragliche Pensionsgrenze nur einen bestimmten Beruf, so kann ein wichtiger Gemeinwohlbelang den Eingriff in die Berufswahl rechtfertigen. Das ist vor allem der Fall, wenn das Erreichen der Altersgrenze eine widerlegbare Vermutung dafür begründet, dass der Arbeitnehmer nicht mehr die für seine Tätigkeit nötige Tauglichkeit besitzt. Dabei wirkt der Eingriff in die Berufswahlfreiheit besonders schwer, wenn das Erreichen der Altersgrenze ausnahmslos zum Verlust des Arbeitsplatzes und damit zum Ausschluss aus dem Beruf führt, anstatt dass die Altersgrenze bei nachgewiesener Tauglichkeit des betreffenden Arbeitnehmers überschritten werden kann. Eine - sogar relativ frühzeitige - Altersgrenze hält diesem Maßstab dann stand, wenn ein Versagen des Arbeitnehmers zu erheblichen Gefährdungen für Leben, Gesundheit und Eigentum Dritter führen kann. Aufgrund der besonderen Belastung durch die Tätigkeit können die erforderlichen geistigen, psychischen und körperlichen Fähigkeiten des Arbeitnehmers erfahrungsgemäß altersbedingt nachlassen. Wenn sich Gefahren für Leben, Gesundheit und Eigentum Dritter nur dadurch vermeiden lassen, dass der Betroffene seinen Beruf nicht mehr weiter ausführt, ist eine Altersgrenze zu rechtfertigen[665].

Im Ergebnis ist der Rechtsprechung des BAG zu Pensionsgrenzen für Piloten daher zuzustimmen. Hier bestehen medizinische Erfahrungswerte, nach denen ab einer Altersgrenze von 60 Jahren die überdurchschnittlichen psychischen und physischen Belastungen zu einer Gefährdung Dritter durch plötzliche Ausfallerscheinungen und Fehlreaktionen führen können. Dem hatte der Gesetzgeber

[662] vgl. Seite 28 ff.; Belling, Anm. zu BAG v. 18.7.1978, SAE 1979, S. 278
[663] Stahlhacke, DB 1989, S. 2333
[664] Boecken, S. 35
[665] Belling, Anm. zu BAG v. 20.12.1984, AP Nr. 9 zu § 620 BGB Bedingung

durch die Sollvorschrift des § 41 Abs. 1 S. 2 LuftBO Ausdruck verliehen[666]. Zum 1.5.2003 hat der Gesetzgeber nach Vorbild internationaler Vorgaben der JAR-FCL eine Altersgrenze für die Ausübung der Pilotenlizenz festgesetzt[667]. Nach § 4 der 1. Durchführungsverordnung zum LuftPersV[668] darf ein Pilot ab dem 60. Lebensjahr nicht mehr eingesetzt werden, außer er ist Mitglied einer mehrköpfigen Besatzung und die anderen Piloten haben das 60. Lebensjahr noch nicht vollendet. Im Übrigen gilt die Altersgrenze von 65 Jahren. Auf diese Weise wird sichergestellt, dass wenigstens ein Mitglied der Cockpitbesatzung jünger als 60 Jahre ist, andererseits können auch Piloten oberhalb dieser Altersgrenze weiter eingesetzt werden.

c) Ungleichbehandlung Älterer i.S.d. Art. 3 Abs. 1 GG

Überwiegend wird in der Ungleichbehandlung wegen des Alters durch tarifvertragliche Pensionsgrenzen kein Verstoß gegen den allgemeinen Gleichheitssatz des Art. 3 Abs. 1 GG gesehen. Richtigerweise liegt ein Verstoß aber nur dann nicht vor, wenn die Differenzierung zum Schutz der Sicherheit Dritter erfolgt.

Das BAG geht davon aus, dass Art. 3 GG Teil der objektiven Wertordnung ist, die für alle Teile des Rechts und damit auch für die Tarifparteien Geltung beansprucht. Dem stehe Art. 9 Abs. 3 GG grundsätzlich nicht entgegen. Soweit den Tarifparteien mit der Tarifautonomie die Macht verliehen sei, wie ein Gesetzgeber Rechtsnormen zu schaffen, müssten sie sich auch an Art. 3 Abs. 1 GG halten[669]. In letzter Zeit hat das BAG aber ausdrücklich offen gelassen, ob die Tarifparteien *unmittelbar* an Art. 3 Abs. 1 GG gebunden sind[670]. Richtigerweise sind die Tarifparteien bei ihrer Rechtssetzung direkt dem allgemeinen Gleichheitssatz unterworfen[671]. Das ergibt sich aus den Erwägungen, die für eine unmittelbare Geltung des Art. 12 GG für Tarifnormen sprechen. Das gilt insbesondere wegen des Rechtscharakters des Tarifvertrags als Normvertrag, der in § 1 TVG den staatlichen Geltungsbefehl erhält[672]. Zu keinem anderen Ergebnis gelangt die Auffassung, die im Rahmen des Art. 12 GG von der Legitimation

---

666 so BAG v. 20.2.2002, AP Nr. 18 zu § 620 BGB Altersgrenze

667 Der Anwendungsbereich der LuftBO war schon seit dem 1.9.1998 nur noch für kleinere Flugzeuge eröffnet, ansonsten wurde auf internationale Bestimmungen verwiesen, § 1 Abs. 2 LuftBO. Bis zur Umsetzung dieser Bestimmungen bestand keine gesetzliche Regelung zur Altersgrenze von Piloten. In diesem rechtlichen Rahmen fällt die Entscheidung des BAG v. 23.1.2002, AP Nr. 16 zu § 620 BGB Altersgrenze.

668 bekannt gemacht im Bundesanzeiger Nr. 80b am 3.5.2003

669 BAG v. 17.10.1995, AP Nr. 132 zu § 242 BGB Gleichbehandlung

670 BAG (4. Senat) v. 5.10.1999, AP Nr. 70 zu § 1 TVG Tarifverträge: Einzelhandel; v. 26.4.2000, AP Nr. 16 zu § 4 TVG Verdienstsicherung; damit wird einem Beschluss des BVerfG v. 21.5.1999, NZA 1999, S. 878 gefolgt, der die Frage ebenfalls ausdrücklich offen ließ.

671 Schaub, ArbR-Hdb. § 112 Rn. 2; Wiedemann, TVG, Einl., Rn. 205, 214; ständige Rspr. seit BAG v. 15.1.1955, AP Nr. 4 zu Art. 3 GG

672 vgl. Seite 170 ff.

der autonomen Rechtsetzungsmacht der Tarifparteien durch mitgliedschaftliche Legitimierung ausgeht[673]. Denn die Tarifautonomie findet jedenfalls ihre Grenze im allgemeinen Gleichberechtigungssatz. Weil es an einer § 75 Abs. 1 BetrVG vergleichbaren Regelung fehlt, hat die Rechtsprechung nach dieser Auffassung diese ungeschriebene Grenze der Tarifautonomie im Wege der Konkordanz des Art. 3 Abs. 1 und Art. 9 Abs. 3 GG entwickelt[674].

Der allgemeine Gleichheitssatz ist nach der „neuen Formel" des BVerfG verletzt, wenn zwischen den beiden ungleich behandelten Gruppen von Normadressaten Unterschiede von solcher Art und solchem Gewicht bestehen, dass sie die ungleiche Behandlung rechtfertigen könnten[675]. Tarifliche Pensionsgrenzen unterscheiden zwischen Beschäftigten, die diese Altersgrenze noch nicht überschritten haben und die Tätigkeit fortsetzen, und denjeniegen, von denen bei Erreichen der Altersgrenze das Ausscheiden aus dem Beruf verlangt wird. Sie behandeln jüngere und ältere Arbeitnehmer ungleich. Während für Arbeitnehmer unterhalb der Altersgrenze der Beruf die Grundlage der wirtschaftlichen Existenzsicherung und Persönlichkeitsentfaltung ist, wird Arbeitnehmern oberhalb der Altersgrenze diese wirtschaftliche und ideelle Entfaltungsmöglichkeit genommen[676]. Mit dem allgemeinen Gleichheitssatz sei die Altersgrenze deshalb nur dann vereinbar, wenn die Unterscheidung auf einem sachlichen Grund beruht. Ungleichbehandlung und Rechtfertigung müssten in einem angemessenen Verhältnis zueinander stehen. So sieht das BAG einen Verstoß gegeben, wenn Differenzierungen vorgenommen werden, für die sachlich einleuchtende Gründe nicht vorhanden sind[677].

Unterschiedliche Auffassungen bestehen darüber, ob aufgrund der Besonderheiten tarifvertraglicher Rechtsetzung ein abweichender Prüfungsmaßstab für die Anerkennung als sachlicher Grund besteht. Zum Teil wird den Tarifparteien bei der Unterscheidung wegen des Alters im Interesse der Tarifautonomie ein weiter Beurteilungsspielraum eingeräumt[678]. Die neue Formel des BVerfG sei daher bei der Überprüfung von Tarifverträgen nicht unmittelbar anwendbar[679]; denn Art. 9 Abs. 3 GG gewähre Staatsferne und verbiete Tarifzensur[680]. Tarifverträge seien selbst Ausdruck der Koalitionsfreiheit; die mitgliedschaftliche Legitimation der Verbände rechtfertige daher Regelungsinhalte über die dem Gesetzgeber gezogenen Grenzen hinaus. Daraus ergäbe sich auch eine Einschätzungsprärogative, also eine weitergehende Möglichkeit als die des Gesetzgebers, Typisierungen und Generalisierungen vorzunehmen. Wegen der besonderen Sachnähe der Ta-

[673] Dieterich-FS Schaub, S. 128
[674] ErfK-Dieterich, Art. 3 GG, Rn. 26; Dieterich-FS Wiedemann, S. 238
[675] ständige Rspr., u. a. BVerfG v. 30.5.1990 BVerfGE 82, 146; v. 22.2.1994 BVerfGE 90, 56
[676] Gitter/Boerner, RdA 1990 S. 135
[677] BAG v. 5.4.1995, AP Nr. 18 zu § 1 TVG Tarifverträge: Lufthansa
[678] so Preis, Kollektivarbeitsrecht, § 105 Kap. V Nr. 2
[679] Schlachter-FS Schaub, S. 657
[680] ErfK-Dieterich, Art. 3 GG, Rn. 27

rifvertragsparteien könne daher von der Sachgerechtigkeit bestimmter Gruppenbildung ausgegangen werden[681]. Insbesondere könne ein Ungleichgewicht zwischen Jungen und Alten dann nicht einen Verstoß gegen Art. 3 Abs. 1 GG begründen, wenn der Ausgleich zwischen diesen Gruppen gerade Zweck der Tarifverhandlungen ist. Das BAG vertrat die Auffassung, dass die Vereinbarkeit mit Art. 12 Abs. 1 GG auch die vom Gleichbehandlungsgrundsatz missbilligte unsachliche Gruppenbildung ausschließe. Dagegen spricht aber, dass den Tarifparteien kein Bereich unkontrollierbarer Macht zugestanden werden kann. Zwar sind Altersgrenzen Arbeitsbedingungen, die unter die Regelungsprärogative der Tarifparteien fallen. Doch beinhaltet das nicht die Befugnis, die einzelnen Arbeitnehmer zu entrechten[682]. Zwar wird mit der Tarifautonomie bezweckt, dass die Tarifparteien in eigener Verantwortung Zugeständnisse in einer Hinsicht mit Vorteilen in anderer Hinsicht ausgleichen können[683]. Für Pensionsgrenzen ist aber nicht ersichtlich, welcher Vorteil mit der Benachteiligung wegen des Alters verbunden sein soll.

Die Ungleichbehandlung durch Pensionsgrenzen kann daher aufgrund ihrer wirtschaftlichen und ideellen Folgen für den Betroffenen nicht legitimiert werden. Aufgrund der ideellen und wirtschaftlichen schwerwiegenden Folgen des Erreichens der Pensionsgrenze fehlt es an der Verhältnismäßigkeit[684]. Weder besteht eine generelle Vermutung der Leistungsunfähigkeit, noch sind Gründe der unternehmerischen Personalpolitik oder der Arbeitsmarktpolitik sachliche Gründe für die Ungleichbehandlung[685]. Die Tarifparteien dürfen die Beschäftigung älterer Arbeitnehmer nicht allein unter arbeitsmarktpolitischen Gesichtspunkten betrachten, sie also je nach Bedarf verkürzen; die Beschäftigung über ein bestimmtes Alter hinaus muss allen Arbeitnehmern offen stehen. Es fehlt an der Sachnähe der Altersgrenze, weil sie für die genannten Ziele nicht erforderlich sind. Ein sachlicher Grund für die Ungleichbehandlung liegt dagegen bei spezifischen Anforderungen für bestimmte berufliche Tätigkeiten zum Schutz anerkannter Gemeinschaftsgüter vor[686]. Hier besteht Einigkeit darüber, dass die Unterscheidung aufgrund der Gefahr altersbedingter Leistungsausfälle ausreicht, um die Unterscheidung im Hinblick auf Art. 3 Abs. 1 GG zuzulassen[687]. Dem Schutz wichtiger Gemeinschaftsgüter kommt eine solch große Bedeutung zu,

---

[681] Dieterich-FS Schaub, S. 130

[682] Simitis, RdA 1994, S. 261

[683] BAG v. 21.3.1991, AP Nr. 31 zu § 622 BGB

[684] Boecken, S. 37; Gantzckow, S. 190

[685] Gitter/Boerner, RdA 1990, S. 135; Boerner, Altersgrenzen, S. 147 f.; ders. ZfA 1995, S. 561; im Ergebnis kann auf die Ausführungen zu Art. 12 GG auf Seite 173 ff. verwiesen werden.

[686] Simitis, NJW 1994, S. 1454 ; ders., RdA 1994, S. 263 ; Boerner, ZfA 1995, S. 562 ; Gitter-Maydell/Schnapp, S. 94

[687] BAG v. 12.2.1992, AP Nr. 5 zu § 620 BGB Altersgrenze

dass sie in bestimmten Berufen eine durch Pensionsgrenzen vorgenommene Unterscheidung zu Lasten Älterer rechtfertigen[688].

d) Keine Einschränkung durch § 41 S. 2 SGB VI

Tarifrechtliche Pensionsgrenzen müssen nicht den einfachgesetzlichen Anforderungen des § 41 S. 2 SGB VI genügen, weil die Vorschrift allein für individuell vereinbarte Pensionsgrenzen gilt.

Vom 1.1.1992 bis zum 31.7.1994 galt ein Verbot von Pensionsgrenzen, die das Ende der Beschäftigung vor dem 65. Lebensjahr vorsah. Nach § 41 Abs. 4 S. 3 SGB VI a. F. war eine Vereinbarung, nach der ein Arbeitsverhältnis zu einem Zeitpunkt enden soll, in dem der Arbeitnehmer Anspruch auf Rente wegen Alters hat, nur dann *wirksam*, wenn sie innerhalb der letzten drei Jahre vor diesem Zeitpunkt geschlossen oder von dem Arbeitnehmer bestätigt worden ist. In zwei Entscheidungen aus dem Jahre 1993 hat das BAG diese Anforderungen auch an Pensionsgrenzen in Tarifverträgen gestellt[689].

Nach der Gesetzesänderung, die der Ursprungsfassung entspricht, unterliegen nunmehr solche tarifvertraglichen Pensionsgrenzen im Gegensatz zu einzelvertraglichen Regelungen nicht den Voraussetzungen des § 41 S. 2 SGB VI[690]. Für tarifvertragliche Pensionsgrenzen gilt daher nicht die Vereinbarung einer früheren Altersgrenze trotz Rentenanspruch als auf die Vollendung des 65. Lebensjahres geschlossen, wenn sie nicht innerhalb der letzten drei Jahre vor diesem Zeitpunkt geschlossen oder vom Arbeitnehmer bestätigt worden ist.

Ein Tarifvertrag stellt eine „Abmachung“ nach § 4 Abs. 5 TVG dar und fällt daher nicht unter den Begriff der „Vereinbarung“[691]. Außerdem kann die Geltung einer tariflichen Altersgrenze nicht einseitig von der Bestätigung des Arbeitnehmers abhängig sein[692]. Die Geltung der tarifvertraglichen Vereinbarung von einer einseitigen Bestätigung des Arbeiters abhängig zu machen, widerspräche Sinn und Zweck des Kompromisses im Tarifvertrag. Es besteht keine Notwendigkeit eines Übereilungsschutzes für Arbeitnehmer, ihre Interessen werden von den Kollektivparteien wahrgenommen. Die damit verbundene Rechtsunsicherheit wäre überdies mit der zwingenden Wirkung nach § 4 Abs. 1 TVG unvereinbar.

---

688 Boerner, Altersgrenzen, S. 151 f.

689 BAG v. 20.10.1993, AP Nr. 3 zu § 41 SGB VI; bestätigt durch BAG v. 1.12.1993, AP Nr. 4 zu § 41 SGB VI. Zur Kritik an diesen Entscheidungen vgl. Steinmeyer, Anm. zu AP Nr. 4 zu § 41 SGB VI m.w.N.; Boerner, ZfA, 1995, S. 537 ff.

690 Schaub, ArbR-Hdb., § 39, Rn. 62; Boerner, ZfA 1995, S. 545 ff.; bestätigt in BAG v. 11.6.1997, AP Nr. 7 zu § 41 SGB VI; nach ErfK-Müller-Glöge, § 14 TzBfG, Rn. 77 hat der Gesetzgeber dadurch zum Ausdruck gebracht, dass Altersgrenzen von 65 Jahren vereinbarungsfähig sind.

691 MünchArbR-Wank, § 116, Rn. 143

692 ErfK-Rolfs, § 41 SGB VI, Rn. 15, 13

e) Fehlende Anwendbarkeit des § 14 Abs. 1 TzBfG

Die Rechtsprechung geht offenbar davon aus, dass tarifvertragliche Pensionsgrenzen nach Einführung des TzBfG allein anhand des einfachgesetzlichen Maßstabs des § 14 Abs. 1 TzBfG zu prüfen sind[693]. Auf tarifvertragliche Pensionsgrenzen ist nach der hier vertretenen Auffassung das TzBfG nicht anwendbar, so dass sie aus diesem Grund bei Vorliegen eines sachlichen Grundes zulässig wären.

Zwar hatte das BAG noch nicht über eine tarifvertragliche Pensionsgrenze nach Inkrafttreten des TzBfG zu entscheiden. Es hat zuletzt aber ausgehend von der mittelbaren Grundrechtsbindung der Tarifparteien eine solche Regelung am Maßstab der Befristungskontrolle geprüft[694]. Für den Bereich der Beendigung von Arbeitsverhältnissen habe der Gesetzgeber der aus Art. 12 Abs. 1 GG folgenden Schutzpflicht durch den Erlass des KSchG genügt und damit ein ausreichendes Maß an Arbeitsplatzschutz vorgegeben. Ausdrücklich weist das Gericht darauf hin, dass dieser Arbeitsplatzschutz auf die Befristung von Arbeitsverträgen ausgedehnt und seit 1.1.2001 die Zulässigkeit im TzBfG festgelegt wurde[695]. Es ist daher davon auszugehen, dass künftig § 14 Abs. 1 TzBfG als alleiniger Prüfungsmaßstab tarifvertraglicher Pensionsgrenzen angesehen wird[696]. Dafür spricht auch eine Entscheidung unter Geltung des BeschFG als gesetzliche Vorläuferregelung. Für die Feststellung der Nichtigkeit einer Altersgrenze als Befristung wurde nicht die allgemeine Feststellungsklage, sondern die Entfristungsklage i. S. d. § 1 Abs. 5 BeschFG als zulässige Klageart benannt[697].

Tarifliche Pensionsgrenzen wären dann gem. § 14 Abs. 1 TzBfG zulässig, wenn sie in einem individuellen Arbeitsvertrag dem Maßstab der Befristungskontrolle standhalten, also durch einen „sachlichen Grund" gerechtfertigt wären[698]. Bei der Auslegung des unbestimmten Rechtsbegriffs des „sachlichen Grundes" habe man sich nach Teilen des Schrifttums an der bisherigen Rechtsprechung zu orientieren. So wird wesentlich auf die ausreichende wirtschaftliche Absicherung

---

[693] Das entspricht der Auffassung, die tarifvertragliche Pensionsgrenzen nicht unmittelbar an den Grundrechten prüft. Sieht man in § 14 TzBfG dafür eine gesetzliche Grundlage, kann auf die umstrittene Figur der Gesetzesumgehung verzichtet werden, Waltermann-FS Blomeyer, S. 501; vgl. dazu Seite 163 f.

[694] BAG v. 25.2.1998, AP Nr. 11 zu § 1 TVG Tarifverträge: Luftfahrt; BAG v. 11.3.1998, AP Nr. 12 zu § 1 TVG Tarifverträge: Luftfahrt, vgl. Seite 168 ff.

[695] BAG v. 27.11.2002, AP Nr. 21 zu § 620 BGB Altersgrenze

[696] Waltermann-FS Blomeyer, S. 503; ErfK-Dieterich, § 14 TzBfG Rn. 77 ff.; Maschmann-Annuß/Thüsing, TzBfG, § 14 TzBfG, Rn. 55

[697] BAG v. 14.8.2002, AP Nr. 20 zu § 620 BGB Altersgrenze, anders noch für eine individualvertragliche Altersgrenze BAG v. 23.1.2002, AP Nr. 16 zu § 620 BGB Altersgrenze; v. 20.2.2002, AP Nr. 18 zu § 620 BGB Altersgrenze

[698] Zu keiner anderen Lösung käme man, wenn man von einer Bedingung des Arbeitsvertrags ausgeht. Denn nach Einführung des § 21 TzBfG ist § 14 Abs. 1 TzBfG sowohl auf Befristungen als auch auflösende Bedingungen anwendbar.

der Betroffenen abgestellt. Ist sie gegeben, seien Pensionsgrenzen von 65 Jahren in Tarifverträgen aufgrund der erleichterten Personalplanung des Arbeitgebers, der Schaffung von Aufstiegsmöglichkeiten für Jüngere und der Fürsorglichkeit für den Arbeitnehmer zur Vermeidung von kündigungsrechtlichen Streitigkeiten über die Abnahme der Leistungsfähigkeit nach § 14 Abs. 1 TzBfG zulässig. Bei einer generellen Pensionsgrenze bestehe in der wirtschaftlichen Absicherung ein in der Person des Arbeitnehmers liegender Befristungsgrund gem. § 14 Abs. 1 S. 2 Nr. 6 TzBfG[699]. Auch Pensionsgrenzen, die auf einen früheren Zeitpunkt abstellen, seien aus spezifischen, anerkennenswerten betrieblichen Gründen oder Gründen der Sicherheit Dritter zulässig, wenn eine ausreichende wirtschaftliche Absicherung vorliegt[700].

Diese Auffassung findet im Wortlaut des Gesetzes keine Stütze, denn Altersgrenzen für die Beschäftigung werden nicht erwähnt[701]. Jedenfalls ist § 14 Abs. 1 TzBfG auf tarifvertragliche Pensionsgrenzen nicht anwendbar, weil sie schon keine Befristung des Arbeitsvertrags nach § 620 BGB sind[702]. Eine Befristung kann nämlich nur *rechtsgeschäftlich* zwischen den Parteien des Arbeitsvertrags vereinbart werden. Das TzBfG versteht unter dem Begriff des „befristeten Arbeitsvertrags" eine einzelvertragliche Regelung. Nach § 3 Abs. 1 S. 2, 1. Alt TzBfG soll es sich um einen *„auf eine bestimmte Zeit geschlossenen Arbeitsvertrag"* handeln. Eine tarifliche Pensionsgrenze führt aber nicht dazu, dass der individuelle Arbeitsvertrag als auf eine bestimmte Zeit geschlossen wird. Es handelt sich vielmehr um einen unbefristeten Arbeitsvertrag, auf den die zwingende tarifliche Regelung Anwendung findet, nach welcher der Arbeitsvertrag mit Erreichen der Altersgrenze ohne Kündigung endet. Eine tarifliche Pensionsgrenze wirkt außerdem zwingend als Rechtsnorm nach § 4 Abs. 1 TVG auf das Arbeitsverhältnis ein. Das gilt auch dann, wenn man das Ausscheiden aufgrund einer tarifvertraglichen Altersgrenze als Bedingung des Arbeitsverhältnisses ansieht.

Gegen die Anwendung auf eine tarifvertragliche Regelung spricht auch der Gesetzeszweck. Einerseits soll Schutz vor Kettenbefristungen und Ungleichbehandlung wegen der befristeten Tätigkeit in Umsetzung der Richtlinie 1999/70/EG gewährt werden, wozu vor allem § 14 TzBfG dient. Andererseits soll die Rechtsstellung des Arbeitnehmers durch das Sachgrunderfordernis bei Abschluss eines Individualarbeitsvertrags geschützt werden[703]. Denn das Arbeitsverhältnis endet mit Zeitablauf, ohne dass es der besonderen Anforderung

---

699 unscharf: ErfK-Müller-Glöge, § 14 TzBfG, Rn. 77 mit Verweis auf BAG v. 19.11.2003, AP § 17 TzBfG: „Diese Altersgrenzenregelung hätte allerdings keinen Bestand, falls sie den Arbeitnehmer diskriminieren oder gleichheitswidrig benachteiligen würde".

700 Maschmann-Annuß/Thüsing, TzBfG, § 14, Rn. 56

701 zur Frage, ob Individualvertragliche Altersgrenzen unter § 14 Abs. 1 TzBfG zu subsumieren sind, vgl. Seite 209 ff.

702 Belling, ZfA 1999, S. 550, Fn. 19.

703 MünchArbR-Wank, § 116, Rn. 27

an eine Kündigung bedarf. Ein Sachgrund nach § 14 Abs. 1 TzBfG muss sogar dann vorliegen, wenn keine Umgehung des KSchG erfolgt[704]. Eine Befristung soll daher nur unter den Voraussetzungen des Gesetzes erfolgen[705]. Dieser Schutzzweck kann bei einer tarifvertraglichen Pensionsgrenze schon gar nicht bestehen, weil es an der freiwilligen Vereinbarung des Arbeitnehmers fehlt. Für eine analoge Anwendung fehlt es also schon an der Vergleichbarkeit der Rechtslage.

Gegen die Anwendbarkeit auf eine tarifvertragliche Regelung spricht außerdem, dass die sachlichen Gründe für die Befristung des Arbeitsverhältnisses gerade im Hinblick auf das konkrete Arbeitsverhältnis vorliegen müssen. Es bedarf also der individuellen Betrachtung, ob die Befristung des Vertrags wegen der Besonderheit der konkreten Tätigkeit vorgenommen werden darf. Die im Katalog des § 14 Abs. 1 S. 2 Nr. 1 – 8 TzBfG genannten Gründe beziehen sich folglich ausschließlich auf den konkreten Inhalt des Arbeitsverhältnisses oder dem damit verfolgten Zweck. Dagegen wird bei einer tarifvertraglichen Pensionsgrenze eine generelle Betrachtung vorgenommen. Die Rechtfertigung durch die allgemein gehaltenen sachlichen Gründe, wie Nachwuchsförderung, voraussehbare Personalplanung und vernünftiger Altersaufbau, erfolgt nicht für den einzelnen Betrieb oder die konkrete Arbeitsstelle. Diese Gründe generell heranzuziehen, widerspräche damit dem Zweck des § 14 Abs. 1 TzBfG. Es ist anerkannt, dass allgemeine personalpolitische Erwägungen keine sachlichen Gründe zur Befristung sind[706]. Das muss auch für eine Befristung durch Pensionsgrenzen gelten, wie der Schutz des Arbeitnehmers ansonsten praktisch leer laufen würde.

Nimmt man entgegen der vorgebrachten Argumente die Anwendbarkeit des § 14 Abs. 1 TzBfG auch für tarifvertragliche Pensionsgrenzen an, so verliert die Streitfrage der Grundrechtsbindung der Tarifparteien für Pensionsgrenzen an Bedeutung[707]. Es gilt dann der einfachgesetzliche Maßstab des sachlichen Grundes. Im Ergebnis werden sich aber keine Abweichungen zu der hier vertretenen Auffassung ergeben, da § 14 Abs. 1 TzBfG jedenfalls verfassungskonform auszulegen ist. Das Grundrecht des Art. 12 GG beeinflusst also die Frage, ob die in der Altersgrenze liegende Befristung nach § 14 Abs. 1 TzBfG sachlich begründet ist[708]. Im Ergebnis gilt daher für die Zulässigkeit tarifvertraglicher Pensionsgrenzen auch nach Inkrafttreten des TzBfG das zu Art. 12 GG Gesagte entsprechend[709]. Keine sachlichen Gründe können daher das Interesse an einer vorhersehbaren Personalplanung und andere allgemeine Gesichtspunkte haben, weil sie nicht so gewichtig sind, um den Eingriff in Art. 12 GG zu rechtferti-

[704] ErfK-Müller-Glöge, § 1 TzBfG, Rn. 3
[705] Meinel/Heyn/Herms, § 1, Rn. 16
[706] ErfK-Müller-Glöge, § 14 TzBfG, Rn. 59
[707] Waltermann-FS Blomeyer, S. 508
[708] Söllner/Waltermann, Grundriss des Arbeitsrechts, Rn. 858
[709] vgl. Seite 173 ff.

gen[710]. Nur konkrete Umstände der Tätigkeit könnten eine Pensionsgrenze rechtfertigen.

2. Auswirkungen der Richtlinie

Sowohl die Zulassung von Altersgrenzen bei Vorliegen eines sachlichen Grundes nach der Rechtsprechung des BAG wie nach § 14 Abs. 1 TzBfG stehen im Widerspruch zu den Anforderungen der Richtlinie[711]. Danach können generelle Pensionsgrenzen in Tarifverträgen grundsätzlich nicht gem. Art. 6 Abs. 1 S. 2 a), S. 1 RL gerechtfertigt werden. Dagegen entspricht die bisherige Rechtslage zu tarifvertraglichen Pensionsgrenzen für besondere Tätigkeiten im Ergebnis der Richtlinie. Insbesondere sind Altersgrenzen für Piloten nach Art. 4 Abs. 1 RL zu rechtfertigen.

a) Regelungskompetenz der Tarifparteien

Hinsichtlich der Kompetenz der Tarifparteien, Pensionsgrenzen in Tarifverträgen festzusetzen, ergeben sich keine Abweichungen von der bisherigen Rechtslage. Die Richtlinie findet auch auf Pensionsgrenzen in Tarifverträgen nach Art. 3 Abs. 1 c) RL Anwendung[712]. Daher sind sie nach Art. 2 Abs. 2 a) RL grundsätzlich als Verstoß gegen das Diskriminierungsverbot wegen des Alters verboten. Es bedarf daher nach der Richtlinie einer Ermächtigung des Gesetzgebers für die Tarifparteien, überhaupt von diesem Grundsatz abzuweichen. Diese haben nach Art. 9 Abs. 3 GG das Recht, in Tarifverträgen Pensionsgrenzen als „Arbeits- und Wirtschaftsbedingungen" zu vereinbaren. Sie üben damit ihr beschäftigungspolitisches Mandat aus, das ihnen durch die Koalitionsfreiheit verliehen wird[713]. Nach Art. 13 Abs. 2 RL sind einzelstaatliche Gepflogenheiten und Verfahren ausdrücklich zu berücksichtigen, es wird sogar ausdrücklich auf die Tarifparteien verwiesen. Es entspricht daher der Richtlinie, dass Tarifparteien Pensionsgrenzen setzen, woebei sie auch künftig für Ziele der Beschäftigungspolitik und des Arbeitsmarktes zuständig sind.

Die Voraussetzungen, unter denen die Tarifvertragsparteien ausnahmsweise eine Pensionsgrenze festlegen dürfen, müssen aber vom Gesetzgeber festgelegt werden. Die Tarifparteien sind keinesfalls dazu befugt, selbst Ziele festzulegen, die sie als legitim zur Rechtfertigung von Pensionsgrenzen ansehen. Die Richtlinie wendet sich an den Gesetzgeber, in den Grenzen der Ermächtigung durch die Richtlinie aufgrund besonderer beruflicher Anforderungen (Art. 4 Abs. 1 RL) und zur Erreichung legitimer Ziele (Art. 6 Abs. 1 RL), Ausnahmen zu gestatten. Eine *ausdrückliche* einfachgesetzliche Regelung für die Zulässigkeit tariflicher

[710] Waltermann-FS Blomeyer, S. 505 ff.
[711] a. A. ErfK-Müller-Glöge, § 14 TzBfG, Rn. 77: aus der Richtlinie folgen danach generell keine weiteren Einschränkungen für Altersgrenzenvereinbarungen.
[712] vgl. Seite 61 ff.
[713] ErfK-Dieterich, Art. 9 GG, Rn. 73

Pensionsgrenzen, die auf ihre Vereinbarkeit mit der Richtlinie zu überprüfen wäre, fehlt bislang. Allenfalls, wenn man diese Regelung an §§ 14 Abs. 1 TzBfG misst, findet sich ein gesetzlicher Prüfungsmaßstab tarifvertraglicher Pensionsgrenzen.

b) Zulässigkeit genereller Pensionsgrenzen

Die bisherige Zulassung genereller Pensionsgrenzen in Tarifverträgen bei Vorliegen eines „sachlichen Grundes" durch Rechtsprechung und Teile des Schrifttums wird der Richtlinie nicht gerecht[714]. Eine Rechtfertigung wegen der vorgebrachten Gründe hält den Anforderungen des Art. 6 Abs. 1 S. 2 a), S. 1 RL nicht stand[715].

Lässt man eine tarifvertragliche Pensionsgrenze zur Förderung der beruflichen Eingliederung Jugendlicher zu, so wäre dies ein Verstoß gegen das Altersdiskriminierungsverbot der Richtlinie. Zwar kann man dieses Ziel grundsätzlich als legitim anerkennen[716]. Doch kann keine Rechtfertigung nach Art. 6 Abs. 1 S. 2 a), S. 1 RL erfolgen, weil schon die Geeignetheit fester Pensionsgrenzen fraglich ist, wenn mit dem Freiwerden der Arbeitsstelle nicht gezielt Jugendliche gefördert werden, sondern die freie Arbeitsstelle allen Arbeitssuchenden zu gute kommt[717]. Es fehlt zudem an der Erforderlichkeit, weil sich nicht einheitlich für ganze Branchen beurteilen lässt, ob Arbeitsplätze fehlen. Hier kann es durchaus im Hinblick auf die unterschiedlichen Qualifikationsanforderungen betriebsspezifische Abweichungen geben. Bei Flächentarifverträgen wird man zudem regionale Unterschiede zu beachten haben. Selbst wenn Arbeitskräftemangel besteht, ist die Erforderlichkeit aufgrund hoher Jugendarbeitslosigkeit fraglich. Aufgrund des aufgezeigten demographischen Wandels und des damit langfristig verbundenen Facharbeitermangels in manchen Bereichen wird man die Ungleichbehandlung Älterer damit künftig kaum mehr rechtfertigen können.

Außerdem ist der Anteil derjenigen gering, die ab Erreichen des Renteneintrittsalters weiterarbeiten wollen. Daher ist jedenfalls eine generelle tarifliche Pensionsgrenze mit einer Verlängerungsmöglichkeit genauso gut geeignet, die berufliche Eingliederung von Jugendlichen zu fördern. Die Benachteiligung we-

[714] Zweifel hat auch Waltermann-FS Blomeyer, S. 513; a. A. Rolfs-Preis, Der Arbeitsvertrag, Kap. II A 20, Rz. 15, wonach das europäische Gemeinschaftsrecht keine weitere Hürde für die Vereinbarung von Altersgrenzen aufstelle.

[715] vgl. allgemein zur Rechtfertigungsmöglichkeit von Pensionsgrenzen nach der Richtlinie Seite 99 ff.

[716] Dagegen spricht bei der Prüfung anhand Art. 12 GG gegen eine Berücksichtigung dieses Interesses, dass die Berufsfreiheit nicht unter einem Allgemeinwohlvorbehalt wie Art. 6 Abs. 1 RL steht. Vgl. zur Frage, inwiefern die Tarifparteien für beschäftigungspolitische Erwägungen zuständig sind Seite 175.

[717] Bauer, NJW 2001, S. 2677 fordert bei einem Verbot von Pensionsgrenzen aufgrund der Gefahr eines Verdrängungswettbewerbs zu Lasten von Berufseinsteigern dann eine Lockerung des Kündigungsschutzes für ältere Arbeitnehmer.

gen des Alters wäre damit praktisch aufgehoben, das Ziel der Eingliederung Jugendlicher aber im gleichem Umfang erreicht.

Die bisher herangezogenen beschäftigungspolitischen Gründe können ebenso wenig eine tarifvertragliche Pensionsgrenze künftig nach Art. 6 Abs. 1 S. 2 a), S. 1 RL rechtfertigen[718]. Auch eine dahingehende Auslegung des § 14 Abs. 1 TzBfG widerspräche dem eindeutigen Ziel der europäischen Antidiskriminierungspolitik, die Beschäftigungsquote Älterer zu erhöhen. Speziell für tarifvertragliche Regelung gilt, dass eine Pensionsgrenze, die für eine ganze Branche gilt, schon nicht für eine vorausschauende Personal- und Nachwuchsplanung, den vernünftigen Altersaufbau oder die gesunde Beschäftigungsstruktur geeignet ist[719]. Die Notwendigkeiten der Personal- und Nachwuchsplanung können nicht für eine Vielzahl von Betrieben gleichermaßen gelten. Ob nicht die Kündigungsfristen ausreichend sind, um angemessenen Ersatz für den ausscheidenden Arbeitnehmer zu finden, wird sich überdies nicht nur nach dem Unternehmen, sondern auch nach der verrichteten Tätigkeit und Stellung im Betrieb deutlich unterscheiden. Altersaufbau und Beschäftigungsstruktur variieren auch innerhalb bestimmter Branchen erheblich. Aufgrund der gebotenen engen Auslegung der Rechtfertigungsmöglichkeit nach Art. 6 Abs. 1 S. 2 a), S. 1 RL kann daher nur für den einzelnen Betrieb entschieden werden, ob feste Pensionsgrenzen dafür erforderlich und angemessen sind.

Die Anerkennung des vermuteten Leistungsabbaus Älterer ab dem 65. Lebensjahr kann nach der Richtlinie, wie bisher, nicht als sachlicher Grund dienen. Die darin liegende diskriminierende generelle Betrachtung widerspricht den Ergebnissen der Altersforschung und ist aufgrund des zunehmenden Alters und der besseren Gesundheit der Bevölkerung auch im hohen Alter untragbar. Eine Rechtfertigung nach Art. 6 Abs. 1 S. 2 a), S. 1 RL ist daher nicht möglich. Liegt tatsächlich eine verminderte Leistungsfähigkeit vor, so kann der Arbeitgeber aus diesem Grund dem Arbeitnehmer personenbedingt kündigen. Es fehlt daher schon an der Erforderlichkeit. Oftmals ist die ordentliche Kündbarkeit im Tarifvertrag zwar ausgeschlossen. Hier muss der Arbeitgeber aber eine eventuell verminderte Leistungsfähigkeit hinnehmen, weil er sich als Gegenleistung zur Lohnzurückhaltung der Arbeitnehmer auf einen erhöhten Bestandsschutz durch Tarifvereinbarung eingelassen hat.

Man kann entgegen der bisherigen Auffassung die Pensionsgrenze auch nicht aus Gründen der Fürsorglichkeit vor kündigungsrechtlichen Streitigkeiten zum Schutz der Betroffenen rechtfertigen. Es handelt sich nicht um ein legitimes Ziel der Richtlinie nach Art. 6 Abs. 1 S. 2 a), S. 1 RL, weil es nicht um den Schutz des Arbeitgebers geht. Vielmehr wird ihm durch die Pensionsgrenze gerade der

[718] Im Ergebnis auch Hensche-Däubler, § 1 TVG, Rn. 610

[719] a. A. für das Ziel der geordneten und kontinuierlichen Personal- und Nachwuchsplanung: Löwisch/Caspers/Neumann, S. 47

besondere Schutz des Kündigungsschutzgesetzes entzogen. Einerseits ist nicht einzusehen, warum ein Kündigungsschutzprozess aufgrund abnehmender Leistungsfähigkeit ab einem bestimmten Alter besonders belastend sein soll. Andererseits schützt das Bestehen der Pensionsgrenze einen älteren Arbeitnehmer keineswegs vor einer personenbedingten Kündigung.

Selbst bei ausreichender wirtschaftlicher Absicherung kann man die Ungleichbehandlung Älterer durch eine tarifvertragliche Pensionsgrenze von 65 Jahren im Hinblick auf die genannten Ziele nicht als angemessen beurteilen. Dieser bisher maßgebliche Aspekt bei der Rechtfertigung einer generellen Altersgrenze kann vor dem Hintergrund des Altersdiskriminierungsverbots keine derartige Bedeutung mehr haben[720]. Der Schutz vor Altersdiskriminierung dient nach dem Zweck der Richtlinie nicht nur der Sicherung der wirtschaftlichen Existenz, sondern auch der vollen Teilhabe am wirtschaftlichen, kulturellen und sozialen Leben und der individuellen Entfaltung in Beschäftigung und Beruf[721]. Eine tarifliche Pensionsgrenze von 65 Jahren zwingt den Betroffenen in den Ruhestand und hindert ihn allein wegen seines Alters an der Fortsetzung der Tätigkeit. Die Ansicht, eine Pensionsgrenze treffe die Betroffenen wegen der ausreichenden wirtschaftlichen Absicherung nicht so hart, steht dem Bewusstseinswandel gegenüber älteren Beschäftigten entgegen. Die Gewichtung des wirtschaftlichen Interesses an der Fortsetzung der Tätigkeit ist im Unterschied zur Rechtsprechung des BAG nicht nach dem Alter des Betroffenen oder der Dauer der Beschäftigung vorzunehmen. In der unterschiedlichen Gewichtung je nach Alter des Betroffenen liegt bereits eine altersdiskriminierende Maßnahme. Anderenfalls müssten auch jüngere Arbeitnehmer einer Regelung unterliegen, wonach sie aus dem Arbeitsverhältnis bei wirtschaftlicher Absicherung ausscheiden müssen.

c) Zulässigkeit besonderer Pensionsgrenzen

Die Zulassung tarifvertraglicher Pensionsgrenzen für Piloten aufgrund der Sicherheit für Dritte nach der Rechtsprechung des BAG bzw. § 14 Abs. 1 TzBfG genügt den Anforderungen des Art. 4 Abs. 1 RL. Nichts anderes gilt, wenn auf die Altersgrenze zur Beschränkung der Pilotenlizenz verwiesen wird.

Grundsätzlich können Pensionsgrenzen auch in Tarifverträgen wegen des Alters als „wesentliche und entscheidende berufliche Anforderung" nach Art. 4 Abs. 1 RL zugelassen werden[722]. Diese Anforderungen sind aber erheblich strenger als bei Heranziehung des § 14 Abs. 1 TzBfG[723]. Nur die Rechtfertigung von Pensionsgrenzen für Tätigkeiten, die hohe Risiken für die Gesundheit und die Sicher-

[720] Zweifel an der Beschränkung der Verhältnismäßigkeitsprüfung hat auch Schlachter-FS Blomeyer. S. 370

[721] vgl. Seite 48

[722] vgl. allgemein zur Zulassung von Pensionsgrenzen nach Art. 4 Abs. 1 RL Seite 81 ff.

[723] a. A. Waltermann-FS Blomeyer, S. 512

heit Dritte bergen, würden den Anforderungen des § 14 Abs. 1 TzBfG sowie des Art. 4 Abs. 1 RL gerecht. Denn für Piloten ist das aufgrund gesicherter Erkenntnisse ab dem 60. Lebensjahr nachgewiesen. Ebenso genügt ein Verweis auf die Beschränkung der Pilotenlizenz nach § 4 der 1. Durchführungsverordnung der LuftPersV der Richtlinie[724]. Als angemessen kann auch eine Altersgrenze von 55 Jahren angesehen werden, wenn eine Verlängerungspflicht bei weiter vorhandener Eignung besteht. Aufgrund der erheblichen Gefahren bei der Ausübung der Tätigkeit genügt unter dieser Voraussetzung die bloße Möglichkeit auftretender Leistungsausfälle im Alter.

Auf Ebene des Tarifvertrags kann das aber nur dann gelten, wenn die Pensionsgrenze für eine bestimmte Tätigkeit in einem bestimmten Unternehmen gilt. Eine solche Pensionsgrenze kann daher nur in Haustarifverträgen vorgesehen werden, weil es ansonsten an der notwendigen konkreten Betrachtung der Tätigkeit fehlt. Nur dann wird spezifisch auf das Unternehmen, auf die Art der bestimmten beruflichen Tätigkeit sowie auf die Bedingungen seiner Ausübung (Schulungen, Anforderungen an die Technik vorhandener Maschinen etc.) abgestellt. Dagegen wird eine Regelung in einem Flächentarifvertrag den Anforderungen des Art. 4 Abs. 1 RL nicht gerecht, weil die spezifischen Anforderungen und Arbeitsumstände innerhalb eines Unternehmens unberücksichtigt bleiben.

Eine Altersgrenze von 60 Jahren für Piloten ist nach Ansicht des LAG Hessen daher mit Art. 4 Abs. 1 RL zu vereinbaren[725]. Bedenken an der Entscheidung könnten allein deshalb bestehen, weil im konkreten Fall die Fluggesellschaft Piloten, bei denen noch keine Altersgrenze im Arbeitsvertrag vorgesehen war, über das 60. Lebensjahr hinaus beschäftigte. Das spräche jedoch gegen eine „wesentliche und entscheidende berufliche Anforderung i. S. d. Art. 4 Abs. 1 RL[726]. In einer neueren Entscheidung des BAG kam es auf die Vereinbarkeit einer tarifvertraglichen Pensionsgrenze von 60 Jahren mit der Richtlinie nicht entscheidend an. Sie wurde gleichwohl ohne nähere Begründung auf Art. 6 Abs. 1 S. 1 RL gestützt[727]. Wie das BAG weiter ausführt, zeige auch die Neuregelung der JAR-FCL (wonach nur unter bestimmten Voraussetzungen Piloten bis 65 Jahren das Führen von Verkehrsmaschinen gestattet ist), dass der Einsatz von Piloten nach Vollendung des 60. Lebensjahres problematisch sei.

Ansonsten wird man keine festen Altersgrenzen in Tarifverträgen nach Art. 4 Abs. 1 RL rechtfertigen können. Wegen der Möglichkeit individueller Leistungstests sind sie zum Schutz der eigenen Gesundheit regelmäßig nicht ange-

---

724 zur Änderung der Vorschrift, vgl. Fußnote 666

725 LAG Hessen v. 25.2.2003, NZA-RR 2003, S. 651. Das Gericht ließ dahingestellt, ob das sachlich begründete Interesse an einer vernünftigen Altersstruktur ergänzend herangezogen werden kann.

726 Außerdem verhält sich die Fluggesellschaft widersprüchlich, so dass ein Verstoß gegen § 242 BGB vorliegt, vgl. Seite 81.

727 BAG v. 21.7.2004, Az: 7 AZR 589/03, unter http://www.bundesarbeitsgericht.de

messen. Besteht etwa für Bus- und LKW-Fahrer auch Gefährdungspotential für Dritte, so wird man jedenfalls eine unter dem 65. Lebensjahr liegende feste Pensionsgrenze ohne Betrachtung des Einzelfalls nicht rechtfertigen können. Auch in Fällen, in denen das Alter ein konstitutiver Teil des Unternehmenskonzeptes ist, kann eine tarifvertragliche Regelung nicht nach Art. 4 Abs. 1 RL gestattet werden. Hier hat eine konkrete betriebliche Betrachtung zu erfolgen. Zum Zwecke der Authentizität und der Erfüllung von Kundenerwartungen sind tarifliche Regelungen ebenso ungeeignet, weil auf die individuelle Tätigkeit abzustellen ist.

III. Pensionsgrenzen in Betriebsvereinbarungen

1. Regelungskompetenz der Betriebsparteien

Nach bisheriger Rechtslage kann man richtigerweise keine Regelungskompetenz der Betriebsparteien für Pensionsgrenzen anerkennen. Es fehlt an einer ausreichenden gesetzlichen Ermächtigung durch das BetrVG[728].

a) Ansicht des BAG und Teilen des Schrifttums

Das BAG und Teile des Schrifttums nehmen eine Regelungskompetenz der Betriebsparteien zur Festsetzung von Pensionsgrenzen an. Diese Zuständigkeit ergebe sich zwar nicht aus der Verfassung, wie bei den Tarifparteien aus Art. 9 Abs. 3 GG[729]. Auch wenn es an einer ausdrücklichen gesetzlichen Regelung fehle, lasse sich die Zuständigkeit aber aus den Vorschriften des BetrVG entnehmen.

Das begründete das BAG zunächst damit, dass es sich bei einer betrieblichen Pensionsgrenze um eine freiwillige Vereinbarung einer sozialen Angelegenheit handelt. Eine solche Vereinbarung könnten die Betriebsparteien nach § 88 BetrVG schließen[730]. Die Abgrenzung zu personellen Angelegenheiten, für die nur eine eingeschränkte Kompetenz besteht, erfolgte rein formal: da als personelle Angelegenheiten nur Einzelmaßnahmen im Gesetz genannt waren, konnte eine Pensionsgrenze als generelle materielle Arbeitsbedingung nicht darunter fallen. Nach der Änderung des BetrVG fanden sich aber bei personellen Angelegenheiten i. S. d. §§ 92 ff. BetrVG nicht mehr nur Einzelmaßnahmen. Dort genannte Kollektivmaßnahmen sind z. B. Personalfragebögen und Beurteilungsgrundsätze, § 94 BetrVG. Die Abgrenzung hätte daher nicht mehr mit der frühe-

---

[728] zu den Auswirkungen der Richtlinie Seite 201

[729] vgl. Seite 170

[730] BAG v. 25.3.1971, AP Nr. 5 zu § 57 BetrVG 1952 bezog sich auf das Betriebsverfassungsgesetz von 1952 und die Vorgängerregelung § 57 BetrVG.

ren Begründung vorgenommen werden können. Dennoch verwies das BAG auch in der Folgezeit ausdrücklich auf die frühere Entscheidung[731].

Ausführlich hat der Große Senat des BAG zur Regelungsbefugnis der Betriebsparteien Stellung genommen[732]. Die Grenze zwischen personellen und sozialen Angelegenheiten sei fließend. Zwar weise die Vereinbarung einer Pensionsgrenze den Schwerpunkt in den personellen Angelegenheiten auf, für die nur eine begrenzte Kompetenz der Betriebsparteien besteht. Sie habe aber auch einen Bezug zu sozialen Angelegenheiten i.S.d. § 88 BetrVG. Da es sich bei § 88 BetrVG um eine Art Auffangnorm handele, seien die Betriebsparteien für die Vereinbarung von Pensionsgrenzen zuständig[733]. Daneben ließe sich die Regelungskompetenz auch mit § 77 Abs. 3 BetrVG begründen. Nach dieser Vorschrift können Arbeitsbedingungen, die durch Tarifvertrag geregelt sind oder üblicherweise geregelt werden, nur Gegenstand einer Betriebsvereinbarung sein, wenn dies durch den Tarifvertrag ausdrücklich vorgesehen ist. Im Hinblick auf Pensionsgrenzen zog das Gericht daraus den positiven Schluss, dass jede durch Tarifvertrag regelbare Angelegenheit, soweit § 77 Abs. 3 BetrVG nicht eingreife, auch durch Betriebsvereinbarung statuiert werden kann[734]. Da die Tarifparteien nach Art. 9 Abs. 3 GG zur Statuierung einer Pensionsgrenze befugt seien, gelte das in Umkehrschluss aus § 77 Abs. 3 BetrVG auch für die Betriebsparteien.

b) Stellungnahme

Die Rechtsprechung des BAG zur Regelungskompetenz der Betriebsparteien ist abzulehnen. Eine Kompetenz der Betriebspartner zur Vereinbarung einer Pensionsgrenze ist dem BetrVG nicht zu entnehmen.

Schon verfassungsrechtlich ist die Regelungskompetenz der Betriebsparteien für Pensionsgrenzen bedenklich. Die Beteiligungs- und Mitwirkungsrechte des Betriebsrates sollen die Stellung des Beschäftigten gegenüber betrieblichen Regelungen verbessern. Durch die Altersgrenze wird dagegen in die Berufswahl des Betroffenen eingegriffen und seine Stellung durch ein Ausscheiden aus dem Beruf entgegen seinem Willen geschwächt[735]. Nach Art. 12 Abs. 1 S. 2 GG kann dies grundsätzlich nur durch Gesetz erfolgen. Sind dazu auch die Tarifparteien

[731] BAG v. 19.9.1985, AP Nr. 11 zu § 77 BetrVG 1972; BAG v. 20.11.1987, AP Nr. 2 zu § 620 BGB Altersgrenze; Kritisch daher Joost, Anmerkung zu BAG v. 20.11.1987, AP Nr. 2 zu § 620 BGB Altersgrenze

[732] BAG v. 7.11.1989, AP Nr. 46 zu § 77 BetrVG 1972; Überlick zum Meinungsstand bei Fitting, § 77 BetrVG, Rn. 55

[733] ebenso Kreutz, GK BetrVG, § 77 BetrVG, Rn. 295; Gantzckow, S. 194 f.; Boerner, ZfA 1995, S. 565

[734] BAG v. 7.11.1989, AP Nr. 46 zu § 77 BetrVG 1972; ohne Begründung BAG v. 14.8.2002, AP Nr. 20 zu § 620 BGB Altersgrenze

[735] Boerner, Altersgrenzen, S. 185

durch Art. 9 GG befugt, ist eine Kompetenz der Betriebsparteien zu einer solchen Beschränkung der Berufswahl nicht gegeben[736].

Pensionsgrenzen sind entgegen der Auffassung des BAG nicht den sozialen Angelegenheiten (§§ 87 ff. BetrVG), sondern den personellen Angelegenheiten (§§ 92 ff. BetrVG) zuzuordnen[737]. Die Altersgrenze trifft eine Regelung über die Beendigung des Arbeitsverhältnisses. Dieser Regelungsbereich ist in den Tatbeständen der Mitbestimmungsrechte in sozialen Angelegenheiten nicht ansatzweise angesprochen[738]. Sie betrifft die Arbeitsgestaltung mit Auswirkungen auf die Altersstruktur des Betriebs und die Aufstiegschancen Jüngerer. Daher ist eine Pensionsgrenzenregelung wesensmäßig nicht dem sozialen, sondern dem personellen und wirtschaftlichen Bereich zuzuordnen[739]. Worin der soziale Bezug der Pensionsgrenze liegen soll, bleibt unklar und wird vom BAG auch nicht näher begründet.

Man kann die Regelungsbefugnis auch nicht damit begründen, bei § 88 BetrVG handele es sich systematisch um eine Auffangnorm[740]. Dagegen spricht die Systematik der gesetzlich im Einzelnen abgestuften Mitbestimmungs- und Regelungskompetenzen des Betriebsrats. Während bei personellen Angelegenheiten nur Mitbestimmungsrechte bestehen, können soziale Angelegenheiten in freiwilligen Vereinbarungen umfassend geregelt werden. Zwar ist zuzugeben, dass § 88 BetrVG keine abschließende Regelung sozialer Angelegenheiten darstellt, wie der Wortlaut „insbesondere" zeigt. Es fehlt aber nicht nur der Zugehörigkeit der Pensionsgrenze zu den sozialen Angelegenheiten; die in § 88 BetrVG genannten Regelbeispiele sind auch ausschließlich begünstigende Regelungen, während die Altersgrenze den Arbeitnehmer belastet[741]. Überdies spricht das Bestehen der Ausnahmeregelung des § 102 Abs. 6 BetrVG gegen den Charakter des § 88 BetrVG als Auffangnorm. Danach kann ausnahmsweise für die personelle Angelegenheit der Kündigung nicht nur ein Mitbestimmungsrecht sondern eine Regelungskompetenz bestehen. Würde man in § 88 BetrVG einen Auffangtatbestand sehen, wäre das Bestehen dieser Vorschrift überflüssig[742].

Auch der Umkehrschluss aus § 77 Abs. 3 BetrVG kann nicht überzeugen. Weder dem Wortlaut noch dem Zweck der Vorschrift kann eine Kompetenz der Betriebsparteien entnommen werden. Die Vorschrift dient allein der Sicherung

---

736 Belling, Anm. zu BAG v. 20.11.1987, EZA § 620 BGB Altersgrenze Nr. 1; ebenso Waltermann-FS Blomeyer, S. 510, ders. NJW 1998, S. 2491, NZA 1994, S. 828, RdA 1993, S. 216

737 umfassend dazu Waltermann, Rechtsetzung durch Betriebsvereinbarung, S. 157 ff.

738 Jost, Anm. zu BAG AP Nr. 2 zu § 620 BGB Altersgrenze

739 Boerner, Altersgrenzen, S. 182 f.

740 Boecken, S. 42 ff.

741 Waltermann, NZA 1996, S. 360; Richardi-Richardi, BetrVG, § 77 Rn. 107

742 Jost, Anm. zu BAG AP Nr. 2 zu § 620 BGB Altersgrenze; Boerner, Altersgrenzen, S. 184.

der Tarifautonomie vor einer konkurrierenden betrieblichen Regelung[743]. Daraus lässt sich jedoch nicht auf eine Ermächtigungsgrundlage für die Vereinbarung von Altersgrenzen schließen[744].

2. Bisherige Zulässigkeit betrieblicher Pensionsgrenzen

Geht man entgegen der hier vertretenen Auffassung von einer Regelungsbefugnis der Betriebspartner aus, so ist eine betriebliche Pensionsgrenze unmittelbar auf ihre Vereinbarkeit mit Art. 12 GG zu überprüfen. Das Vorliegen eines sachlichen Grundes allein kann den Eingriff in die Berufswahl dabei richtigerweise nicht rechtfertigen, Altersgrenzen sind (auch schon vor dem 65. Lebensjahr) nur zum Schutz der Sicherheit Dritter zulässig. Von der Rechtsprechung des BAG werden Pensionsgrenzen in Betriebsvereinbarungen dagegen unter denselben Voraussetzungen zugelassen, wie tarifvertragliche Regelungen. Auch sie sind danach bei ausreichender wirtschaftlicher Absicherung zulässig, wenn ein „sachlicher Grund" vorliegt. Die Vereinbarkeit ist durch § 41 S. 2 SGB VI nicht eingeschränkt. Entgegen der Auffassung der Rechtsprechung sind betriebliche Pensionsgrenzen jedoch auch am einfachgesetzlichen Maßstab des § 75 Abs. 1 S. 2 BetrVG zu messen. Dagegen sprechen die überwiegenden Argumente gegen die Anwendbarkeit des § 14 Abs. 1 TzBfG auf betriebliche Pensionsgrenzen.

a) Eingriff in die Berufsfreiheit, Art. 12 GG

aa) Rechtsprechung des BAG

Die Rechtsprechung des BAG zur Vereinbarkeit betrieblicher Pensionsgrenzen mit der Berufsfreiheit nach Art. 12 GG hat sich ähnlich entwickelt wie die zur tarifvertraglichen Pensionsgrenzen[745].

Zunächst wurde die betriebliche Pensionsgrenze als vorweggenommener Aufhebungsvertrag von 65 Jahren allein im Hinblick auf den Eingriff in die Vertragsfreiheit nach Art. 2 Abs. 1 GG untersucht. Der Eingriff wurde aufgrund der Berechenbarkeit der betrieblichen Alterssicherung zugelassen. Dabei wurde auch auf Erwägungen wie die einheitliche Durchführung von betrieblichen Versorgungsmaßnahmen, eines vernünftigen Altersaufbaus und Aufstiegsmöglichkeiten für Nachwuchskräfte innerhalb überschaubarer Zeiträume Bezug genommen. Durch die Schaffung von Aufstiegsmöglichkeiten liege die Altersbegrenzung danach auch im Interesse der Belegschaft[746]. Später wurde der Maßstab der Befristungskontrolle wegen der Gefahr der Umgehung des KSchG herangezogen. Als auflösende Bedingung des Arbeitsverhältnisses seien betrieb-

[743] Richardi-Richardi, BetrVG, § 77 Rn. 67
[744] Söllner/Waltermann, Grundriss des Arbeitsrechts, Rn. 629
[745] zur Entwicklung bei tarifvertraglichen Pensionsgrenzen Seite 163 ff.
[746] BAG v. 25.3.1971, AP Nr. 5 BetrVG 1952

liche Pensionsgrenzen danach bei Vorliegen eines „sachlichen Grundes“ zulässig. Ein solcher Grund sei die wirtschaftliche Absicherung durch eine ***betriebliche*** Altersversorgung. Dazu käme die Vorhersehbarkeit der Personalplanung des Arbeitgebers sowie die Verbesserung der betrieblichen Altersstruktur und die Schaffung von Aufstiegschancen[747].

Ausgehend von einer unmittelbaren Grundrechtsbindung der Betriebsparteien hat das BAG 1987 erstmals Art. 12 GG als Prüfungsmaßstab herangezogen[748]. Es wurde eine ausreichende *gesetzliche* Versorgung als Rechtfertigungsgrund anerkannt, wenn sie nicht erheblich unter dem Sozialhilfesatz liegt. Auch wurde auf die bisher anerkannten sachlichen Gründe bei der Prüfung der Befristungskontrolle verwiesen, die auch den Eingriff in die Berufswahl rechtfertigen könnten, nämlich zweckmäßiger Altersaufbau, Personal- und Nachwuchsplanung und Aufstiegschancen für Jüngere sowie die Vermeidung von Kündigungsstreitigkeiten.

In der Entscheidung des Großen Senats des BAG von 1989 wurde dagegen für Betriebsvereinbarungen eine bloß mittelbare Bindung an Art. 12 GG angenommen[749]. Prüfungsmaßstab sei der Grundsatz von Recht und Billigkeit nach § 75 Abs. 1 S. 1 BetrVG, so dass die Grundsätze der Befristungskontrolle zu beachten seien. Den Betriebsparteien seien außerdem durch § 75 Abs. 2 BetrVG Grenzen gezogen, der aber nur mittelbar auf Art. 2 Abs. 1 GG und insbesondere auf Art. 12 GG verweise. Eine unmittelbare Prüfung betrieblicher Pensionsgrenzen an Art. 12 GG erfolgt seitdem nicht mehr[750]. Im Ergebnis blieb es daher bei der Vereinbarkeit betrieblicher Pensionsgrenzen bei Vorliegen eines sachlichen Grundes.

bb) Eigener Standpunkt

(1) Unmittelbare Bindung an Art. 12 GG

Entgegen dieser jüngeren BAG-Rechtsprechung unterliegen betriebliche Pensionsgrenzen einer unmittelbaren Bindung an Art. 12 GG[751].

Eine betriebliche Pensionsgrenze kommt im Wege der rechtsgeschäftlichen Vereinbarung zwischen Betriebsrat und Arbeitgeber als private Rechtssubjekte zu Stande, § 77 Abs. 2 S. 1 BetrVG. Ihrer Rechtsnatur nach ist sie daher dem priva-

---

[747] BAG v. 19.9.1985, AP Nr. 11 zu § 77 BetrVG 1972

[748] BAG v. 20.11.1987, AP Nr. 2 zu § 620 BGB Altersgrenze; vgl. dazu die Anmerkung von Belling, EzA Nr. 1 zu § 620 BGB Altersgrenze

[749] BAG v. 7.11.1989, AP Nr. 46 zu § 77 BetrVG 1972. Der Große Senat des BAG folgt damit der Entscheidung v. 27.2.1985, AP Nr. 14 zu § 611 BGB Beschäftigungspflicht und dem BVerfG v. 23.4.1986 BVerfGE 73, 261

[750] BAG v. 14.8.2002, AP Nr. 20 zu § 620 BGB

[751] Belling, Anmerkung zu BAG v. 20.11.1987, EzA Nr. 1 zu § 620 BGB Altersgrenze; Schlüter/Belling, NZA 1988, S. 300

ten Recht zuzuordnen, so dass die Grundrechte grundsätzlich nur mittelbar wirken würden. Doch ist die Besonderheit der Gestaltungsmacht durch Betriebsvereinbarung zu beachten. Die Regelungen haben nach § 77 Abs. 4 S. 1 BetrVG unmittelbare und zwingende Wirkung, es handelt sich also um private Rechtssetzung[752]. Eine unmittelbare Grundrechtsbindung ergibt sich aufgrund des privatrechtlichen Charakters der Rechtssetzung zwar nicht aus Art. 1 Abs. 3 GG. Doch verschafft erst der Staat durch den Rechtsgeltungsbefehl des § 77 Abs. 4 S. 1 BetrVG der privatrechtlichen Rechtsetzung seine zwingende Geltung[753]. Aufgrund der normativen Wirkung betrieblicher Regelungen nach § 77 Abs. 4 S. 1 BetrVG befindet sich der von einer Altersgrenze Betroffene in einer vergleichbaren Situation wie gegenüber dem staatlichen Gesetzgeber. Vergleichbar den Tarifparteien muss der Staat gegenüber Betriebsparteien einen Schutz durch unmittelbar anwendbare Abwehrrechte bereitstellen, wenn er diesen die Erfüllung öffentlicher Aufgaben im BetrVG überlässt. Denn der Staat darf sich nicht auf Kosten seiner Bürger von dem Rechtsschutz entlasten, indem er die Betriebsparteien ohne ausreichende Grundrechtsbindung agieren lässt[754].

Es handelt es sich also um einen staatlichen Eingriff in das Grundrecht der Berufsfreiheit, so dass Art. 12 GG unmittelbar als Abwehrrecht wirkt. Die verfassungsrechtlich gewährte Berufsfreiheit findet über § 75 Abs. 2 BetrVG daher nicht nur mittelbare Anwendung[755]. Die Vorschrift hat nur plakativen Charakter und bestätigt, dass die Freiheitsrechte des Grundgesetzes auch im Betrieb gelten[756]. Die in § 75 Abs. 2 BetrVG normierte Pflicht für Arbeitgeber und Betriebsrat, die freie Entfaltung der Persönlichkeit zu schützen oder nicht mehr als sachlich geboten einzuschränken, besteht nämlich schon unmittelbar kraft Verfassungsrecht[757]. Eine im Hinblick auf Art. 12 GG hinausgehende Prüfung anhand einer Billigkeitskontrolle nach § 75 Abs. 1 BetrVG ist nicht vorzunehmen[758]. Ihr steht nicht nur entgegen, dass es an der Klarheit des Beurteilungsmaßstabs fehlt; sie ist auch wegen der unmittelbaren Anwendbarkeit des Art. 12 GG entbehrlich[759].

Eine Normsetzungsbefugnis lässt sich auch nicht durch mitgliedschaftliche Legitimation begründen. Weder die Betriebszugehörigkeit noch die Aufnahme des Arbeitsverhältnisses stellt einen eigenständigen Legitimierungsakt dar, der dem

---

[752] Die Gestaltung der Arbeitsverträge unterliegt daher derselben Gestaltungsmacht wie bei Tarifverträgen nach § 4 Abs. 1 TVG.
[753] Waltermann, Rechtsetzung durch Betriebsvereinbarung, S. 245
[754] Belling, Haftung des Betriebsrats, S. 83 f.
[755] a. A. BAG v. 7.11.1989, AP Nr. 46 zu § 77 BetrVG 1972; Ebenso ErfK-Dieterich, Einl. GG Rn. 60, doch stehe den Betriebspartnern im Ergebnis dadurch kein weiterer Gestaltungsspielraum zu als bei unmittelbarer Grundrechtsbindung.
[756] Richardi-Richardi, BetrVG, § 75, Rn. 33
[757] Boerner, Altersgrenzen, S. 276, 308
[758] a. A. anscheinend Vollstädt, der allein eine Angemessenheitsprüfung vornimmt, S. 315 f.
[759] Boerner, Altersgrenzen, S. 281

Verbandbeitritt der Tarifparteien entspricht. Die mittelbare Grundrechtsbindung ist daher von vornherein nicht mit einer privatautonomen Legitimation zu begründen[760]. Doch selbst wenn man von einer bloß mittelbaren Grundrechtsbindung ausgehen würde, dürfte es nicht zu einem verminderten Schutz vor einer betrieblichen Pensionsgrenze kommen[761]. Der von einer betrieblichen Pensionsgrenze betroffene Arbeitnehmer befindet sich in einer Situation, die der eines von einer staatlichen Regelung betroffenen Arbeitnehmers gleicht.

(2) Zulässigkeit betrieblicher Pensionsgrenzen

Die vom BAG anerkannten sachlichen Gründe zur Rechtfertigung einer betrieblichen Pensionsgrenze von 65 Jahren halten der unmittelbaren Prüfung anhand Art. 12 GG nicht stand. Der Eingriff in die Berufswahl ist nur zum Schutz besonders wichtiger und überragender Gemeinschaftsgüter zu rechtfertigen und muss an die persönlichen Eigenschaften und Leistungen anknüpfen[762]. Die Bedenken gegen die von der Rechtsprechung anerkannten sachlichen Gründe zur Rechtfertigung des Grundrechtseingriffs entsprechen grundsätzlich denen, die bei der Rechtfertigung tarifvertraglicher Pensionsgrenzen bestehen[763].

Eine ausreichende wirtschaftliche Absicherung kann allein nicht maßgeblich für die Rechtfertigung sein. Der Maßstab der Befristungskontrolle soll der Umgehung des KSchG dienen, doch ist die wirtschaftliche Absicherung kein Kündigungsgrund[764]. Für Art. 12 GG kann es schon nach dem Charakter des Grundrechts nicht alleine auf die wirtschaftliche Absicherung ankommen. Denn es geht bei der Berufsfreiheit auch um die Entfaltung der Persönlichkeit und der Selbstverwirklichung des Einzelnen[765].

Als sachlicher Grund kann grundsätzlich auch nicht der vernünftige Altersaufbau und die Vermeidung von Überalterung anerkannt werden. Zwar kann auf betrieblicher Ebene eine Betrachtung der Besonderheiten des Betriebs erfolgen, ohne die es letztlich zu einem Verzicht auf das Erfordernis des sachlichen Grundes kommen würde[766]. Doch kommt dem Interesse an einem vernünftigen Altersaufbau kein absoluter Vorrang vor dem Bestandschutzinteresse der derzeit Beschäftigten zu[767]. Das Merkmal ist zudem konturschwach, ein vernünftiger Altersaufbau kann nicht von vornherein die Beschäftigung Älterer nach Art. 12

---

760 ErfK-Dieterich, Einl. GG, Rn. 59

761 Waltermann, Rechtsetzung durch Betriebsvereinbarung, S. 246

762 im Hinblick auf den Maßstab der Befristungskontrolle ebenso Boerner, Altersgrenzen, S. 238 ff.

763 Aufgrund der Ähnlichkeiten der Eingriffswirkung in die Berufswahl von betrieblicher und tarifvertraglicher Pensionsgrenze wird daher ergänzend auf die Ausführungen auf den Seite 173 ff. verwiesen.

764 Schlüter/Belling, NZA 1988, S. 299; Laux, NZA 1991, S. 970

765 Nussbauer, JZ 2002, S. 524 ff.

766 Joost, Anm. zu BAG v. 20.11.1987, AP Nr. 2 zu § 620 BGB Altersgrenze

767 Belling, Anm. zu BAG v. 20.11.1987, EzA Nr. 1 zu § 620 BGB Altersgrenze

GG ausschließen. Überdies scheidet der Grossteil der Beschäftigten vor Erreichen des Regelrentenalters aus, so dass es an der Erforderlichkeit fehlt. Eine betriebliche Pensionsgrenze ist auch für den Arbeitnehmer nicht fürsorglicher, als ihn besonders sorgfältig zu beobachten und einem Rechtsstreit über eine personenbedingte Kündigung aufgrund abnehmender Leistungsfähigkeit auszusetzen. Konsequenterweise dürfte es dann keine, auch vom BAG für zulässig gehaltene, individuellen Einzelabreden über eine über die Pensionsgrenze hinausgehende Weiterbeschäftigung geben[768]. Davon ist aber aufgrund des Günstigkeitsprinzips auszugehen[769].

Für Pensionsgrenzen in Betriebsvereinbarungen gilt daher, dass aufgrund der Schwere des Grundrechtseingriffs in Art. 12 GG eine Rechtfertigung nur bei Gefährdung Dritter durch eine im Alter abnehmende Leistungsfähigkeit erfolgen kann. Eine dahingehende Vermutung besteht bei Erreichen des 65. Lebensjahres nach den Ergebnissen der Altersforschung generell nicht[770]. Die abnehmende Leistungsfähigkeit kann daher kein Rechtfertigungsgrund einer Pensionsgrenze für den gesamten Betrieb sein, weil sie unterschiedslos von der Betrachtung des jeweiligen Berufsbereichs erfolgt[771].

b) Benachteiligung Älterer nach § 75 Abs. 1 S. 2 BetrVG

Entgegen der Auffassung des BAG handelt es sich bei Pensionsgrenzen in Betriebsvereinbarungen um eine Benachteiligung von Arbeitnehmern wegen Überschreitung einer bestimmten Altersstufe gem. § 75 Abs. 1 S. 2 BetrVG. Als sachlicher Grund kann dafür allein der Schutz der Sicherheit Dritter anerkannt werden.

Das BAG hat zwar die Grundsätze von Recht und Billigkeit nach § 75 Abs. 1 BetrVG als Prüfungsmaßstab betrieblicher Pensionsgrenzen anerkannt[772]. Während Satz 1 der Vorschrift nur für unterschiedliche Pensionsgrenzen für bestimmte Berufe Bedeutung hat, ist für die Differenzierung zwischen jüngeren und älteren Arbeitnehmern § 75 Abs. 1 S. 2 BetrVG die speziellere Regelung. Nach ständiger Rechtsprechung des BAG bleiben aber ausgerechnet Altersgrenzen für die Beendigung der Beschäftigung vom Anwendungsbereich des § 75 Abs. 1 S. 2 BetrVG unberührt. Die Norm schütze nämlich nur vor Benachteiligung *während* der Beschäftigung[773]. Seinem Zweck nach handele es sich um eine Konkretisierung des allgemeinen arbeitsrechtlichen Gleichbehandlungs-

[768] BAG v. 25.3.1971, AP Nr. 5 BetrVG 1952
[769] Zur Geltung des Günstigkeitsprinzip bei Betriebsvereinbarungen: Belling, Günstigkeitsprinzip, S. 107 ff.
[770] Belling, Anm. zu BAG v. 20.11.1987, EzA Nr. 1 zu § 620 BGB Altersgrenze
[771] Laux, NZA 1991, S. 969 f.
[772] BAG v. 7.11.1989, AP Nr. 46 zu § 77 BetrVG 1972
[773] Seit BAG v. 18.7.1978, AP Nr. 9 zu § 99 BetrVG 1972, obwohl Gegenstand der Entscheidung eine tarifliche Altersgrenze war.

grundsatzes, der nur vor Ungleichbehandlungen bei Bestehen des Beschäftigungsverhältnisses schütze. Die Vorschrift diene dagegen nicht der Verlängerung des Erwerbslebens über eine Altersgrenze hinaus und auch nicht dem Bestandsschutz des konkreten Arbeitsverhältnisses[774].

Diese Auslegung kann weder dem Wortlaut noch dem Zweck der Vorschrift entnommen werden[775]. Nach § 75 Abs. 1 S. 2 BetrVG dürfen Arbeitnehmer nicht wegen Überschreitung einer bestimmten Altersstufe benachteiligt werden. Eine Einschränkung des Anwendungsbereichs für das Ausscheiden aus dem Erwerbsleben ist nicht vorgesehen. Die Pensionsgrenze betrifft den Arbeitnehmer auch noch *während* seines Berufslebens und nicht erst danach. Der Arbeitnehmer verliert alleine wegen des Überschreitens der Altersgrenze seinen Arbeitsplatz, was eine Benachteiligung während der Beschäftigung darstellt[776]. Die Beendigung des Arbeitsverhältnisses stellt den denkbar schwerwiegendsten Eingriff in das bestehende Arbeitsverhältnis dar[777]. Auch seinem Zweck nach muss sich die Vorschrift auf den Beendigungstatbestand der Altersgrenze beziehen. Gerade in der Phase der Beendigung des Arbeitsverhältnisses bedarf es eines besonderen Schutzes Älterer vor Benachteiligungen. Das zeigt § 80 Abs. 1 Nr. 6 BetrVG, wonach die Beschäftigung älterer Arbeitnehmer im Betrieb gefördert werden soll. Die Festsetzung einer Altersgrenze für das Ausscheiden aus dem Erwerbsleben bewirkt gerade das Gegenteil.

Die sachliche Berechtigung betrieblicher Pensionsgrenzen ist daher anhand des § 75 Abs. 1 S. 2 BetrVG zu beurteilen[778]. Für die Auslegung ist entscheidend, dass es sich um eine Konkretisierung des Gleichbehandlungssatzes des Art. 3 Abs. 1 GG handelt[779]. Die Regelung geht insofern über Art. 3 Abs. 1 GG hinaus, als dass auch die Benachteiligung wegen des Überschreitens von Altersstufen erfasst ist. Die Vorschrift erweitert den Schutz des Grundgesetzes auf das Verhältnis des Arbeitnehmers gegenüber dem Betriebsrat und dem Arbeitgeber. Die Betriebsparteien werden dadurch in derselben Weise gebunden, wie die staatliche Gesetzgebung[780]. Braucht auch nicht auf die Grundrechte zurückgegriffen werden, so beeinflussen sie die Auslegung und Anwendung des § 75 BetrVG[781]. Daher ist nicht jede Benachteiligung älterer Mitarbeiter nach § 75 Abs. 1 S. 2 BetrVG verboten. Wie bei Art. 3 Abs. 1 GG fehlt es an einem Verstoß durch eine betriebliche Pensionsgrenze, wenn die Ungleichbehandlung wegen des Al-

[774] BAG v. 20.11.1987, AP Nr. 2 zu § 620 BGB Altersgrenze; v. 7.11.1989, AP Nr. 46 zu § 77 BetrVG 1972
[775] Boerner, Altersgrenzen, S. 299; Kreutz, GK-BetrVG, § 75, Rn. 85 ff. m.w.N.
[776] Stahlhacke, DB 1989, S. 2332
[777] vgl. Gitter-Maydell/Schnapp, S. 95
[778] ebenso ErfK-Kania, § 75 BetrVG, Rn. 8.
[779] Richardi-Richardi, BetrVG, § 75, Rn. 15
[780] Belling, Haftung des Betriebsrats, S. 205, 207
[781] Waltermann, Rechtsetzung durch Betriebsvereinbarung, S. 247

ters auf einem sachlichen Grund beruht[782]. Dafür müssen die Gründe für die Benachteiligung Älterer ein solches Gewicht haben, dass sie die mit der Pensionsgrenze eintretenden schweren Folgen rechtfertigen können.

Danach können in Betriebsvereinbarungen grundsätzlich keine Altersgrenzen für das 65. Lebensjahr vereinbart werden, weil sie zu einer Zwangspensionierung führen[783]. Es gelten vergleichbare Maßstäbe wie für die Rechtfertigung der Ungleichbehandlung durch tarifliche Pensionsgrenzen[784]. Der Verstoß gegen § 75 Abs. 1 S. 2 kann insbesondere nicht mit einer ausreichenden Alterssicherung begründet werden[785]. Die Altersversorgung kann einerseits der Höhe nach die Folgen der Ungleichbehandlung nicht ausgleichen und wiegt den zusätzlichen ideellen Verlust der Beschäftigung nicht auf[786]. Andererseits ist die Benachteiligung gegenüber Jüngeren zu messen, die selbst bei wirtschaftlicher Absicherung nicht zwangsweise aus dem Erwerbsleben ausscheiden müssen[787]. Die vom BAG genannten Rechtfertigungsgründe können die Nachteile des Arbeitsplatzverlustes wegen Überschreitung der Altersgrenze nicht in den Hintergrund treten lassen[788]. Ein sachlicher Grund für die Benachteiligung liegt nur vor, wenn die Altersgrenze dem Schutz des Betroffenen oder dem Schutz vor Gefahren für Dritte dient[789].

c) Keine Einschränkung durch § 41 S. 2 SGB VI

Teilweise wird sich für eine Anwendbarkeit des § 41 S. 2 SGB VI auf betriebliche Pensionsgrenzen ausgesprochen[790]. Die Vorschrift bezwecke den Schutz der Entscheidungsfreiheit des Arbeitnehmers hinsichtlich des Ruhestandsbeginns. Diese werde durch einzelvertragliche wie auch betriebliche Pensionsgrenzen gefährdet. § 41 S. 2 SGB VI sei im Rahmen der Billigkeitskontrolle als höherrangiges und zwingendes Recht zu beachten[791]. Die Vereinbarung einer früheren Pensionsgrenze bei Bestehen eines Rentenanspruchs in einer Betriebsvereinbarung würde danach als auf das 65. Lebensjahr geschlossen gelten, wenn sie nicht innerhalb der letzten drei Jahre vor diesem Zeitpunkt geschlossen oder vom Arbeitnehmer bestätigt worden ist.

---

[782] Boecken, S. 47
[783] Waltermann, RdA 1990, S. 144; Belling, Haftung des Betriebsrats, S. 200
[784] insofern kann auf die Ausführungen auf Seite 178 f. verwiesen werden.
[785] a. A. Hanau, RdA 1976, S. 28, 31; Schröder, S. 202
[786] Boerner, S. 306
[787] Stahlhacke, DB 1989, S. 2332
[788] Kreutz, GK-BetrVG, § 75, Rn. 85
[789] Joost, Anm. zu BAG 20.11.1987 AP Nr. 2 zu § 620 BGB Altersgrenze
[790] Diese Auslegung stimmt mit der des BAG zu tariflichen Pensionsgrenzen in der alten Fassung des § 41 SGB VI überein, nach der Altersgrenzen vor dem 65. Lebensjahr für unwirksam erklärt wurden, vgl. BAG v. 20.10.1993, AP Nr. 3 zu § 41 SGB VI; v. 1.12.1993, AP Nr. 4 zu § 41 SGB VI
[791] Gürtner-KassKomm., § 41 SGB VI, Rn. 18

§ 41 S. 2 SGB VI ist aber nicht auf Pensionsgrenzen in Betriebsvereinbarungen anwendbar[792]. Unter „Vereinbarung" i. d. S. ist nicht die „Abmachung" der Betriebsparteien nach § 77 Abs. 6 BetrVG zu verstehen[793]. Die Vorschrift ist nicht im Rahmen einer Billigkeitskontrolle als höherrangiges Recht zu beachten, weil Prüfungsmaßstab Art. 12 GG ist. Eine Billigkeitskontrolle ist daher schon entbehrlich[794]. Die Geltung kann zudem nicht von einer Bestätigung durch den Arbeitnehmer abhängen. Anderenfalls würde ein Widerspruch zur unmittelbaren und zwingenden Wirkung betrieblicher Regelungen nach § 77 Abs. 4 S. 1 BetrVG bestehen.

d) Fehlende Anwendbarkeit des § 14 Abs. 1 TzBfG

Mit Teilen des Schrifttums hält anscheinend auch das BAG Pensionsgrenzen in Betriebsvereinbarungen nunmehr für zulässig, wenn sie den Anforderungen des § 14 Abs. 1 TzBfG genügen. Auf betriebliche Pensionsgrenzen kann das TzBfG aber keine Anwendung finden.

Das BAG hatte noch nicht über die inhaltlichen Anforderungen einer betrieblichen Pensionsgrenze seit Inkrafttreten des TzBfG zu entscheiden. Die darin vorgenommene Normierung der Grundsätze der Befristungskontrolle spräche für die Anwendbarkeit auf Pensionsgrenzen. Auch die Annahme einer Entfristungsklage nach § 1 Abs. 5 BeschFG als Vorgängergesetz des TzBfG lässt vermuten, dass künftig auch eine materielle Prüfung anhand des § 14 Abs. 1 TzBfG vorgenommen wird[795]. Mit Erreichen der Altersgrenze würde danach ein sachlicher Grund für die Befristung des Arbeitsverhältnisses vorliegen[796]. Im Hinblick auf die bisherigen Entscheidungen des BAG wird auf die ausreichende wirtschaftliche Absicherung der Betroffenen bei Erreichen des Renteneintrittsalters abgestellt. Pensionsgrenzen von 65 Jahren seien in Betriebsvereinbarungen unter dieser Voraussetzung aufgrund der erleichterten Personalplanung des Arbeitgebers, der Schaffung von Aufstiegsmöglichkeiten für Jüngere und der Fürsorglichkeit für den Arbeitnehmer zur Vermeidung von kündigungsrechtlichen Streitigkeiten wegen abnehmender Leistungsfähigkeit zulässig. Pensionsgrenzen, die auf einen früheren Zeitpunkt abstellen, seien dagegen nur aus spezifischen, anerkennenswerten betrieblichen Gründen oder wegen der Sicherheit Dritter zulässig, wenn eine ausreichende wirtschaftliche Absicherung vorliegt[797].

---

792 Es handelt sich wie bei Tarifverträgen um einen Kollektivvertrag, auf den die Vorschrift nicht anwendbar ist, vgl. Seite 181.

793 ErfK-Rolfs, § 41 SGB VI, Rn. 12 ff.; Vollstädt, S. 135; Kreutz, GK BetrVG, § 75 , Rn. 85

794 vgl. Seite 193 f.

795 vgl. Seite 182

796 Maschmann-Annuß/Thüsing, TzBfG, § 14, Rn. 55 ff; MünchArbR-Wank, § 116, Rn. 140 ff.

797 Maschmann-Annuß/Thüsing, TzBfG, § 14, Rn. 56

Gegen die Anwendung des § 14 Abs. 1 TzBfG auch auf betriebliche Pensionsgrenzen bestehen im Grundsatz die Bedenken, die auch gegen die Anwendbarkeit auf Pensionsgrenzen in Tarifverträgen sprechen[798]. Eine betriebliche Pensionsgrenze hat nach § 77 Abs. 4 S. 1 BetrVG zwingende Wirkung und ist daher schon keine rechtsgeschäftliche Befristung i. S. d. § 14 Abs. 1 TzBfG. Die Anwendbarkeit auf betriebliche Regelungen ist im TzBfG nicht angelegt. Eine gesetzliche Klarstellung hätte sich gerade wegen der umstrittenen Regelungskompetenz der Betriebsparteien für Pensionsgrenzen angeboten. Die „sachlichen Gründe" haben sich auf die konkreten Umstände der einzelnen Tätigkeit und nicht auf den gesamten Betrieb zu beziehen. Sie sind daher jedenfalls nicht geeignet, eine generelle Regelung wie eine betriebliche Altersgrenze zu rechtfertigen. Denn bei ihr bezieht sich das Interesse an einer bestimmten Altersstruktur, vorhersehbaren Personalplanung oder der Nachwuchsförderung nicht auf ein einzelnes Arbeitsverhältnisses oder den damit verfolgten Zweck. Diese Gründe sind daher nicht mit den in § 14 Abs. 1 S. 1 Nr. 1 - 8 TzBfG aufgezählten vergleichbar. Selbst wenn man § 14 Abs. 1 TzBfG auf Pensionsgrenzen in Betriebsvereinbarungen anwenden würde, dürfte es wie bei einer tarifvertraglichen Regelung nicht zu einer Einschränkung des Schutzes der Berufsfreiheit des Arbeitnehmers kommen. Daher wird sich im Ergebnis durch die notwendige verfassungskonforme Auslegung keine Abweichung zur Auffassung ergeben, die Art. 12 GG unmittelbar als Prüfungsmaßstab heranzieht.

3. Auswirkungen der Richtlinie

a) Regelungskompetenz der Betriebsparteien

Die zweifelhafte Begründung der Regelungskompetenz der Betriebsparteien aus § 88 BetrVG bzw. dem Umkehrschluss aus § 77 Abs. 3 BetrVG wird den Anforderungen der Richtlinie nicht gerecht.

Nach der Richtlinie stellt eine betriebliche Pensionsgrenze eine grundsätzlich verbotene Diskriminierung wegen des Alters dar, Art. 2 Abs. 2 a), Art. 3 Abs. 1 c) RL. Soll eine betriebliche Regelung davon nach einer den Art. 4 Abs. 1 RL bzw. Art. 6 Abs. 1 S. 2 a), S. 1 RL nachgebildeten Regelung abweichen, so muss der Gesetzgeber dies ausdrücklich gestatten. Zur Frage, ob den Betriebsparteien eine solche Kompetenz zustehen kann, verhält sich die Richtlinie neutral und überlässt die Entscheidung dem nationalen Recht. Grundsätzlich haben die Mitgliedsstaaten selbst ungerechtfertigte Diskriminierungen wegen des Alters zu unterbinden. Nach Art. 13 Abs. 2 RL ist es aber auch möglich, dieses Ziel mit den Betriebsparteien zu verfolgen. Danach können Arbeitgeber und Arbeitnehmer auf „geeigneter Ebene" tätig werden, womit auch Betriebsvereinbarungen gemeint sind. Es obliegt also dem Gesetzgeber zu entscheiden, ob die Betriebs-

[798] Es darf daher auf die Ausführungen auf Seite 182 ff. verwiesen werden.

parteien zur Vereinbarung einer Pensionsgrenze kompetent sind [799]. An einer derartigen ausdrücklichen gesetzlichen Regelung fehlt es bislang.

Allein die Üblichkeit betrieblicher Pensionsgrenzen kann kein Argument sein, sondern spricht eher für die Notwendigkeit einer gesetzlichen Regelung. Mit einer gesetzlichen Regelung aus Anlass der Richtlinienumsetzung würden gleichzeitig die aufgeworfenen Zweifel an der Kompetenz der Betriebsparteien zur Vereinbarung einer Pensionsgrenze beseitigt werden. Es müsste weder auf die bedenkliche Einordnung von Pensionsgrenzen als soziale Angelegenheit noch auf den zweifelhaften Schluss der Kompetenz aus § 77 Abs. 3 BetrVG zurückgegriffen werden.

b) Zulässigkeit betrieblicher Pensionsgrenzen

Selbst wenn den Betriebsparteien die Kompetenz zur Vereinbarung von Pensionsgrenzen eingeräumt wird, entsprechen die bisher von der Rechtsprechung aufgestellten Anforderungen an die Zulässigkeit nicht denen der Richtlinie. Eine Zulassung bei Vorliegen der bisher anerkannten sachlichen Gründe (ob im Rahmen der Rechtfertigung des Eingriffs in Art. 12 GG oder als Gründe i. S. d. § 14 Abs. 1 TzBfG) genügt den Anforderungen des Art. 4 Abs. 1 und Art. 6 Abs. 1 S. 2 a), S. 1 RL nicht.

Betriebliche Pensionsgrenzen sind dabei in erster Linie im Hinblick auf ihre Ungleichbehandlung wegen des Alters zu prüfen. Die Ansicht, § 75 Abs. 1 S. 2 BetrVG sei auf Altersgrenzen für das Ausscheiden aus dem Erwerbsleben nicht anwendbar, kann vor dem Hintergrund der Richtlinie nicht (mehr) überzeugen[800]. Dafür spricht neben den bereits bestehenden Argumenten, dass es sich bei Pensionsgrenzen um Arbeitsbedingungen i.S.d. Art. 3 Abs. 1 c) RL handelt[801]. Als Arbeitsbedingungen betreffen sie nach diesem Verständnis auch die Ungleichbehandlung während der Beschäftigung. Jedenfalls handelt es sich um Entlassungsbedingungen i. S. d. Art. 3 Abs. 1 c) RL, die ebenfalls unter den europarechtskonform anzulegenden § 75 Abs. 1 S. 2 BetrVG zu fassen sind.

aa) Generelle betriebliche Pensionsgrenzen

Die Zulassung betrieblicher Altersgrenzen für die Ausübung der Tätigkeit ist nach der Richtlinie ähnlich zu beurteilen wie bei tarifvertraglichen Pensionsgrenzen[802]. Das gilt sowohl für die Rechtfertigung aufgrund wirtschaftlicher Absicherung als auch hinsichtlich der angeblichen Fürsorglichkeit zum Schutz vor Kündigungsstreitigkeiten. Jedoch ist zu berücksichtigen, dass auf betrieblicher

---

[799] Auch Richardi-Richardi BetrVG, § 77, Rn. 108 sieht selbst bei Vorliegen eines sachlichen Grundes keine Regelungskompetenz der Betriebsparteien.
[800] Schmidt/Senne, RdA 2002, S. 87
[801] vgl. Seite 61 ff.
[802] Es wird daher ergänzend auf die dortigen Ausführungen verwiesen, siehe Seite 185 ff.

Ebene die Pensionsgrenze aufgrund sachlicher Gründe gerechtfertigt sein kann, die sich aus der konkreten Lage und den Umständen des einzelnen Betriebs ergeben können. Wird nicht auf generelle Erwägungen abgestellt, so ist die Regelung spezifischer als eine Pensionsgrenze in einem Tarifvertrag, der für eine Vielzahl von Betrieben einer nicht zwingend homogenen Branche gilt. Der Spielraum zur Rechtfertigung von Pensionsgrenzen aus betrieblichen Gründen und deren sachliche Rechtfertigung wird dennoch nach Umsetzung der Richtlinie deutlich geringer werden[803].

Eine betriebliche Pensionsgrenze von 65 Jahren kann nicht nach Art. 6 Abs. 1 S. 2 a), S. 1 RL gerechtfertigt werden, weil sie der Förderung der beruflichen Eingliederung Jugendlicher dient. Für eine Rechtfertigung spricht zwar, dass man für den einzelnen Betrieb das Bedürfnis nach der Förderung der Eingliederung Jugendlicher betrachtet. In Bereichen mit Fachkräftemangel ist es aber schon nicht notwendig, ältere Mitarbeiter durch eine betriebliche Pensionsgrenze aus dem Erwerbsleben zu drängen, wenn ohnehin freie Stellen nur schwer zu besetzen sind. Doch auch für Betriebe, bei denen ein Überangebot an Stellenbewerben besteht, fehlt es an der Erforderlichkeit fester Pensionsgrenzen zur Förderung der Eingliederung Jugendlicher. Einerseits tritt ein Großteil der Beschäftigten ohnehin schon zuvor in den Ruhestand, der beschäftigungspolitische Effekt ist also gering. Außerdem ist eine generelle Pensionsgrenze mit einer Verlängerungsmöglichkeit genauso gut geeignet, die berufliche Eingliederung von Jugendlichen zu fördern. Dabei würde sie den Betroffenen bei vorhandener Leistungsfähigkeit die Fortsetzung der Tätigkeit ermöglichen.

Auch die bisherige Rechtfertigung aufgrund von Zielen wie der vorausschauenden Personal- und Nachwuchsplanung, eines sachgerechten Altersaufbaus oder der gesunden Beschäftigungsstruktur kann künftig nach Art. 6 Abs. 1 S. 2 a), S. 1 RL für eine betriebliche Pensionsgrenze nicht mehr erfolgen. Zwar können diese Ziele in geeigneter Weise auf betrieblicher Ebene verwirklicht werden, während aus diesem Grund eine Regelung durch Tarifvertrag schon ungeeignet wäre. Denn es erfolgt eine konkrete Betrachtung des Altersaufbaus der Belegschaft und der Beschäftigungsstruktur des Unternehmens. Allerdings ist auch auf betrieblicher Ebene das Kriterium der „sachgerechten“ Altersstruktur eng auszulegen. Zu befürchten ist, dass „sachgerecht“ mit „jung und leistungsfähig“ gleichgesetzt wird. Eine betriebliche Pensionsgrenze führt jedoch zu einem Altersaufbau, der allein Ältere von der Tätigkeit ausschließt. Das kann nicht für alle Tätigkeiten im Betrieb sachgerecht sein. Man sollte auf dieses Kriterium daher aus Gründen der Rechtssicherheit ganz verzichten und auf die individuelle Möglichkeit zur Erbringung der vertraglichen Leistung abstellen. Auf betrieblicher Ebene kann zwar anhand der Qualifikationsanforderungen, der Beschäftigungsstruktur sowie der Einarbeitungszeit und Ausbildungsdauer des einzelnen Unternehmens im Einzelfall untersucht werden, ob eine Pensionsgrenze für eine

[803] so auch Berg-Däubler/Kittner/Klebe, § 75 BetrVG, Rn. 33

vorausschauende Nachwuchsplanung notwendig ist. Jedenfalls sind Pensionsgrenzen mit Verlängerungsmöglichkeit im Verhältnis zu festen Pensionsgrenzen auch insofern das mildere, gleich geeignete Mittel für diesen Zweck. Allenfalls für Spezialisten und Führungskräfte bedürfte es für eine vorhersehbare Personalplanung fester Pensionsgrenzen wegen der längeren Suche nach Ersatz, als sie Kündigungsfristen gewähren können. Eine betriebliche Regelung ist dafür mangels Differenzierung aber nicht geeignet.

bb) Besondere betriebliche Pensionsgrenzen

Wie auch bei tarifvertraglichen Regelungen können betriebliche Pensionsgrenzen zum Schutz der Sicherheit Dritter nach Art. 4 Abs. 1 RL zulässig sein, wenn das Alter eine wesentliche und entscheidende berufliche Anforderung darstellt. Im Ergebnis ergibt sich insofern keine Abweichung zur bisherigen Zulässigkeit von betrieblichen Pensionsgrenzen. Die Rechtfertigungsmöglichkeit entspricht grundsätzlich den Anforderungen, die an tarifvertragliche Pensionsgrenzen gestellt werden[804].

Daneben kann eine betriebliche Pensionsgrenze nach Art. 4 Abs. 1 RL auch dann zugelassen werden, wenn das Alter Teil des konstitutiven Unternehmenskonzepts ist[805]. Hier hat jedoch, um dem Verbot der Altersdiskriminierung effektiv Geltung zu verschaffen, im Hinblick auf Art. 13 EG (effet utile) eine enge Auslegung zu erfolgen. Nur wenn das Alter aus diesem Grund für alle Tätigkeiten innerhalb des Unternehmens wesentlich ist, lässt sich auch eine betriebliche Pensionsgrenze rechtfertigen. Voraussetzung zur Gestattung betrieblicher Pensionsgrenzen ist in beiden Fällen jedenfalls eine ausreichende wirtschaftliche Absicherung, da es ansonsten an der Angemessenheit fehlt.

IV. Individualvertragliche Pensionsgrenzen

1. Bisherige Zulässigkeit einzelvertraglicher Pensionsgrenzen

Individualvertragliche Pensionsgrenzen vor dem 65. Lebensjahr müssen den einfachgesetzlichen Anforderungen des § 41 S. 2 SGB VI genügen. Im Übrigen sind sie nur zulässig, wenn sie dem Maßstab der Befristungskontrolle standhalten, also durch einen sachlichen Grund gerechtfertigt sind. Das ergibt sich inzwischen aus dem für individualvertragliche Pensionsgrenzen anwendbaren § 14 Abs. 1 TzBfG. Danach können insbesondere die Besonderheit der Tätigkeit oder der Wunsch des Arbeitnehmers ein Rechtfertigungsgrund sein. Ist die Pensionsgrenze nicht in einer arbeitsrechtlichen Einheitsregelung vorgesehen, kann sie ansonsten richtigerweise nur bei wirtschaftlicher Absicherung (regelmäßig mit Erreichen des 65. Lebensjahrs) wegen einer bestimmten Altersstruktur, der Sicherung von Aufstiegsmöglichkeiten und einer vorhersehbaren Personalplanung

---

[804] vgl. daher die Ausführungen auf Seite 188 ff.
[805] vgl. Seite 83

nach § 14 Abs. 1 S. 1 TzBfG statthaft sein. Sogar unter 65 Jahren ist eine Pensionsgrenze für leitende Angestellte mit § 14 Abs. 1 S. 1 TzBfG vereinbar, wenn die Zahlung einer angemessen Abfindung vorgesehen ist.

a) Anforderungen des § 41 S. 2 SGB VI

Nach § 41 S. 2 SGB VI gilt eine Vereinbarung, welche die Beendigung des Arbeitsverhältnisses eines Arbeitnehmers ohne Kündigung zu einem Zeitpunkt vorsieht, in dem der Arbeitnehmer vor Vollendung des 65. Lebensjahres eine Rente wegen Alters beziehen kann, dem Arbeitnehmer gegenüber als auf die Vollendung des 65. Lebensjahres abgeschlossen. Eine Ausnahme besteht, wenn die Vereinbarung innerhalb der letzten drei Jahre vor diesem Zeitpunkt abgeschlossen oder vom Arbeitnehmer bestätigt worden ist.

Dadurch ist die freie Vereinbarkeit einer Pensionsgrenze vor dem 65. Lebensjahr für Mitglieder der gesetzlichen Rentenversicherung eingeschränkt. Hat der Arbeitnehmer danach eine Altersgrenze für den Zeitpunkt vereinbart, in dem ihm aufgrund seiner langen Beschäftigungsdauer schon vor dem 65. Lebensjahr Altersrente zusteht (§ 33 Abs. 2 Nr. 2 - 6 SGB VI), hat er ein Wahlrecht. Entweder lässt er die Altersgrenze auf die Vollendung des 65. Lebensjahres gelten oder er bestätigt die frühere Pensionsgrenze. Auf diese Weise wird eine Zwangspensionierung unter 65 Jahren ausgeschlossen. Der Arbeitnehmer soll die freie Entscheidung über eine Fortsetzung der Tätigkeit trotz wirtschaftlicher Absicherung im gewissen Umfang behalten[806]. Eine vergleichbare Spezialregelung für eine individualvertraglich vereinbarte Altersgrenze findet sich im Hinblick auf den Zeitpunkt der Inanspruchnahme von Rentenbezügen nach Altersteilzeit in § 8 Abs. 3 ATG.

Zwischen dem 1.1.1992 und dem 31.7.1994 sah die Vorschrift dagegen ein Verbot für arbeitsrechtliche Pensionsgrenzen vor. Nach § 41 Abs. 4 S. 3 SGB VI i. d. F. des Rentenreformgesetzes von 1992 war eine Vereinbarung, nach der ein Arbeitsverhältnis zu einem Zeitpunkt enden sollte, in dem der Arbeitnehmer Anspruch auf Rente wegen Alters hat, nur dann *wirksam*, wenn die Vereinbarung innerhalb der letzten drei Jahre vor diesem Zeitpunkt geschlossen oder vom Arbeitnehmer bestätigt worden ist. Das Zahlenverhältnis von Beitragszahlern und Rentnern sollte durch diese Flexibilisierung und Verlängerung der Lebensarbeitszeit verbessert werden[807]. Daher waren Pensionsgrenzen in Individualverträgen und, wie das BAG in Auslegung des Begriffs „Vereinbarung" entschied, auch in Kollektivverträgen unwirksam[808]. Bereits kurze Zeit später wurde die Vorschrift aber in ihre ursprüngliche Fassung zurückgeführt, die dem jetzigen Inhalt entspricht. Hintergrund war die Möglichkeit, neben dem Arbeitsentgelt

---

806 Gürtner-KassKomm, § 41 SGB VI, Rn. 11

807 Schaub, ArbR-Hdb., § 39 III, Rn. 62

808 für Tarifverträge: BAG v. 20.10.1993 AP Nr. 3 zu § 41 SGB VI ; v. 1.12.1993, AP Nr. 4 zu § 41 SGB VI

bei Fortsetzung der Tätigkeit über das 65. Lebensjahr hinaus, zusätzlich volle Rentenzahlungen zu beziehen. Außerdem bestand die Gefahr des Missbrauchs der Vorschrift durch Arbeitnehmer, die ihr Ausscheiden aus dem Erwerbsleben von der Zahlung einer Abfindung abhängig machten[809].

In der jetzigen Fassung stellt § 41 S. 2 SGB VI über seinen Wortlaut hinaus keine allgemeine Vorschrift zur Zulässigkeit individualvertraglicher Altersgrenzen für das 65. Lebensjahr dar[810]. Teilweise wird dagegen der Vorschrift entnommen, dass sie die grundsätzliche Zulässigkeit von Pensionsgrenzen von 65 Jahren in Individualverträgen selbstverständlich voraussetze[811]. Durch die Änderung sei der Vorschrift die gesetzgeberische Wertung zu entnehmen, eine Pensionsgrenze von 65 Jahren sei jedenfalls dann zulässig, wenn der Arbeitnehmer durch gesetzliche Rentenzahlungen wirtschaftlich abgesichert sei[812]. Der Wortlaut lässt sich dahingehend aber nicht auslegen. Die Regelung trifft nur eine Sonderregelung für die Verknüpfung von arbeitsrechtlicher und sozialversicherungsrechtlicher Altersgrenze[813]. Dem Gesetzgeber ist es im Hinblick auf Art. 12 GG auch nicht gestattet, auf die Vollendung des 65. Lebensjahres abstellende Altersgrenzen allein wegen der wirtschaftlichen Absicherung zuzulassen[814]. Die Vorschrift hat daher nur einen begrenzten Anwendungsbereich und ist keine abschließende Regelung für individualvertragliche Pensionsgrenzen[815].

b) Befristungskontrolle des BAG

Nach Auffassung des BAG waren individualvertragliche Pensionsgrenzen nach dem Maßstab der Befristungskontrolle zulässig, wenn sie durch einen „sachlichen Grund" gerechtfertigt sind. Das galt sowohl für eine Einheitsregelung, auf die im Arbeitsvertrag Bezug genommen wurde[816], als auch für eine Pensionsgrenze im Arbeitsvertrag selbst[817]. Die Vereinbarung einer Altersgrenze sei eine Bedingung bzw. Befristung des Arbeitsverhältnisses. Danach bedarf es eines sachlichen Grundes zur Rechtfertigung, weil der Kündigungsschutz nicht umgangen werden dürfe. Schließlich sei das Erreichen einer Altersgrenze kein

---

809 Das Verbot von Altersgrenzen für die Beschäftigung sowie seine Geltung für Kollektivverträge waren Gegenstand kontroverser Diskussionen, vgl. Boerner, ZfA 1995, S. 537; Henssler, DB 1993, S. 1669; Gitter-Maydell/Schnapp, S. 92; Waltermann, RdA 1993, S. 209; ders. NZA 1994, S. 822

810 Sievers, TzBfG, § 14, Rn. 175

811 Meinel/Heyn/Herms, TzBfG, § 14, Rn. 67 f.

812 ErfK-Dieterich, § 14 TzBfG, Rn. 77 unter dem Vorbehalt, dass die Regelung den Arbeitnehmer nicht diskriminiere; Zöllner-FS Blomeyer, S. 522

813 Waltermann-FS Blomeyer, S. 498

814 Waltermann, NZA 1994, S. 826; Boecken, S. 49

815 Boerner, ZfA 1995, S. 550

816 BAG v. 11.6.1997, AP Nr. 7 zu § 41 SGB VI

817 BAG v. 23.1.2002, AP Nr. 16 zu § 620 BGB Altersgrenze (hier wurde an die Bestimmung des § 41 S. 2 LuftBO angeknüpft); v. 20.2.2002, AP Nr. 18 zu § 620 BGB Altersgrenze

Grund für eine personenbedingte Kündigung[818]. Die Grundrechte gelten danach zwischen den Parteien des Arbeitsvertrags nur mittelbar. Es fehle insofern an einem Verstoß gegen Art. 12 GG, wenn die Altersgrenze den Anforderungen der Befristungskontrolle genügt[819].

Nach der Rechtsprechung waren deswegen individualvertragliche Pensionsgrenzen von 65 Jahren zulässig, wenn der Arbeitnehmer wirtschaftlich abgesichert ist. Dann habe das Bedürfnis des Arbeitgebers an einer sachgerechten und berechenbaren Personal- und Nachwuchsplanung Vorrang vor dem ideellen und wirtschaftlichen Anliegen des Arbeitnehmers an der Fortsetzung seines Arbeitsverhältnisses. Das ideelle Interesse des Arbeitnehmers an der Fortführung der Tätigkeit bestehe nämlich nur noch für eine begrenzte Zeit. Dem Arbeitnehmer sei die Altersgrenze durch Verbesserung seiner Einstellungs- und Aufstiegsmöglichkeiten auch seinerseits zu gute gekommen[820].

Bei einer früheren Altersgrenze für Cockpitpersonal überwiege das Interesse am Schutz der Gemeinschaft vor altersbedingten Ausfallerscheinungen derart, dass es nicht einmal einer Übergangsversorgung zur Rechtfertigung einer Altersgrenze von 60 Jahren für die Tätigkeit bedürfe[821]. Trotz dieses Interesses an der Sicherheit Dritter hat das BAG jedoch dem Antrag auf Fortbestand des Arbeitsverhältnisses stattgegeben, wenn auf die Altersgrenze von 60 Jahren durch Bezugnahme des Arbeitsvertrags auf den inzwischen auf Großflugzeuge nicht mehr anwendbaren § 41 LuftBO erfolgte. Dass für Großflugzeuge im Gegensatz zu kleineren Fluggeräten keine Altersgrenze bestehe, sei gerechtfertigt, weil sie nicht von einem Piloten sondern von einer Mehr-Piloten-Crew geflogen werden[822]. Inzwischen besteht eine Altersgrenze von 60 (statt 65) Jahren, wenn nicht ein weiterer Pilot unterhalb des 60. Lebensjahres vorhanden ist.

Im Schrifttum wurde sich auf der einen Seite für eine grundsätzlich Unzulässigkeit individualvertraglicher Pensionsgrenzen ausgesprochen. Die von der Rechtsprechung zugelassenen sachlichen Gründe könnten nicht überzeugen. Bei Zulassung individualvertraglicher Pensionsgrenzen bestehe ein grundsätzlicher Wertungswiderspruch mit dem KSchG, weil das Alter gerade kein Grund für eine personenbedingte Kündigung sei. Um durch Anwendung der Befristungskontrolle eine Umgehung des Kündigungsschutzes zu vermeiden, müsse allein auf die konkreten Umstände des Arbeitsverhältnisses abgestellt werden. Allgemeine beschäftigungs- oder arbeitsmarktpolitische Gesichtspunkte seien daher nicht zu berücksichtigen[823]. Allein auf die wirtschaftliche Absicherung abzustel-

[818] zustimmend insofern Gitter/Boerner, Anm. zu BAG v. 11.6.1997, AP Nr. 7 zu § 41 SGB VI

[819] BAG v. 20.2.2002, AP Nr. 18 zu § 620 BGB Altersgrenze

[820] BAG v. 11.6.1997, AP Nr. 7 zu § 41 SGB VI

[821] BAG v. 20.2.2002, AP Nr. 18 zu § 620 BGB Altersgrenze

[822] BAG v. 23.1.2002, AP Nr. 16 zu § 620 BGB Altersgrenze

[823] Boecken, S. 49; Stahlhacke, DB 1989, S. 2331

len, lasse außer Betracht, dass die Arbeit auch der Entfaltung der geistigen und körperlichen Fähigkeiten diene[824]. Die Eröffnung von Aufstiegschancen für Nachwuchskräfte sei nur bei konkreter Betrachtungsweise des Arbeitsplatzes, etwa bei Führungskräften oder Spezialisten, ein sachlicher Grund[825]. Eine Rechtfertigung sei ansonsten nur möglich, wenn in einer berufsbezogenen Prognose davon ausgegangen wird, dass der Arbeitnehmer seine vertraglich geforderte Leistungsfähigkeit nicht mehr erbringen könne, oder die Tätigkeit Gefahren mit sich brächte[826].

Auf der anderen Seite wurde vom Schrifttum die Anwendung der Maßstäbe der Befristungskontrolle auch auf individualvertragliche Pensionsgrenzen kritisiert. Sie könne aus methodischen Gründen nicht überzeugen[827]. Es widerspräche der Vertragsautonomie der Arbeitsvertragsparteien, wenn sie zur Vereinbarung einer Pensionsgrenze an das Erfordernis des sachlichen Grundes gebunden wären[828]. Individualvertragliche Pensionsgrenzen seien daher prinzipiell zulässig, wenn sie vom Arbeitnehmer mit dem Arbeitgeber frei ausgehandelt werden. Da die Arbeitsvertragsparteien keiner unmittelbaren Bindung an Art. 12 GG unterliegen, könnten sie ohne weiteres in Ausübung ihrer Vertragsfreiheit individuell eine Altersgrenze für die Tätigkeit festlegen[829]. Wenn der Arbeitnehmer frei über das Ende der Beschäftigung durch Vereinbarung einer Pensionsgrenze entscheidet, dann sei dies Teil der Ausübung seiner Berufsfreiheit[830]. Anders sei dann zu entscheiden, wenn es am Verhandlungsgleichgewicht der Vertragsparteien fehlt[831]. In der Praxis werde der Arbeitnehmer aber in den seltensten Fällen die Möglichkeit haben, eine solche Klausel aus dem Arbeitsvertrag zu streichen[832]. So lag gerade der vom BAG entschiedene Fall, bei dem die Altersgrenze durch Bezugnahme auf eine Einheitsregelung anwendbar war. Es spielt für die Zulässigkeit daher eine Rolle, ob die Pensionsgrenze individuell vereinbart oder durch eine Bezugnahmeklausel auf das Arbeitsverhältnis Anwendung findet[833].

824 Stahlhacke, DB 1989, S. 2331
825 Schröder, S. 198
826 Schröder, S. 193 f; Laux, NZA 1991, S. 969 f.
827 Waltermann, NJW 1998, S. 2489; ders. Berufsfreiheit im Alter, S. 64 ff.; Heinze, ZRP 1998, S. 308
828 Heinze, ZRP 1998, S. 308
829 Schlüter/Belling, SAE 1979, S. 279
830 Schlüter/Belling, NZA 1988, S. 301; Boerner, ZfA 1995, S. 572
831 Belling, Zeitschrift für Gerontologie, 1989, S. 132; Waltermann, NJW 1998, S. 2490
832 zutreffend: Schlüter/Belling, NZA 1988, S. 301
833 darauf weist Waltermann-FS Blomeyer, S. 503 zu Recht hin.

c) § 14 Abs. 1 TzBfG

Die überwiegenden Argumente sprechen dafür, individuell vereinbarte Pensionsgrenzen nunmehr an § 14 Abs. 1 TzBfG zu messen[834]. Daher sind sie nach derzeitiger Rechtslage nur bei Vorliegen eines sachlichen Grundes zulässig.

aa) Anwendbarkeit auf Pensionsgrenzen

Die Anwendbarkeit des TzBfG auf Altersgrenzen für die Ausübung der Beschäftigung hat der Gesetzgeber nicht ausdrücklich normiert. § 14 Abs. 1 TzBfG enthält nur eine allgemeine Regelung, nach der die Befristung des Arbeitsverhältnisses grundsätzlich eines sachlichen Grundes bedarf. Die Vorschrift ist nach § 21 TzBfG auch auf ein Arbeitsverhältnis anwendbar, dass unter einer auflösenden Bedingung steht. Es spielt daher im Ergebnis keine Rolle, ob man eine Altersgrenze richtigerweise als Befristung oder als Bedingung des Arbeitsverhältnisses ansieht[835]. Die Rechtsprechung des BAG zu dieser Frage ist uneinheitlich, zuletzt wurde die Altersgrenze als Befristung qualifiziert[836].

Die Gründe, die gegen eine Anwendbarkeit des § 14 Abs. 1 TzBfG auf kollektivvertragliche Pensionsgrenzen sprechen, bestehen für eine individualvertraglich vereinbarte Altersgrenze nicht[837]. Im Gegensatz zu einer Altersgrenze in einer Betriebsvereinbarung oder in einem Tarifvertrag ist die Altersgrenze zwischen den Vertragsparteien durch Vereinbarung zustande gekommen. Daher ist das TzBfG, das besondere Anforderungen für Individualverträge vorsieht, nicht von vornherein als Prüfungsmaßstab ungeeignet. Gegen die Anwendbarkeit könnte jedoch sprechen, dass nach § 14 Abs. 3 TzBfG das Sachgrunderfordernis des § 14 Abs. 1 TzBfG bei Abschluss eines Arbeitsvertrags mit einem Arbeitnehmer über 52 Jahren nicht vorliegen müsste. Es wäre daher möglich, nur unter der Voraussetzung des § 41 S. 2 SGB VI eine Altersgrenze zu vereinbaren, ohne dass dafür (im Gegensatz zur Rechtslage bei einem 51-jährigen) ein sachlicher Grund vorliegen müsste. Dagegen hat das BAG bisher den Maßstab der Befristungskontrolle unabhängig vom Alter des Beschäftigten bei Vertragsschluss angewandt. Die Anforderungen an die Zulässigkeit einer Pensionsgrenze können aber letztlich nicht vom Alter des Arbeitnehmers abhängen. § 14 Abs. 3 TzBfG ist daher nicht für Altersgrenzen für die Ausübung der Beschäftigung anzuwenden[838]. Problematisch ist außerdem, dass nach § 15 Abs. 3 TzBfG das Arbeits-

[834] ebenso: ErfK-Müller-Glöge, § 14 TzBfG, Rn. 77 ff.; MünchArbR-Wank, § 116, Rn. 140; Annuß/Thüsing, TzBfG, § 14, Rn. 21 Sievers, TzBfG, § 14 Rn. 172; vgl. das laufende Verfahren vor dem BAG, Az: 7AZR 443/04

[835] ausführlich dazu Belling, Anm. zu BAG v. 20.12.1984, AP Nr. 9 zu § 620 BGB Altersgrenze; Waltermann-FS Blomeyer, S. 504

[836] BAG v. 14.8.2002, AP Nr. 20 zu § 620 BGB Altersgrenze; v. 27.11.2002, AP Nr. 21 zu § 620 BGB Altersgrenze

[837] vgl. Seite 182 und 200

[838] vgl. zur Unvereinbarkeit des § 14 Abs. 3 TzBfG mit der Richtlinie Seite 147 ff.

verhältnis nur dann ordentlich kündbar ist, wenn dies einzelvertraglich oder im in Bezug genommenen Tarifvertrag vereinbart ist. Andernfalls würde das Arbeitsverhältnis nicht der ordentlichen Kündigungsmöglichkeit unterliegen[839]. In anderen Fällen müsste man die ordentliche Kündbarkeit einer stillschweigenden Vereinbarung der Vertragsparteien entnehmen. Dafür wird angeführt, es läge auch im Interesse des Arbeitnehmers, dass das Arbeitsverhältnis einer ordentlichen Kündigung unterliege[840]. Einerseits würde so aber die gesetzliche Ausnahme in § 15 Abs. 3 TzBfG (ordentliche Kündbarkeit trotz Befristung) zum Regelfall werden. Andererseits liegt wohl die ordentliche Kündbarkeit durch den Arbeit*geber* regelmäßig nicht im Interesse des Arbeitnehmers, allenfalls soll ihm diese Möglichkeit zustehen.

Trotz dieser Bedenken spricht die bisherige Anwendung des Maßstabs der Befristungskontrolle für die Anwendbarkeit des § 14 Abs. 1 TzBfG. Denn die Vorschrift wurde nicht nur zur Umsetzung der Richtlinie 1999/70/EG und zur Fortführung des BeschFG geschaffen, sondern auch, um die Rechtsprechung zur Befristungskontrolle zu normieren[841]. Durch den Prüfungsmaßstab des § 14 Abs. 1 TzBfG kann auf die umstrittene Begründung der Anwendung der Befristungskontrolle zur Vermeidung der Umgehung des KSchG verzichtet werden[842]. Da außerdem eine Kleinbetriebsklausel im TzBfG fehlt, besteht der bisherige Widerspruch nicht mehr, nach dem das Sachgrunderfordernis für Altersgrenzen bei Kleinbetrieben nicht hätte gelten dürfen[843].

Unklar ist, ob der Gesetzgeber davon ausgeht, dass die Beendigung eines Arbeitsvertrags bei Erreichen einer Altersgrenze eine Befristung darstellt: Der Entwurf zur Reform des § 23 KSchG sah in Erweiterung der Kleinbetriebsklausel vor, dass fünf zusätzliche befristete Arbeitsverhältnisse nicht zur Anwendbarkeit des KSchG führen. Nach dem geplanten § 23 Abs. 1 S. 5 KSchG waren darunter aber nicht solche befristeten Arbeitsverhältnisse zu verstehen, bei denen das Arbeitsverhältnis bei Erreichen einer Altersgrenze endet[844]. Der Hinweis wäre überflüssig, wenn unter einer Pensionsgrenze nicht grundsätzlich ein befristetes Arbeitsverhältnis zu verstehen wäre. Auf diese Klarstellung wurde in der endgültigen Fassung jedoch verzichtet[845].

---

839 ErfK-Müller-Glöge, § 15 TzBfG, Rn. 14

840 Zöllner-FS Blomeyer, S. 521

841 Meinel/Heyn/Herms, TzBfG, § 14, Rn. 1

842 Waltermann-FS Blomeyer, S. 501

843 dazu Seite 163 f.

844 so noch Art. 1 Nr. 7 des Entwurfs eines Gesetz zur Reform am Arbeitsmarkt, BR-Drucks. 676/03

845 vgl. Art. 1 Nr. 7 b) des Gesetzes zur Reform am Arbeitsmarkt, BGBl I 2003, S. 3003

bb) Besonderheit der Tätigkeit nach § 14 Abs. 1 S. 2 Nr. 4 TzBfG

Ein sachlicher Grund für eine individualvertragliche Pensionsgrenze kann sich nach §14 Abs. 1 S. 2 Nr. 4 TzBfG aus der Besonderheit der Tätigkeit ergeben[846].

Der sachliche Grund liegt etwa dann vor, wenn die erforderliche Leistungsfähigkeit nachweisbar altersbedingt nachlässt und altersbedingtes Versagen zu einer erheblichen Gefahr für Dritte führen würde. Da grundsätzlich ein solcher Zusammenhang zwischen Leistungsfähigkeit und Alter nicht besteht, bedarf es eines wissenschaftlich belegten Nachweises der Gefährdung bei Erreichen einer Altersgrenze. So sind Pensionsgrenzen (auch schon vor dem 65. Lebensjahr) für Arbeitsverhältnisse nach § 14 Abs. 1 S. 2 Nr. 4 TzBfG zulässig, bei denen ein erhebliches Sicherheitsrisiko durch die Gefahr von körperlichen Ausfällen das Ausscheiden aus dem Erwerbsleben rechtfertigt. Eine besondere Pensionsgrenze kann daher etwa für Flugpiloten oder Fluglotsen nach den für Kollektivverträge dargestellten Grundsätzen zulässig sein, auch wenn sie einzelvertraglich vereinbart wurde[847]. Da ein ausreichender Nachweis für andere Berufsgruppen nicht vorliegt, scheidet eine Rechtfertigung etwa für Busfahrer aus. Bei sicherheitssensiblen Tätigkeiten besteht nämlich die Möglichkeit der ordentlichen Kündigung, wobei grundsätzlich die Weiterbeschäftigung auf einem anderen Arbeitsplatz geprüft werden muss. Dieses Erfordernis besteht bei der sachlichen Rechtfertigung der Pensionsgrenze nach § 14 Abs. 1 TzBfG dagegen nicht[848].

cc) Personenbezogener Grund, § 14 Abs. 1 S. 2 Nr. 6 TzBfG

Bei der Rechtfertigung der Pensionsgrenze nach § 14 Abs. 1 S. 2 Nr. 6 TzBfG kann entgegen verbreiteter Auffassung im Schrifttum nur der ausdrückliche Wunsch des Arbeitnehmers ein „in der Person des Arbeitnehmers liegender Grund" sein.

Unter der Rechtfertigung wegen eines in der Person des Arbeitnehmers liegenden Grundes sind nach der Gesetzesbegründung u. a. Befristungen aus sozialen Gründen und für die Dauer der Aufenthaltserlaubnis zu verstehen[849]. Altersgren-

---

[846] Waltermann-FS Blomeyer, S. 506

[847] ErfK-Rolfs, § 41 SGB VI Rn. 18 geht aufgrund BAG v. 23.1.2002, AP Nr. 16 zu § 620 BGB Altersgrenze, davon aus, dass einzelvertraglich eine Altersgrenze von 60 Jahren für Piloten nicht mehr vereinbart werden kann. Die Beendigung hing aber nicht von einer Altersgrenze, sondern von der Anwendbarkeit des § 41 LuftBO auf den vom Kläger geflogenen Flugzeugtyp ab, woran es aber seit dem 1.9.1998 fehlte. Eine weitergehende Aussage lässt sich dem Urteil nicht entnehmen.

[848] Zöllner-FS Blomeyer, S. 525 bindet die sachliche Rechtfertigung einer Pensionsgrenze vor dem 65. Lebensjahr nach § 14 Abs. 1 TzBfG sowohl an die Unmöglichkeit der Weiterbeschäftigung als auch an eine Schutzpflicht des Arbeitgebers zur Weiterbeschäftigung bei fehlender Altersversorgung. Ein Anhaltspunkt dafür bietet der Wortlaut des § 14 Abs. 1 TzBfG jedoch nicht.

[849] BT-Drucks. 14/4374, S. 19

zen sind dagegen nicht erwähnt. Die im Rahmen der Befristungskontrolle durch das BAG anerkannten sachlichen Gründe für eine individualvertragliche Pensionsgrenze werden im Schrifttum teilweise unter § 14 Abs. 1 S. 2 Nr. 6 TzBfG subsumiert[850]. Doch sind vorausschauende Personalplanung, Altersstruktur und Aufstiegschancen für Jugendliche keine Gründe, die sich auf die Person des Beschäftigten beziehen.

Auch die Vollendung des 65. Lebensjahres bei angemessener wirtschaftlicher Absicherung ist kein anzuerkennender sachlicher Grund nach § 14 Abs. 1 S. 2 Nr. 6 TzBfG[851]. Anderenfalls würde das KSchG umgangen, wonach das Alter kein Grund für eine personenbedingte Kündigung ist[852]. Die Gegenmeinung sieht dagegen den sozialen Schutz durch die gesetzliche Rentenversicherung aufgefangen. Allein die Grenzen des § 41 S. 2 SGB VI seien danach zu beachten, da besondere Regelungen nach § 23 TzBfG unberührt bleiben. Eine sachliche Rechtfertigung allein in der wirtschaftlichen Absicherung durch gesetzliche Rentenbezüge zu sehen, widerspricht aber der eindeutigen gesetzlichen Wertung des § 41 S. 1 SGB VI. Danach kann der Anspruch auf Rentenzahlungen kein Grund für eine Kündigung nach dem KSchG sein. Würde man aus diesem Grund eine Altersgrenze zulassen, widerspräche dies daneben der mittelbar zu beachtenden Wertung des Art. 12 GG. Die Berufsfreiheit dient nicht nur der wirtschaftlichen Existenzsicherung, sondern auch der individuellen Entfaltung der Persönlichkeit. Abzulehnen ist daher auch die Auffassung, eine Altersgrenze von 65 Jahren könne sogar ohne wirtschaftliche Absicherung zulässig sein[853]. Es könne danach nicht zu Lasten des Arbeitgebers gehen, wenn der Arbeitnehmer die Voraussetzungen der sozialversicherungsrechtlichen Altersversorgung nicht erfüllt. Das müsste schon deshalb gelten, weil ansonsten die Einstellungschancen älterer Arbeitnehmer erheblich gemildert würden. Selbst wenn eine gesetzliche Altersrente allein nicht mehr für eine angemessene Altersversorgung reicht, und es zunehmend auf eine selbständige Vorsorge des Arbeitnehmers ankomme, dürfe das nicht zu Lasten des Arbeitgebers gehen.

Diese Auffassung steht aber nicht nur im Widerspruch zur Gesetzeswertung des § 41 S. 2 SGB VI; mit dem erzwungenen Ausscheiden aus dem Arbeitsverhältnis durch eine Pensionsgrenze würde man dem Arbeitnehmer auch die Möglichkeit nehmen, sich selbständig eine wirtschaftliche Grundlage für die Zeit nach dem Erwerbsleben zu schaffen.

---

850 so anscheinend ErfK-Müller-Glöge, § 14 TzBfG, Rn. 77 ff.; MünchArbR-Wank, § 116, Rn. 140 ff.; Sievers, TzBfG, § 14, Rn. 175 ff.; differenzierend dagegen: Waltermann-FS Blomeyer, S. 504; Annuß/Thüsing, TzBfG, § 14, Rn. 21

851 a. A. Sievers, TzBfG, § 14 Rn. 175; MünchArbR-Wank, § 116, Rn. 140; ErfK-Müller-Glöge, § 14 TzBfG, Rn. 77

852 ErfK-Ascheid, § 1 KSchG, Rn. 248; BAG v. 20.12.1984, AP Nr. 2 zu § 620 BGB Altersgrenze

853 Zöllner-FS Blomeyer, S. 523 f.

Als sachlicher Grund des § 14 Abs. 1 S. 2 Nr. 6 TzBfG ist dagegen der ausdrückliche Wunsch des Arbeitnehmers anzuerkennen, mit Erreichen einer Altersgrenze aus dem Arbeitsverhältnis auszuscheiden. Ein bloßes Einverständnis mit einer vom Arbeitgeber verlangten Altersgrenze für die Beschäftigung genügt dagegen nicht[854]. Denn es handelt sich beim TzBfG um ein Schutzgesetz des Arbeitnehmers. Insofern ist zu beachten, dass der Arbeit*nehmer* in seiner Vertragsfreiheit zu schützen ist. Er kann selbst entscheiden, ob er seinen Ruhestand längerfristig plant und er daher das Ausscheiden mit Erreichen einer festen Altersgrenze festlegen möchte. Diese Entscheidung des Arbeitnehmers ist zudem durch Art. 12 GG geschützt[855]. Von einem Wunsch des Arbeitnehmers kann aber nur dann gesprochen werden, wenn die Vereinbarung der Pensionsgrenze auf seinem freien Willen beruht, woran es bei Vorgabe im AGB von vornherein fehlt.

dd) Sachliche Gründe nach § 14 Abs. 1 S. 1 TzBfG

Ist die Pensionsgrenze nicht in einer arbeitsrechtlichen Einheitsregelung vorgesehen, sondern individuell ausgehandelt, kann sie im Einzelfall durch den sachlichen Grund einer bestimmten Altersstruktur, der Sicherung von Aufstiegsmöglichkeiten oder einer vorhersehbaren Personalplanung nach § 14 Abs. 1 S. 1 TzBfG zulässig sein. Das gilt auch bei leitenden Angestellten, wenn die Zahlung einer angemessen Abfindung vorgesehen ist.

Die ausdrücklich aufgeführten Regelbeispiele in § 14 Abs. 1 S. 2 Nr. 1-8 TzBfG enthalten keinen abschließenden Katalog zur sachlichen Rechtfertigung einer Pensionsgrenze, wie der Wortlaut „insbesondere" zeigt. Bei der Auslegung des unbestimmten Rechtsbegriffs des „sachlichen Grundes" nach § 14 Abs. 1 S. 1 TzBfG muss es sich aber um einen Grund handeln, der den im Katalog genannten Regelbeispielen von seiner Wertung her entspricht[856].

Es ist auf den Schutz des Arbeitnehmers abzustellen, weil das Sachgrunderfordernis dem Schutz vor einer Umgehung des KSchG dient. Ein Wertungswiderspruch besteht, wenn man die Pensionsgrenze mit dem Schutz des Arbeitnehmers vor Kündigungsstreitigkeiten über seine Leistungsfähigkeit begründen würde. Eine personenbedingte Kündigung ist nur bei nachweislich nicht vorhandener Leistungsfähigkeit gerechtfertigt. Man würde dem Arbeitnehmer also gerade den Schutz des KSchG entziehen. Die sachlichen Gründe müssen sich daneben auf den Inhalt des konkreten Arbeitsverhältnisses oder dem damit verfolgten Zweck beziehen. Daher kann auch das allgemeine arbeitsmarktpolitische Ziel der Eingliederung Jugendlicher in den Arbeitsmarkt kein Grund zur Zulassung einer Pensionsgrenze nach § 14 Abs. 1 S. 1 TzBfG sein.

[854] Meinel/Heyn/Herms, TzBfG, § 14, Rn. 53
[855] Schlüter/Belling, NZA 1988, S. 301; Boerner, ZfA 1995, S. 572
[856] MünchArbR-Wank, § 116, Rn. 162 f.

Als sachliche Gründe anzuerkennen sind dagegen *konkrete* betriebliche Erwägungen des Arbeitgebers, während allgemeine personalpolitische Erwägungen ohne Bezug auf die jeweilige Tätigkeit keine sachlichen Gründe zur Befristung sein können[857]. Dazu zählt eine bestimmte Altersstruktur, die Sicherung von Aufstiegsmöglichkeiten von Mitarbeiten und eine vorhersehbare Personalplanung. Hier besteht kein Wertungswiderspruch zum KSchG, weil Personalstruktur und berechtigte betriebliche Interessen nach § 1 Abs. 3 S. 2 KSchG eine Einbeziehung in die Sozialauswahl ausschließen können[858]. Bei einer Altersgrenze vor dem 65. Lebensjahr wird man (neben den Anforderungen des § 41 S. 2 SGB VI) diese Gründe zum Schutz des Arbeitnehmers aber nur dann als sachlich gerechtfertigt anerkennen können, wenn er finanziell ausreichend abgesichert ist[859]. An einem Wertungswiderspruch mit dem KSchG fehlt es auch bei einer Pensionsgrenzenvereinbarung mit leitenden Angestellten, wenn die Zahlung einer angemessen Abfindung bereits bei Vertragsschluss vereinbart wurde[860]. Vor Inkrafttreten des TzBfG wurde die Pensionsgrenze mit leitenden Angestellten bei Zahlung eines angemessenen finanziellen Ausgleichs als ein vorgezogener Aufhebungsvertrag gesehen. In der Vereinbarung einer Entschädigung liegt nunmehr ein sachlicher Grund nach § 14 Abs. 1 S. 1 TzBfG. Im Hinblick auf § 14 Abs. 2 i.V.m. § 9 KSchG stellt das ausnahmsweise keine Umgehung des KSchG dar. Beruht die Vereinbarung auf einer freien Entscheidung der Führungskraft, so ist eine Vorverlagerung auf unter 65 Jahren möglich. Anderenfalls müsste eine sachliche Rechtfertigung wegen besonderen Anforderungen an die Konzentrations- und Leistungsfähigkeit im Einzelfall konkret nachgewiesen werden[861].

Diese sachlichen Gründe können aber eine Pensionsgrenze nur dann rechtfertigen, wenn der Arbeitnehmer in der Lage ist, auf die Vereinbarung Einfluss zu nehmen. Er muss die vorgesehene Regelung zur Altersgrenze auch ablehnen können. Ist dagegen die Altersgrenze nicht individualvertraglich vereinbart, sondern - wie im Regelfall - in AGB vorgesehen, besteht ein Verhandlungsungleichgewicht. Die Auslegung des „sachlichen Grundes“ hat dann nicht allein anhand der Vertragsautonomie sondern auch anhand der mittelbar zu berücksichtigen Berufsfreiheit des Arbeitnehmers zu erfolgen. Die genannten Interessen des Arbeitgebers betreffen seine Berufs*ausübungs*freiheit und können daher den Eingriff in die Berufs*wahl* des Arbeitnehmers durch eine Pensionsgrenze nicht rechtfertigen[862]. Daher kann weder die Altersstruktur, noch die Sicherung

---

857 ErfK-Müller-Glöge, § 14 TzBfG, Rn. 59

858 vgl. Änderung durch Art. 1 des Gesetzes zur Reform am Arbeitsmarkt, BGBl I 2003, S. 3003

859 Waltermann-FS Blomeyer, S. 505

860 MünchArbR-Wank, § 116, Rn. 67

861 kritisch auch ErfK-Müller-Glöge, § 14 TzBfG, Rn. 80

862 Waltermann-FS Blomeyer, S. 506

von Aufstiegsmöglichkeiten und vorausschauende Personalplanung bei einer Einheitsregelung ein sachlicher Grund i. S. d. § 14 Abs. 1 S. 1 TzBfG sein.

2. *Auswirkungen der Richtlinie*

Zum Schutz vor Ungleichbehandlung wegen des Alters verbietet die Richtlinie die freie Vereinbarkeit einer Pensionsgrenze, außer sie ist ausnahmsweise gerechtfertigt. Sprechen auch die überwiegenden Argumente für die Anwendbarkeit des § 14 Abs. 1 TzBfG auf individualvertragliche Pensionsgrenzen, sollte der Gesetzgeber insofern eine gesetzgeberische Klarstellung vornehmen.

Soweit die Vorgaben der Richtlinie auf individualvertragliche Pensionsgrenzen von vornherein nur für eingeschränkt anwendbar gehalten werden, ist dem nicht zu folgen[863]. Begründet wird dies damit, der Arbeitnehmer wisse schließlich im Voraus, worauf er sich einlässt und eine gegenteilige Erwartung (Fortsetzung des Arbeitsverhältnisses über die Altersgrenze hinaus) sei nicht geweckt worden. Doch wird tatsächlich nahezu jede Beschäftigung bei Erreichen des 65. Lebensjahrs durch eine Altersgrenze beendet. Es fehlt daher regelmäßig an einer Wahlmöglichkeit für den Arbeitnehmer. Regelmäßig ist die Situation bei Vertragsschluss durch ein fehlendes Gleichgewicht der Verhandlungspositionen geprägt[864]. Die Tatsache allein, dass sich der Betroffene von vornherein seiner Diskriminierung bewusst ist, gleich welche konkrete Anstellung er wählt, kann zudem an der diskriminierenden Wirkung der Ungleichbehandlung nichts ändern.

a) *Zulässigkeit genereller Pensionsgrenzen*

Nach der Richtlinie können selbst individuell vereinbarte Pensionsgrenzen künftig neben dem Wunsch des Arbeitnehmers nur ausnahmsweise wegen vorhersehbarer Personal- und Nachwuchsplanung, einer bestimmten Altersstruktur und Aufstiegsmöglichkeiten sowie für Führungskräfte gerechtfertigt sein. Die Zulassung individualvertraglicher Altersgrenzen nach § 14 Abs. 1 S. 2 Nr. 6 bzw. S. 1 TzBfG wird daher nicht den Anforderungen des Art. 6 Abs. 1 S. 2 a), S. 1 RL gerecht[865].

Entgegen der bisherigen Auffassung des BAG und Teilen des Schrifttums kann künftig als Rechtfertigungsgrund nicht mehr die wirtschaftliche Absicherung mit Erreichen des Rentenalters herangezogen werden. Denn nach Art. 6 Abs. 1 S. 2 a), S. 1 RL kann dies allein kein Argument für die Ungleichbehandlung durch eine Altersgrenze sein. Das ergibt sich schon aus dem Zweck des Diskriminierungsverbots. Es soll älteren Arbeitnehmern die volle Teilhabe am wirtschaftlichen, kulturellen und sozialen Leben und die individuelle Entfaltung gerade in

---

[863] so offenbar Thüsing, RdA 2003, S. 262
[864] Schmidt-FS Dieterich, S. 598 f.
[865] offen gelassen von Dörner, NZA 2003, Sonderbeilage zu Heft 16, S. 38

Beschäftigung und Beruf ermöglichen[866]. Die Verschiebung der Altersgrenze auf das 65. Lebensjahr nach § 41 S. 2 SBG VI reicht dafür allein nicht aus. Hat der Arbeitnehmer aus eigenem Wunsch heraus kein Interesse, kann er auch künftig eine feste Pensionsgrenze vereinbaren. Ansonsten spielt es für die Teilnahme am Berufsleben keine Rolle, ob das Interesse an der Fortführung der Tätigkeit nur noch für kurze Zeit besteht. Das Interesse an der Beschäftigung mit zunehmendem Alter geringer zu bewerten, wäre selbst eine Benachteiligung wegen des Alters. Um dem Erfordernis der Angemessenheit zu genügen, bedarf es bei der Rechtfertigung aus anderen Gründen jedenfalls der wirtschaftlichen Absicherung des Arbeitnehmers[867].

Keine Rechtfertigung kann nach Art. 6 Abs. 1 S. 2 a), S. 1 RL wegen der angeblichen Fürsorglichkeit zum Schutz des Arbeitnehmers vor kündigungsrechtlichen Streitigkeiten erfolgen. Damit wird dem Arbeitgeber nämlich nur der konkrete Nachweis erspart, dass der Arbeitnehmer altersbedingt seinen Pflichten nicht mehr gerecht werden kann. Darin liegt eine schematische Betrachtung des Abfalls der Leistungsfähigkeit im Alter und damit eine ungerechtfertigte Benachteiligung wegen des Alters.

Wie bisher kann dagegen das spezifische Interesse des Arbeitgebers an einer bestimmten Altersstruktur seiner Beschäftigten, Aufstiegsmöglichkeiten für seine Mitarbeiter und einer vorhersehbaren Personalplanung zur Rechtfertigung nach Art. 6 Abs. 1 S. 2 a), S. 1 RL genügen[868]. Allerdings muss eine feste Pensionsgrenze dafür geeignet, erforderlich und angemessen sein. Bei der Rechtfertigung einer Pensionsgrenze wegen einer bestimmten Altersstruktur kommt als milderes Mittel im Hinblick auf die Ungleichbehandlung wegen des Alters eine Altersgrenze mit Verlängerungsoption in Betracht. Die Zulässigkeit hängt von der konkreten Tätigkeit, insbesondere den Qualifikationsanforderungen und der Stellung in der Betriebshierarchie ab. Dabei ist auch zu beachten, dass ein Großteil der Arbeitnehmer bei Erreichen des Rentenalters ohnehin aus dem Erwerbsleben ausscheiden will.

Aus diesem Grund ist auch hinsichtlich der Schaffung von Aufstiegsmöglichkeiten für Mitarbeiter eine feste Altersgrenze nicht zwingend das mildeste Mittel. Beim Bedarf von Aufstiegsmöglichkeiten ist zu berücksichtigen, ob der freiwerdende Arbeitsplatz neu besetzt wird bzw. die Tätigkeit durch einen Mitarbeiter oder durch eine Neueinstellung fortgeführt wird. Für eine vorhersehbare Nachwuchsplanung ist die Pensionsgrenze dagegen nur zu rechtfertigen, wenn die Kündigungsfristen nicht ausreichend sind, um in angemessener Zeit Ersatz für den ausscheidenden Arbeitnehmer zu finden. Für Führungskräfte und Spezialisten wird daher eine feste Pensionsgrenze regelmäßig gerechtfertigt sein. Für sie

---

[866] vgl. Seite 48

[867] vgl. zu den Anforderungen der Richtlinie allgemein Seite 98 ff.

[868] anders für Tarifverträge Seite 185 ff. bzw. für Betriebsvereinbarungen Seite 202 ff.

kann sich eine Rechtfertigungsmöglichkeit bei Zahlung einer angemessenen Abfindung sogar schon vor dem 65. Lebensjahr ergeben. Argument dafür kann zwar nicht sein, dass dieses Interesse Vorrang vor dem ideellen und wirtschaftlichen Anliegen des Arbeitnehmers an der Fortsetzung seines Arbeitsverhältnisses hat, weil der Arbeitnehmer im hohen Alter wirtschaftlich abgesichert sei. Vielmehr ist von Bedeutung, dass der Betroffene sich wegen seines Alters ungleich behandeln lassen muss, weil ansonsten das betriebliche Interesse des Arbeitgebers gefährdet werden würde. Insofern ist zuzustimmen, dass eine Spitzen- und Führungskraft selbst von der Pensionsgrenze seines Vorgängers beim Aufstieg profitiert hat.

Dagegen kann eine Rechtfertigung nach Art. 6 Abs. 1 S. 2 a), S. 1 RL aus allgemeinen beschäftigungs- und arbeitsmarktpolitischen Zielen künftig nicht in Betracht kommen[869]. Für solche Ziele ist der einzelne Arbeitgeber nicht zuständig. Eine Pensionsgrenzenregelung, die allein ein konkretes Arbeitsverhältnis betrifft, ist zur generellen Förderung der beruflichen Eingliederung Jugendlicher oder Personen mit Fürsorgepflichten nicht geeignet. Hält man die Pensionsgrenze dagegen, wie dies zum Teil für § 14 Abs. 1 TzBfG vertreten wird, bei gesamtwirtschaftlicher Betrachtung für die Eingliederung Jugendlicher geeignet, so sind *feste* Pensionsgrenzen dafür jedenfalls nicht erforderlich. Vergleichbare beschäftigungspolitische Effekte sind von der Gestattung von Pensionsgrenzen zu erwarten, die eine Verlängerungsoption für den Arbeitnehmer enthalten. Aufgrund der geringen Anzahl derer, die über das Rentenalter hinaus arbeiten wollen, wird diese Regelung den Anforderungen der Verhältnismäßigkeit gerecht.

b) Zulässigkeit besonderer Pensionsgrenzen

Eine Rechtfertigung von Pensionsgrenze kann künftig daneben wegen des Alters als wesentliche und entscheidende Voraussetzung für die Tätigkeit nach Art. 4 Abs. 1 RL erfolgen[870]. Der Maßstab ist insofern strenger als der des § 14 Abs. 1 S. 2 Nr. 4 TzBfG.

Wie bisher kann danach eine einzelvertraglich Pensionsgrenze jedenfalls im Interesse des Schutzes der Gesundheit Dritter liegen. Doch erst bei einem erheblichen Sicherheitsrisiko kann statt individueller Tests eine in der Altersgrenze generalisierte Betrachtungsweise zulässig sein. Hier kann die Erfahrung des Arbeitgebers mit zuvor Beschäftigten durchaus ergeben, dass eine generelle Betrachtung aufgrund abnehmender Leistungsfähigkeit gerechtfertigt ist. Das Risiko eines Leistungsabbaus bei Piloten genügt aufgrund der Gefahren für Dritte, um eine Altersgrenze von 60 Jahren zu rechtfertigen[871]. Ein Verweis auf Be-

[869] a. A. Zöllner-FS Blomeyer, S. 532

[870] vgl. allgemein den diesbezüglichen Anforderungen des Art. 4 Abs. 1 RL Seite 83

[871] so wohl auch Schmid/Sarbinowski, NZA-RR 2003, S. 115 f.

schränkung der Fluglizenz mit 60 bzw. 65 Jahren nach § 4 der 1. Durchführungsverordnung der LuftPersV genügt ebenfalls. Das Alter kann zudem aus Gründen der Authentizität und als Teil eines konstitutiven Unternehmenskonzepts für eine einzelne Tätigkeit nach Art. 4 Abs. 1 RL maßgeblich sein. Auch hier gelten strengere Maßstäbe als nach § 14 Abs. 1 TzBfG, um dem Verbot der Altersdiskriminierung effektiv Geltung verschaffen zu können. Daher kann eine gesellschaftlich überholte Vorstellung über fehlende Dynamik und Flexibilität älterer Erwerbstätiger nicht ausreichen, was auch für eine bloße Kundenerwartung gilt. Ein jugendliches Erscheinungsbild des Unternehmens würde etwa eine Pensionsgrenze für Flugbegleiter nicht rechtfertigen.

D. Altersgrenzen bei Beendigung der Beschäftigung

I. Kündigung wegen Erreichens einer Altersgrenze

Die gesetzlichen Schutzvorschriften des § 1 KSchG und § 41 S. 1 SGB VI bei einer Kündigung wegen Erreichens einer Altersgrenze werden den Anforderungen der Richtlinie wegen ihres beschränkten Anwendungsbereichs nicht gerecht.

Das Überschreiten einer Altersgrenze kann bei Anwendbarkeit des KSchG schon bisher kein personenbedingter Kündigungsgrund nach §§ 1 Abs. 1, 2 KSchG sein[872]. Das Lebensalter ist bei der Beendigung der Beschäftigung als *ein* Kriterium im Rahmen der Sozialauswahl bei betriebsbedingten Kündigungen gem. § 1 Abs. 3 S. 1 KSchG zu berücksichtigen[873]. Zwar wird auch bei Auswahlrichtlinien nach § 95 BetrVG das Alter der Betroffenen beachtet, eine schematisierte Anknüpfung an eine Altersgrenze aufgrund Nachlassens der Leistungsfähigkeit ist aber wegen § 75 Abs. 1 S. 2 BetrVG unzulässig[874]. Die fehlende Berücksichtigung von Zeiten ab dem 55. Lebensjahr für die Betriebszugehörigkeit soll dabei nach Art. 6 Abs. 1 RL gerechtfertigt sein, weil ältere rentennahe Arbeitnehmer von einer Kündigung weniger hart betroffen seien[875]. Für Kleinbetriebe nach § 23 Abs. 1 KSchG und Arbeitnehmer, für die das KSchG nach 1 Abs. 1 KSchG noch keine Anwendung findet, besteht dagegen kein Verbot einer Kündigung wegen des Alters nach Vorbild der Geschlechterdiskriminierung in § 611 a Abs. 1 S. 1 BGB. Ein Verstoß gegen Treu und Glauben nach § 242 BGB liegt nicht vor, weil es sich nicht um eine sachfremde oder willkürliche Ungleichbehandlung handelt. Das Erreichen der Altersgrenze, bei der ein Anspruch auf Rente wegen Alters gegeben ist, kann dagegen nach § 41 Abs. 1 S. 1 SGB VI kein Grund für eine ordentliche Kündigung sein. Voraussetzung ist jedoch sowohl die Anwendbarkeit des KSchG wie eine Versicherungspflicht nach den Vorschriften des SGB VI.

Wegen des begrenzten Anwendungsbereichs genügt weder § 1 KSchG noch § 41 S. 1 SGB VI den Anforderungen der Richtlinie. Denn danach sind Kündigungen wegen des Erreichens einer bestimmten Altersgrenze nicht in jedem Fall unzulässig. Das Diskriminierungsverbot gilt im Gegensatz zum KSchG unabhängig von der Dauer der Beschäftigung und der Betriebsgröße, weil dies auf die diskriminierende Wirkung für den Betroffenen keinen Einfluss hat[876]. Das

---

872 ErfK-Ascheid, § 1 KSchG, Rn. 248

873 Seit dem 1.1.2004 wird wieder explizit als sozialer Gesichtspunkt auch das Lebensalter genannt. Weil es nur Teil der Abwägung ist, liegt wohl kein Verstoß gegen die Richtlinie vor, HaKo-Gallner, § 1 KSchG, Rn. 748

874 Kreutz, GK- BetrVG, § 75, Rn. 82

875 LAG Niedersachsen, Urteil vom 28.5.2004, Az: 10 Sa 2180/03, LAG Report 2005, S. 52ff.

876 Anders der ADEA, der eine Einschränkung nach Betriebsgröße vorsieht, wurde eine derartige Einschränkung in Art. 3 Abs. 1 a) RL bewusst unterlassen, Seite 57.

Kündigungsverbot wegen des Erreichens einer Altersgrenze kann nach Art. 6 Abs. 1 S. 2 a), S. 1 RL weder durch die wirtschaftliche Absicherung noch durch eine vermutete abnehmende Leistungsfähigkeit oder den Altersaufbau der Belegschaft gerechtfertigt werden[877]. Die Berücksichtigung des Lebensalters im Rahmen der Sozialauswahl des § 1 Abs. 3 KSchG ist dagegen auch künftig als positive Maßnahme nach Art. 7 Abs. 1 RL mit der Richtlinie vereinbar[878].

II. Altersgrenzen für den Ausschluss der ordentlichen Kündigung

1. Derzeitige Rechtslage

Die ordentliche Kündbarkeit des Arbeitsverhältnisses durch den Arbeitgeber kann neben der Dauer der Beschäftigung auch vom Erreichen einer Altersgrenze abhängig gemacht werden. Durch Tarifverträge war die ordentliche Kündigung Ende 1996 für 56% der erfassten Arbeitnehmer ausgeschlossen. Nach §§ 53 Abs. 3, 55 Abs. 2 BAT ist ein Angestellter ab einer Beschäftigungszeit von 15 Jahren und dem Erreichen einer Altersgrenze von nur 40 Jahren unkündbar[879]. Auch einzelvertraglich kann der Ausschluss der ordentlichen Kündigung ab Erreichen einer bestimmten Altersgrenze vereinbart werden. Auf betrieblicher Ebene finden sich wegen der Sperrwirkung des § 77 BetrVG dagegen keine Altersgrenzen für das Verbot der ordentlichen Kündigung.

Solche Klauseln werden bislang für zulässig gehalten und nur teilweise als Eingriff der Tarifparteien in die Sozialauswahl des § 1 Abs. 3 KSchG kritisiert. Mit Ausschluss der ordentlichen Kündigungsmöglichkeit für ältere Arbeitnehmer kommt es nämlich zu einer Verschiebung innerhalb der Sozialauswahl, weil ältere Arbeitnehmer nicht daran teilnehmen[880]. Das kann durchaus zu einer sozial ungerechtfertigten Ungleichbehandlung wegen des Alters führen. Deutlich wird das am Beispiel einer Tarifvertragsregelung, nach der bei nur dreijähriger Betriebszugehörigkeit mit 53 Jahren ein Kündigungsverbot besteht[881]. Ein gerade 53-jähriger lediger Arbeitnehmer, wäre danach einem noch 52-jährigen mit 30 Jahren Betriebszugehörigkeit und unterhaltspflichtigen Kindern bei betrieblichen Kündigungen vorzuziehen[882]. Zu Recht wird darauf hingewiesen, dass der Ausschluss der ordentlichen Unkündbarkeit den Gleichheitssatz des Art. 3 Abs. 1 GG nicht verletzen darf. Der besondere tarifliche Kündigungsschutz muss das

---

877 vgl. Seite 113

878 vgl. Seite 127

879 APS-Kiel, § 1 KSchG, Rn. 787

880 vgl. zu diesem Problem APS-Kiel, § 1 KSchG, Rn. 693 ff. m.w.N.

881 so für die Beschäftigten der Metallindustrie Nordwürttemberg/Nordbaden; ansonsten wird regelmäßig 10-15 Jahre Betriebszugehörigkeit und das Erreichen des 50. - 55. Lebensjahres (für den Öffentlichen Dienst schon ab dem 40. Lebensjahr) vorausgesetzt; vgl. WSI Tarifhandbuch, S. 173, 114 ff.

882 Löwisch/Caspers/Neumann, S. 52

Lebensalter und die Betriebszugehörigkeit mit einbeziehen, darf das Alter aber nicht in unangemessenes Verhältnis dazu setzen[883].

2. Auswirkungen der Antidiskriminierungsrichtlinie

Kündigungsverbote, die vorwiegend an das Alter und weniger an die Dauer der Betriebszugehörigkeit anknüpfen, sind nach der Richtlinie künftig unzulässig. Zum Schutz älterer Arbeitnehmer ist die Altersgrenze nicht nach Art. 6 Abs. 1 S. 2 a), S. 1 RL gerechtfertigt[884]. Ein derartiges tarifvertragliches Kündigungsverbot ist mangels Verhältnismäßigkeit auch nicht als positive Maßnahme nach Art. 7 Abs. 1 RL zum Ausgleich von Benachteiligungen Älterer bei der Stellensuche zuzulassen[885].

Wird nur eine kurze Betriebszugehörigkeit vorausgesetzt, gewinnt das Erreichen der Altersgrenze für den Ausschluss der ordentlichen Kündigung unverhältnismäßig an Bedeutung. Zwar führt der durch das Kündigungsverbot gewährte Bestandschutz grundsätzlich zu einem Schutz älterer Arbeitnehmer. Hinsichtlich des Ausschlusses der ordentlichen Kündigung wird man ihn als ein höherwertiges Gut als die Gleichbehandlung für jüngere Erwerbstätige ansehen können. Es kommt jedoch zu einer automatischen Besserstellung Älterer bei der Auswahl der zu kündigenden Personen im Rahmen betriebsbedingter Kündigungen. Das Alter ist dann nicht mehr nur ein Aspekt der Abwägung. Insofern ist auf die Rechtsprechung des EuGH zur Geschlechterdiskriminierung zu verweisen. Dort hat sich der EuGH gegen eine automatische Bevorzugung wegen des Geschlechts ausgesprochen[886]. Solche Regelungen benachteiligen jüngere Erwerbstätige unterhalb der Altersgrenze daher unverhältnismäßig[887].

Rechtspolitisch stellt dieses Verbot überdies für den Arbeitgeber einen erheblichen Anreiz dar, auf die Einstellung älterer Arbeitnehmer zu verzichten, weil sie nach nur kurzer Beschäftigungsdauer dem Kündigungsverbot unterliegen. Das widerspricht aber dem beschäftigungspolitischen Ziel der Förderung der Eingliederung von älteren Erwerbslosen i.S.d. Art. 6 Abs. 1 RL. Es sollte daher maßgeblich an die Dauer der Beschäftigung als Voraussetzung des Kündigungsverbots angeknüpft werden[888]. Soweit eine solche Regelung nämlich eine ausreichende Dauer der Betriebszugehörigkeit voraussetzt, ist sie als mittelbare Diskriminierungen wegen des Alters nach Art. 2 Abs. 2 b) i) RL zulässig[889].

---

[883] APS-Kiel, § 1 KSchG, Rn. 696
[884] Löwisch/Caspers/Neumann, S. 5; a. A. HaKo-Gallner, § 1 KSchG, Rn. 466 a
[885] vgl. Seite 127; a. A. Wiedemann/Thüsing, NZA 2002, S. 1241
[886] EuGH v. 17.10.1995 (Kalanke), Rs. C-450/93, Slg. 1995, I-3079
[887] vgl. Seite 118
[888] so schon Boecken, S. 151 f.
[889] Je höher die Anforderungen an die erforderliche Betriebsangehörigkeit, umso eher wird man dem Bestandschutzinteresse des Arbeitnehmers im Rahmen der vorzunehmenden Abwägung Vorrang vor dem Gleichberechtigungsinteresse Jüngerer einzuräumen haben.

III. Ausschluss von Leistungen eines Sozialplans i. S. d. § 112 BetrVG

Nach Rechtsprechung des BAG ist ein Ausschluss von Leistungen eines Sozialplans für Arbeitnehmer zulässig, die nach Beendigung des Arbeitsverhältnisses Anspruch auf Arbeitslosengeld und übergangslos / alsbald Rente beziehen können[890].

Im Rahmen einer Betriebsänderung kann es zu betriebsbedingten Kündigungen kommen. Dabei hat ein Ausgleich bzw. eine Milderung für die den Betroffenen daraus entstehenden wirtschaftlichen Nachteile durch einen Sozialplan zu erfolgen, § 112 Abs. 2 BetrVG. Er hat Überleitungs- und Vorsorgefunktion bei Verlust des Arbeitsplatzes bis zum Eintritt in ein neues Arbeitsverhältnis oder dem Eintritt in den Ruhestand[891]. Dabei steht den Betriebsparteien nach stetiger Rechtsprechung ein erheblicher Gestaltungsspielraum bei der Verteilung der Mittel zu[892]. Sie haben in den Grenzen von Recht und Billigkeit darüber zu entscheiden, welche Nachteile sie in welchem Umfang ausgleichen[893]. Als mit § 75 Abs. 1 S. 2 BetrVG vereinbar wird dabei auch der völlige Ausschluss von älteren Arbeitnehmern von Sozialplanleistungen angesehen, wenn sie nach Beendigung der Beschäftigung vorgezogenes Altersruhegeld beziehen können. Die wirtschaftliche Absicherung rechtfertige danach - trotz im Vergleich zum Arbeitslohn geringeren Bezügen und verminderten Rentenbezügen - die Ungleichbehandlung Älterer. Es handele sich um eine vernünftige, in sachgerechter Art und Weise differenzierende Regelung, so dass auch der arbeitsrechtliche Gleichbehandlungsgrundsatz nicht verletzt sei[894].

An dieser Rechtsprechung kann bei begrenzt vorhandenen Mitteln im Hinblick auf Art. 6 Abs. 1 S. 2 a), S. 1 RL festgehalten werden[895]. Die Ungleichbehandlung ist aufgrund des Schutzes jüngerer Arbeitnehmer zu rechtfertigen, die noch keinen Anspruch auf vorgezogenes Altersruhegeld oder alsbald Rentenzahlungen haben. Das gilt aber nur für solche Fälle, in denen der Grund der Differenzierung letztlich nicht das Erreichen der Altersgrenze, sondern die im Alter höhere Gefahr der Dauerarbeitslosigkeit ist. Wegen der Möglichkeit, den Verlust der Tätigkeit wirtschaftlich durch Altersversorgung jedenfalls teilweise auszugleichen, ist eine Ungleichbehandlung zum Schutz Jüngerer zu rechtfertigen[896]. Denn sie können nur durch Leistungen aus dem Sozialplan die Zeit bis zu einer neuen Erwerbstätigkeit überbrücken.

---

[890] BAG v. 31.7.1996, AP Nr. 103 zu § 112 BetrVG 1972
[891] BAG v. 11.8.1983, AP Nr. 71 zu § 112 BetrVG 1972
[892] vgl. BAG v. 14.8.2001, AP Nr. 142 zu § 112 BetrVG 1972
[893] Annuß-Richardi, BetrVG, § 112, Rn. 101
[894] BAG v. 26.7.1988, AP Nr. 45 zu § 112 BetrVG 1972
[895] Ein genereller Ausschluss verstößt dagegen gegen die Richtlinie, vgl. dazu Seite 113.
[896] BAG v. 31.7.1996, AP Nr. 103 zu § 112 BetrVG 1972

IV. Altersgrenzen bei betrieblichen Versorgungsleistungen

Bislang ist es möglich, Zahlungen der betrieblichen Altersvorsorge von einem Höchsteintrittsalter bei Beginn des Arbeitsverhältnisses anhängig zu machen. Ein Verstoß gegen § 75 Abs. 1 S. 2 BetrVG wird bei einer Altersgrenze von 50 Jahren verneint, weil das Interesse des Arbeitgebers, Arbeitnehmer bereits in jungen Jahren an den Betrieb zu binden, anzuerkennen ist. Er kann daher auch eine freiwillige Belohung für die zu erwartende längere Betriebstreue durch eine höhere Altersversorgung versprechen[897]. Das wird man auch im Hinblick auf verschiedene Versorgungsrisiken, die mit zunehmendem Alter nachweislich steigen, zulassen können.

Diese unmittelbare Benachteiligung wegen des Alters kann nach Art. 6 Abs. 2 RL von den Mitgliedstaaten gerechtfertigt werden, solange es nicht zu einer Diskriminierung wegen des Geschlechts kommt[898]. Daher wird man Sonder- und Härtfallregelungen für Frauen vorsehen müssen, die aufgrund der Kinderbetreuung ein höheres Eintrittsalter haben können. Jedenfalls bedarf es künftig einer ausdrücklichen Gestattung dieser Rechtfertigungsmöglichkeit durch den Gesetzgeber.

---

[897] BAG v. 14.1.1986, AP Nr. 5 zu § 1 BetrAVG Gleichbehandlung

[898] vgl. Seite 122

E. Ergebnis

Der Vergleich der bisherigen Beurteilung von Altersgrenzen mit den Anforderungen der Richtlinie zeigt die erheblichen Auswirkungen des europäischen Diskriminierungsverbots wegen des Alters auf das deutsche Arbeitsrecht:

Beim Berufszugang bleiben zwar die bestehenden beamtenrechtlichen Mindestaltersgrenzen zulässig, weil sie sich aufgrund der Anstellung auf Lebenszeit nach Art. 6 Abs. 1 S. 2 a), S. 1 RL rechtfertigen lassen. Dagegen ist die bestehende allgemeine Höchstaltersgrenze für den Zugang zum Beamtentum unzulässig. Auch für sicherheitsrelevante Tätigkeiten können Höchstaltersgrenzen bei der Einstellung künftig nur ausnahmsweise vorgesehen werden, sie sind zum Schutz der Sicherheit Dritter weder nach Art. 2 Abs. 5 RL vom Diskriminierungsverbot ausgenommen, noch zu rechtfertigen. Im Gegensatz zur bisherigen Rechtslage können Altersgrenzen künftig grundsätzlich kein Zugangskriterium für Arbeitgeber bei der Einstellung, bei Stellenausschreibungen und bei der Auswahl von Bewerbern sein. Die Privatautonomie des Arbeitgebers wird insofern eingeschränkt, als Altersgrenzen nur für spezifische Tätigkeiten nach Art. 4 Abs. 1 RL bzw. Art. 6 Abs. 1 RL zu rechtfertigen sind. Die bestehenden Einschränkungen der Privatautonomie durch das BetrVG allein genügen nicht den Anforderungen der Richtlinie.

Für den Berufsaufstieg sind die gesetzlichen Altersgrenzen des Beamtenrechts künftig nicht mit einer angemessen Beschäftigungszeit vor Eintritt in den Ruhestand zu rechtfertigen. Bei der Entscheidung eines Arbeitgebers über die Beförderung sind die Anforderungen der Richtlinie strenger als die Grenzen des arbeitsrechtlichen Gleichbehandlungsgrundsatzes und der Vorschriften des BetrVG. War eine Altersgrenze als Beförderungsvoraussetzung bisher zulässig, solange sie nicht willkürlich oder aufgrund sachfremder Erwägungen erfolgt, ist sie nach der Richtlinie grundsätzlich untersagt. Auch bei der Berufsbildung war es für Arbeitgeber bisher nahezu unbeschränkt möglich, Beschäftigten ab einer bestimmten Altersgrenze die Teilnahme zu verweigern. Auch insofern genügen die bisherigen gesetzlichen Einschränkungen dem Maßstab der Richtlinie nicht.

Auch an den Altersgrenzen für besondere Beschäftigungsbedingungen kann in der jetzigen Form nach der Richtlinie nicht in vollem Umfang festgehalten werden.

Der bisherige Anspruch auf Teilzeit allein ab einer bestimmten Altersgrenze wäre eigentlich mit der Richtlinie nach Art. 6 Abs. 1 S. 2 a), S. 1 RL vereinbar. Es handelt sich beim Anspruch nur für Beschäftigte ab 55 Jahren aber nicht um das mildeste gleich geeignete Mittel zur Förderung der Eingliederung Jugendlicher. Eine altersgrenzenunabhängige Teilzeit wäre dafür ebenso geeignet. Die Altersgrenze wäre aber für den gleitenden Übergang vom Erwerbsleben in den

Ruhestand zu rechtfertigen, wenn Altersteilzeit nicht (wie im Regelfall) in verblockter Form gewährt würde. Die bestehende Altersgrenze von 52 Jahren für das Sachgrunderfordernis bei der Befristung von Arbeitsverhältnissen nach § 14 Abs. 3 TzBfG ist zur Förderung der Eingliederung älterer Arbeitnehmer der Höhe nach nicht angemessen. Sie kann daher nur bei Anknüpfung an ein höheres Alter nach Art. 6 Abs. 1 S. 2 a), S. 1 RL gerechtfertigt bzw. als positive Maßnahme nach Art. 7 Abs. 1 RL beibehalten werden. Weder die Vorschrift des § 27 BAT noch die bisher zulässige individual- oder kollektivvertragliche Gewährung von Gratifikationen bei Erreichen einer Altersgrenze sind nach der Richtlinie zulässig. Diese Altersgrenzen für die Entlohnung können weder nach Art. 6 Abs. 1 S. 2 a), S. 1 RL gerechtfertigt noch als positive Maßnahmen nach Art. 7 Abs. 1 RL zugelassen werden. Statthaft bleibt dagegen die Reduzierung der Arbeitszeit ab einer bestimmten Altersgrenze nach Art. 6 Abs. 1 S. 2 b), S. 1 RL bzw. Art. 7 Abs. 1 RL, soweit ein Lohnausgleich erfolgt. Zum Schutz Älterer bleiben außerdem die tarif- oder individualvertraglichen Regelungen zulässig, die erst bei höheren Altersgrenzen zusätzlichen Erholungsurlaub gewähren. Dagegen ist eine frühzeitige Staffelung nach § 48 Abs. 1 BAT unzulässig.

Auswirkung hat die Richtlinie ferner auf die bestehende Rechtslage zu gesetzlichen, sowie kollektiv- und individualvertraglichen Pensionsgrenzen.

Die beamtenrechtliche allgemeine Pensionsgrenze ist nach Art. 6 Abs. 1 S. 2 a), S. 1 RL nicht zu rechtfertigen und daher mit der Richtlinie unvereinbar. Die besonderen Pensionsgrenzen für sicherheitsrelevante Berufe können insofern nur auf Bundesebene beibehalten werden, weil sie im Gegensatz zu den landesrechtlichen Regelungen nach Art. 2 Abs. 5 RL nicht unter das Diskriminierungsverbot fallen. Pensionsgrenzen für Hochschullehrer entsprechen den Anforderungen der Richtlinie, weil sie zur Förderung des wissenschaftlichen Nachwuchses nach Art. 6 Abs. 1 S. 2 a), S. 1 RL gerechtfertigt werden können. Die Höchstaltersgrenzen für Richter unterliegen wegen des Vorbehalts des Art. 2 Abs. 5 RL nicht dem Diskriminierungsverbot und können daher beibehalten werden. Für Soldaten muss der Gesetzgeber die Geltung des Diskriminierungsverbotes nach Art. 3 Abs. 4 RL beschränken, weil die Pensionsgrenzen des SG nur teilweise zum Erhalt der Einsatzbereitschaft erforderlich i. S. d. Art. 2 Abs. 5 RL wären. Ausgenommen ist dagegen die bestehende gesetzliche Altersgrenze für die Ausübung der Arzttätigkeit. Altersgrenzen für Prüfingenieure sind künftig nur mit Verlängerungsmöglichkeit bei nachgewiesener Eignung zulässig. Für die gesetzliche Altersgrenze der Notartätigkeit besteht auch in Zukunft eine Rechtfertigungsmöglichkeit zur Förderung der beruflichen Eingliederung Jugendlicher nach Art. 6 Abs. 1 S. 2 a), S. 1 RL.

Schon die bisherige Gestattung tarifvertraglicher Pensionsgrenzen bei wirtschaftlicher Absicherung und Vorliegen eines sachlichen Grundes durch die Rechtsprechung des BAG und Teile des Schrifttums ist abzulehnen. Weder die Rechtfertigung des unmittelbaren Grundrechtseingriffs in Art. 12 GG durch einen sachlichen Grund noch die Gewährung ausreichenden Grundrechtsschutzes durch die Befristungskontrolle können überzeugen. Prüfungsmaßstab ist entgegen der jüngeren BAG-Rechtsprechung vielmehr der unmittelbar anwendbare Art. 12 GG. Denn die Rechtswirkung der von den Tarifparteien autonom gesetzten Pensionsgrenze beruht nicht auf mitgliedschaftlicher Legitimation durch die Mitglieder sondern auf dem staatlichen Rechtsgeltungsbefehl in § 1 Abs. 1 TVG. Die Tarifunterworfenen bedürfen des Grundrechtsschutzes in ihrer Abwehrfunktion, der Staat bleibt für einen effektiven Grundrechtsschutz verantwortlich und ihm ist der Grundrechtseingriff daher zuzurechnen. Die Pensionsgrenze kann daher nicht schon bei Vorliegen sachlicher Gründe wie Nachwuchsförderung, vorhersehbare Personal- und Nachwuchsplanung, Altersaufbau der Belegschaft oder Fürsorglichkeit zum Schutz vor Kündigungsschutzprozessen zugelassen werden. Eine Rechtfertigung des Eingriffs in die Berufsfreiheit des Arbeitnehmers kann nur wegen überragend wichtigen Gründen des Allgemeinwohls, wie der öffentlichen Sicherheit, erfolgen. Nur dann liegt auch kein Verstoß gegen Art. 3 Abs. 1 GG vor. Weitergehende Einschränkungen aus § 41 S. 2 SGB VI bestehen für tarifvertragliche Pensionsgrenzen nicht. Die Zulässigkeit richtet sich entgegen der Auffassung von Teilen des Schrifttums auch nicht nach dem einfachgesetzlichen Maßstab des § 14 Abs. 1 TzBfG, weil das TzBfG auf tarifvertragliche Regelungen nicht anwendbar ist.

Auch nach der Richtlinie können Pensionsgrenzen von 65 Jahren in Tarifverträgen nicht wegen Art. 6 Abs. 1 S. 2 a), S. 1 RL zugelassen werden. Weder die Rechtsprechung des BAG zur Zulässigkeit genereller tarifvertraglicher Pensionsgrenzen bei Vorliegen eines sachlichen Grundes noch eine Zulassung nach § 14 Abs. 1 TzBfG entspricht den Anforderungen der Richtlinie. Pensionsgrenzen können künftig durch Tarifverträge allein für besondere Tätigkeiten wegen des Alters als wesentliche und entscheidende Anforderung nach Art. 4 Abs. 1 RL gerechtfertigt werden, dann aber schon vor dem 65. Lebensjahr. Insofern bleibt es bei der bisherigen Rechtsprechung zu tarifvertraglichen Pensionsgrenzen für Piloten. Die Zulassung wegen der „Eigenart der Arbeitsleistung“ nach § 14 Abs. 1 TzBfG würde dagegen den strengeren Anforderungen des Art. 4 Abs. 1 RL nicht genügen.

Pensionsgrenzen in Betriebsvereinbarungen werden überwiegend unter denselben Voraussetzungen zugelassen wie tarifvertragliche Regelungen. Richtigerweise fehlt den Betriebsparteien schon die Regelungskompetenz für die Vereinbarung von Pensionsgrenzen. Lässt man sie dennoch auf betrieblicher Ebene zu, genügt das Vorliegen eines sachlichen Grundes entgegen der Rechtsprechung des BAG nicht zur Zulässigkeit. Sie sind nur zum Schutz der Sicherheit Dritter zulässig, dann jedoch auch vor dem 65. Lebensjahr. Prüfungsmaßstab ist der unmittelbar anwendbare Art. 12 GG und richtigerweise auch § 75 Abs. 1 S. 2 BetrVG. Denn entgegen der Auffassung des BAG handelt es sich um eine Benachteiligung von Arbeitnehmern wegen Überschreitung einer bestimmten Altersstufe während der Beschäftigung. Pensionsgrenzen unterliegen auch in Betriebsvereinbarungen nicht den Anforderungen des § 41 S. 2 SGB VI, als Prüfungsmaßstab kommt ebenso wenig § 14 Abs. 1 TzBfG nicht in Betracht.

Den Anforderungen der Richtlinie wird die Begründung der Regelungskompetenz der Betriebsparteien durch das BAG nicht gerecht. Sie müsste explizit geregelt werden. Ferne ist weder die Zulassung betrieblicher Pensionsgrenzen bei Vorliegen eines sachlichen Grundes noch die Rechtsprechung zur Nichtanwendbarkeit des § 75 Abs. 1 S. 2 BetrVG auf Pensionsgrenzen vor dem Hintergrund der Richtlinie aufrecht zu halten. Künftig können generelle Pensionsgrenzen in Betriebsvereinbarungen grundsätzlich nicht nach Art. 6 Abs. 1 S. 2 a), S. 1 RL gerechtfertigt werden. Sie sind insbesondere nicht wegen der vorhersehbaren Personalplanung oder dem Altersaufbau der Belegschaft nach Art. 6 Abs. 1 S. 2 a), S. 1 RL zuzulassen. Zwar erfolgt eine betriebsspezifische Betrachtung, doch sind dafür regelmäßig flexible Altersgrenzen dass mildere, gleich geeignete Mittel. Nach der Richtlinie kann es aber auch auf betrieblicher Ebene zur Rechtfertigung fester Pensionsgrenzen zum Schutz der Sicherheit Dritter nach Art. 4 Abs. 1 RL kommen. Daneben kann eine betriebliche Pensionsgrenze dann zugelassen werden, wenn das Alter Teil eines konstitutiven Unternehmenskonzepts ist.

Bisher sind individualvertragliche Pensionsgrenzen anhand des § 41 S. 2 SGB VI und inzwischen auch an § 14 Abs. 1 TzBfG zu messen. Sie sind daher nur zulässig, wenn sie durch einen sachlichen Grund gerechtfertigt sind. Neben dem ausdrücklichen Wunsch des Arbeitnehmers können sie richtigerweise nur wegen der Sicherheit Dritter, etwa für Piloten, und wegen konkreter betrieblicher Interessen des Arbeitgebers nach § 14 Abs. 1 TzBfG zugelassen werden. Voraussetzung ist jedenfalls eine wirtschaftliche Absicherung des Arbeitnehmers, die bei Erreichen des Regelrentenalters von 65 Jahren (noch) vorliegen dürfte. Sogar unter 65 Jahren sind Pensionsgrenzen bei leitenden Angestellten zulässig, wenn das Ausscheiden sie gegen Zahlung einer angemessen Abfindung erfolgt. Pensionsgrenzen in arbeitsrechtlichen Einheitsregelungen sind nicht frei vereinbart, der Arbeitnehmer bedarf daher eines weitergehenden Schutzes.

§ 14 Abs. 1 S. 1 TzBfG wird den Anforderungen des Art. 6 Abs. 1 S. 2 a), S. 1 RL bzw. Art. 4 Abs. 1 RL nicht gerecht. Danach können individuell vereinbarte Pensionsgrenzen künftig auf Wunsch des Arbeitnehmers, ansonsten aber nur im Einzelfall wegen vorhersehbarer Personal- und Nachwuchsplanung, Altersstruktur und Aufstiegsmöglichkeiten sowie für Führungskräfte gerechtfertigt sein. Eine Rechtfertigung kann daneben wegen des Alters als wesentliche und entscheidende Voraussetzung für die Tätigkeit erfolgen, z.B. wegen der gesetzlichen Altersgrenzen zur Beschränkung der Pilotenlizenz. Das gilt ferner wegen der Sicherheit Dritter, der Authentizität der Tätigkeit oder einem bestimmten Unternehmenskonzept.

Allein der gesetzliche Schutz durch § 1 KSchG und § 41 S. 1 SGB VI vor einer Kündigung wegen des Erreichens einer Altersgrenze ist wegen des nur eingeschränkten Anwendungsbereichs hinsichtlich der Richtlinie nicht ausreichend. Tarifvertragliche Kündigungsverbote, die ausschließlich an das Alter anknüpfen, sind künftig weder zum Schutz älterer Arbeitnehmer zu rechtfertigen, noch als positive Maßnahme zulässig. An der Rechtsprechung zum Ausschluss von Leistungen aus dem Sozialplan bei Anspruch auf vorgezogene Altersrente kann im Hinblick auf Art. 6 Abs. 1 S. 2 a), S. 1 RL festgehalten werden. Die bestehenden Altersgrenzen bei betrieblichen Vorsorgeleistungen müssen vom Gesetzgeber nach Art. 6 Abs. 2 RL ausdrücklich vom Diskriminierungsverbot ausgenommen werden.

Teil III. Anforderungen, Möglichkeiten und Wege der Richtlinienumsetzung

A. Anforderungen der Richtlinie an die Umsetzung

Die Richtlinienvorschriften richten sich nach Art. 249 Abs. 3 EG allein an die Mitgliedsstaaten, sie sind kein unmittelbar anwendbares Recht[899]. Daher werden durch sie keine Verpflichtungen der Arbeitsvertragsparteien untereinander begründet[900]. Es bedarf daher eines zweistufigen Rechtsetzungsverfahrens, wobei die Richtlinie hinsichtlich ihres Ziels verbindliche Vorgaben enthält, den Mitgliedstaaten aber die Mittel zur Umsetzung überlässt, Art. 249 Abs. 3 EG, Art. 18 Abs. 1 RL. Die Umsetzung in deutsches Recht hätte bis zum 2.12.2003 erfolgen müssen. Hinsichtlich des Verbots der Altersdiskriminierung besteht jedoch eine dreijährige Verlängerungsmöglichkeit nach Art. 18 Abs. 2 RL, von der die Bundesrepublik Deutschland Gebrauch gemacht hat.

I. Vorgaben der Richtlinie

1. Schaffung eines Diskriminierungsverbots

Die Rahmenrichtlinie gibt dem deutschen Gesetzgeber erheblichen Gestaltungsspielraum bei der Schaffung eines Diskriminierungsverbots wegen des Alters. Er kann das Schutzniveau im Rahmen der Richtlinienvorgaben selbst bestimmen.

Soweit Altersgrenzen nach Art. 2 Abs. 5 RL zulässig sind, bedarf es dafür wegen der Ausnahme vom Diskriminierungsverbot keiner Gesetzesänderungen. Kein Regelungsbedarf besteht auch für Altersgrenzen bei staatlichen Systemen der sozialen Sicherheit, weil sie nach Art. 3 Abs. 4 RL von der Richtlinie ausgenommen sind. Im Übrigen kann der deutsche Gesetzgeber selbst entscheiden, ob er von weiteren Ausnahme- und Rechtfertigungsvorschriften Gebrauch macht. Altersgrenzen für die Streitkräfte kann er nach Art. 3 Abs. 4 RL ausdrücklich zulassen. Die Rechtfertigung nach Art. 4 Abs. 1 RL aufgrund beruflicher Anforderungen müsste vom nationalen Gesetzgeber ebenso explizit geregelt werden, wie die Rechtfertigung von Altersgrenzen nach Art. 6 RL und die Zulassung positiver und spezifischer Maßnahmen nach Art. 7 Abs. 1 RL. Daneben sind die gegen die Richtlinie verstoßenden Rechts- und Verwaltungsvorschriften aufzuheben, Art. 16 RL. Regelungen in Arbeits- und Tarifverträgen, in Betriebsordnungen oder in Statuten der freien Berufe, die richtlinienwidrige Altersgrenzen enthalten, müssen für unwirksam erklärt oder die Vorschriften geändert werden.

---

[899] MünchArbR-Birk, § 18 Rn. 94; Wank-Hanau/Steinmeyer/Wank, § 10, Rn. 73; zur Ausnahme Seite 235.

[900] Schroeder-Streinz, EUV/EGV, Art. 249 EGV, Rn. 69; Nettesheim-Grabitz/Hilf, EGV, Art. 249, Rn. 124 f. Dies ergibt sich schon aus der Rechtsform als Richtlinie, Art. 18, 21 RL haben insofern nur klarstellende Funktion.

Nach Art. 8 Abs. 2 RL darf es nicht zu einer Absenkung des bestehenden Schutzniveaus vor Benachteiligungen wegen des Alters kommen[901]. Dagegen ist es nach Art. 8 Abs. 1 RL möglich, den Diskriminierungsschutz günstiger als in der Richtlinie vorgesehen zu gestalten. Da es sich um ein allgemeines Diskriminierungsverbot handelt, ist jede Besserstellung einer Altersgruppe aufgrund einer Altersgrenze immer auch mit einer Benachteiligung einer anderen Altersklasse verbunden. Eine Besserstellung ist aber nicht allein unter den Voraussetzungen des Art. 7 Abs. 1 RL zulässig; so könnte der Gesetzgeber strengere Anforderungen an die Rechtfertigung altersdiskriminierender Altersgrenzen als nach Art. 6 Abs. 1 RL stellen[902]. Mit Art. 8 Abs. 1 RL vereinbar wäre es auch, die Rechtfertigungsmöglichkeit nur für kleinere Unternehmen umzusetzen und dadurch den Schutz vor Altersdiskriminierung je nach Unternehmensgröße unterschiedlich auszugestalten. Der *Geltungsbereich* könnte ferner über die Vorgaben der Richtlinie hinaus erweitert werden, Altersgrenzen könnten auch außerhalb von Beschäftigung und Beruf nach Art. 3 Abs. 1 RL dem Verbot der Altersdiskriminierung unterliegen.

2. Rechtsschutz und Sanktionierung

Zur Durchsetzung des Diskriminierungsverbots ist nach der Richtlinie ein effektiver Rechtsschutz gegen Altersdiskriminierung erforderlich, Art. 9 Abs. 1 RL. Dabei können die Mitgliedsstaaten auch ein Schlichtungsverfahren vorsehen[903]. Zwingend hat der nationale Gesetzgeber nach Art. 9 Abs. 2 RL ein Beteiligungsrecht von Verbänden zu schaffen[904]. Gewerkschaften haben insofern ein rechtliches Interesse, für die Einhaltung der Bestimmungen der Richtlinie zu sorgen. Sie nehmen die Interessen ihrer Mitglieder wahr und sind daher auch für die Verhinderung von Altersdiskriminierungen zuständig[905]. Bisher besteht nur die Möglichkeit des Prozessbeistandes nach § 11 Abs. 3 ArbGG, eine gesetzliche Prozessstandschaft würde den Anforderungen der Richtlinie ebenfalls gerecht. Eine gesetzliche Normierung könnte nach Vorbild des Klagerechts der Behindertenverbände mit Zustimmung des Betroffenen gem. § 63 SGB IX erfolgen[906]. Nicht europarechtlich vorgegeben, aber nach Art. 8 Abs. 1 RL möglich, ist ein *eigenständiges* Verbandsklagerecht vergleichbar dem § 3 Unterlassungsklagegesetz.

Bei Schaffung eines Sanktionierungssystems obliegt es dem deutschen Gesetzgeber, welche Rechtsfolgen er an eine Ungleichbehandlung wegen des Alters

---

[901] so auch Erwägungsgrund Nr. 28 RL

[902] Wiedemann/Thüsing, NZA 2002, S. 1242

[903] so ist für die Geltendmachung eines Verstoßes gegen den ADEA zwingend ein Verfahren vor der Equal Employment Opportunity Commission (EEOC) vorgesehen. Es hat außerdem ein eigenständiges Klagerecht. vgl. Fenske, S. 40 ff.

[904] Weber, ArbuR 2002, S. 404; Högenauer, S. 221

[905] Leuchten, NZA 2002, S. 1255

[906] ebenso Högenauer, S. 220

knüpft. Trotz dieser Gestaltungsmöglichkeiten sind aber nach Art. 17 RL die Grenzen der *Wirksamkeit, Verhältnismäßigkeit und Abschreckung* einzuhalten. Legt die Formulierung es auch nahe, so bedarf es zur abschreckenden Wirkung jedoch keines Strafschadensersatzes vergleichbar den punitive damages des US-amerikanischen Rechts. Ausreichend ist, dass diejenigen, denen aus den jeweiligen Rechtsvorschriften Verpflichtungen erwachsen, von einem Verstoß gegen diese Verpflichtung abgehalten werden[907]. Dieser Zweck würde auch durch Ersatzansprüche in Form der §§ 611 a Abs. 2, 3 BGB erreicht werden[908]. Der deutsche Gesetzgeber hat außerdem nach Art. 10 RL sicherzustellen, dass es dem Beklagten obliegt zu beweisen, dass keine Verletzung des Diskriminierungsverbots durch eine Altersgrenze vorgelegen hat[909]. Der Kläger muss zuvor nur einen glaubhaften Anschein einer Ungleichbehandlung wegen des Alters begründen[910]. Es bedarf daher einer Beweislastumkehr nach Vorbild des § 611 a Abs. 1 S. 3 BGB. In arbeitsrechtlichen Fällen werden sich nämlich die relevanten Informationen im Besitz des Beklagten befinden[911]. Das gilt bei der Ungleichbehandlung durch Altersgrenzen etwa für das Alter der bevorzugten Person oder die Altersstruktur der Beschäftigten des Unternehmens.

Rechtsfolge einer Ungleichbehandlung durch eine Altersgrenze ist danach regelmäßig Nichtigkeit der Vereinbarung bzw. ein Anspruch auf Schadensersatz. Wird aufgrund einer rechtswidrigen Altersgrenze der Zugang zur Beschäftigung verweigert, wäre ein Einstellungsanspruch dagegen unverhältnismäßig. Damit wird ein von vornherein belastetes Arbeitsverhältnis vermieden, weswegen die Einstellung auch bei der Geschlechterdiskriminierung nicht verlangt werden kann, § 611 a Abs. 2 Hs. 2 BGB[912]. Um Altersdiskriminierung wirksam zu bekämpfen, muss Schadensersatz (zweckmäßigerweise mit einer Schadensobergrenze) dann geleistet werden, wenn die Einstellung auch ohne die Benachteiligung wegen des Alters nicht vorgenommen worden wäre. Eine Benachteiligung durch Altersgrenzen bei Anspruch auf Beförderung kann man allein durch Naturalrestitution wirksam sanktionieren. Besteht auf den Aufstieg kein Anspruch, ist ein Entschädigungsanspruch ausreichend. Der Verweigerung des Zugangs zur beruflichen Bildung durch rechtswidrige Altersgrenzen kann man dagegen ausschließlich durch einen Leistungsanspruch des Arbeitnehmers wirksam begegnen. Anderenfalls würde man gerade älteren Beschäftigten eine ausreichende Qualifikation nehmen, die ihre Beschäftigungschancen innerhalb des Unternehmens und bei einem Arbeitsplatzwechsel erheblich erhöht. Einzel-

---

907 Kommissionsbegründung, KOM (1999) 565 endg., S. 16

908 ähnlich: Schlachter-Loccumer Protokolle, S. 241

909 Damit vermeidet der europäische Gesetzgeber eine Diskussion über die Beweislast, wie sie die Rechtsprechung zum ADEA seit jeher prägt. Vgl. Neumark, S. 9 ff; Fenske, S. 62 ff.; Hebel, S.100 ff.

910 Erwägungsgrund Nr. 31 RL

911 Kommissionsbegründung, KOM (1999) 565 endg., S. 14

912 Ein solcher Anspruch wurde deswegen auch im Rahmen des ADEA kaum geltend gemacht, Schlachter-Loccumer Protokolle, S. 245 f.

ne Beschäftigungs- oder Entlassungsbedingungen, die an eine rechtswidrige Altersgrenze anknüpfen, müssen nach § 134 BGB nichtig sein. Gerade bei altersdiskriminierenden Pensionsgrenzen genügt nach dem Zweck des Diskriminierungsverbots eine nur wirtschaftliche Kompensation nicht zum Ausgleich des Verlustes der Ausübung des Berufs. Überdies bestände die Gefahr, dass der Arbeitgeber dann die Zwangspensionierung durch Zahlung von Schadensersatz „erkaufen“ würde. Nach Art. 9 Abs. 3 RL können Fristen für die Rechtsverfolgung vorgesehen werden. Dabei kann die materielle Ausschlussfrist des § 611 a Abs. 4 S. 1 BGB als Vorbild dienen, der Fristlauf sollte jedoch von der Kenntnis des Betroffenen abhängig sein[913].

II. Mittel zur Umsetzung

1. Normierungszwang, richtlinienkonforme Auslegung

Um dem Regelungsauftrag des Art. 18 Abs. 1 RL i. V. m. Art. 249 Abs. 3 EG gerecht zu werden, bedarf es detaillierter gesetzlicher Regelungen. Hinsichtlich des Verbots der Altersdiskriminierung nach der Richtlinie besteht ein Rechtsnormvorbehalt[914]. Eine richtlinienkonforme Auslegung bestehenden nationalen Rechts genügt insofern nicht.

Eine ausreichende Richtlinienumsetzung durch nationale Regelungen ist nur dann erfolgt, wenn sie den Vorgaben dem *Ergebnis* nach entspricht[915]. Richtlinien müssen dabei so umgesetzt werden, dass eine vollständige Anwendung in hinreichend bestimmter und klarer Weise gewährleistet ist[916]. Nach Auffassung des EuGH ist dafür nicht unbedingt eine wörtliche Übernahme der Richtlinienvorschriften in nationales Recht notwendig[917]. Es bedarf auch nicht zwingend der Umsetzung durch ein Spezialgesetz, die Übernahme der Richtlinienvorgaben ist auch durch Änderung und Erweiterung innerhalb des bestehenden Rechtssystems möglich. Zwar kann ein allgemeiner rechtlicher Rahmen genügen, wenn dadurch die Vorschriften der Richtlinie so bestimmt und klar sind, dass die Rechtssicherheit garantiert ist[918]; der Gesetzgeber muss aber die Ausprägung der detaillierten Ausnahme- und Rechtfertigungsvorschriften der Richtlinie 2000/78/EG selbst vornehmen und kann sich nicht mit Generalklauseln begnügen.

---

[913] Högenauer, S. 216

[914] Kummer, S. 158; a. A. v. Koppenfels, WM 2002, S. 1492 ff., wonach ausreichender Schutz vor Altersdiskriminierung durch die §§ 138, 826, 823 BGB gewährt wird. Im Hinblick auf die detaillierten Regelungen der Richtlinie fehlt es aber schon an der Bestimmtheit der Regelungen, vgl. dazu auch die Stellungnahme des DAV v. Mai 2003 Nr. 21/03, S. 4

[915] Högenauer, S. 158

[916] Fischer, Europarecht, § 7 Rn. 10; EuGH v. 30.5.1991, Rs. C-361/88 (TA-Luft), Slg. 1991, I-2567, Rn. 15; v. 14.12.1995, Rs. C-16/95 (Kommission /Spanien), Slg.1995, I-4883

[917] EuGH v. 20.3.1997, Rs. C-96/95 (Kommission/ Deutschland), Slg. 1997, I-1653, Rn. 35

[918] Nettesheim-Grabitz/Hilf, EGV, Art. 249, Rn. 140

Dagegen würde eine richtlinienkonforme Auslegung bestehender Rechtsvorschriften keine hinreichende Umsetzung darstellen[919]. Denn die richtlinienkonforme Auslegung findet ihre Grenzen im Wortlaut, der Systematik und Sinn und Zweck des nationalen Rechts[920]. Im Hinblick auf das Rechtsstaatsgebot des Art. 20 Abs. 3 GG dürfen daher Vorschriften nicht ins Gegenteil verkehrt werden oder nach der Auslegung einen Inhalt haben, der dem Willen des Gesetzgebers nicht mehr entspricht. Gesetzliche Altersgrenzen sind aber schon wegen ihrer Eindeutigkeit keiner Auslegung zugänglich, die Rechtsprechung zu Pensionsgrenzen steht in Widerspruch zu den Vorgaben der Richtlinie. Der nationale Gesetzgeber kann gerade die Entscheidung über die weitereichenden Ausnahme- und Rechtfertigungsvorschriften sowie ihre inhaltliche Ausprägung nicht an die Gerichtsbarkeit abgeben[921]. Die Auslegung unbestimmter Rechtsbegriffe kann im Hinblick auf die gebotene Rechtssicherheit nur umsetzungsunterstützend nicht aber umsetzungsersetzend wirken[922]. Zwar hat der EuGH es bei der Geschlechterdiskriminierung zugelassen, wenn die sachlichen Gründe einer Ungleichbehandlung nicht im Gesetzesrecht präzisiert, sondern von der Rechtsprechung ausgebildet werden[923]. Inzwischen hat der EuGH aber klargestellt, dass eine nationale Rechtsprechung, die innerstaatliche Rechtsvorschriften entsprechend den Anforderungen einer Richtlinie auslegt, grundsätzlich nicht die notwendige Klarheit und Bestimmtheit aufweist, um dem Erfordernis der Rechtssicherheit zu genügen[924].

Eine Verpflichtung zur richtlinienkonformen Auslegung bestehender Vorschriften bestände für die Gerichte unabhängig vom Ablauf der Umsetzungsfrist[925]. Zuvor ist die Herstellung einer richtlinienkonformen Rechtslage durch den Gesetzgeber nicht geboten[926]. Die nationalen Gerichte haben schon vor Ablauf des 2.12.2006 Rechtsvorschriften richtlinienkonform auszulegen[927].

---

919 Linsenmaier, RdA 2003, Sonderbeilage zu Heft 5, S. 24

920 Thüsing, NZA 2003, S. 3442

921 Wiedemann/Thüsing, NZA 2002, S. 1238

922 Ruffert-Callies/Ruffert, EUV/EGV, Art. 249 EGV, Rn. 53

923 EuGH v. 21.5.1985, Rs. 248/83 (Kommission/ Deutschland), Slg. 1985, 1459, Rn. 35 ff.

924 EuGH v. 10.5.2001, Rs. C-144/99 (Kommission/ Niederlande), Slg. 2000, I-3541, Rn. 21

925 EuGH v. 5.10.2004, Rs. 397/01 (Pfeiffer); unter http://www.curia.eu.int; Weber, ArbuR 2002, S. 405.

926 Schroeder-Streinz, EUV/EGV, Art. 249 EGV, Rn. 130; zu den Auswirkungen der Entscheidung des EuGH v. 13.1.2004, Rs. 397/01 (Pfeiffer u. a.) auf die europarechtskonforme Auslegung durch die Gerichte der Mitgliedsstaaten: Wißmann-ErfK, Vorb. EG, Rn. 11 m.w.N.

927 BGH v. 5.2.1998, BGHZ 138, 55. Linsenmaier, RdA 2003, Sonderbeilage zu Heft 5, S. 24 geht bei klaren und unbedingten Vorschriften sogar von einer Verpflichtung zur richtlinienkonformen Auslegung vor Ablauf der Umsetzungsfrist aus.

2. *Beteiligung der Betriebs- und Tarifparteien*

Für den deutschen Gesetzgeber ist die Richtlinienumsetzung allein auf Ebene von Betriebsvereinbarungen und Tarifverträgen kein geeignetes Mittel. Dagegen sind die Sozialpartner bei der Bekämpfung der Altersdiskriminierung nach Art. 13 RL mit einzubeziehen.

Nach Art. 18 Abs. 1 RL ist die Umsetzung des Altersdiskriminierungsverbots durch die Sozialpartner grundsätzlich möglich[928]. Mit der Notwendigkeit eines gemeinsamen Antrags der Sozialpartner wird nur die Freiwilligkeit betont. Nach Auffassung der Kommission kann nämlich im Abschluss eines richtlinienkonformen Tarifvertrags ein solcher Antrag enthalten sein[929]. Tarifverträge und Betriebsvereinbarungen reichen schon wegen ihres beschränkten Geltungsbereichs grundsätzlich nicht zur Umsetzung aus[930]. Soweit Tarifverträge nicht nach § 5 TVG allgemeinverbindlich erklärt werden, gelten sie nur für die tarifgebundenen Beschäftigten in einem spezifischen Berufssektoroder kraft Bezugnahmeklausel[931]. Vom Verbot der Altersdiskriminierung sind überdies auch Selbständige und die freien Berufe geschützt, so dass es jedenfalls ergänzend gesetzlicher Regelungen bedürfte. Gegen eine Umsetzung durch die Sozialpartner spricht außerdem, dass der Gesetzgeber selbst die Ausnahme- und Rechtfertigungsvorschriften formulieren muss[932]. Denn letztlich liegt die Verantwortung für eine umfassende und wirksame Richtlinienumsetzung nach Art. 16 RL beim Mitgliedsstaat. Er muss gesetzliche Rahmenbedingungen schaffen, die zu einer richtlinienkonformen Anwendung von Altersgrenzenregelungen in Betriebs- und Tarifverträgen führen.

Unabhängig davon hat der deutsche Gesetzgeber nach Art. 13 Abs. 1 RL den sozialen Dialog zwischen Arbeitgebern und Arbeitnehmern mit dem Ziel der Gleichbehandlung wegen des Alters zu fördern. Wie der systematische Zusammenhang mit Art. 13 Abs. 2 RL zeigt, betrifft das jedoch nur die Durchsetzung mitgliedschaftlichen Umsetzungsrechts[933]. Die Betriebs- und Tarifparteien sollen durch Verhaltenskodizes, Überwachung der betrieblichen Praxis und Ab-

---

[928] Erwägungsgrund Nr. 36 RL

[929] Deinert-Loccumer Protokolle, S. 386 mit Verweis auf die Mitteilung der Kommission über die Anwendung des Protokolls über die Sozialpolitik an den Rat und an das Europäische Parlament, KOM (1993) 600 endg., Rn. 46

[930] MünchArbR-Birk, § 18, Rn. 100; für die Antidiskriminierungsrichtlinie Löwisch/Caspers/ Neumann, S. 18

[931] Auf dieses Problem bei der Umsetzung weist die Kommission hin, vgl. Rat der Europäischen Union, Beratungsergebnisse der Gruppe „Sozialfragen" vom 21./22.2.2000, Dokument 6434/00 SOC 54 JAI 20, S. 4

[932] Wiedemann/Thüsing, NZA 2002, S. 1238

[933] Mohr, S. 341 f.

schluss von Antidiskriminierungsvereinbarungen auf Tarifebene einen Beitrag zur Gleichbehandlung leisten[934].

III. Folgen fehlerhafter oder verspäteter Umsetzung

Nach Ablauf der Umsetzungsfrist können die Richtlinienvorschriften bei fehlender oder mangelhafter Umsetzung nur gegenüber dem Staat als Arbeitgeber unmittelbar anwendbar sein.

Voraussetzung der unmittelbaren Wirkung von Richtlinievorschriften ist, dass sie nicht ordnungsgemäß oder nicht fristgemäß umgesetzt wurden, inhaltlich unbedingt und hinreichend genau sind, dem Einzelnen subjektiv-öffentliche Rechte einräumen und eine rechtliche Verpflichtung für Private enthalten[935]. Diese Ausnahme wurde zunächst damit begründet, dass eine fehlende oder mangelhafte Umsetzung nicht der einheitlichen Wirkung einer Richtlinie innerhalb der Union wegen der Effektivität („effet utile", Art. 10 EG) und der Homogenität des Gemeinschaftsrechts entgegenstehen darf. Inzwischen wird sie auf den Rechtsgedanken des unzulässigen treuwidrigen Verhaltens der Mitgliedsstaaten gestützt[936]. Der nationale Gesetzgeber darf sich gegenüber Personen, die sich auf Richtlinienvorschriften vor seinen Gerichten berufen, nicht auf die durch ihn selbst verursachte Versäumung der Umsetzungsfrist berufen[937].

Auch das Verbot der Altersdiskriminierung kann unmittelbar anwendbar sein[938]. Eine Bestimmung ist zwar nur unbedingt, wenn sie weder einen Vorbehalt noch eine Bedingung enthält. Das Diskriminierungsverbot wegen des Alters enthält Ausnahme- und Rechtfertigungsmöglichkeiten, doch ist eine Richtlinie auch dann inhaltlich unbedingt[939]. Es wird nämlich trotz der Wahlmöglichkeiten eine Mindestgarantie hinsichtlich des Schutzes vor Altersdiskriminierung durch die Richtlinie gewährt, die gerichtlich überprüfbar ist. Allerdings kann das nur gegenüber dem Staat als Arbeitgeber gelten, weil die Richtlinie grundsätzlich an den Staat und nicht an Private gerichtet ist. Eine Sanktionierung des treuwidrigen Verhaltens der Mitgliedsstaaten bei fehlender oder mangelnder Umsetzung

---

934 Kommissionsbegründung, KOM (1999) 565 endg., S. 15

935 Nettesheim-Grabitz/Hilf, EGV, Art. 249 Rn. 158 f.; Hetmeier-Lenz/Borchardt, EUV/EGV, Art. 249 EGV, Rn. 12

936 EUGH v. 19.1.1982, Rs. 8/81 (Becker), Slg. 1982, 53, Rn. 24; v. 8.10.1987, Rs. 80/86 (Kolpinghuis Nijmwegen), Slg. 1987, 3969, Rn. 10. Das entspricht der angloamerikanischen „principle of estoppel" Doktrin.

937 Schroeder-Streinz, EUV/EGV, Art. 249 EGV, Rn. 104

938 Weber, ArbuR 2002, S. 405; a. A. Högenauer, S. 160; Das LAG Hessen v. 25.2.2003, NZA-RR 2003, S. 651 hat die unmittelbare Anwendbarkeit wegen der noch laufenden Umsetzungsfrist abgelehnt.

939 EuGH v. 4.12.1974, Rs. 41/74 (van Duyn), Slg. 1974, 1337, Rn. 7; v. 19.1.1982, Rs 8/81(Becker), Slg. 1982, 53, Rn. 29; v. 14.7.1994, Rs. C-91/92 (Faccini Dori), Slg. 1994, 3325, Rn. 17; v. 17.10.1996, Rs. C- 283/94 u.a.(Denkavit u.a.), Slg. 1996, I-5063, Rn. 39

der Richtlinie kann es nur gegenüber dem Staat geben[940]. Eine *horizontale* Wirkung würde eine Kompetenz der Gemeinschaft voraussetzen, auch Regelungen zu Lasten der Bürger vorzunehmen, die nur bei Verordnungen besteht[941]. Private können nur Schadensersatz gegen den Staat wegen Verletzung seiner Umsetzungspflicht geltend machen[942].

Dass sich der Arbeitnehmer gegenüber seinem Arbeitgeber daneben auf den auch zwischen Privaten geltenden europarechtlichen Gleichbehandlungsgrundssatz, der auch Ungleichbehandlungen wegen des Alters umfasst, berufen kann, ist nicht von vorneherein ausgeschlossen[943].

940 Bleckmann, Europarecht, § 7, Rn. 437

941 EuGH v. 14.7.1994, Rs. C-91/92 (Faccini Dori), Slg. 1994, 3325, Rn. 27

942 zu den Voraussetzungen Hetmeier-Lenz/Borchardt, EUV/EGV, Art. 249 EGV, Rn. 14 f.

943 so wohl die Schlussanträge des Generalanwalts vom 30.6.2005 in der Rechtssache C-144/04 (Mangold/Herms); unter http://www.curia.eu.int

B. Umsetzungsmöglichkeiten für den deutschen Gesetzgeber

I. Umsetzung nach Vorbild anderer Mitgliedsstaaten

Einige EU- Mitgliedsstaaten haben vorzeitig die Vorgaben der Richtlinie 2000/78/EG umgesetzt, andere haben umfassende Gesetzentwürfe erarbeitet[944]. Daraus lassen sich die spezifischen Vorteile der unterschiedlichen Methoden der Richtlinienumsetzung sowie einzelne Empfehlungen für die Normierung durch den deutschen Gesetzgeber ableiten.

1. Erweiterung des Art. L 122-45 des französischen Code du travail

In Frankreich wurde das Verbot der Altersdiskriminierung durch *Inkorporierung* in das bestehende, arbeitsrechtliche Diskriminierungsverbot bei Einstellung und Entlassung aus verschiedenen Gründen nach Art. L 122-45 des französischen Code du travail umgesetzt[945]. Im Hinblick auf die Richtlinie 2000/78/EG wurde der Geltungsbereich erweitert und um das Diskriminierungsmerkmal „Alter" sowie um Regelungen zur Umsetzung der Richtlinie 2000/43/EG und 2002/73/EG ergänzt[946]. Stellenanzeigen durften schon zuvor keine Altersgrenzen enthalten, Art. L 311-4 Code du travail. Außerdem wurde Art. L 122-45-3 Code du travail als besondere Rechtfertigungsvorschrift hinsichtlich der Unterscheidung wegen des Alters eingeführt. Ziel dieser Art der Umsetzung ist die Normierung eines grundsätzlich einheitlichen Niveaus hinsichtlich aller denkbaren Diskriminierungsmerkmale[947].

Das Altersdiskriminierungsverbot gilt danach während der gesamten Beschäftigungszeit, von der Einstellung über die Beförderung bis hin zur Entlassung sowie bei Weiterbildung, in Arbeitsbedingungen und bei der Entlohnung. Allerdings hat der französische Gesetzgeber eine weitgehende Rechtfertigungsmöglichkeit von Ungleichbehandlungen vorgesehen. Die Ungleichbehandlung kann nach Art. L 122-45-3 Code du travail objektiv und vernünftigerweise durch ein legitimes Ziel - insbesondere der Beschäftigungspolitik - gerechtfertigt werden, wenn sie dafür angemessen und erforderlich ist. Durch die generalklauselartige Formulierung des Art. L 122-45-3 Code du travail bestehen erhebliche Unsicherheiten, welche Gründe Altersgrenzen rechtfertigen können[948]. Anschei-

---

[944] Einen Überblick bietet der Jahresbericht 2004 der Europäischen Kommission zur Gleichbehandlung und Antidiskriminierung, S. 7 ff.

[945] Die Änderung erfolgte schon durch Loi No 2001-1066 vom 16.11.2001. Vgl. inzwischen Art. 122-45 Code du Travail i.d.F. des Gesetzes No. 2002-73 vom 17.1.2002, Art. 164 Journal Official vom 18.1.2002; teilweise abgedruckt bei Wiedemann/Thüsing, NZA 2002, S. 1235

[946] Vgl. dazu näher Le Friant, NZA 2004, Sonderbeilage zu Heft 22, S. 49 ff.

[947] Meilland, S. 2

[948] kritisch daher Linsenmaier, RdA 2003, Sonderbeilage zu Heft 5, S. 27; Löwisch/Caspers/Neumann, S. 19

nend schließt die Rechtfertigungsmöglichkeit auch Fälle des Art. 4 Abs. 1 RL ein, in denen das Alter wesentliche und entscheidende Voraussetzung für die Tätigkeit ist. Sie lehnt sich eng an den Wortlaut des Art. 6 Abs. 1 S. 1 RL an, wiederholt jedoch nur einige der Fälle des Art. 6 Abs. 1 S. 2 RL. Für zulässig werden Altersgrenzen bei Zugang zur Beschäftigung und die Vereinbarung von altersabhängigen Arbeitsbedingungen zum Schutz Jugendlicher und älterer Beschäftigter erklärt. Gerechtfertigt sind außerdem Höchstaltersgrenzen für die Einstellung wegen der Erforderlichkeit der betreffenden Berufsausbildung und einer vernünftigen Beschäftigungszeit vor Eintritt in den Ruhestand. Keine Gesetzesänderungen sind hinsichtlich der Beendigung der Beschäftigung mit älteren Mitarbeitern erfolgt. Der Arbeitnehmer kann auch künftig die Beendigung des Arbeitsverhältnisses bei Erreichen der Vorruhestandsgrenze von 60 Jahren verlangen. Vom Arbeitgeber kann sie entgegen der Richtlinie verlangt werden, wenn der Arbeitgeber ein Recht auf volle Altersversorgung (regelmäßig mit dem 65. Lebensjahr) erworben hat.

Für den deutschen Gesetzgeber kann die Inkorporierung der Richtlinienvorgaben innerhalb der bestehenden Arbeitsgesetze nur bedingt beispielhaft sein. Die Erweiterung des bestehenden Diskriminierungsschutz um das Merkmal Alter vermeidet einen systematischen Bruch durch Schaffung eines vom sonstigen Arbeitsrecht losgelösten Sondergesetzes. Nachahmenswert ist inhaltlich aber allein das gesonderte Diskriminierungsverbot bei Stellenanzeigen. Art. L 122-45-3 Code du travail sollte dagegen nicht als Vorbild dienen. Die Rechtfertigungsmöglichkeit des Art. 4 Abs. 1 RL stellt ausschließlich auf die besonderen Voraussetzungen der Tätigkeit ab und ist daher eigenständig zu normieren. Bei Umsetzung des Art. 6 Abs. 1 RL sollte gerade wegen der eingeschränkten Rechtfertigungsmöglichkeit von Altersgrenzen keine vergleichbar generelle Regelung erfolgen. Aus Gründen der Rechtssicherheit sollten die Regelbeispiele des Art. 6 Abs. 1 S. 2 RL möglichst umfassend in den Gesetzestext aufgenommen werden. Die Beendigungsmöglichkeit des Arbeitsvertrags durch den Arbeitgeber bei Erreichen des Regelrentenalters entspricht nicht geltendem Recht.

2. Das belgische Antidiskriminierungsgesetz

Belgien hat die Richtlinie durch ein *allgemeines* Antidiskriminierungsgesetz umgesetzt, das seit dem 27.3.2003 in Kraft ist[949]. Es fasst bereits bestehende gesetzliche Regelungen hinsichtlich der Diskriminierungstatbestände der Richtlinien 2000/43/EG, 2000/78/EG und 2002/73/EG zusammen. Neu eingeführt wurde das Diskriminierungsverbot wegen des Alters, das weit über den europarechtlich geforderten Bereich von Beschäftigung und Beruf hinausgeht.

[949] Gesetz vom 25.2.2003, bekannt gemacht durch Belgische Staatsblad, 17.3.2003

Schon seit 1983 bestand ein Diskriminierungsverbot u. a. bezüglich des Alters bei der Anwerbung von Personal durch den nationalen Tarifvertrag Nr. 38[950]. Mit Art. 3 Beschäftigungsförderungsgesetz vom 13.2.1998 wurde ein Verbot von Höchstaltersgrenzen für die Einstellung geschaffen[951]. Aufgrund Art. 2 § 4 des Antidiskriminierungsgesetzes sind Altersgrenzen als unmittelbare Benachteiligungen wegen des Alters nunmehr für den gesamten privaten (abhängige und selbständige Beschäftigung) und öffentlichen Bereich untersagt. Wenngleich von der Richtlinie nicht gefordert, sind davon auch Ungleichbehandlungen bei unbezahlter Arbeit erfasst. Das Verbot erstreckt sich außerdem ausdrücklich auf die Veröffentlichung von diskriminierenden Texten, wie etwa Stellenanzeigen. Dagegen enthält das Gesetz keine Regelung für Pensionsgrenzen. Zwar ist nach Art. 36 des Gesetzes über Arbeitsverträge (GAV) eine Vereinbarung untersagt, die eine automatische Auflösung des Vertrags bei Erreichen des Pensionsalters vorsieht. Der Arbeitgeber kann jedoch nach den gesetzlichen Regelungen das Arbeitsverhältnis grundsätzlich ohne Grund kündigen[952]. Auch ältere Beschäftigte können daher allein unter Einhaltung bestimmter Fristen gekündigt werden[953]. Mit Erreichen des Renteneintrittsalters besteht insofern eine verkürzte Kündigungsfrist für Arbeitgeberkündigungen, Art. 83 GAV. Für Angestellte ab einer bestimmten Einkommensgrenze können nach Art. 82 Abs. 5 GAV schon bei Vertragsbeginn kürzere Fristen vorgesehen werden.

Sonstige Altersgrenzen sind nach Art. 2 § 1 Antidiskriminierungsgesetz nur dann eine verbotene Ungleichbehandlung, wenn sie nicht objektiv und vernünftigerweise gerechtfertigt sind. Diese Generalklausel zur Rechtfertigung einer Altersgrenze aus einem sachlichen Grund würde den Anforderungen des Art. 6 Abs. 1 RL nicht gerecht werden. Für den Bereich der Arbeitsbedingungen sieht daher Art. 2 § 5 Antidiskriminierungsgesetz eine abweichende Regelung vor. Eine Ungleichbehandlung ist danach im Bereich von Arbeitsbedingungen nur dann sachlich begründet, wenn das Alter nach der Natur einer bestimmten Tätigkeit eine wesentliche und entscheidende berufliche Anforderung, das mit der Unterscheidung verfolgte Ziel legitim und die Ungleichbehandlung dafür verhältnismäßig ist. Der Belgische Gesetzgeber gestattet damit nur unter den Voraussetzungen des Art. 4 Abs. 1 RL Altersgrenzen bei Zugang zur Beschäftigung, während der Erwerbstätigkeit und bei Beendigung der Beschäftigung. Der Schutz vor Altersdiskriminierung wird nicht durch Umsetzung des Art. 6 Abs. 1 RL, mithin insbesondere aus beschäftigungspolitischen Gründen, weiter eingeschränkt. Unzulässig sind danach insbesondere Altersgrenzen für den Zugang zur Beschäftigung aufgrund ausreichender Beschäftigungszeit vor dem Eintritt

---

[950] Kollektives Arbeitsabkommen Nr. 38 vom 6.12.1983 über die Anwerbung und Auswahl von Arbeitnehmern in der geänderten Fassung vom 17.7.1998

[951] dazu De Vos, S. 1

[952] näheres zum Kündigungsrecht bei Matray/Hübinger- Henssler/Braun, Belgien, Rn. 111 ff.

[953] Van Langendonck-Maydell/Schnapp, S. 102

in den Ruhestand. Diese eingeschränkte Rechtfertigungsmöglichkeit gilt jedoch nicht für Altersgrenzen im Bereich der Berufsberatung, Berufsausbildung und Umschulung. Hier genügen sachliche Gründe für die Ungleichbehandlung, womit der Gesetzgeber hinter den detaillierten Anforderungen des Art. 6 Abs. 1 RL zurückbleibt[954].

Rechtsfolge einer unzulässigen Altersgrenze ist die Nichtigkeit der diskriminierenden Vertragsklausel. Damit werden bestehende Unklarheiten beseitigt, ob nur die betreffende Regelung oder der gesamte Vertrag nichtig ist[955]. Daneben kann gerichtlich eine Aufhebung des diskriminierenden Zustands angeordnet werden. Es besteht grundsätzlich ein pauschalierter Schadensersatzanspruch (unberührt bleibt die Geltendmachung eines höheren Schadens) bei Ungleichbehandlungen wegen des Alters bei Beförderungen und durch jedwede Arbeitsbedingungen, einschließlich der Entlassung. Entgegen den Vorgaben der Richtlinie werden jedoch ungerechtfertigte Altersgrenzen bei der Einstellung nur nach allgemeinen Regelungen des Zivilrechts sanktioniert. Damit fehlt es insbesondere an der Beweislasterleichterung zugunsten des von der Altersgrenze Betroffenen.

Für den deutschen Gesetzgeber kann die Richtlinienumsetzung Belgiens durch ein allgemeines Diskriminierungsgesetz durchaus Vorbildfunktion haben. Es bietet den Vorteil der umfassenden Umsetzung der Diskriminierungsrichtlinien in einem einheitlichen Gesetz. Durch Begründung eines umfassenden Verbotes hinsichtlich aller durch europarechtliche Richtlinien vorgegebenen Diskriminierungstatbestände kann auf einheitliche Definitionen, Rechtfertigungsvorschriften und Sanktionen zurückgegriffen werden. Das entspricht auch den Bestrebungen der EU zur Vereinheitlichung ihrer Diskriminierungsrichtlinien. Durch Einbettung spezieller arbeitsrechtlicher Regelung außerhalb bestehender Arbeitsgesetze können besondere Rechtfertigungsmöglichkeiten für die Ungleichbehandlung im Bereich von Beschäftigung und Beruf vorgesehen werden. Eine Umsetzung auch der Art. 6 Abs. 1 und 2 RL wäre jedoch gesetzestechnisch schwieriger als die des Art. 4 Abs. 1 RL. Vorbildlich ist die Normierung eines ausdrücklichen Verbotes von Altersgrenzen bei der Einstellung, eine Normierung innerhalb des Antidiskriminierungsgesetzes hätte jedoch Umsetzungsdefizite bei der Sanktionierung vermieden. Aufgrund der Bedeutung in der Praxis ist auch das ausdrückliche Verbot von altersdiskriminierenden Stellenanzeigen beispielhaft. Da Altersgrenzen ohnehin nur in den wenigsten Berufen nach Art. 6 Abs. 1 RL gerechtfertigt werden können, bietet sich auch der Verzicht auf die Einschränkung des Diskriminierungsverbotes nach dieser Vorschrift an. Wegen der rechtlichen Unterschiede zum deutschen Recht lassen sich aber letztlich keine abschließenden Empfehlungen hinsichtlich der Zulassung von Pensionsgrenzen ableiten.

---

954 Willekens-Loccumer Protokolle, S. 162

955 Willekens-Loccumer Protokolle, S. 169 f. Die daneben bestehenden strafrechtlichen Sanktionen beurteilt er unverhältnismäßig, vgl. S. 166 ff.

3. Der irische Employement Euality Act (EEA) 2004

Das im Oktober 1999 in Kraft getretene irische *arbeitsrechtliche* Sondergesetz EEA 1998 nahm weitgehend die materiellen und verfahrensrechtlichen Vorgaben der Richtlinie 2000/78/EG vorweg[956]. In Irland wurde schon damals die Existenz von Ungleichbehandlungen wegen des Alters als eines der Haupthindernisse für den Verbleib älterer Arbeitnehmer im Erwerbsleben erkannt[957]. Seit der Einführung des Verbots stellen Fälle der Altersdiskriminierung einen beträchtlichen Teil der Verfahren nach dem EEA 1998 dar[958]. Die zur vollständigen Richtlinienkonformität notwendigen Anpassungen wurden durch den Erlass des EEA 2004 vorgenommen[959].

Das Diskriminierungsgesetz verbietet Ungleichbehandlungen nicht nur wegen des Alters sondern auch aus acht weiteren Gründen. Dahinter steht die Überlegung, dass die Ungleichbehandlung wegen eines Diskriminierungsgrundes auch zu einer Diskriminierung aus einem anderen Grund führen kann[960]. Das Gesetz regelt neben den materiellen Diskriminierungsverboten auch das Verfahren, einschließlich der Tätigkeit der Gleichstellungsbehörde und der Schlichtungsstelle. Der Schutz vor Altersdiskriminierung wird durch weitere Gesetze auf Bereiche außerhalb von Beschäftigung und Beruf erweitert.

Aufgrund des Gesetzes sind Altersgrenzen beim Zugang zur Beschäftigung, bei der Beförderung, in Beschäftigungsbedingungen, bei der beruflicher Ausbildung und der Kündigung grundsätzlich verboten. Eine Kündigung aus Altersgründen ist bereits seit 1973 untersagt[961]. Der EEA 1998 erfasste nur abhängig Beschäftigte im öffentlichen und privaten Sektor, aufgrund der Richtlinienvorgaben wurde der Geltungsbereich auf selbständig Erwerbstätige erweitert. Angesichts Art. 2 Abs. 5 RL hält man auch künftig eine generelle Ausnahme für Polizisten und Sicherheitskräfte für erforderlich, Soldaten werden in Übereinstimmung mit Art. 3 Abs. 4 RL vom Diskriminierungsverbot wegen des Alters ausgenommen. Das Altersdiskriminierungsverbot galt bislang nur für Personen zwischen dem 18. und 65. Lebensjahr. Wegen der Richtlinie findet das Verbot nunmehr erst ab Ende der Schulpflicht Anwendung. Nach dem EEA 2004 kann der Arbeitgeber aber ohne weiteres ein Mindestalter von 18 Jahren für den Zugang zur Beschäftigung voraussetzen, während die Richtlinie Ungleichbehandlungen auch inso-

---

956 Employment Equality Act 1998, No. 21/1998; http://www.odei.ie. Zur Gleichbehandlung im Beschäftigungsbereich vor der Richtlinienumsetzung Kamphoff-Henssler/Braun, Irland, Rn. 89 ff.

957 Bertelsmann Stiftung und BDA, Beschäftigungschancen für ältere Arbeitnehmer, S. 180

958 ODEI Annual Report 2002, S. 12 ff.

959 Das Gesetz ist als Employment Equality Act 2004 am 19.07.2004 in Kraft getreten. Er ist unter http://www.justice.ie abrufbar.

960 Dobbins, S. 1

961 sec. 6 Unfair Dismissals Act 1973 i. V. m. sec. 5 Unfair Dismissals Act 1993, dazu Kamphoff-Henssler/Braun, Irland, Rn. 80 ff.

fern nur in engen Grenzen sachlich rechtfertigt. Die Obergrenze für den Anwendungsbereich besteht im EEA 2004 nicht mehr, dadurch werden Beschäftige auch nach Erreichen des Renteneintrittsalters geschützt. Zuvor waren Höchstaltersgrenzen, die an das Regelrentenalter anknüpfen, schon wegen der Geltung des Gesetzes nur bis 65 Jahren rechtlich zulässig. Für Piloten werden insofern auch künftig die Regelungen eines Spezialgesetzes gelten. Das Verbot der Altersdiskriminierung soll auch dann nicht gelten, wenn einer Person über dem üblichen Pensionsalter ein Arbeitsverhältnis mit festgelegter Dauer angeboten wird. Bei der Befristung wird daher ab diesem Alter auf das Sachgrunderfordernis verzichtet.

Die bestehende Rechtfertigungsmöglichkeit von Ungleichbehandlungen wegen des Alters der damit verbundenen notwendigen Qualifikation im Hinblick auf die spezifische Tätigkeit wird wegen Art. 4 Abs. 1 RL um die Anforderung der Verhältnismäßigkeit ergänzt[962]. Als Tätigkeiten, in denen ein bestimmtes Alter notwendig zur Erfüllung der Aufgaben ist, werden u. a. solche im Gefängnisdienst und bei Notfalldiensten genannt. Vor der Richtlinienumsetzung war eine Altersgrenze zulässig, wenn das Fehlen der Ungleichbehandlung erhebliche Kostensteigerungen zu Folge hatte. Hinsichtlich Altersgrenzen für betriebliche Systeme der sozialen Sicherheit wird die Vorschrift insofern an den Wortlaut des Art. 6 Abs. 2 RL angepasst. Damit entfällt auch die generelle Rechtfertigungsmöglichkeit von Altersgrenzen aus wirtschaftlichen Gründen, die den Anforderungen der Richtlinie nicht gerecht werden würde. Art. 6 Abs. 1 RL erfährt keine eigenständige Umsetzung im EEA 2004. Die Gestattung von Altersgrenzen erfolgt vielmehr durch Einschränkungen im Geltungsbereich (s. o.), teilweise wird auch auf nationales Recht zum Schutz jüngerer Beschäftigter und des Mindestlohnes verwiesen. Danach können je nach Tätigkeit verhältnismäßige Höchsteinstellungsgrenzen vom Arbeitgeber gesetzt werden, welche die Kosten und die Dauer der Ausbildung berücksichtigen oder die wegen einer ausreichenden beruflichen Tätigkeit vor Erreichen des Ruhestandsalters nötig sind. Dagegen wurde die Staffelung der Grundvergütung nach Altersstufen im öffentlichen Dienst bereits aufgrund des EEA 1998 abgeschafft[963]. Das Antidiskriminierungsgesetz sieht auch nach seiner Änderungen ausdrücklich vor, dass die Festlegung einer bestimmten Pensionsgrenze keine verbotene Diskriminierung wegen des Alters ist. Während die Gesetzesbegründung die Beibehaltung nicht begründet, wird im Schrifttum der Erwägungsgrund Nr. 14 RL als Ausnahmebestimmung der Richtlinie ausgelegt[964]. Daneben sind positiven Maßnahmen künftig nicht nur für Arbeitnehmer über 50 Jahren zulässig, sondern wegen Art. 7 Abs. 1 RL auch schon zugunsten jüngerer Beschäftigter möglich.

---

962 Explanatory and financial Memorandum zum Equality Bill 2004, S. 4

963 Bertelsmann Stiftung und BDA, Beschäftigungschancen für ältere Arbeitnehmer, S. 182

964 Reid, Paper for ERA Seminar 2003, S. 3

Auch für den deutschen Gesetzgeber bietet ein arbeitsrechtliches Sondergesetz gegenüber einem allgemeinen Gesetz mit Sonderregelungen für das Arbeitsrecht den Vorteil der besseren Übersichtlichkeit. Ohne Rücksicht auf bestehende arbeitsrechtliche Bestimmungen kann das Verbot für alle Beschäftigten, einschließlich Selbständiger und den Bereich der Berufsberatung und Berufsbildung geregelt werden. Allerdings reicht der Geltungsbereich der Richtlinie 2000/43/EG weiterer, so dass weitere Gesetzesänderungen nötig wären. Die Einbeziehung aller in Betracht kommenden Diskriminierungsgründe in das arbeitsrechtliche Diskriminierungsgesetz erleichtert Fälle von Mehrfachdiskriminierungen, bei denen auf einheitliche Sanktions- und Verfahrensvorschriften zurückgegriffen werden kann. Die Einbeziehung verfahrensrechtlicher Regelungen entspricht zwar der Einheitlichkeit der Richtlinie, entspräche aber nicht deutscher Rechtssystematik, die zwischen formellen und materiellen Vorchriften unterscheidet. Die Umsetzung des Art. 6 Abs. 1 RL durch Verweis auf Vorschriften außerhalb des EEA 2004 steht der Einheitlichkeit der Regelungen entgegen, der sachliche Grund für die Gestattung einer Mindestaltersgrenze von 18 Jahren ist nicht ohne weiteres ersichtlich. Mit der Richtlinie unvereinbar ist die unbegrenzte Gestattung von Pensionsgrenzen mit Erreichen des 65. Lebensjahres.

II. Umsetzung innerhalb des BGB

Eine Möglichkeit des deutschen Gesetzgebers zur Umsetzung des Verbots der Altersdiskriminierung besteht in der Änderung, Ergänzung und Anpassung bestehender Rechtsvorschriften. Dies kommt der französischen Umsetzungsmethode am nächsten. Auf diese Art und Weise wurde schon die Gleichbehandlungsrichtlinie 76/207/EWG in §§ 611 a ff. BGB und das Diskriminierungsverbot der Richtlinie hinsichtlich der Behinderung (zumindest für schwerbehinderte Menschen) in § 81 Abs. 2 SGB XI umgesetzt.

Aufgrund des beschränkten Geltungsbereichs der §§ 611 a ff BGB wären bei der Umsetzung der Richtlinie innerhalb des BGB aber ergänzende Gesetzesänderungen nötig.

Eine Erweiterung der Diskriminierungsverbote des Art. 3 Abs. 3 GG um das Merkmal Alter wäre nach Art. 8 Abs. 1 RL möglich, ist durch die Richtlinie aber nicht angezeigt[965]. Sie betrifft nur den Bereich der Beschäftigung und des Berufs, eine Verfassungsänderung würde weit über die europarechtlichen Anforderungen hinausgehen. Überdies wird der Gleichbehandlungsgrundsatz in seiner bisherigen Form nur verletzt, wenn die Ungleichbehandlung ohne sachlichen Grund erfolgt. Die Rechtfertigungsmöglichkeiten der Art. 4 Abs. 1 und Art. 6 RL enthalten insofern erheblich weitergehende Einschränkungen.

---

[965] so die Forderung des VdK Bayern neben einem zivilrechtlichen Antidiskriminierungsgesetz, Pressemitteilung des VdK Bayern v. 19.12.2003

Sollte bei der Umsetzung des Altersdiskriminierungsverbots, wie schon bei der Geschlechterdiskriminierung, der Schutz vor Belästigungen nach Art. 2 Abs. 3 RL separat geregelt werden, so ist das BeschSchG um das Merkmal „Alter" zu erweitern[966]. Damit könnten gleichzeitig die im Hinblick auf die Richtlinie 2002/73/EG erforderlichen Änderungen eingearbeitet werden[967]. Außerdem muss das Altersdiskriminierungsverbot vor allem im Beamtenrecht normiert werden, so bedarf es u. a. beim Gleichbehandlungsgebot bei der Stellenausschreibung nach § 8 Abs. 1 BBG einer Ergänzung um das Merkmal „Alter" und einer Rechtfertigungsmöglichkeit von Mindestaltersgrenzen für Beamte auf Lebenszeit. Auch Altersgrenzen für Beamtenlaufbahnen sind aufzuheben.

Bestehende arbeitsrechtliche Regelungen, die der Richtlinie entgegenstehen, müssen jedenfalls geändert oder aufgehoben, die Betriebs- und Tarifparteien mit Übergangsfristen zur Anpassung ihrer Vorschriften verpflichtet werden. So ist die Gewährung von Altersteilzeit in Form des Blockmodells in Tarifverträgen zu ändern. Die Altersgrenze für die sachgrundlose Befristung von Arbeitsverhältnissen in § 14 Abs. 3 TzBfG ist anzuheben. Weil auch der Anstieg der Entlohnung nach Altersgrenzen nicht zu rechtfertigen ist, muss § 27 Abs. 1 BAT geändert werden. Ebenso ist die Staffelung von Urlaubstagen schon im mittleren Lebensalter weder in Tarifverträgen noch nach § 48 Abs. 1 BAT zulässig. Kündigungsverbote, die in erster Linie am Alter der Beschäftigten und nicht der Dauer der Betriebszugehörigkeit anknüpfen sind dahingehend zu ändern. Soweit gesetzliche Pensionsgrenzen für besondere Berufsgruppen keine Verlängerungsmöglichkeiten bei nachgewiesener Eignung vorsehen, sind sie an die Richtlinienvorgaben anzupassen. Eine Änderung muss auch § 75 Abs. 1 S. 2 BetrVG erfahren, künftig muss auch die Benachteiligung wegen Unterschreitung einer bestimmten Altersgrenze verboten sein, denn auch Jüngere sind in den Schutz bei der Behandlung von Betriebsangehörigen mit einzubeziehen[968]. Überdies sollte eine gesetzliche Klarstellung erfolgen, dass die Regelung entgegen der bisherigen Rechtsprechung auch auf Pensionsgrenzen anwendbar ist. Eine künftige europarechtskonforme Auslegung anhand der Richtlinie genügt dagegen wohl nicht zur Umsetzung.

1. Der Diskussionsentwurf zur Einführung der §§ 319 a ff. BGB

Bei der Umsetzung innerhalb des BGB könnte auf den zurückgezogenen Diskussionsentwurf eines zivilrechtlichen Antidiskriminierungsgesetzes des Bun-

[966] Der BDA hält eine Umsetzung der Richtlinie durch Ergänzung des BGB und eine Ausweitung des BeschSchG für empfehlenswert, vgl. Pressemitteilung v. 17.11.2003 unter http://www.bda-online.de. Högenauer, S. 231 möchte dagegen die im BGB zu schaffenden Diskriminierungsvorschriften ausweiten.

[967] ErfK-Schlachter, § 1 BeschSchG, Rn. 1

[968] ErfK-Kania, § 75 BetrVG, Rn. 8; Kummer, S. 128

desministeriums der Justiz vom 29.11.2001 (BGB-DiskE) zurückgegriffen werden[969].

Der Diskussionsentwurf sah ein zivilrechtliches Diskriminierungsverbot hinsichtlich aller Diskriminierungstatbestände der Richtlinien 2000/78/EG und 2000/43/EG für bestimmte Arten von Schuldverträgen vor. Auch ein Altersdiskriminierungsverbot wurde normiert, jedoch vorwiegend außerhalb des von der Richtlinie vorgegebenen Bereichs von Beschäftigung und Beruf[970]. Geplant war ein Benachteiligungsverbot u. a. wegen des Alters bei Verträgen, die eine Beschäftigung oder die Berufsbildung zum Gegenstand haben, § 319 a Abs. 1 Nr. b) BGB-DiskE. Arbeitsverhältnisse wurden aber nach § 319 a Abs. 2 BGB-DiskE ausdrücklich vom Regelungsbereich ausgenommen, weil Regelungen für abhängig Beschäftigte in einem eigenen Gesetzentwurf enthalten sein sollten. Das Diskriminierungsverbot galt daher nur für Dienstverträge, insbesondere für selbständige Erwerbstätigkeit unabhängig vom Tätigkeitsfeld und der beruflichen Position. Der Gesetzgeber war daher nur insofern an die Richtlinienvorgaben gebunden. Wegen der geplanten Normierung im BGB betraf das Verbot von vornherein weder die Berufsberatung noch Beamte oder Richter.

Bei der Richtlinienumsetzung durch arbeitsrechtliche Vorschriften innerhalb des BGB könnte allenfalls auf die Begriffsbestimmungen des § 319 b BGB-DiskE zurückgegriffen werden. Die Definitionen des Diskriminierungsbegriffs und der Belästigung der Richtlinie wurden nahezu wörtlich von Art. 2 RL übernommen. Dagegen wird der Normentwurf zu Art. 4 Abs. 1 RL diesen Anforderungen nicht gerecht. Nach § 319 d Abs. 1 Nr. 1 a) BGB-DiskE lag bei Verträgen, die eine Beschäftigung zum Gegenstand haben, eine zulässige Unterscheidung vor, wenn das Vorhandensein oder Fehlen eines bestimmten Alters eine „entscheidende Voraussetzung für die Tätigkeit ist". Selbst wenn man diese Rechtfertigungsmöglichkeit über den Geltungsbereich hinaus auf abhängig Beschäftigte im privaten und öffentlichen Sektor erweitern würde, ist der europarechtlich vorgegebene Maßstab strenger. Danach müsste das Alter gerade aufgrund der *Art* einer ***bestimmten*** beruflichen Tätigkeit oder der ***Bedingungen ihrer Ausübung*** eine ***wesentliche*** und entscheidende berufliche Anforderung darstellen. Vor allem aber muss die Unterscheidung verhältnismäßig sein.

Für die Regelung eines Altersdiskriminierungsverbotes im Bereich von Beschäftigung und Beruf kann auch die Rechtfertigungsmöglichkeit § 319 d Abs. 1 Nr. 1 b) bzw. Nr. 2 BGB-DiskE nicht als Vorbild herangezogen werden. Die Vorschrift galt grundsätzlich für alle Diskriminierungstatbestände, was aber dem abgestuften System zur Rechtfertigung nach der Richtlinie je nach dem Grund

[969] Die wesentlichen Vorschriften sind in DB 2002, S. 470 f. abgedruckt; vgl. dazu Wiedemann/Thüsing, DB 2002, S. 463 ff.

[970] kritisch daher die Stellungnahme des DAV v. 13.2.2002, S. 2

der Ungleichbehandlung nicht gerecht wird[971]. Danach war die Unterscheidung wegen des Alters zulässig, wenn sie „durch sachliche Gründe gerechtfertigt ist". Der Maßstab des Art. 6 Abs. 1 RL ist strenger, weil die Ungleichbehandlung gerade für das jeweilige Ziel geeignet, erforderlich und angemessen sein muss. Überdies hätten die in Art. 6 Abs. 1 S. 2 RL genannten Maßnahmen und Ziele konkret genannt werden müssen, damit die Vorschrift dem Gebot der Bestimmtheit genügt. Für Altersgrenzen fand sich aber allein ein Regelbeispiel in § 319 d Abs. 2 BGB-DiskE. Sie waren danach zulässig, „wenn sie zum Schutz der Betroffenen oder aus beschäftigungspolitischen oder aus Gründen des Allgemeinwohls vorgesehen sind". Auch diese Vorschrift wird den Anforderungen des Art. 6 Abs. 1 RL nicht gerecht. Zum Schutz der Betroffenen sind Altersgrenzen regelmäßig nicht erforderlich. Allgemeine beschäftigungspolitische Erwägungen genügen nicht zur Rechtfertigung und das Diskriminierungsverbot steht auch nicht unter einem generellen Allgemeinwohlvorbehalt. Hier sind die Vorgaben der Art. 2 Abs. 5 RL und Art. 6 Abs. 1 RL differenzierter. Es fehlt somit an einer hinreichend bestimmten Umsetzung hinsichtlich der Gestattung altersbedingter Ungleichbehandlungen. Keine ordnungsgemäße Umsetzung erfolgte auch bei der Zulassung positiver Maßnahmen in § 319 d Abs. 3 BGB-DiskE. Im Unterschied dazu sieht die Richtlinie positive Maßnahmen nur vor, wenn sie der Verhinderung oder dem Ausgleich von Benachteiligungen zur Gewährleistung der tatsächlichen Gleichstellung wegen des Alters dienen und dafür verhältnismäßig sind.

Als Rechtsfolge des Verstoßes war neben der Anpassungspflicht des Vertrages ein systemfremder Anspruch auf Folgenbeseitigung vorgesehen, der letztlich sogar zu einem Kontrahierungszwang hätte führen können[972]. Vielmehr ist die Nichtigkeit der Regelung bzw. Schadensersatz regelmäßig eine ausreichende wirksame und abschreckende Sanktion i.S.d. Richtlinie. Dagegen stellt die vorgesehene Beweislastumkehr in § 319 c BGB-DiskE eine richtliniekonforme Umsetzung dar. Über die Anforderungen der Richtlinie hinaus sollte nach § 2 Abs. 3 UKlaG-DiskE ein Verbandklagerecht ohne Zustimmung des Betroffenen geschaffen werden, was erhebliche Probleme in der arbeitsgerichtlichen Praxis bedeutet hätte[973].

2. Erweiterung der §§ 611 a ff. BGB um das Merkmal „Alter"

Eine Richtlinienumsetzung durch Ergänzung des BGB könnte systematisch durch Erweiterung der §§ 611 a ff. BGB um das Merkmal „Alter" oder ver-

---

[971] Wiedemann/Thüsing, DB 2002, S. 468

[972] ablehnend daher die Stellungnahme des DAV v. 13.2.2002, S. 12; v. Koppenfels, WM 2002, S. 1495; Adomeit, NJW 2002, S. 1623. Högenauer, S. 203 hält dies dagegen für überzeugend, weil damit den Interessen der Betroffenen eher genügt wird, als mit einer Bestrafung des Arbeitgebers.

[973] ablehnend daher Högenauer, S. 219

gleichbare Regelungen in Anschluss an diese Vorschriften vorgenommen werden, ist aber letztlich nicht empfehlenswert.

Für eine derartige Umsetzung des Diskriminierungsverbots wegen des Alters bedarf es einer Erweiterung des persönlichen Anwendungsbereichs über abhängig Beschäftigte des privaten und öffentlichen Rechts sowie Auszubildende hinaus[974]. Nach § 611 a BGB darf der Arbeitgeber „einen Arbeitnehmer bei einer Vereinbarung oder einer Maßnahme, insbesondere bei der Begründung des Arbeitsverhältnisses, beim beruflichen Aufstieg, bei einer Weisung oder einer Kündigung, nicht wegen des Geschlechts benachteiligen". Diese Vorschriften verpflichten nicht nur den einzelnen Arbeitgeber sondern auch die Tarif- und Betriebparteien, denn untersagt sind Benachteiligungen „bei" einem Arbeitsverhältnis[975]. Das Verbot der Altersdiskriminierung hat aber auch für alle Dienstverträge, insbesondere für die freien Berufe und für selbständig Tätige, für Geschäftsführer und arbeitnehmerähnliche Personen zu gelten. Für diese Beschäftigten musste schon hinsichtlich der Geschlechterdiskriminierung eine analoge Anwendung im Hinblick auf die Richtlinie 76/207/EWG vorgenommen werden[976]. Nicht erfasst wären außerdem Beamte, für die auf Bundesebene die Vorschriften des Bundesgleichstellungsgesetzes gelten. Ohne Systembrüche kann eine Einbeziehung von Beamten im BGB aber nicht erfolgen, weil sie gerade nicht aufgrund eines privatrechtlichen Schuldverhältnisses nach § 611 BGB beschäftigt sind[977]. Der eng an § 611 a BGB angelehnte § 81 Abs. 2 SGB XI als Umsetzung des Diskriminierungsverbots wegen der Behinderung nach der Richtlinie 2000/78/EG richtet sich dagegen auch an den Dienstherren des öffentlichen Rechts, die Beamte oder Richter einstellen. Er lässt jedoch ebenfalls richtlinienwidrig selbständig Erwerbstätige außen vor[978]. Erweitert wird das Verbot der Geschlechterdiskriminierung auf die Arbeitsplatzausschreibung, § 611 b BGB, und auf das Arbeitsentgelt in § 612 Abs. 3 BGB. Die Richtlinie erfordert aber zusätzlich eine Gleichbehandlung bei der beruflichen Bildung.

Aus Gründen der Rechtssicherheit müsste der Diskriminierungsbegriff nach Vorbild des Art. 2 Abs. 2 RL gefasst werden. Anders als bei § 611 a BGB genügt für die Ungleichbehandlung wegen des Alters, dass der Betroffene eine

[974] Högenauer, S. 165 hält § 611 a BGB im Hinblick auf den Geltungsbereich der RL 76/207 EWG für europarechtswidrig.

[975] ErfK-Schlachter, § 611 a BGB, Rn. 6 f.; Richardi/Annuß-Staudinger, § 611 a BGB, Rn. 23; Linsenmaier, RdA 2003, Sonderbeilage zu Heft 5, S. 27

[976] ErfK-Schlachter, § 611 a BGB, Rn. 6; a. A. für arbeitnehmerähnliche Personen Richardi/Annuß-Staudinger, § 611 a BGB, Rn. 24

[977] Högenauer, S. 169 schlägt dagegen vor, die Regelung auf alle Beschäftigten nach der Definition des § 1 BeschSchG zu erweitern, und so freie Mitarbeiter, leitende Angestellte und sonstige Beschäftigte mit einzubeziehen.

[978] ErfK-Rolfs, § 81 SGB IX, Rn. 4 f. Außerdem sind nur Schwerbehinderte im Widerspruch zur Richtlinie vom Geltungsbereich erfasst, Kummer, S. 125

Ungleichbehandlung erfahren würde. Denn es ist ihm nicht zumutbar, bis zum Erreichen einer Altersgrenze zu warten, um einen Verstoß geltend zu machen.

Abweichungen ergeben sich auch bei der Rechtfertigungsmöglichkeit altersbedingter Ungleichbehandlungen nach Art. 4 Abs. 1 RL im Vergleich zu § 611 a Abs. 1 S. 2 BGB[979]. Danach ist eine Ungleichbehandlung wegen des Geschlechts ausnahmsweise zulässig, wenn sie die Art der auszuübenden Tätigkeit zum Gegenstand hat und ein bestimmtes Geschlecht „unverzichtbare Voraussetzung" für diese Tätigkeit ist. Bei Normierung des Diskriminierungsverbots wegen der Behinderung in § 81 Abs. 2 Nr. 1 S. 2 SGB IX knüpft der Gesetzgeber dagegen an eine „wesentliche und entscheidende berufliche Anforderung" an. Der Begriff der „unverzichtbaren Voraussetzung" in § 611 a Abs. 1 S. 2 BGB ist jedoch zu eng gefasst und wurde daher europarechtskonform dahingehend ausgelegt, dass ein Angehöriger eines anderen Geschlechts gerade deswegen die Arbeitsleistung nicht erbringen könnte[980]. Der Gesetzgeber könnte beim Altersdiskriminierungsverbot diese Rechtfertigungsmöglichkeit nicht nur wegen der Art der Tätigkeit sondern auch wegen der Bedingungen ihrer Ausübung gewähren.

Im Rahmen der Geschlechterdiskriminierung ist eine Rechtfertigung für *mittelbare* Diskriminierungen aus sachlichen Gründen trotz fehlender Normierung in § 611 a BGB in richtlinienkonformer Auslegung der Vorschriften anerkannt. Für unmittelbare Diskriminierungen gilt das nicht, insbesondere kann aus der Beweislastregelung des § 611 a Abs. 3 BGB, die auf die Glaubhaftmachung „sachlicher Gründe" abstellt, nicht geschlossen werden, dass ein sachlicher Grund die Differenzierung gestattet[981]. Eine solche Generalnorm, die allein auf das Vorliegen „sachlicher Gründe" abstellt, würde beim Altersdiskriminierungsverbot den strengen Anforderungen des Art. 6 Abs. 1 RL nicht gerecht werden. Wenn der Gesetzgeber von der Möglichkeit der Umsetzung des Art. 6 Abs. 1 RL Gebrauch machen will, müsste er die Rechtfertigung *unmittelbarer* Benachteiligungen daher ausdrücklich normieren. Das Gebot der Rechtssicherheit und der effektiven Gewährung des Diskriminierungsverbots verlangt dabei eine detaillierte Regelung in enger Anlehnung an den Richtlinienwortlaut, etwa durch Regelbeispiele[982]. Gerade bei der Rechtfertigung von Mindest- und Höchstaltersgrenzen ist dabei zu beachten, dass die großzügig klingende Rechtfertigungsvorschrift mangels Erforderlichkeit und Verhältnismäßigkeit nur in wenigen Fällen tatsächlich eingreifen würde. Ergänzend müsste der Gesetzgeber außerdem in Umsetzung

---

[979] a. A. Högenauer, S. 192

[980] ErfK-Schlachter, § 611 a BGB, Rn. 22 f. Es reichen auch Gründe der Authentizität aus, dagegen genügt ein überholtes Rollenverständnis nicht, vgl. Richardi/Annuß, § 611 a BGB, Rn. 53 f.

[981] LAG Düsseldorf v. 1.2.2002, NZA-RR 2002, S. 345

[982] so der Vorschlag von Linsenmaier, RdA 2003, Sonderbeilage zu Heft 5, S. 27

des Art. 6 Abs. 2 RL Altersgrenzen bei der betrieblicher Altersvorsorge zulassen.

Bei Umsetzung des Diskriminierungsverbotes im Rahmen der §§ 611 a BGB wäre außerdem die Gestattung positiver Maßnahmen nach Art. 7 Abs. 1 RL zu ergänzen. Im Rahmen der Geschlechterdiskriminierung wird sich mit einer richtlinienkonformen Auslegung nach der RL 76/207/EWG und Art. 3 Abs. 2 S. 2 GG beholfen[983]. Eine richtlinienkonforme Auslegung genügt zur Umsetzung der Antidiskriminierungsrichtlinie jedoch nicht. Ein Rückgriff auf Art. 3 Abs. 3 GG ist daneben nicht möglich, weil ein Schutz vor Altersdiskriminierung verfassungsrechtlich nicht gewährt wird. Überdies bestehen bei der Diskriminierung wegen des Alters enge Grenzen für die Zulassung positiver Maßnahmen, so dass eine Normierung in enger Anlehnung an den Richtlinienwortlaut geboten wäre.

Das Maßregelungsverbot des § 612 a BGB beschränkt sich nicht nur auf die Geschlechterdiskriminierung und würde daher auch für ein noch zu normierende Verbot der Altersdiskriminierung gelten[984]. Zur Umsetzung des Art. 10 RL kann auf das Vorbild der Beweiserleichterung zugunsten des Arbeitnehmers in § 611 a Abs. 1 S. 3 BGB zurückgegriffen werden. Ebenso genügt ein abgestuftes System von Sanktionen nach §§ 611 a Abs. 2 - 4 BGB den Anforderungen der Richtlinie. Vergleichbare Regelungen wären auch hinsichtlich des Verbots der Altersdiskriminierung wirksam und abschreckend i .S. d. Art. 17 RL[985]. Im Gegensatz zur deliktischen Haftung wird insbesondere auf das Verschuldenserfordernis verzichtet[986]. Ebenfalls sollte ein Einstellungsanspruch als ungeeignetes Sanktionsmittel vergleichbar dem § 611 a Abs. 2 a. E. BGB ausgeschlossen werden, da er sich ansonsten ggf. über § 249 BGB ergeben könnte. Die Nichtigkeit von gegen das Verbot verstoßenden Regelungen kann, muss aber nicht ausdrücklich vorgesehen werden, da sich dies aus § 134 BGB ergibt[987].

Für eine derartige Umsetzung spricht zwar, dass das Diskriminierungsverbot wegen des Alters im Arbeitsrecht an einer bekannten Stelle geregelt würde[988]. Es stände übersichtlich im Zusammenhang mit dem Verbot der Geschlechterdiskriminierung, auf ein weiteres arbeitsrechtliches Sondergesetz könnte verzichtet werden. Die Umsetzung im Rahmen der §§ 611 a ff. BGB ist auch systemkonform, weil die Richtlinie im Kern auf die Gleichbehandlung wegen des Alters von abhängig Beschäftigten zielt. Diese Umsetzung würde sich außerdem auf materielle Vorschriften beschränken, die verfahrensrechtlichen Vor-

---

983 ErfK-Schlachter, § 611 a BGB, Rn. 18 ff.; ablehnend Richardi/Annuß- Staudinger, § 611 a BGB, Rn. 48
984 ebenso Mohr, S. 339
985 a. A. Kummer, S. 104 ff.
986 so die Anforderung des EuGH hinsichtlich der Geschlechterdiskriminierung, vgl. EuGH v. 8.11.1990, AP Nr. 23 zu Art. 119 EWG- Vertrag
987 Linsenmaier, RdA 2003, Sonderbeilage zu Heft 5, S. 27
988 Högenauer, S. 167

gaben würden sich nach der im deutschen Recht üblichen Zweiteilung in den bekannten Vorschriften des arbeitsrechtlichen Prozessrechts finden. Der Gesetzgeber könnte sich inhaltlich größtenteils an den Vorschriften zum Verbot der Geschlechterdiskriminierung orientieren. Sie dienen der Umsetzung der Gleichbehandlungsrichtlinie 76/207/EWG und weisen von daher erhebliche Ähnlichkeiten mit den Vorgaben der Antidiskriminierungsrichtlinie auf. So müsste neben einer dem § 611 a BGB vergleichbaren Regelung, das Verbot bei der Arbeitsplatzausschreibung nur um das Merkmal „Alter" ergänzt werden, das Viktimisierungsverbot entspräche bereits der Richtlinie. Der Gesetzgeber könnte ein solches Verbot ohne weiters um andere Diskriminierungstatbestände erweitern und somit die Richtlinien 2000/78/EG und 2000/43/EG umsetzen. Bezüglich der Behinderung könnte die jüngst geänderte Vorschrift des § 81 SGB IX im Wesentlichen beibehalten werden. Allerdings würde die Übersichtlichkeit erheblich leiden, insbesondere bei Umsetzung des Art. 6 RL.

3. Eigenständige Regelung für arbeitsrechtliche Pensionsgrenzen

Eine eigenständige gesetzliche Regelung zur Zulässigkeit von Höchstaltersgrenzen für die Tätigkeit ist nach der Richtlinie zwar nicht notwendig, im Hinblick auf bestehende Rechtsunsicherheiten aber geboten. Ein Verbot der Altersdiskriminierung nach Vorbild des § 611 a BGB würde für alle „Vereinbarungen und Maßnahmen" bei einem Arbeitsverhältnis gelten. Das betrifft auch die Vertragsbeendigung, wobei der EuGH unter Entlassungsbedingungen auch eine Altersgrenze versteht, bei der das Arbeitsverhältnis ohne Kündigung endet[989]. Damit wären auch arbeitsrechtliche Pensionsgrenzen vom Diskriminierungsverbot erfasst.

Für eine ausdrückliche Regelung für Pensionsgrenzen spricht, dass nach dem Wortlaut der Richtlinie unklar bleibt, ob das Verbot der Altersdiskriminierung auch auf Pensionsgrenzen anwendbar ist. Die Umsetzung in Irland zeigt, dass anderenfalls die Gefahr eines europarechtswidrigen Rechtszustandes droht. Dem sollte der deutsche Gesetzgeber bei der Richtlinienumsetzung durch eine eindeutige Regelung entgegentreten, ergibt sich doch die Anwendbarkeit aus der historischen, systematischen und teleologischen Auslegung. Bisher wurden Altersgrenzen vorwiegend als Einschränkung der Berufsfreiheit, nicht als regelmäßig ungerechtfertigte Ungleichbehandlung Älterer angesehen. Eine gesetzliche Regelung würde daher der Rechtssicherheit für Arbeitsvertragsparteien, Betriebs- und Tarifparteien bei der Vereinbarkeit von Pensionsgrenzen mit dem Altersdiskriminierungsverbot schaffen. Vor allem besteht ohne ausdrückliche Regelung ein Widerspruch mit § 14 Abs. 1 TzBfG, der jedenfalls für individualvertragliche Pensionsgrenzen die Zulässigkeit allein vom Vorliegen eines sachlichen Grundes abhängig macht. Das gilt umso mehr, wenn man diese Regelung auch auf kollektivvertragliche Pensionsgrenzen anwendbar hält. Wurde das Kri-

[989] EuGH v. 26.2.1986, Rs. 152/84 (Marshall), Slg. 1986, 745, Rn. 32 ff.

terium des „sachlichen Grundes“ zur Rechtfertigung von Pensionsgrenzen seit jeher als konturschwach angesehen[990], so zeigt sich außerdem die dringende Notwendigkeit der Konkretisierung im Rahmen der Richtlinienumsetzung. Eine europarechtskonforme Auslegung des Begriffs „sachlicher Grund“ nach § 14 Abs. 1 S. 1 TzBfG wäre keine ordnungsgemäße Umsetzung des Art. 6 Abs. 1 RL[991].

Eine ausdrückliche Regelung der Zulässigkeit von Pensionsgrenzen wurde schon in der Vergangenheit vielfach gefordert. Anscheinend geht schon der Gesetzentwurf der Bundestagsfraktion DIE GRÜNEN aus dem Jahre 1972 für ein Antidiskriminierungsgesetz in diese Richtung[992]. Danach sollten „Gesetze und sonstige Vorschriften, die im Ausbildungsbereich, bei Stellenanzeigen, für Laufbahnen, Umschulungen und vergleichbare Maßnahmen Altersgrenzen festlegen“ unzulässig sein. Neben Altersgrenzen bei der Beamtenlaufbahn sollten damit auch die „stillschweigend praktizierten“ Höchstaltersgrenzen bei privaten Unternehmen verboten werden, weil es sich um eine generelle Missachtung älterer Menschen handele. Nach S. 2 sollten aber „Renten- und Pensionsgrenzen“ unberührt bleiben. Unklar blieb, ob auch arbeitsrechtliche Höchstaltersgrenzen für die Ausübung der Tätigkeit, insbesondere in Betriebsvereinbarungen und Tarifverträgen, gemeint waren[993].

Der Vorschlag der Arbeitsgesetzbuchkommission aus dem Jahre 1977 sah vor, dass eine Altersgrenze von 65 Jahren ohne weiteres durch eine Betriebsvereinbarung und in einem Tarifvertrag vereinbart werden kann. Einzelvertraglich müsste dies durch den Schutz der Allgemeinheit, des Betriebs oder der Personen im Betrieb gerechtfertigt sein oder wirtschaftlich abgesicherte leitende Angestellte betreffen. Eine kollektiv- wie einzelvertragliche Altersgrenze zwischen dem 60. und 65. Lebensjahr müsste zusätzlich innerhalb von drei Jahren vor dem Beendigungszeitpunkt vom Arbeitnehmer bestätigt werden[994]. Durch eine solche Regelung würde die Beendigung der Beschäftigung entgegen dem Willen des Beschäftigten vor dem 65. Lebensjahr verhindert, außer sie dient dem Schutz der Sicherheit Dritter oder betrifft Führungskräfte. Da nur einzelvertragliche Regelungen erfasst sein sollten, wird auch eine konkrete Betrachtung der jeweiligen Beschäftigung vorgenommen. Hinsichtlich des Schutzes der Sicherheit Dritter sind die Anforderungen des Art. 4 Abs. 1 RL jedoch strenger, weil das Alter eine „wesentliche und entscheidende berufliche Anforderung“ sein muss. Die Zulässigkeit einer Altersgrenze für leitende Angestellte wäre dagegen aus Gründen der vorhersehbaren Personalplanung nach Art. 6 Abs. 1 S. 2 a), S.

[990] Belling, Anm. zu AP Nr. 9 zu § 620 BGB Bedingung
[991] so im Ergebnis: Linsenmaier, RdA 2003, Sonderbeilage zu Heft 5, S. 31
[992] BT-Drucks. 11/3266, S. 5
[993] Belling, Zeitschrift für Gerontologie, 1989, S. 129
[994] vgl. § 110 Abs. 2 - 4 des Entwurfs eines Arbeitsgesetzbuches – Allgemeines Arbeitsvertragsrecht des Bundesministers für Arbeit und Soziales (Hrsg.). Kritisch: Zöllner, Gutachten zum 52. DJT, S. 125

1 RL gerechtfertigt. Allerdings wäre die generelle Zulässigkeit von betrieblichen und tarifvertraglichen starren Pensionsgrenzen von 65 Jahren mit der Richtlinie nicht zu vereinbaren. Aus demselben Grund kann ein aktueller Umsetzungsvorschlag zu Altersgrenzen nicht überzeugen, nach dem Höchstaltersgrenzen in Tarifverträgen, Betriebsvereinbarungen und Arbeitsverträgen, die auf die Vollendung des 65. Lebensjahres abstellen, zulässig sein sollen[995]. Eine derartige gesetzliche Regelung wäre mit Art. 6 Abs. 1 RL nicht zu vereinbaren, weil die wirtschaftliche Absicherung allein die altersbedingte Ungleichbehandlung durch eine Pensionsgrenze nicht rechtfertigt.

Den Anforderungen der Richtlinie würde dagegen eine arbeitsrechtliche Altersgrenze entsprechen, die zwar an das regelmäßige Renteneintrittsalter von 65 Jahren anknüpft, bei der sich der Arbeitnehmer aber bis zu einem bestimmten Zeitpunkt äußern kann, ob er darüber hinaus arbeiten will[996]. Eine solche *flexible Altersgrenze* ist nach Art. 6 Abs. 1 RL das im Vergleich zu einer festen Altersgrenze für den Betroffenen mildere Mittel, das den Interessen des Arbeitgebers in gleicher Weise dient. Das Arbeitgeberinteresse an der Vorhersehbarkeit der Personalplanung, einer ausgewogenen Altersstruktur und der Sicherstellung von Aufstiegsmöglichkeiten würde durch die Regelaltersgrenze ausreichend berücksichtigt. Der Großteil der Betroffenen hat ohnehin kein Interesse an der Verlängerungsmöglichkeit, sondern wird mit Erreichen der Altersgrenze für den Rentenbezug das Ausscheiden aus dem Erwerbsleben vorziehen[997]. Wird die Äußerungsfrist ausreichend lang bemessen, hat der Arbeitgeber überdies genügend Zeit, sowohl auf die Weiterbeschäftigung als auch auf die verlängerte Beschäftigung des Betroffenen zu reagieren.

In die gleiche Richtung geht ein Normentwurf einer flexiblen Altersgrenze, nach dem die Vereinbarung einer Altersgrenze mit Erreichen der Regelaltersgrenze in der gesetzlichen Rentenversicherung zulässig ist, wenn es die Arbeitsaufgabe sachlich rechtfertigt. Erklärt der Arbeitnehmer spätestens ein Jahr vor Erreichen der Altersgrenze, dass er weiterbeschäftigt werden möchte, kann der Arbeitgeber dies nur aus Gründen einer ausgewogenen Personalstruktur des Unternehmens oder wegen einer Beeinträchtigung der Eignung des Arbeitnehmers ablehnen. Aus diesen Gründen könnte der Arbeitgeber das fortgesetzte Arbeitsverhältnis überdies kündigen, ab dem 70. Lebensjahr wäre eine Kündigung ohne Grund möglich[998]. Die Rechtfertigung einer Pensionsgrenze vor dem 65. Le-

---

995 Zöllner-FS Blomeyer, S. 531

996 so der Vorschlag von Waltermann-FS Blomeyer, S. 515. Die Unkündbarkeitsklauseln in Tarifverträgen für ältere Arbeitnehmer dürften danach bei einer Fortführung der Tätigkeit jedoch nicht mehr gelten, um den Arbeitgeber nicht unverhältnismäßig zu belasten.

997 Waltermann-FS Blomeyer, S. 515

998 Preis, RdA 2003, S. 79 orientiert sich teilweise an den Entwürfen zum Arbeitsvertragsgesetz aus dem Jahre 1995 des Landes Brandenburg, BR-Drucks. 671/96, bzw. des Sächsischen Entwurfs, BR-Drucks. 293/95. Der Vorschlag Brandenburgs sah außerdem vor, dass

bensjahr müsste jedoch dem strengeren Maßstab der „wesentlichen und entscheidenden beruflichen Anforderung" des Art. 4 Abs. 1 RL genügen. Der Ablehnungsgrund der Weiterarbeit wegen der ausgewogenen Personalstruktur wäre mit der Richtlinie im Einzelfall vereinbar, müsste aber im Hinblick auf Art. 6 Abs. 1 RL eng ausgelegt werden, um die Benachteiligung Älterer effektiv zu verhindern. Nach der Richtlinie kämen etwa bei konkreter Betrachtung der Tätigkeit Sonderregelungen für Spezialisten und Führungskräfte in Frage. Im Übrigen würde das Interesse des Arbeitgebers mit der erleichterten Kündigungsmöglichkeit ab dem 70. Lebensjahr ausreichend berücksichtigt.

III. Umsetzung durch ein Antidiskriminierungsgesetz

Ein anderer - und geeigneterer - Weg zur Umsetzung des Verbots der Altersdiskriminierung besteht in der Schaffung eines eigenständigen Diskriminierungsgesetzes. Diese Möglichkeit hat der deutsche Gesetzgeber z. B. bei Umsetzung der Richtlinie zu befristeten Arbeitsverträgen durch Schaffung des TzBfG gewählt[999].

1. Der ADEA als nur teilweise taugliches Modell

Der ADEA kann dabei nicht ohne weiteres als Vorbild für die Umsetzung des Verbots der Altersdiskriminierung durch ein arbeitsrechtliches Spezialgesetz dienen[1000]. Neben systematischen Unterschieden gehen die Vorgaben des europäischen Gesetzgebers hinsichtlich des Schutzes vor Altersdiskriminierung über die des ADEA hinaus.

Die Untersuchung hat gezeigt, dass zwar durchaus Übereinstimmungen mit der Richtlinie bestehen, beispielsweise bei der Rechtfertigung von Ungleichbehandlungen, wenn das Alter wesentliche Voraussetzung für die Ausübung der Tätigkeit ist. Ansonsten sind aber die Unterschiede zur Richtlinie von solchem Gewicht, dass eine Orientierung an den Vorschriften des ADEA ausscheidet. So erstreckt sich der Geltungsbereich des europäischen Diskriminierungsverbots in Beschäftigung und Beruf über den des ADEA hinaus. Es werden durch die Richtlinie strengere Grenzen bei der Rechtfertigung von Altersgrenzen gezogen. Vor allem aber ist der Gesetzeszweck ein anderer, denn die Richtlinie dient auch dem Schutz jüngerer Beschäftigter vor Ungleichbehandlungen wegen des Alters. Mit der Richtlinie wird außerdem nicht nur ein rechtlicher Schutz vor Diskriminierung, vergleichbar dem ADEA, bezweckt, sondern auch die tatsächliche Gleichstellung. Ferner bestehen systematisch erhebliche Unterschiede, weil nach deutschem Recht bei Entlassungen ein Schutz Älterer, regelmäßig länger Be-

das Arbeitsverhältnis bei tatsächlicher Inanspruchnahme einer Altersrente endet. Dazu Gantzckow, S. 205 f.

999 Richtlinie 1999/70/EG v. 28. 6.1999, ABlEG 1999 Nr. L 175, S. 43 ff.

1000 Einen Vorschlag zum Schutz vor Altersdiskriminierung nach amerikanischem Vorbild in Anlehnung an § 611 a BGB unterbreitet Fenske, S. 338 f.

schäftigter, bereits durch das KSchG und zum Teil durch tarifvertragliche Unkündbarkeitsklauseln gewährt wird. Diese Funktion wird zumindest teilweise vom ADEA übernommen.

2. Ausgestaltung eines Spezialgesetzes

Die Umsetzung könnte neben Änderungen bestehender Regelungen durch ein eigenständiges arbeitsrechtliches Antidiskriminierungsgesetzes erfolgen, wobei eine Ergänzung des BGB hinsichtlich der Richtlinien 2000/43/EG und 2004/113/EG erfolgen muss.

Zwar würde ein allgemeines zivilrechtliches Antidiskriminierungsgesetz sämtliche Diskriminierungsrichtlinien umsetzen, bezüglich des Altersdiskriminierungsverbotes besteht Umsetzungsbedarf aber ohnehin nur im Arbeitsrecht. Sowohl die Einheitlichkeit der Richtlinie 2000/78/EG als auch die mögliche Einbeziehung weiterer Diskriminierungstatbestände ist ebenso durch ein rein arbeitsrechtliches Antidiskriminierungsgesetz gewährleistet. Es bietet überdies den Vorteil, übersichtlich die Rechtfertigung von Altersgrenzen, insbesondere von Pensionsgrenzen, zu regeln. Verfahrensrechtliche Regelungen sollte der Gesetzgeber aus systematischen Gründen dagegen - anders als der EEA 2004 - separat regeln.

Inhaltlich sollte sich das arbeitsrechtliche Diskriminierungsgesetz eng an den Wortlaut der Richtlinie anlehnen. Dadurch ist eine vollständige, richtlinienkonforme Umsetzung gewährleistet. Das Gesetz sollte auch die weiteren Diskriminierungstatbestände der europäischen Richtlinien aufnehmen. Das gilt für das Verbot der Behinderung, von dem richtigerweise nicht nur Schwerbehinderte erfasst werden müssen. Wegen der Einheitlichkeit des Diskriminierungsschutzes sind in einem solchen Gesetz auch Ungleichbehandlungen wegen des Geschlechts unter Einbeziehung der Änderungen durch die Richtlinie 2002/73/EG aufzunehmen. Der Geltungsbereich müsste sich auf abhängig Beschäftigte im öffentlichen Bereich, Beamte, Richter und Selbständige erstrecken. Das Diskriminierungsverbot muss außerdem für den Bereich der Bildung gelten. Das Verbot der Belästigungen ist ebenfalls mit zu regeln, weil es systematisch Teil des Diskriminierungsschutzes ist. Aufgrund der Besonderheiten der Rechtfertigung unmittelbarer Diskriminierung wegen des Alters sollte das Altersdiskriminierungsverbot in einem besonderen Abschnitt geregelt, jedenfalls aber eine besondere Rechtfertigungsvorschrift eingeführt werden. Bei einer generellen Rechtfertigungsvorschrift für mehrere Diskriminierungsmerkmale bestände ansonsten die Gefahr, dass die Umsetzung nicht hinreichend konkret erfolgt. Daneben sollte eine explizite Regelung für flexible Pensionsgrenzen erfolgen, die idealerweise auch den bisher außerhalb des Arbeitsrechts normierten Inhalt des § 41 SGB VI aufnimmt. Durch eine eigenständige Regelung würden Rechtsunsicherheiten bezüglich des Geltungsbereichs und der Rechtfertigungsmöglichkeit vermieden.

3. Vorteile dieser Umsetzungsmethode

Mit dieser Umsetzungsmethode wird ein umfassender, einheitlicher und übersichtlicher arbeitsrechtlicher Diskriminierungsschutz geschaffen.

Durch ein solches Gesetz kommt es im Bereich des Diskriminierungsschutzes zu keinem systematischen Bruch, weil die Vorschriften der §§ 611 a ff. BGB und § 81 SGB IX übernommen würden. Solche Sondergesetze sind schon bisher im Arbeitsrecht üblich, so dass auch keine Gefahr mangelnder Akzeptanz oder Kenntnisnahme besteht. Dagegen würde die Übersichtlichkeit der §§ 611 a ff. BGB erheblich leiden, wenn man sie um ein umfassendes Verbot der Altersdiskriminierung ergänzen würde. Das gilt nicht nur wegen der zahlreichen Ausnahme- und Rechtfertigungsmöglichkeiten der Richtlinie, sondern auch aufgrund der weiteren Diskriminierungstatbestände mit eigenen Besonderheiten. Überdies muss auch die RL 2000/43/EG für diesen Bereich umgesetzt werden, so dass sich eine Regelung in einem Sondergesetz anbietet.

§§ 611 a ff. BGB bedürfen wegen der Richtlinie 2002/73/EG ohnehin erheblicher Änderungen und Ergänzungen. Es wäre daher von Vorteil, die Diskriminierungsverbote künftig einheitlich zu normieren und bestehende Umsetzungsdefizite zu beheben. Dadurch müsste bei Mehrfachdiskriminierungen, etwa wegen des Alters und der Behinderung, auch nicht auf Vorschriften in verschiedenen Gesetzen zurückgegriffen werden. Ein einheitlicher Diskriminierungsschutz entspräche dem Willen des europäischen Gesetzgebers zur Rechtsangleichung innerhalb einer umfassenden Antidiskriminierungspolitik. So sehen die Antidiskriminierungsrichtlinien u. a. einheitliche Definitionen hinsichtlich des Diskriminierungsbegriffs vor. Durch Einbeziehung der §§ 611 a ff. BGB kann überdies auf umfangreiche Rechtsprechung zurückgegriffen werden, was die Rechtsanwendung erheblich erleichtert.

Während es bei einer Inkorporierung in das BGB einer Reihe weiterer Ergänzungen bedarf, kann der Geltungsbereich des Sondergesetzes ohne systematische Widersprüche an den der Richtlinie angepasst werden. Insbesondere könnte bei der Normierung eines umfassenden Diskriminierungsverbots ein vom zivilrechtlichen Arbeitnehmerbegriff losgelöster persönlicher Anwendungsbereich festgelegt werden. Auf diese Weise wird auch die Einheitlichkeit der Richtlinie für Beschäftigung und Beruf beibehalten. Durch Einbeziehung des Verbots von Belästigungen könnte überdies auf das BeschSchG verzichtet werden. Dies entspräche auch europarechtlichen Vorgaben, weil der Belästigungsschutz nicht mehr bloß Gegenstand einer unverbindlichen Empfehlung ist sondern Teil der umfassenden Bekämpfung von Diskriminierungen[1001].

[1001] Dem Erlass des BeschSchG ging eine Empfehlung der Kommission zum Schutz der Würde von Frauen und Männern am Arbeitsplatz v. 27.11.1991, ABlEG 1992 Nr. C 27, S. 4 voraus.

C. Der Entwurf eines Antidiskriminierungsgesetzes

I. Der deutsche Weg zur Umsetzung

Erwartungsgemäß hat die Bundesrepublik Deutschland von der in Art. 18 RL 2000/78/EG vorgesehenen Möglichkeit Gebrauch gemacht, die Umsetzungsfrist hinsichtlich der Merkmale Alter und Behinderung bis 2.12.2006 zu verlängern. Hinsichtlich der anderen Diskriminierungsmerkmale wurde die Frist zur Inkorporierung in nationales Recht bis zum 2.12.2003 ebenso wenig eingehalten, wie die der Richtlinie 2000/43/EG zum 19.7.2003.

Der Ausschuss Arbeitsrecht des Deutschen Anwaltsvereins (DAV) empfahl dem Gesetzgeber noch vor Erstellung eines ersten Gesetzentwurfs, die erforderlichen Ergänzungen und Änderungen in den bereits vorhandenen, zahlreichen Einzelgesetzen vorzunehmen, um eine weitere Zersplitterung des Arbeitsrechts zu vermeiden[1002].

Das federführende Bundesministerium für Familie, Senioren, Frauen und Jugend hat nachfolgend am 6.5.2004 einen Referentenentwurf für ein Antidiskriminierungsgesetz vorgelegt[1003]. Er sah in Art. 1 die Schaffung einer Antidiskriminierungsstelle und in Art. 2 ein eigenständiges arbeitsrechtliches Antidiskriminierungsgesetz (Entwurf-AADG) vor. Daneben war in Art. 3 die Normierung eines zivilrechtlichen Diskriminierungsverbots wegen der Rasse, ethnischen Herkunft und (über die Vorgabe der Richtlinie 2000/43/EG hinaus) der Behinderung in den §§ 319 a bis 319 g BGB sowie weitere Gesetzesänderungen vorgesehen[1004].

Die Umsetzung der Richtlinie 2000/78/EG sollte zwar zusammen mit der Richtlinie 2000/43/EG und 2002/73/EG (die Umsetzung hat bis 5.10.2005 zu erfolgen) vorgenommen werden, jedoch (mit Ausnahme des Schutzes vor Benachteiligungen wegen der Behinderung) begrenzt auf den Bereich der Beschäftigung und des Berufs[1005].

In § 5 Abs. 1 Nr. 2 Entwurf-AADG war eine Rechtfertigungsvorschrift für Ungleichbehandlungen aufgrund beruflicher Anforderungen und mit § 7 Entwurf-AADG eine Norm zur Rechtfertigung von Differenzierungen wegen des Alters geplant. Der nationale Gesetzgeber hat sich mithin frühzeitig festgelegt, die Systematik und den Inhalt der Art. 4 RL und Art. 6 RL weitgehend zu übernehmen.

1002 Stellungnahme des DAV Nr. 11/2004, auch abgedruckt in NZA 2004, Heft 7, Seite X f.

1003 Der Referentenentwurf war zeitweise unter http://www.aus-portal.de/aktuell/gesetze/ 01 /index_6742.htm abrufbar

1004 dazu ausführlich: Herms/ Meinel, DB 2004, S. 2370 ff.; Thüsing, NZA 2004 Sonderbeilage zu Heft 22, S. 3 ff.; Wank, NZA 2004 Sonderbeilage zu Heft 22, S. 16 ff.

1005 Pressemitteilung der BDA v. 17.11.2003

Auf eine inhaltliche Präzisierung wurde verzichtet, da sich eine allgemeingültige Lösung aufgrund der Unterschiedlichkeit der Berufszweige verbiete[1006].

Zu Recht wurde kritisiert, dass die Frage der Fortgeltung zahlreicher gesetzlicher Regelungen, die an das Alter anknüpfen - wie § 1 Abs. 3, § 9 Abs. 2 KSchG, § 3 Ziff. 9 EStG, § 622 BGB oder § 14 Abs. 3 TzBfG -, mangels kritischer Prüfung des Gesetzgebers ungeklärt blieb[1007]. Inwiefern Altersgrenzen für die Beendigung des Beschäftigungsverhältnisses gerechtfertigt werden können, scheint ebenfalls nicht Gegenstand einer Prüfung des Gesetzgebers gewesen zu sein[1008].

II. Das Altersdiskriminierungsverbot im Entwurf eines ADG

Am 15.12.2004 wurde auf dieser Basis von der Regierungskoalition der Entwurf eines Gesetzes zur Umsetzung europäischer Antidiskriminierungsrichtlinien (ADGE) vom Bundesministerium der Justiz vorgestellt[1009]. Er sollte zusätzlich zur Umsetzung der genannten Richtlinien die Richtlinie 2004/113/EG (die Umsetzungsfrist endet am 13.12.2007) vorwegnehmen.

Im Unterschied zum Referentenentwurf war nun ein umfassendes Antidiskriminierungsgesetz, das Regelungen für das allgemeine Zivilrecht sowie für das Arbeits-, Beamten- und Sozialrecht enthält, (neben einem Gesetz zum Schutz der Soldatinnen und Soldaten vor Diskriminierungen) vorgesehen[1010]. Vom vorzugswürdigen Modell eines arbeitsrechtlichen Spezialgesetzes nahm man Abstand. Der Gesetzgeber verwendete auch hier - außer im Titel des Gesetzes - den Begriff der Benachteiligung statt der Diskriminierung, da letzterer „nach allgemeinem Sprachgebrauch nur die rechtswidrige, sozial verwerfliche Ungleichbehandlung" bezeichne, es jedoch auch zulässige Ungleichbehandlungen gebe[1011].

Anlässlich der geplanten Umsetzung der RL 2004/113/EG, die einen geschlechtsspezifischen Schutz in Teilen des Privatrechts vorsieht, wurde das Benachteiligungsverbot u.a. wegen des Alters - über die Vorgaben der Richtlinie 2000/78/EG hinaus - auf Massengeschäfte und privatrechtliche Versicherungen ausgedehnt, vgl. §§ 1, 2 Abs. 1 Nr. 8 ADGE.

1006 vgl. S. 62 der Begründung des Entwurfs, http://www.aus-portal.de/aktuell/gesetze/01/index_6742.htm

1007 vgl. S. 5 der Stellungnahme des DAV Nr. 44/04, abgedruckt in NZA 2004, Heft 20, S. XIII f.; kritisch auch Thüsing NZA 2004, Sonderbeilage zu Heft 22, S. 12 f.

1008 dazu Wank, NZA 2004, Sonderbeilage zu Heft 22, S. 23 f.; ders. hielt in DB 2004, S. 2372 eine Klarstellung für wünschenswert.

1009 Entwurf eines Gesetzes zur Umsetzung europäischer Antidiskriminierungsrichtlinien vom 15.12.2004, BT-Drucks. 15/4538; abgedruckt in NZA 2005, Heft 1 Seite VIII ff.

1010 vgl. Steinau-Steinrück/Schneider/Wagner, NZA 2005, S. 28 ff; Bauer/Thüsing/Schunder, NZA 2005, S. 32 ff.

1011 vgl. S. 69 der Gesetzesbegründung, BT-Drucks. 15/4538

Auch in diesem Entwurf fehlte eine Regelung zur Rechtfertigung von Altersgrenzen für den Eintritt in den Ruhestand. Dass der Gesetzgeber hier offenbar keinen Handlungsbedarf sah, zeigt die Vorschrift des (damaligen) § 27 Abs. 3 Nr. 2 ADGE, wonach das Amtsverhältnis des Leiters der Antidiskriminierungsstelle (selbstverständlich) mit Erreichen der Altersgrenze gem. § 41 Abs. 1 BBG endet.

Der Gesetzentwurf wurde stieß unter zwei Gesichtspunkten auf Ablehnung: die Umsetzung im Arbeitsrecht erfolge zwar „1:1" (indem er den Wortlaut der Richtlinien nahezu wortgleich übernehme), wobei eine sinnvolle Integration in das bestehende Rechtsystem - insbesondere im Hinblick auf das KSchG - fehle; die Umsetzung im allgemeinen Zivilrecht gehe dagegen über die Vorgaben der Richtlinien hinaus, weshalb insofern weniger die Art als das Maß der Umsetzung zu kritisieren sei[1012].

Die Erweiterung des Anwendungsbereichs des Benachteiligungsverbots (auch) wegen des Alters auf das allgemeine Zivilrecht in §§ 1, 2 Nr. 8 ADGE wurde auch vom Bundesrat bemängelt[1013]. Gegenstand der Kritik war außerdem der weit gefasste § 5 ADGE, der entgegen der Vorgabe der Richtlinie in Art. 7 RL wohl auch positive Maßnahmen von Arbeitgebern erfasst. Auch das unklare Verhältnis der Rechtfertigungsvorschrift § 10 ADGE zu bestehenden arbeitsrechtlichen Vorschriften (Bsp.: § 14 Abs. 3 TzBfG), das Fehlen einer Obergrenze eines Schadensersatzanspruchs und die Länge der 6-monatigen Ausschlussfrist in § 15 ADGE wurden moniert[1014]. Unterschiedliche Reaktion gab es ferner auf die vorgesehene Abtretbarkeit von Ansprüchen an die klageberechtigten Antidiskriminierungsverbände nach § 24 Abs. 4 ADGE[1015].

In der Fassung vom 15.12.2004 enthielt § 10 ADGE schließlich keine ausdrückliche Regelung zur Zulässigkeit von Altersgrenzen für den Eintritt in den Ruhestand, was die Gefahr erheblicher Rechtsunsicherheit in sich barg[1016].

Die öffentliche Anhörung von Sachverständigen im angerufenen Ausschuss für Familie, Senioren, Frauen und Jugend des Deutschen Bundestages am 7.3.2005 war dementsprechend kontrovers. Gefordert wurde u.a. eine ausdrückliche Klarstellung des Gesetzgebers, dass arbeits- und tarifvertragliche Altersgrenzen zur

---

1012 so Willemsen/Maier-Reimer, „Das Antidiskriminierungsgesetz ist keine Sternstunde der Gesetzgebung", Anwaltsblatt 4/2005, S. 250 f.; vgl. ferner Steinau-Steinrück/Schneider/Wagner, NZA 2005, S. 28 f.;

1013 Ziff. 4 des Beschlusses des Bundesrats vom 18.02.2005, BR-Drucks. 103/05

1014 Stellungnahme des DAV 10/05, NZA 2005, Heft 4, S. VII f.

1015 ablehnend: Steinau-Steinrück/Schneider/Wagner, NZA 2005, S. 31; zustimmend: Mitteilung des DGB-Bundesvorstandes, Abteilung ASR vom 22.02.2005, http://www.dgb.de

1016 Während Thüsing „für den Regelfall" von einer Unzulässigkeit ausgeht, hält Bauer eine individualvertragliche Altersgrenze von 65 Jahren für zu rechtfertigen, vgl. Bauer/Thüsing/Schunder, NZA 2005, S. 34.

Beendigung von Beschäftigungsverhältnissen nach § 10 ADGE zulässig sind[1017] und die Sicherung einer ausgewogenen Alters- und Personalstruktur als legitimer Rechtfertigungsgrund anerkannt wird[1018]. Nach anderer Auffassung sei die Übernahme der Rechtfertigungsvorschriften zu weitgehend erfolgt, insbesondere hinsichtlich Altersgrenzen bei der Einstellung. Die Fortgeltung von Bestimmungen, die an das Alter anknüpfen (wie das Alter als Kriterium der Sozialauswahl nach § 1 Abs. 3 KSchG und Altersteilzeitregelungen), habe der Gesetzgeber nach dieser Meinung durch § 2 Abs. 3 ADGE deutlich angeordnet[1019].

Des Weiteren wurde auf die ungelöste Rechtsfolge eines Verstoßes gegen § 7 Abs. 1 ADGE bei tarifvertraglichen Altersgrenzen für das Arbeitsentgelt hingewiesen, wenn z. B. der jüngste Arbeitnehmer auf Entgelt der letzten Alterstufe klagt Eine generelle Anpassung nach oben könne keine adäquate Rechtsfolge sein[1020].

Teilweise wurde sogar vorgeschlagen, auf die Regelung eines Diskriminierungsverbots wegen des Alters bis zum Ablauf der Umsetzungsfrist am 2.12.2006 ganz zu verzichten; dadurch könne die Vereinbarkeit bestehender gesetzlicher und tarifvertraglicher Regelungen, die an eine Altersgrenze anknüpfen, mit der Richtlinie ausführlich geprüft werden[1021].

Der Gesetzgeber nahm vor diesem Hintergrund zahlreiche Änderungen im Entwurf vor, die in der Beschlussempfehlung und dem Bericht des Ausschusses für Familie, Senioren, Frauen und Jugend vom 15.06.2005 zusammengefasst sind[1022]. Im arbeitsrechtlichen Teil (§§ 6 – 18 ADGE) wurde die geplante Haftung für Dritte gestrichen. Der Schadensersatzanspruch bei einer unzulässigen Benachteiligung anlässlich der Einstellung wurde auf drei Monatsgehälter begrenzt (§ 15 Abs. 2 ADGE). Die 6-monatige Ausschlussfrist (§ 15 Abs. 4 ADGE) erweiterte man auf Vermögensschäden (wie entgangenen Lohn) und die Vereinbarung kürzerer Fristen durch die Tarifparteien wurde gestattet.

An der Schaffung eines Altersdiskriminierungsverbotes für Massengeschäfte und Dienstleistungen (§§ 1, 2 Nr. 8 ADGE) wurde dagegen ebenso festgehalten wie am Klagerecht der Antidiskriminierungsverbände (§ 23 ADGE).

1017 S. 11 der Stellungnahme von Prof. Dr. Gregor Thüsing, A.-Drucks. 15(12) 440 – C; Er geht davon aus, dass man sich auf eine Antwort bei Schaffung der Richtlinie nicht einigen konnte, vgl. dazu bereits Seite 66.

1018 S. 16 der Stellungnahme des BDA, A.- Drucks. 15(12) 435 - (18); S. 7 der Stellungnahme des Deutschen Industrie- und Handelskammertags, A.-Drucks. 15(12) 435 - (5)

1019 S. 7 der Stellungnahme des DGB, A.-Drucks. 15(12) 435 - (28)

1020 S. 5 der Stellungnahme von Prof. Dr. Gregor Thüsing, A.-Drucks. 15(12) 440 - C

1021 S. 11 der Stellungnahme von Prof. Dr. Ursula Rust, A.-Drucks. 15(12) 440 – O+2

1022 BT- Drucks. 15/5717, S. 4 ff; vgl. dazu die Stellungnahme des DAV 22/05; http://www.anwaltverein.de

Vor allem aber wurde die Vorschrift § 10 ADGE zur Rechtfertigung von Ungleichbehandlungen wegen des Alters im Satz 3 um konkrete Regelbeispiele (Ziffern 5 – 8) ergänzt. Um gerechtfertigte Ungleichbehandlungen nach § 10 S. 1, 2 ADGE sollte es sich danach insbesondere handeln

- bei Vereinbarung einer Altersgrenze zur Beendigung des Beschäftigungsverhältnisses, bei deren Erreichen Rente wegen des Alters beantragt werden kann,
- bei der Berücksichtigung des Alters im Rahmen der Sozialauswahl nach § 1 Abs. 3 KSchG, soweit dem Alter kein genereller Vorrang zukommt,
- bei individual- oder kollektivrechtlichen Vereinbarungen der Unkündbarkeit von Beschäftigten eines bestimmten Alters und einer bestimmten Betriebszugehörigkeit und
- bei Differenzierungen von Leistungen in Sozialplänen durch eine nach dem Alter gestaffelte Abfindungsregelung oder beim Ausschluss von Beschäftigten von den Leistungen des Sozialplans, weil sie - gegebenenfalls nach Bezug von Arbeitslosengeld, rentenberechtigt - und damit wirtschaftlich abgesichert sind.

Diese Regelbeispiele sind mit den Vorgaben des Art. 6 Abs. 1 S. 2 a) S. 1 RL nicht ohne weiteres vereinbar:

Hinsichtlich der Rechtfertigung von festen Pensionsgrenzen in § 10 S. 3 Nr. 5 ADGE kann es nicht ausschließlich auf die (in Zukunft wohl kaum mehr ausreichende) wirtschaftliche Absicherung durch eine gesetzliche Rente ankommen. Zudem fehlt die notwendige Differenzierung zwischen individual- und kollektivvertraglichen Altersgrenzen, wobei letztere ohne Rücksicht auf die konkrete Tätigkeit nur ausnahmsweise zu rechtfertigen sind[1023]. Flexible Altersgrenzen stellen außerdem regelmäßig das mildere Mittel im Rahmen der Verhältnismäßigkeitsprüfung nach § 10 S. 1, 2 ADGE dar. Das Verhältnis dieser Vorschrift zu § 14 Abs. 1 TzBfG bleibt ferner ungeklärt.

Die vorgesehene Rechtfertigung einer Altersgrenze für den Ausschluss der ordentlichen Kündigung nach § 10 S. 3 Nr. 7 ADGE scheint auf den ersten Blick wegen der damit im Rahmen der Sozialauswahl verbundenen Benachteiligung Jüngerer mit der Richtlinie nicht vereinbar. Stellt man aber auf den Gesetzwortlaut ab, werden nur solche Regelungen als gerechtfertigt angesehen, welche die ordentliche Unkündbarkeit „von Beschäftigten eines bestimmten Alters <u>und</u> einer bestimmten Betriebszugehörigkeit“ vorsehen. Diese Vorschrift ist daher mit den Richtlinienvorgaben vereinbar.

[1023] zu weit auch Schaub, ArbR-Hdb., § 112, Rn. 60, wonach die Mitgliedsstaaten Altersgrenzen vorsehen können.

Auch die Gestattung von Altersgrenzen in Sozialplänen nach § 10 S. 3 Nr. 8 ADGE wird man als richtlinienkonform ansehen können. Hier hat sich der Gesetzgeber bemüht, die Interessen jüngerer und älterer Beschäftigter in Einklang zu bringen. Das Regelbeispiel mit seinen Einschränkungen wird daher den Anforderungen an die Verhältnismäßigkeit in § 10 S. 1, 2 ADGE gerecht.

III. Ausblick auf die endgültige Umsetzung der Richtlinie

Mit wenigen Korrekturen wurde das ADG in der Entwurfsfassung mit den Beschlüssen des Ausschusses am 17.06.2005 vom Bundestag in 2. und 3. Lesung verabschiedet[1024]. Zwischenzeitlich wurde die Bundesrepublik Deutschland von der Kommission rechtskräftig zur Umsetzung der Richtlinie 2000/43/EG verurteilt[1025].

Der Bundesrat hat am 08.07.2005 das vom Bundestag beschlossene Gesetz an den Vermittlungsausschuss überwiesen[1026]. Nach Vorstellung der Länderkammer hat das Diskriminierungsverbot im Zivilrecht nur soweit zu gelten, wie dies die Richtlinien 2000/43/EG und 2004/113 EG erfordern. Danach wäre das Altersdiskriminierungsvebot auf das Arbeitsrecht beschränkt. § 7 Abs. 2 ADGE soll auf Gesamtzusagen und betriebliche Übungen erstreckt und die vom Arbeitgeber zu treffenden Organisationspflichten in § 12 ADGE präzisiert werden. Ferner sollen die Regelungen zum Schadensersatz (§ 15 ADGE) und zur Beweislast (§ 22 ADGE) geändert, das Klagerecht des Betriebsrates und der im Betrieb vertretenen Gewerkschaften gestrichen (§ 17 ADGE) und die Unterstützung durch die Antidiskriminierungsverbände (§ 23 ADGE) überarbeitet werden.

In welcher Form die Umsetzung des Altersdiskriminierungsverbotes letztlich erfolgt, hängt von der weiteren Bearbeitung des vorliegenden Entwurfes zum ADG ab. Offenbar herrscht aber ein breiter politischer Konsens über die Ausgestaltung der Rechtfertigungsvorschriften, weshalb hier Änderungen nicht zu erwarten sind.

Es bleibt abzuwarten, inwieweit sich der Gesetzgeber im weiteren Gesetzgebungsverfahren bei der Umsetzung an die europäischen Vorgaben hält. Die derzeit vorgesehen Regelungen zur Rechtfertigung von Altersgrenzen entsprechen jedenfalls nicht im vollen Umfang den Anforderungen der Richtlinie. Zahlreiche bestehende Vorschriften, die Altersgrenzen enthalten, wurden (noch) nicht auf ihre Richtlinienkonformität überprüft und angepasst. Es wird sich zeigen, wie ernst es dem deutschen Gesetzgeber mit der Bekämpfung der Diskriminierung wegen des Alters im Arbeitsrecht ist.

[1024] siehe Anhang, Seite 281 ff.

[1025] EuGH v. 28.4.2005, Rs. C- 329/04 (Kommission / Deutschland), http:// www.curia.eu.int

[1026] Der Beschluss des Bundesrates vom 8.7.2005, BT-Drucks. 445/05, enthält 12 Änderungsvorschläge, um das Gesetz auf das europarechtlich zwingend Gebotene zu beschränken.

Zusammenfassung der Ergebnisse

Teil I

1. Mit der Richtlinie 2000/78/EG erstreckt die Europäische Gemeinschaft nach Vorbild der Geschlechterdiskriminierung und (teilweise) des ADEA ihre Antidiskriminierungspolitik auf Benachteiligungen wegen des Alters. Durch arbeitsrechtliche Altersgrenzen werden Personen aufgrund ihres Alters ungleich behandelt. Die Diskriminierung älterer Beschäftigter ist nicht nur wegen der demographischen Entwicklung ein zunehmendes Problem. Die dahinter stehende Vermutung einer mit dem Alter abnehmenden Leistungsfähigkeit ist auch von der Alterswissenschaft widerlegt.

2. Mit dem Schutz vor Altersdiskriminierung soll die altersunabhängige Teilhabe am wirtschaftlichen, kulturellen und sozialen Leben sowie die individuelle Persönlichkeitsentfaltung in Beschäftigung und Beruf verwirklicht werden. Das Verbot gilt allgemein, schützt - anders als der ADEA - junge und alte Beschäftigte vor Benachteiligungen.

   Das Verbot gilt für Altersgrenzen bei Zugang zur Beschäftigung in Stellenanzeigen und als Einstellungskriterium des Arbeitgebers. Altersgrenzen für die Beförderung und die berufliche Bildung sind ebenso untersagt wie eine Anknüpfung an das Alter in Beschäftigungs- und Entlassungsbedingungen, einschließlich der Bemessung des Lohns. Keine Ausnahme des Geltungsbereichs besteht für arbeitsrechtliche Pensionsgrenzen. Trotz widersprüchlichen Wortlauts ergibt sich das aus der historischen, systematischen und teleologischen Auslegung der Richtlinie.

3. Die Rahmenrichtlinie enthält neben dem Vorbehalt der öffentlichen Sicherheit Ausnahme- und Rechtfertigungsmöglichkeiten, deren Umsetzung im freien Ermessen der Mitgliedsstaaten liegt. Der deutsche Gesetzgeber kann das künftige Schutzniveau altersbedingter Benachteiligungen erheblich beeinflussen.

   Altersgrenzen können nach Art. 4 Abs. 1 RL wegen des Alters als wesentliche und entscheidende berufliche Anforderung in Ausnahmefällen zugelassen werden. In Stellenanzeigen oder als Einstellungskriterium sind sie nur für spezielle Tätigkeiten aus Gründen der Authentizität oder aufgrund eines konstitutiven Unternehmenskonzepts zu rechtfertigen. Feste Pensionsgrenzen können zum Schutz der Sicherheit Dritter in Berufen zulässig sein, in denen trotz Leistungstests ein Risiko durch altersbedingte Leistungsausfälle verbleibt.

4. Art. 6 Abs. 1 RL ist als weitergehende Rechtfertigungsvorschrift für altersbedingte Unterscheidungen zur effektiven Gewährung des Schutzes vor Al-

tersdiskriminierung eng auszulegen. Generelle Altersgrenzen sind eine unverhältnismäßige Ungleichbehandlung, weil sie die konkreten Umstände der Tätigkeit unberücksichtigt lassen. Mindest- und Höchstaltersgrenzen für den Zugang zur Beschäftigung sind nur aus tätigkeitsspezifischen Gründen zu rechtfertigen. Die Gewährung von Altersteilzeit ab einer bestimmten Altersgrenze kann dem gleitenden Übergang in den Ruhestand dienen, wenn sie nicht in Form des Blockmodells gewährt wird. Eine Altersgrenze, ab der auf den sachlichen Grund zur Befristung eines Arbeitsverhältnisses verzichtet wird, muss der Höhe nach angemessen sein. Nur dann ist der Entzug sozialen Schutzes bei der Kündigung zur Förderung der Eingliederung Älterer verhältnismäßig. Keine Rechtfertigungsmöglichkeit besteht für Kündigungsverbote, die vorwiegend am Erreichen einer Altersgrenze statt an der Beschäftigungsdauer anknüpfen.

Pensionsgrenzen sind grundsätzlich nur dann zu rechtfertigen, wenn sie dem Beschäftigten die Möglichkeit der Weiterbeschäftigung bieten. Nach dem Zweck der Richtlinie genügt die ausreichende wirtschaftliche Absicherung durch Rentenbezug nicht zur Rechtfertigung, vielmehr bedarf es zusätzlich tätigkeitsbezogener oder besonderer betrieblicher Gründe. Zur Förderung der beruflichen Eingliederung von Jugendlichen genügt dabei eine flexible Altersgrenze. Eine feste Altersgrenze wegen eines sachgerechten Altersaufbaus würde allein zu Lasten Älter gehen. Für die meisten Tätigkeiten bedarf es auch keiner festen Pensionsgrenzen, um eine vorhersehbare Personal- und Nachwuchsplanung zu ermöglichen.

Die Zulassung von Begünstigungen ab bestimmten Altersgrenzen muss im Hinblick auf die damit verbundene Benachteiligung Jüngerer verhältnismäßig sein. Das gilt für Beschäftigungsvorteile, die dem Ausgleich von Benachteiligungen Älterer auf dem Arbeitsmarkt dienen. Die Höhe des Arbeitsentgelts darf sich nicht nach dem Alter richten.

Teil II

5. Der bestehende Schutz vor Altersdiskriminierung im deutschen Arbeitsrecht genügt den Richtlinienanforderungen grundsätzlich nicht. Er ist nur vereinzelt gesetzlich geregelt, der ungeschriebene arbeitsrechtliche Gleichbehandlungsgrundsatz geht nicht weit genug. Während der Arbeitgeber insofern bei der Einstellung, Beförderung und Berufsbildung in seiner Privatautonomie kaum eingeschränkt war, bedarf es für die Ungleichbehandlung wegen des Alters künftig eines spezifischen Grundes. Die gesetzlichen Altersgrenzen bei der Einstellung sind nur zum Teil mit der Richtlinie vereinbar, für beamtenrechtliche Laufbahnen sind sie nunmehr unzulässig.

6. Die Gewährung von Altersteilzeit ab einer bestimmten Altersgrenze im Blockmodell ist mit der Richtlinie unvereinbar. Sie ist zur Förderung der beruflichen Eingliederung Jugendlicher unverhältnismäßig und kann auch nicht aufgrund des gleitenden Übergangs vom Erwerbsleben in den Ruhestand gerechtfertigt werden. Auch § 14 Abs. 3 TzBfG bedarf der Änderung. Die Altersgrenze von 52 Jahren ist für die Förderung der Eingliederung älterer Arbeitnehmer in das Erwerbsleben der Höhe nach unangemessen. Altersgrenzen bei der Entlohnung, wie in § 27 BAT, sind nach der Richtlinie unzulässig. Nur einige der Beschäftigungsvorteile in Tarif- oder Individualverträgen zu Gunsten Älterer lassen sich weiterhin zu ihrem Schutz rechtfertigen.

7. Die vereinzelten gesetzlichen Pensionsgrenzen können größtenteils beibehalten werden. Die Zulassung tarifvertraglicher Pensionsgrenzen durch die Rechtsprechung des BAG und Teile des Schrifttums bei Vorliegen eines sachlichen Grundes kann dagegen schon bisher nicht überzeugen. Art. 12 GG ist richtigerweise unmittelbar anwendbar, der Eingriff in die Berufswahl kann nicht durch das Interesse des Arbeitgebers an der Nachwuchsförderung, einer vorhersehbaren Personalplanung, dem sachgerechten Altersaufbau der Belegschaft oder der Fürsorglichkeit zur Vermeidung von Kündigungsschutzprozessen gerechtfertigt werden. Eine Rechtfertigung kann nach Art. 12 GG wegen besonders wichtiger Gründe des Allgemeinwohls, wie der öffentlichen Sicherheit, erfolgen. Solche Pensionsgrenzen sind auch keine zulässige Befristung nach § 14 Abs. 1 TzBfG, da die Vorschrift auf tarifvertragliche Pensionsgrenzen nicht anwendbar ist. Nach der Richtlinie können tarifvertragliche Pensionsgrenzen von 65 Jahren künftig durch die bisher von der Rechtsprechung anerkannten beschäftigungspolitischen Gründe gerechtfertigt werden. Verhältnismäßig sind aber regelmäßig nur flexible Altersgrenzen für den Eintritt in den Ruhestand.

8. Den Betriebsparteien fehlt es nach bisherigem Recht entgegen der Rechtsprechung des BAG schon an der Regelungskompetenz für die Vereinbarung von Pensionsgrenzen. Lässt man sie dennoch auch auf betrieblicher Ebene zu, so genügt ebenfalls das Vorliegen eines sachlichen Grundes nicht zur Zulässigkeit. Prüfungsmaßstab ist der unmittelbar anwendbare Art. 12 GG und richtigerweise auch § 75 Abs. 1 S. 2 BetrVG. Eine betriebliche Pensionsgrenze ist nicht schon bei Vorliegen der genannten sachlichen Gründe zulässig, weil es sich nicht um eine Befristung im Sinne des § 14 Abs. 1 TzBfG handelt. Aufgrund der Richtlinie muss die Regelungskompetenz der Betriebsparteien ausdrücklich vorgesehen werden. Betriebliche Pensionsgrenzen ohne Weiterbeschäftigungsmöglichkeit lassen sich grundsätzlich nicht wegen der vorhersehbaren Personalplanung oder dem Altersaufbau der Belegschaft rechtfertigen.

9. Anders stellt sich die Situation bei individualvertraglichen Pensionsgrenzen dar. Sie müssen bisher mit § 41 S. 2 SGB VI vereinbar sein und bedürfen nach § 14 Abs. 1 TzBfG auch der Rechtfertigung durch einen sachlichen Grund. Danach kann neben dem Wunsch des Arbeitnehmers auch die Sicherheit Dritter eine Altersgrenze rechtfertigen. Die Vereinbarung einer Pensionsgrenze ist daneben aufgrund konkreter betrieblicher Interessen des Arbeitgebers bei wirtschaftlicher Absicherung statthaft. Pensionsgrenzen bei leitenden Angestellten sind schon unter 65 Jahren mit § 14 Abs. 1 TzBfG vereinbar, wenn die Zahlung einer angemessen Abfindung vorgesehen ist. Auch nach der Richtlinie können individuell vereinbarte Pensionsgrenzen künftig auf Wunsch des Arbeitnehmers, im Einzelfall auch wegen vorhersehbarer Personal- und Nachwuchsplanung, einer sachgerechten Altersstruktur und zur Schaffung von Aufstiegsmöglichkeiten gerechtfertigt sein. Zulässig sind sie auch wegen des Alters als wesentliche und entscheidende Voraussetzung im Hinblick auf die Sicherheit Dritter, wegen der Authentizität der Tätigkeit oder eines bestimmten Unternehmenskonzepts.

Teil III

10. Deutschland hat die Richtlinie hinsichtlich des Diskriminierungsverbots wegen des Alters bis spätestens 2.12.2006 umzusetzen. Es bedarf eines für das bestehende Arbeitsrecht neuen, umfassenden Schutzes vor altersbedingten Benachteiligungen. Altersgrenzen sind künftig überhaupt nur zulässig, wenn eine ausdrückliche Normierung der Rechtfertigungsvorschriften und eine Zulassung positiver Maßnahmen erfolgt. Zur Gewährung des Diskriminierungsverbots ist daneben ein effektiver Rechtsschutz einschließlich eines Beteiligungsrechts für Verbände zu schaffen. Vorgegeben ist auch eine Beweislastumkehr zugunsten des von einer Altersgrenze Betroffenen. Rechtsfolgen nach Vorbild der §§ 611 a ff. BGB wären wirksam, verhältnismäßig und abschreckend.

11. Die Umsetzung sollte sich weniger am ADEA als an den Vorbildern anderer EU-Mitgliedsstaaten orientieren. Diese haben nicht nur ein Verbot der Altersdiskriminierung normiert, sondern umfassend die Richtlinien 2000/78 /EG, 2000/43/EG und 2002/73/EG für das Arbeitsrecht umgesetzt.

    Die Schaffung eines arbeitsrechtlichen Sondergesetzes entspricht dabei den Bestrebungen der EU zur Vereinheitlichung ihrer Diskriminierungsrichtlinien. Damit würde die Einheit der Richtlinie gewahrt bleiben, der Geltungsbereich könnte ohne Systembrüche auf alle Beschäftigten erstreckt werden. Daneben könnte das ohnehin anzupassende Diskriminierungsverbot wegen des Geschlechts und der Behinderung sowie der Belästigungsschutz des BeschSchG mitgeregelt und um weitere Diskriminierungsmerkmale erweitert werden. Da sich ein arbeitsrechtliches Sondergesetz eng an den Wortlaut der Richtlinie anlehnen kann, ist die Gefahr einer ungenügenden Umsetzung gering. In jedem Falle ist wegen der umstrittenen

Rechtslage zur Gestattung von Pensionsgrenzen eine ausdrückliche Regelung für Altersgrenzen in Individual- und Kollektivverträgen vorzunehmen.

12. Die europarechtlichen Vorgaben wollte der deutsche Gesetzgeber durch den Entwurf eines Gesetzes zum Schutz vor Diskriminierungen umsetzen.

Insbesondere die Rechtfertigungsvorschrift für feste Altersgrenzen von 65 Jahren für die Beendigung des Beschäftigungsverhältnisses wird aber den differenzierten Vorgaben der Richtlinie nicht gerecht. Die generelle Zulassung fester Altersgrenzen durch ein Regelbeispiel unabhängig davon, ob die Altersgrenze in einem Individual- oder Kollektivvetrag enthalten ist, entspricht nicht Art. 6 Abs. 1 S. 2 a), S. 1 RL. Die vorgesehenen Regelungen zur Altersgrenze für den Ausschluss der ordentlichen Kündigung entsprechen dagegen ebenso den europarechtlichen Vorgaben wie die Gestattung von Altersgrenzen in Sozialplänen. Sytematisch wäre die Trennung in ein zivilrechtliches und arbeitsrechtliches Diskriminierungsgesetz die bessere Alternative.

Änderungen bestehender Vorschriften, die an das Merkmal „Alter" anknüpfen, z. B. § 14 Abs. 3 TzBfG, scheinen (bislang) trotz Verstoßes gegen die Richtlinie nicht vorgesehen. Auch wird etwa die Vereinbarung von Altersteilzeit im Blockmodell nicht eingeschränkt. Bei der richtlinienkonformen Umsetzung müssen jedoch auch diese Differenzierungen wegen des Alters im Arbeitsrecht auf den Prüfstand.

Anhang

A. Richtlinie 2000/78/EG des Rates vom 27. November 2000 zur Festlegung eines allgemeinen Rahmes für die Verwirklichung der Gleichbehandlung in Beschäftigung und Beruf

B. Age Discrimination in Employment Act (Auszug)

C. Entwurf eines Gesetzes zum Schutz vor Diskriminierung (Antidiskriminierungsgesetz - ADG) in der vom Bundestag am 17.06.2005 beschlossenen Fassung

A. Antidiskriminierungsrichtlinie 2000/78/EG

Richtlinie 2000/78/EG des Rates vom 27. November 2000 zur Festlegung eines allgemeinen Rahmes für die Verwirklichung der Gleichbehandlung in Beschäftigung und Beruf

DER RAT DER EUROPÄISCHEN UNION -

gestützt auf den Vertrag zur Gründung der Europäischen Gemeinschaft, insbesondere auf Artikel 13,

auf Vorschlag der Kommission ([1]),

nach Stellungnahme des Europäischen Parlaments ([2]),

nach Stellungnahme des Wirtschafts- und Sozialausschusses ([3]),

nach Stellungnahme des Ausschusses der Regionen ([4]),

in Erwägung nachstehender Gründe:

(1) Nach Artikel 6 Absatz 2 des Vertrags über die Europäische Union beruht die Europäische Union auf den Grundsätzen der Freiheit, der Demokratie, der Achtung der Menschenrechte und Grundfreiheiten sowie der Rechtsstaatlichkeit; diese Grundsätze sind allen Mitgliedstaaten gemeinsam. Die Union achtet die Grundrechte, wie sie in der Europäischen Konvention zum Schutze der Menschenrechte und Grundfreiheiten gewährleistet sind und wie sie sich aus den gemeinsamen Verfassungsüberlieferungen der Mitgliedstaaten als allgemeine Grundsätze des Gemeinschaftsrechts ergeben.

(2) Der Grundsatz der Gleichbehandlung von Männern und Frauen wurde in zahlreichen Rechtsakten der Gemeinschaft fest verankert, insbesondere in der Richtlinie 76/207/EWG des Rates vom 9. Februar 1976 zur Verwirklichung des Grundsatzes der Gleichbehandlung von Männern und Frauen hinsichtlich des Zugangs zur Beschäftigung, zur Berufsbildung und zum beruflichen Aufstieg sowie in Bezug auf die Arbeitsbedingungen ([5]).

(3) Bei der Anwendung des Grundsatzes der Gleichbehandlung ist die Gemeinschaft gemäß Artikel 3 Absatz 2 des EG-Vertrags bemüht, Ungleichheiten zu beseitigen und die Gleichstellung von Männern und Frauen zu fördern, zumal Frauen häufig Opfer mehrfacher Diskriminierung sind.

(4) Die Gleichheit aller Menschen vor dem Gesetz und der Schutz vor Diskriminierung ist ein allgemeines Menschenrecht; dieses Recht wurde in der Allgemeinen Erklärung der Menschenrechte, im VN-Übereinkommen zur Beseitigung aller Formen der Diskriminierung von Frauen, im Internationalen Pakt der VN über bürgerliche und politische Rechte, im Internationalen Pakt der VN über wirtschaftliche, soziale und kulturelle Rechte sowie in der Europäischen Konvention zum Schutze der Menschenrechte und Grundfreiheiten anerkannt, die von allen Mitgliedstaaten unterzeichnet wurden. Das Übereinkommen 111 der Internationalen Arbeitsorganisation untersagt Diskriminierungen in Beschäftigung und Beruf.

(5) Es ist wichtig, dass diese Grundrechte und Grundfreiheiten geachtet werden. Diese Richtlinie berührt nicht die Vereinigungsfreiheit, was das Recht jeder Person umfasst, zum Schutze ihrer Interessen Gewerkschaften zu gründen und Gewerkschaften beizutreten.

(6) In der Gemeinschaftscharta der sozialen Grundrechte der Arbeitnehmer wird anerkannt, wie wichtig die Bekämpfung jeder Art von Diskriminierung und geeignete Maßnahmen zur sozialen und wirtschaftlichen Eingliederung älterer Menschen und von Menschen mit Behinderung sind.

(7) Der EG-Vertrag nennt als eines der Ziele der Gemeinschaft die Förderung der Koordinierung der Beschäftigungspolitiken der Mitgliedstaaten. Zu diesem Zweck wurde in den EG-Vertrag ein neues Beschäftigungskapitel eingefügt, das die Grundlage bildet für die Entwicklung einer koordinierten Beschäftigungsstrategie und für die Förderung der Qualifizierung, Ausbildung und Anpassungsfähigkeit der Arbeitnehmer.

---

[1] ABlEG 2000 Nr. C 177 E, S. 42
[2] Stellungnahme vom 12. Oktober 2000 (noch nicht im Amtsblatt veröffentlicht) [*Anmerkung des Verfassers: inzwischen veröffentlicht in ABlEG 2001 Nr. C 178, S. 254]*
[3] ABlEG 2000 Nr. C 204, S. 82
[4] ABlEG 2000 Nr. C 226, S. 1
[5] ABlEG 1976 Nr. L 39, S. 40

(8) In den vom Europäischen Rat auf seiner Tagung am 10. und 11. Dezember 1999 in Helsinki vereinbarten beschäftigungspolitischen Leitlinien für 2000 wird die Notwendigkeit unterstrichen, einen Arbeitsmarkt zu schaffen, der die soziale Eingliederung fördert, indem ein ganzes Bündel aufeinander abgestimmter Maßnahmen getroffen wird, die darauf abstellen, die Diskriminierung von benachteiligten Gruppen, wie den Menschen mit Behinderung, zu bekämpfen. Ferner wird betont, dass der Unterstützung älterer Arbeitnehmer mit dem Ziel der Erhöhung ihres Anteils an der Erwerbsbevölkerung besondere Aufmerksamkeit gebührt.

(9) Beschäftigung und Beruf sind Bereiche, die für die Gewährleistung gleicher Chancen für alle und für eine volle Teilhabe der Bürger am wirtschaftlichen, kulturellen und sozialen Leben sowie für die individuelle Entfaltung von entscheidender Bedeutung sind.

(10) Der Rat hat am 29. Juni 2000 die Richtlinie 2000/43/EG ([6]) zur Anwendung des Gleichbehandlungsgrundsatzes ohne Unterschied der Rasse oder der ethnischen Herkunft angenommen, die bereits einen Schutz vor solchen Diskriminierungen in Beschäftigung und Beruf gewährleistet.

(11) Diskriminierungen wegen der Religion oder der Weltanschauung, einer Behinderung, des Alters oder der sexuellen Ausrichtung können die Verwirklichung der im EG-Vertrag festgelegten Ziele unterminieren, insbesondere die Erreichung eines hohen Beschäftigungsniveaus und eines hohen Maßes an sozialem Schutz, die Hebung des Lebensstandards und der Lebensqualität, den wirtschaftlichen und sozialen Zusammenhalt, die Solidarität sowie die Freizügigkeit.

(12) Daher sollte jede unmittelbare oder mittelbare Diskriminierung wegen der Religion oder der Weltanschauung, einer Behinderung, des Alters oder der sexuellen Ausrichtung in den von der Richtlinie abgedeckten Bereichen gemeinschaftsweit untersagt werden. Dieses Diskriminierungsverbot sollte auch für Staatsangehörige dritter Länder gelten, betrifft jedoch nicht die Ungleichbehandlungen aus Gründen der Staatsangehörigkeit und lässt die Vorschriften über die Einreise und den Aufenthalt von Staatsangehörigen dritter Länder und ihren Zugang zu Beschäftigung und Beruf unberührt.

(13) Diese Richtlinie findet weder Anwendung auf die Sozialversicherungs- und Sozialschutzsysteme, deren Leistungen nicht einem Arbeitsentgelt in dem Sinne gleichgestellt werden, der diesem Begriff für die Anwendung des Artikels 141 des EG-Vertrags gegeben wurde, noch auf Vergütungen jeder Art seitens des Staates, die den Zugang zu einer Beschäftigung oder die Aufrechterhaltung eines Beschäftigungsverhältnisses zum Ziel haben.

(14) Diese Richtlinie berührt nicht die einzelstaatlichen Bestimmungen über die Festsetzung der Altersgrenzen für den Eintritt in den Ruhestand.

(15) Die Beurteilung von Tatbeständen, die auf eine unmittelbare oder mittelbare Diskriminierung schließen lassen, obliegt den einzelstaatlichen gerichtlichen Instanzen oder anderen zuständigen Stellen nach den einzelstaatlichen Rechtsvorschriften oder Gepflogenheiten; in diesen einzelstaatlichen Vorschriften kann insbesondere vorgesehen sein, dass mittelbare Diskriminierung mit allen Mitteln, einschließlich statistischer Beweise, festzustellen ist.

(16) Maßnahmen, die darauf abstellen, den Bedürfnissen von Menschen mit Behinderung am Arbeitsplatz Rechnung zu tragen, spielen eine wichtige Rolle bei der Bekämpfung von Diskriminierungen wegen einer Behinderung.

(17) Mit dieser Richtlinie wird unbeschadet der Verpflichtung, für Menschen mit Behinderung angemessene Vorkehrungen zu treffen, nicht die Einstellung, der berufliche Aufstieg, die Weiterbeschäftigung oder die Teilnahme an Aus- und Weiterbildungsmaßnahmen einer Person vorgeschrieben, wenn diese Person für die Erfüllung der wesentlichen Funktionen des Arbeitsplatzes oder zur Absolvierung einer bestimmten Ausbildung nicht kompetent, fähig oder verfügbar ist.

(18) Insbesondere darf mit dieser Richtlinie den Streitkräften sowie der Polizei, den Haftanstalten oder den Notfalldiensten unter Berücksichtigung des rechtmäßigen Ziels, die Einsatzbereitschaft dieser Dienste zu wahren, nicht zur Auflage gemacht werden, Personen einzustellen oder weiter zu beschäftigen, die nicht den jeweiligen Anforderungen entsprechen, um sämtliche Aufgaben zu erfüllen, die ihnen übertragen werden können.

(19) Ferner können die Mitgliedstaaten zur Sicherung der Schlagkraft ihrer Streitkräfte sich dafür entscheiden, dass die eine Behinderung und das Alter betreffenden Bestimmungen

[6] ABlEG 2000 Nr. L 180, S. 22

dieser Richtlinie auf alle Streitkräfte oder einen Teil ihrer Streitkräfte keine Anwendung finden. Die Mitgliedstaaten, die eine derartige Entscheidung treffen, müssen den Anwendungsbereich dieser Ausnahmeregelung festlegen.

(20) Es sollten geeignete Maßnahmen vorgesehen werden, d. h. wirksame und praktikable Maßnahmen, um den Arbeitsplatz der Behinderung entsprechend einzurichten, z. B. durch eine entsprechende Gestaltung der Räumlichkeiten oder eine Anpassung des Arbeitsgeräts, des Arbeitsrhythmus, der Aufgabenverteilung oder des Angebots an Ausbildungs- und Einarbeitungsmaßnahmen.

(21) Bei der Prüfung der Frage, ob diese Maßnahmen zu übermäßigen Belastungen führen, sollten insbesondere der mit ihnen verbundene finanzielle und sonstige Aufwand sowie die Größe, die finanziellen Ressourcen und der Gesamtumsatz der Organisation oder des Unternehmens und die Verfügbarkeit von öffentlichen Mitteln oder anderen Unterstützungsmöglichkeiten berücksichtigt werden.

(22) Diese Richtlinie lässt die einzelstaatlichen Rechtsvorschriften über den Familienstand und davon abhängige Leistungen unberührt.

(23) Unter sehr begrenzten Bedingungen kann eine unterschiedliche Behandlung gerechtfertigt sein, wenn ein Merkmal, das mit der Religion oder Weltanschauung, einer Behinderung, dem Alter oder der sexuellen Ausrichtung zusammenhängt, eine wesentliche und entscheidende berufliche Anforderung darstellt, sofern es sich um einen rechtmäßigen Zweck und eine angemessene Anforderung handelt. Diese Bedingungen sollten in die Informationen aufgenommen werden, die die Mitgliedstaaten der Kommission übermitteln.

(24) Die Europäische Union hat in ihrer der Schlussakte zum Vertrag von Amsterdam beigefügten Erklärung Nr. 11 zum Status der Kirchen und weltanschaulichen Gemeinschaften ausdrücklich anerkannt, dass sie den Status, den Kirchen und religiöse Vereinigungen oder Gemeinschaften in den Mitgliedstaaten nach deren Rechtsvorschriften genießen, achtet und ihn nicht beeinträchtigt und dass dies in gleicher Weise für den Status von weltanschaulichen Gemeinschaften gilt. Die Mitgliedstaaten können in dieser Hinsicht spezifische Bestimmungen über die wesentlichen, rechtmäßigen und gerechtfertigten beruflichen Anforderungen beibehalten oder vorsehen, die Voraussetzung für die Ausübung einer diesbezüglichen beruflichen Tätigkeit sein können.

(25) Das Verbot der Diskriminierung wegen des Alters stellt ein wesentliches Element zur Erreichung der Ziele der beschäftigungspolitischen Leitlinien und zur Förderung der Vielfalt im Bereich der Beschäftigung dar. Ungleichbehandlungen wegen des Alters können unter bestimmten Umständen jedoch gerechtfertigt sein und erfordern daher besondere Bestimmungen, die je nach der Situation der Mitgliedstaaten unterschiedlich sein können. Es ist daher unbedingt zu unterscheiden zwischen einer Ungleichbehandlung, die insbesondere durch rechtmäßige Ziele im Bereich der Beschäftigungspolitik, des Arbeitsmarktes und der beruflichen Bildung gerechtfertigt ist, und einer Diskriminierung, die zu verbieten ist.

(26) Das Diskriminierungsverbot sollte nicht der Beibehaltung oder dem Erlass von Maßnahmen entgegenstehen, mit denen bezweckt wird, Benachteiligungen von Personen mit einer bestimmten Religion oder Weltanschauung, einer bestimmten Behinderung, einem bestimmten Alter oder einer bestimmten sexuellen Ausrichtung zu verhindern oder auszugleichen, und diese Maßnahmen können die Einrichtung und Beibehaltung von Organisationen von Personen mit einer bestimmten Religion oder Weltanschauung, einer bestimmten Behinderung, einem bestimmten Alter oder einer bestimmten sexuellen Ausrichtung zulassen, wenn deren Zweck hauptsächlich darin besteht, die besonderen Bedürfnisse dieser Personen zu fördern.

(27) Der Rat hat in seiner Empfehlung 86/379/EWG vom 24. Juli 1986 ([7]) zur Beschäftigung von Behinderten in der Gemeinschaft einen Orientierungsrahmen festgelegt, der Beispiele für positive Aktionen für die Beschäftigung und Berufsbildung von Menschen mit Behinderung anführt; in seiner Entschließung vom 17. Juni 1999 betreffend gleiche Beschäftigungschancen für behinderte Menschen ([8]) hat er bekräftigt, dass es wichtig ist, insbesondere der Einstellung, der Aufrechterhaltung des Beschäftigungsverhältnisses sowie der beruflichen Bildung und dem lebensbegleitenden Lernen von Menschen mit Behinderung besondere Aufmerksamkeit zu widmen.

(28) In dieser Richtlinie werden Mindestanforderungen festgelegt; es steht den Mitgliedstaaten

---

[7] ABlEG 1986 Nr. L 225, S. 43
[8] ABlEG 1999 Nr. C 186, S. 3

somit frei, günstigere Vorschriften einzuführen oder beizubehalten. Die Umsetzung dieser Richtlinie darf nicht eine Absenkung des in den Mitgliedstaaten bereits bestehenden Schutzniveaus rechtfertigen.

(29) Opfer von Diskriminierungen wegen der Religion oder Weltanschauung, einer Behinderung, des Alters oder der sexuellen Ausrichtung sollten über einen angemessenen Rechtsschutz verfügen. Um einen effektiveren Schutz zu gewährleisten, sollte auch die Möglichkeit bestehen, dass sich Verbände oder andere juristische Personen unbeschadet der nationalen Verfahrensordnung bezüglich der Vertretung und Verteidigung vor Gericht bei einem entsprechenden Beschluss der Mitgliedstaaten im Namen eines Opfers oder zu seiner Unterstützung an einem Verfahren beteiligen.

(30) Die effektive Anwendung des Gleichheitsgrundsatzes erfordert einen angemessenen Schutz vor Viktimisierung.

(31) Eine Änderung der Regeln für die Beweislast ist geboten, wenn ein glaubhafter Anschein einer Diskriminierung besteht. Zur wirksamen Anwendung des Gleichbehandlungsgrundsatzes ist eine Verlagerung der Beweislast auf die beklagte Partei erforderlich, wenn eine solche Diskriminierung nachgewiesen ist. Allerdings obliegt es dem Beklagten nicht, nachzuweisen, dass der Kläger einer bestimmten Religion angehört, eine bestimmte Weltanschauung hat, eine bestimmte Behinderung aufweist, ein bestimmtes Alter oder eine bestimmte sexuelle Ausrichtung hat.

(32) Die Mitgliedstaaten können davon absehen, die Regeln für die Beweislastverteilung auf Verfahren anzuwenden, in denen die Ermittlung des Sachverhalts dem Gericht oder der zuständigen Stelle obliegt. Dies betrifft Verfahren, in denen die klagende Partei den Beweis des Sachverhalts, dessen Ermittlung dem Gericht oder der zuständigen Stelle obliegt, nicht anzutreten braucht.

(33) Die Mitgliedstaaten sollten den Dialog zwischen den Sozialpartnern und im Rahmen der einzelstaatlichen Gepflogenheiten mit Nichtregierungsorganisationen mit dem Ziel fördern, gegen die verschiedenen Formen von Diskriminierung am Arbeitsplatz anzugehen und diese zu bekämpfen.

(34) In Anbetracht der Notwendigkeit, den Frieden und die Aussöhnung zwischen den wichtigsten Gemeinschaften in Nordirland zu fördern, sollten in diese Richtlinie besondere Bestimmungen aufgenommen werden.

(35) Die Mitgliedstaaten sollten wirksame, verhältnismäßige und abschreckende Sanktionen für den Fall vorsehen, dass gegen die aus dieser Richtlinie erwachsenden Verpflichtungen verstoßen wird.

(36) Die Mitgliedstaaten können den Sozialpartnern auf deren gemeinsamen Antrag die Durchführung der Bestimmungen dieser Richtlinie übertragen, die in den Anwendungsbereich von Tarifverträgen fallen, sofern sie alle erforderlichen Maßnahmen treffen, um jederzeit gewährleisten zu können, dass die durch diese Richtlinie vorgeschriebenen Ergebnisse erzielt werden.

(37) Im Einklang mit dem Subsidiaritätsprinzip nach Artikel 5 des EG-Vertrags kann das Ziel dieser Richtlinie, nämlich die Schaffung gleicher Ausgangsbedingungen in der Gemeinschaft bezüglich der Gleichbehandlung in Beschäftigung und Beruf, auf der Ebene der Mitgliedstaaten nicht ausreichend erreicht werden und kann daher wegen des Umfangs und der Wirkung der Maßnahme besser auf Gemeinschaftsebene verwirklicht werden. Im Einklang mit dem Verhältnismäßigkeitsprinzip nach jenem Artikel geht diese Richtlinie nicht über das für die Erreichung dieses Ziels erforderliche Maß hinaus -

HAT FOLGENDE RICHTLINIE ERLASSEN:

KAPITEL I

ALLGEMEINE BESTIMMUNGEN

Artikel 1

Zweck

Zweck dieser Richtlinie ist die Schaffung eines allgemeinen Rahmens zur Bekämpfung der Diskriminierung wegen der Religion oder der Weltanschauung, einer Behinderung, des Alters oder der sexuellen Ausrichtung in Beschäftigung und Beruf im Hinblick auf die Verwirklichung des Grundsatzes der Gleichbehandlung in den Mitgliedstaaten.

Artikel 2

Der Begriff „Diskriminierung"

(1) Im Sinne dieser Richtlinie bedeutet „Gleichbehandlungsgrundsatz", dass es keine unmittelbare oder mittelbare Diskriminierung wegen eines der in Artikel 1 genannten Gründe geben darf.

(2) Im Sinne des Absatzes 1

a) liegt eine unmittelbare Diskriminierung vor, wenn eine Person wegen eines der in Artikel 1 genannten Gründe in einer vergleichbaren Situation eine weniger günstige Behandlung erfährt, als eine andere Person erfährt, erfahren hat oder erfahren würde;

b) liegt eine mittelbare Diskriminierung vor, wenn dem Anschein nach neutrale Vorschriften, Kriterien oder Verfahren Personen mit einer bestimmten Religion oder Weltanschauung, einer bestimmten Behinderung, eines bestimmten Alters oder mit einer bestimmten sexuellen Ausrichtung gegenüber anderen Personen in besonderer Weise benachteiligen können, es sei denn:

   i) diese Vorschriften, Kriterien oder Verfahren sind durch ein rechtmäßiges Ziel sachlich gerechtfertigt, und die Mittel sind zur Erreichung dieses Ziels angemessen und erforderlich, oder

   ii) der Arbeitgeber oder jede Person oder Organisation, auf die diese Richtlinie Anwendung findet, ist im Falle von Personen mit einer bestimmten Behinderung aufgrund des einzelstaatlichen Rechts verpflichtet, geeignete Maßnahmen entsprechend den in Artikel 5 enthaltenen Grundsätzen vorzusehen, um die sich durch diese Vorschrift, dieses Kriterium oder dieses Verfahren ergebenden Nachteile zu beseitigen.

(3) Unerwünschte Verhaltensweisen, die mit einem der Gründe nach Artikel 1 in Zusammenhang stehen und bezwecken oder bewirken, dass die Würde der betreffenden Person verletzt und ein von Einschüchterungen, Anfeindungen, Erniedrigungen, Entwürdigungen oder Beleidigungen gekennzeichnetes Umfeld geschaffen wird, sind Belästigungen, die als Diskriminierung im Sinne von Absatz 1 gelten. In diesem Zusammenhang können die Mitgliedstaaten den Begriff „Belästigung" im Einklang mit den einzelstaatlichen Rechtsvorschriften und Gepflogenheiten definieren.

(4) Die Anweisung zur Diskriminierung einer Person wegen eines der Gründe nach Artikel 1 gilt als Diskriminierung im Sinne des Absatzes 1.

(5) Diese Richtlinie berührt nicht die im einzelstaatlichen Recht vorgesehenen Maßnahmen, die in einer demokratischen Gesellschaft für die Gewährleistung der öffentlichen Sicherheit, die Verteidigung der Ordnung und die Verhütung von Straftaten, zum Schutz der Gesundheit und zum Schutz der Rechte und Freiheiten anderer notwendig sind.

Artikel 3

Geltungsbereich

(1) Im Rahmen der auf die Gemeinschaft übertragenen Zuständigkeiten gilt diese Richtlinie für alle Personen in öffentlichen und privaten Bereichen, einschließlich öffentlicher Stellen, in Bezug auf

a) die Bedingungen - einschließlich Auswahlkriterien und Einstellungsbedingungen - für den Zugang zu unselbständiger und selbständiger Erwerbstätigkeit, unabhängig von Tätigkeitsfeld und beruflicher Position, einschließlich des beruflichen Aufstiegs;

b) den Zugang zu allen Formen und allen Ebenen der Berufsberatung, der Berufsausbildung, der beruflichen Weiterbildung und der Umschulung, einschließlich der praktischen Berufserfahrung;

c) die Beschäftigungs- und Arbeitsbedingungen, einschließlich der Entlassungsbedingungen und des Arbeitsentgelts;

d) die Mitgliedschaft und Mitwirkung in einer Arbeitnehmer- oder Arbeitgeberorganisation oder einer Organisation, deren Mitglieder einer bestimmten Berufsgruppe angehören, einschließlich der Inanspruchnahme der Leistungen solcher Organisationen.

(2) Diese Richtlinie betrifft nicht unterschiedliche Behandlungen aus Gründen der Staatsangehörigkeit und berührt nicht die Vorschriften und Bedingungen für die Einreise von Staatsangehörigen dritter Länder oder staatenlosen Personen in das Hoheitsgebiet der Mitgliedstaaten oder deren Aufenthalt in diesem Hoheitsgebiet sowie eine Behandlung, die sich aus der Rechtsstellung von Staatsangehörigen dritter Länder oder staatenlosen Personen ergibt.

(3) Diese Richtlinie gilt nicht für Leistungen jeder Art seitens der staatlichen Systeme oder der damit gleichgestellten Systeme einschließlich der staatlichen Systeme der sozialen Sicherheit oder des sozialen Schutzes.

(4) Die Mitgliedstaaten können vorsehen, dass diese Richtlinie hinsichtlich von Diskriminierungen wegen einer Behinderung und des Alters nicht für die Streitkräfte gilt.

Artikel 4

Berufliche Anforderungen

(1) Ungeachtet des Artikels 2 Absätze 1 und 2 können die Mitgliedstaaten vorsehen, dass eine Ungleichbehandlung wegen eines Merkmals, das im Zusammenhang mit einem der in Artikel 1 ge-

nannten Diskriminierungsgründe steht, keine Diskriminierung darstellt, wenn das betreffende Merkmal aufgrund der Art einer bestimmten beruflichen Tätigkeit oder der Bedingungen ihrer Ausübung eine wesentliche und entscheidende berufliche Anforderung darstellt, sofern es sich um einen rechtmäßigen Zweck und eine angemessene Anforderung handelt.

(2) Die Mitgliedstaaten können in Bezug auf berufliche Tätigkeiten innerhalb von Kirchen und anderen öffentlichen oder privaten Organisationen, deren Ethos auf religiösen Grundsätzen oder Weltanschauungen beruht, Bestimmungen in ihren zum Zeitpunkt der Annahme dieser Richtlinie geltenden Rechtsvorschriften beibehalten oder in künftigen Rechtsvorschriften Bestimmungen vorsehen, die zum Zeitpunkt der Annahme dieser Richtlinie bestehende einzelstaatliche Gepflogenheiten widerspiegeln und wonach eine Ungleichbehandlung wegen der Religion oder Weltanschauung einer Person keine Diskriminierung darstellt, wenn die Religion oder die Weltanschauung dieser Person nach der Art dieser Tätigkeiten oder der Umstände ihrer Ausübung eine wesentliche, rechtmäßige und gerechtfertigte berufliche Anforderung angesichts des Ethos der Organisation darstellt. Eine solche Ungleichbehandlung muss die verfassungsrechtlichen Bestimmungen und Grundsätze der Mitgliedstaaten sowie die allgemeinen Grundsätze des Gemeinschaftsrechts beachten und rechtfertigt keine Diskriminierung aus einem anderen Grund.

Sofern die Bestimmungen dieser Richtlinie im übrigen eingehalten werden, können die Kirchen und anderen öffentlichen oder privaten Organisationen, deren Ethos auf religiösen Grundsätzen oder Weltanschauungen beruht, im Einklang mit den einzelstaatlichen verfassungsrechtlichen Bestimmungen und Rechtsvorschriften von den für sie arbeitenden Personen verlangen, dass sie sich loyal und aufrichtig im Sinne des Ethos der Organisation verhalten.

Artikel 5

Angemessene Vorkehrungen für Menschen mit Behinderung

Um die Anwendung des Gleichbehandlungsgrundsatzes auf Menschen mit Behinderung zu gewährleisten, sind angemessene Vorkehrungen zu treffen. Das bedeutet, dass der Arbeitgeber die geeigneten und im konkreten Fall erforderlichen Maßnahmen ergreift, um den Menschen mit Behinderung den Zugang zur Beschäftigung, die Ausübung eines Berufes, den beruflichen Aufstieg und die Teilnahme an Aus- und Weiterbildungsmaßnahmen zu ermöglichen, es sei denn, diese Maßnahmen würden den Arbeitgeber unverhältnismäßig belasten. Diese Belastung ist nicht unverhältnismäßig, wenn sie durch geltende Maßnahmen im Rahmen der Behindertenpolitik des Mitgliedstaates ausreichend kompensiert wird.

Artikel 6

Gerechtfertigte Ungleichbehandlung wegen des Alters

(1) Ungeachtet des Artikels 2 Absatz 2 können die Mitgliedstaaten vorsehen, dass Ungleichbehandlungen wegen des Alters keine Diskriminierung darstellen, sofern sie objektiv und angemessen sind und im Rahmen des nationalen Rechts durch ein legitimes Ziel, worunter insbesondere rechtmäßige Ziele aus den Bereichen Beschäftigungspolitik, Arbeitsmarkt und berufliche Bildung zu verstehen sind, gerechtfertigt sind und die Mittel zur Erreichung dieses Ziels angemessen und erforderlich sind.

Derartige Ungleichbehandlungen können insbesondere Folgendes einschließen:

a) die Festlegung besonderer Bedingungen für den Zugang zur Beschäftigung und zur beruflichen Bildung sowie besonderer Beschäftigungs- und Arbeitsbedingungen, einschließlich der Bedingungen für Entlassung und Entlohnung, um die berufliche Eingliederung von Jugendlichen, älteren Arbeitnehmern und Personen mit Fürsorgepflichten zu fördern oder ihren Schutz sicherzustellen;

b) die Festlegung von Mindestanforderungen an das Alter, die Berufserfahrung oder das Dienstalter für den Zugang zur Beschäftigung oder für bestimmte mit der Beschäftigung verbundene Vorteile;

c) die Festsetzung eines Höchstalters für die Einstellung aufgrund der spezifischen Ausbildungsanforderungen eines bestimmten Arbeitsplatzes oder aufgrund der Notwendigkeit einer angemessenen Beschäftigungszeit vor dem Eintritt in den Ruhestand.

(2) Ungeachtet des Artikels 2 Absatz 2 können die Mitgliedstaaten vorsehen, dass bei den betrieblichen Systemen der sozialen Sicherheit die Festsetzung von Altersgrenzen als Voraussetzung für die Mitgliedschaft oder den Bezug von Altersrente oder von Leistungen bei Invalidität einschließlich der Festsetzung unterschiedlicher Altersgrenzen im Rahmen dieser Systeme für bestimmte Beschäftigte oder Gruppen bzw. Kategorien von Beschäftigten und die Verwendung im Rahmen dieser Systeme von Alterskriterien für versicherungsmathematische Berechnungen keine Diskriminierung wegen des Alters darstellt, solange dies nicht zu Diskriminierungen wegen des Geschlechts führt.

Artikel 7

Positive und spezifische Maßnahmen

(1) Der Gleichbehandlungsgrundsatz hindert die Mitgliedstaaten nicht daran, zur Gewährleistung der völligen Gleichstellung im Berufsleben spezifische Maßnahmen beizubehalten oder einzuführen, mit denen Benachteiligungen wegen eines in Artikel 1 genannten Diskriminierungsgrunds verhindert oder ausgeglichen werden.

(2) Im Falle von Menschen mit Behinderung steht der Gleichbehandlungsgrundsatz weder dem Recht der Mitgliedstaaten entgegen, Bestimmungen zum Schutz der Gesundheit und der Sicherheit am Arbeitsplatz beizubehalten oder zu erlassen, noch steht er Maßnahmen entgegen, mit denen Bestimmungen oder Vorkehrungen eingeführt oder beibehalten werden sollen, die einer Eingliederung von Menschen mit Behinderung in die Arbeitswelt dienen oder diese Eingliederung fördern.

Artikel 8

Mindestanforderungen

(1) Die Mitgliedstaaten können Vorschriften einführen oder beibehalten, die im Hinblick auf die Wahrung des Gleichbehandlungsgrundsatzes günstiger als die in dieser Richtlinie vorgesehenen Vorschriften sind.

(2) Die Umsetzung dieser Richtlinie darf keinesfalls als Rechtfertigung für eine Absenkung des von den Mitgliedstaaten bereits garantierten allgemeinen Schutzniveaus in Bezug auf Diskriminierungen in den von der Richtlinie abgedeckten Bereichen benutzt werden.

KAPITEL II

RECHTSBEHELFE UND RECHTSDURCHSETZUNG

Artikel 9

Rechtsschutz

(1) Die Mitgliedstaaten stellen sicher, dass alle Personen, die sich durch die Nichtanwendung des Gleichbehandlungsgrundsatzes in ihren Rechten für verletzt halten, ihre Ansprüche aus dieser Richtlinie auf dem Gerichts- und/oder Verwaltungsweg sowie, wenn die Mitgliedstaaten es für angezeigt halten, in Schlichtungsverfahren geltend machen können, selbst wenn das Verhältnis, während dessen die Diskriminierung vorgekommen sein soll, bereits beendet ist.

(2) Die Mitgliedstaaten stellen sicher, dass Verbände, Organisationen oder andere juristische Personen, die gemäß den in ihrem einzelstaatlichen Recht festgelegten Kriterien ein rechtmäßiges Interesse daran haben, für die Einhaltung der Bestimmungen dieser Richtlinie zu sorgen, sich entweder im Namen der beschwerten Person oder zu deren Unterstützung und mit deren Einwilligung an den in dieser Richtlinie zur Durchsetzung der Ansprüche vorgesehenen Gerichts- und/oder Verwaltungsverfahren beteiligen können.

(3) Die Absätze 1 und 2 lassen einzelstaatliche Regelungen über Fristen für die Rechtsverfolgung betreffend den Gleichbehandlungsgrundsatz unberührt.

Artikel 10

Beweislast

(1) Die Mitgliedstaaten ergreifen im Einklang mit ihrem nationalen Gerichtswesen die erforderlichen Maßnahmen, um zu gewährleisten, dass immer dann, wenn Personen, die sich durch die Nichtanwendung des Gleichbehandlungsgrundsatzes für verletzt halten und bei einem Gericht oder einer anderen zuständigen Stelle Tatsachen glaubhaft machen, die das Vorliegen einer unmittelbaren oder mittelbaren Diskriminierung vermuten lassen, es dem Beklagten obliegt zu beweisen, dass keine Verletzung des Gleichbehandlungsgrundsatzes vorgelegen hat.

(2) Absatz 1 lässt das Recht der Mitgliedstaaten, eine für den Kläger günstigere Beweislastregelung vorzusehen, unberührt.

(3) Absatz 1 gilt nicht für Strafverfahren.

(4) Die Absätze 1, 2 und 3 gelten auch für Verfahren gemäß Artikel 9 Absatz 2.

(5) Die Mitgliedstaaten können davon absehen, Absatz 1 auf Verfahren anzuwenden, in denen die Ermittlung des Sachverhalts dem Gericht oder der zuständigen Stelle obliegt.

Artikel 11

Viktimisierung

Die Mitgliedstaaten treffen im Rahmen ihrer nationalen Rechtsordnung die erforderlichen Maßnahmen, um die Arbeitnehmer vor Entlassung oder anderen Benachteiligungen durch den Arbeitgeber zu schützen, die als Reaktion auf eine Beschwerde innerhalb des betreffenden Unternehmens oder auf die Einleitung eines Verfahrens zur Durchsetzung des Gleichbehandlungsgrundsatzes erfolgen.

Artikel 12

Unterrichtung

Die Mitgliedstaaten tragen dafür Sorge, dass die gemäß dieser Richtlinie getroffenen Maßnahmen sowie die bereits geltenden einschlägigen Vorschriften allen Betroffenen in geeigneter Form, zum

Beispiel am Arbeitsplatz, in ihrem Hoheitsgebiet bekannt gemacht werden.

Artikel 13

Sozialer Dialog

(1) Die Mitgliedstaaten treffen im Einklang mit den einzelstaatlichen Gepflogenheiten und Verfahren geeignete Maßnahmen zur Förderung des sozialen Dialogs zwischen Arbeitgebern und Arbeitnehmern mit dem Ziel, die Verwirklichung des Gleichbehandlungsgrundsatzes durch Überwachung der betrieblichen Praxis, durch Tarifverträge, Verhaltenskodizes, Forschungsarbeiten oder durch einen Austausch von Erfahrungen und bewährten Verfahren, voranzubringen.

(2) Soweit vereinbar mit den einzelstaatlichen Gepflogenheiten und Verfahren, fordern die Mitgliedstaaten Arbeitgeber und Arbeitnehmer ohne Eingriff in deren Autonomie auf, auf geeigneter Ebene Antidiskriminierungsvereinbarungen zu schließen, die die in Artikel 3 genannten Bereiche betreffen, soweit diese in den Verantwortungsbereich der Tarifparteien fallen. Die Vereinbarungen müssen den in dieser Richtlinie sowie den in den einschlägigen nationalen Durchführungsbestimmungen festgelegten Mindestanforderungen entsprechen.

Artikel 14

Dialog mit Nichtregierungsorganisationen

Die Mitgliedstaaten fördern den Dialog mit den jeweiligen Nichtregierungsorganisationen, die gemäß den einzelstaatlichen Rechtsvorschriften und Gepflogenheiten ein rechtmäßiges Interesse daran haben, sich an der Bekämpfung von Diskriminierung wegen eines der in Artikel 1 genannten Gründe zu beteiligen, um die Einhaltung des Grundsatzes der Gleichbehandlung zu fördern.

KAPITEL III

BESONDERE BESTIMMUNGEN

Artikel 15

Nordirland

(1) Angesichts des Problems, dass eine der wichtigsten Religionsgemeinschaften Nordirlands im dortigen Polizeidienst unterrepräsentiert ist, gilt die unterschiedliche Behandlung bei der Einstellung der Bediensteten dieses Dienstes - auch von Hilfspersonal - nicht als Diskriminierung, sofern diese unterschiedliche Behandlung gemäß den einzelstaatlichen Rechtsvorschriften ausdrücklich gestattet ist.

(2) Um eine Ausgewogenheit der Beschäftigungsmöglichkeiten für Lehrkräfte in Nordirland zu gewährleisten und zugleich einen Beitrag zur Überwindung der historischen Gegensätze zwischen den wichtigsten Religionsgemeinschaften Nordirlands zu leisten, finden die Bestimmungen dieser Richtlinie über Religion oder Weltanschauung keine Anwendung auf die Einstellung von Lehrkräften in Schulen Nordirlands, sofern dies gemäß den einzelstaatlichen Rechtsvorschriften ausdrücklich gestattet ist.

KAPITEL IV

SCHLUSSBESTIMMUNGEN

Artikel 16

Einhaltung

Die Mitgliedstaaten treffen die erforderlichen Maßnahmen, um sicherzustellen, dass

a) die Rechts- und Verwaltungsvorschriften, die dem Gleichbehandlungsgrundsatz zuwiderlaufen, aufgehoben werden;

b) die mit dem Gleichbehandlungsgrundsatz nicht zu vereinbarenden Bestimmungen in Arbeits- und Tarifverträgen, Betriebsordnungen und Statuten der freien Berufe und der Arbeitgeber- und Arbeitnehmerorganisationen für nichtig erklärt werden oder erklärt werden können oder geändert werden.

Artikel 17

Sanktionen

Die Mitgliedstaaten legen die Sanktionen fest, die bei einem Verstoß gegen die einzelstaatlichen Vorschriften zur Anwendung dieser Richtlinie zu verhängen sind, und treffen alle erforderlichen Maßnahmen, um deren Durchführung zu gewährleisten. Die Sanktionen, die auch Schadenersatzleistungen an die Opfer umfassen können, müssen wirksam, verhältnismäßig und abschreckend sein. Die Mitgliedstaaten teilen diese Bestimmungen der Kommission spätestens am 2. Dezember 2003 mit und melden alle sie betreffenden späteren Änderungen unverzüglich.

Artikel 18

Umsetzung der Richtlinie

Die Mitgliedstaaten erlassen die erforderlichen Rechts- und Verwaltungsvorschriften, um dieser Richtlinie spätestens zum 2. Dezember 2003 nachzukommen, oder können den Sozialpartnern auf deren gemeinsamen Antrag die Durchführung der Bestimmungen dieser Richtlinie übertragen, die in den Anwendungsbereich von Tarifverträgen fallen. In diesem Fall gewährleisten die Mitgliedstaaten, dass die Sozialpartner spätestens zum 2. Dezember 2003 im Weg einer Vereinbarung die erforderlichen Maßnahmen getroffen haben; dabei haben die Mitgliedstaaten alle erforderlichen Maßnahmen zu treffen, um jederzeit gewährleisten zu können, dass die durch diese Richtlinie vorgeschriebenen Ergebnisse erzielt werden. Sie setzen die Kommission unverzüglich davon in Kenntnis.

Um besonderen Bedingungen Rechnung zu tragen, können die Mitgliedstaaten erforderlichenfalls eine Zusatzfrist von drei Jahren ab dem 2. Dezember 2003, d. h. insgesamt sechs Jahre, in Anspruch nehmen, um die Bestimmungen dieser Richtlinie über die Diskriminierung wegen des Alters und einer Behinderung umzusetzen. In diesem Fall setzen sie die Kommission unverzüglich davon in Kenntnis. Ein Mitgliedstaat, der die Inanspruchnahme dieser Zusatzfrist beschließt, erstattet der Kommission jährlich Bericht über die von ihm ergriffenen Maßnahmen zur Bekämpfung der Diskriminierung wegen des Alters und einer Behinderung und über die Fortschritte, die bei der Umsetzung der Richtlinie erzielt werden konnten. Die Kommission erstattet dem Rat jährlich Bericht.

Wenn die Mitgliedstaaten derartige Vorschriften erlassen, nehmen sie in den Vorschriften selbst oder durch einen Hinweis bei der amtlichen Veröffentlichung auf diese Richtlinie Bezug. Die Mitgliedstaaten regeln die Einzelheiten der Bezugnahme.

Artikel 19

Bericht

(1) Bis zum 2. Dezember 2005 und in der Folge alle fünf Jahre übermitteln die Mitgliedstaaten der Kommission sämtliche Informationen, die diese für die Erstellung eines dem Europäischen Parlament und dem Rat vorzulegenden Berichts über die Anwendung dieser Richtlinie benötigt.

(2) Die Kommission berücksichtigt in ihrem Bericht in angemessener Weise die Standpunkte der Sozialpartner und der einschlägigen Nichtregierungsorganisationen. Im Einklang mit dem Grundsatz der systematischen Berücksichtigung geschlechterspezifischer Fragen wird ferner in dem Bericht die Auswirkung der Maßnahmen auf Frauen und Männer bewertet. Unter Berücksichtigung der übermittelten Informationen enthält der Bericht erforderlichenfalls auch Vorschläge für eine Änderung und Aktualisierung dieser Richtlinie.

Artikel 20

Inkrafttreten

Diese Richtlinie tritt am Tag ihrer Veröffentlichung im *Amtsblatt der Europäischen Gemeinschaften* in Kraft.

Artikel 21

Adressaten

Diese Richtlinie ist an die Mitgliedstaaten gerichtet.

Geschehen zu Brüssel am 27. November 2000.

Im Namen des Rates

Der Präsident

É. GUIGOU

B. Age Discrimination in Employment Act (Auszug)

United States Code as of 01/02/01, Title 29 – Labor, Chapter 14 – Age Discrimination in Employment, Sec. 621 – 634.

Section 621 Congressional statement of findings and purpose

(a) The Congress hereby finds and declares that -

(1) in the face of rising productivity and affluence, older workers find themselves disadvantaged in their efforts to retain employment, and especially to regain employment when displaced from jobs;

(2) the setting of arbitrary age limits regardless of potential for job performance has become a common practice, and certain otherwise desirable practices may work to the disadvantage of older persons;

(3) the incidence of unemployment, especially long-term unemployment with resultant deterioration of skill, morale, and employer acceptability is, relative to the younger ages, high among older workers; their numbers are great and growing; and their employment problems grave;

(4) the existence in industries affecting commerce, of arbitrary discrimination in employment because of age, burdens commerce and the free flow of goods in commerce.

(b) It is therefore the purpose of this chapter to promote employment of older persons based on their ability rather than age; to prohibit arbitrary age discrimination in employment; to help employers and workers find ways of meeting problems arising from the impact of age on employment.

[...]

Section 623 Prohibition of age discrimination

(a) Employer practices

It shall be unlawful for an employer –

(1) to fail or refuse to hire or to discharge any individual or otherwise discriminate against any individual with respect to his compensation, terms, conditions, or privileges of employment, because of such individual's age;

(2) to limit, segregate, or classify his employees in any way which would deprive or tend to deprive any individual of employment opportunities or otherwise adversely affect his status as an employee, because of such individual's age; or

(3) to reduce the wage rate of any employee in order to comply with this chapter.

[...]

(d) Opposition to unlawful practices; participation in investigations, proceedings, or litigation

It shall be unlawful for an employer to discriminate against any of his employees or applicants for employment, for an employment agency to discriminate against any individual, or for a labor organization to discriminate against any member thereof or applicant for membership, because such individual, member or applicant for membership has opposed any practice made unlawful by this section, or because such individual, member or applicant for membership has made a charge, testified, assisted, or participated in any manner in an investigation, proceeding, or litigation under this chapter.

(e) Printing or publication of notice or advertisement indicating preference, limitation, etc.

It shall be unlawful for an employer, labor organization, or employment agency to print or publish, or cause to be printed or published, any notice or advertisement relating to employment by such an employer or membership in or any classification or referral for employment by such a labor organization, or relating to any classification or referral for employment by such an employment agency, indicating any preference, limitation, specification, or discrimination, based on age.

(f) Lawful practices; age an occupational qualification; other reasonable factors; laws of foreign workplace; seniority system; employee benefit plans; discharge or discipline for good cause

It shall not be unlawful for an employer, employment agency, or labor organization -

(1) to take any action otherwise prohibited under subsections (a), (b), (c), or (e) of this section where age is a bona fide occupational qualification reasonably necessary to the normal operation of the particular business, or where the differentiation is based on reasonable factors other than age, or where such practices involve an employee in a workplace in a foreign country, and compliance with such subsections would cause such employer, or a corporation controlled by such employer, to violate the laws of the country in which such workplace is located;

(2) to take any action otherwise prohibited under subsection (a), (b), (c), or (e) of this section -

(A) to observe the terms of a bona fide seniority system that is not intended to evade the purposes of this chapter, except that no such seniority system shall require or permit the involuntary retirement of any individual specified by section 631(a) of this title because of the age of such individual; or

(B) to observe the terms of a bona fide employee benefit plan -

(i) where, for each benefit or benefit package, the actual amount of payment made or cost incurred on behalf of an older worker is no less than that made or incurred on behalf of a younger worker, as permissible under section 1625.10, title 29, Code of Federal Regulations (as in effect on June 22, 1989); or

(ii) that is a voluntary early retirement incentive plan consistent with the relevant purpose or purposes of this chapter.

Notwithstanding clause (i) or (ii) of subparagraph (B), no such employee benefit plan or voluntary early retirement incentive plan shall excuse the failure to hire any individual, and no such employee benefit plan shall require or permit the involuntary retirement of any individual specified by section 631(a) of this title, because of the age of such individual. An employer, employment agency, or labor organization acting under subparagraph (A), or under clause (i) or (ii) of subparagraph (B), shall have the burden of proving that such actions are lawful in any civil enforcement proceeding brought under this chapter; or

(3) to discharge or otherwise discipline an individual for good cause.

[...]

(j) Employment as firefighter or law enforcement officer

It shall not be unlawful for an employer which is a State, a political subdivision of a State, an agency or instrumentality of a State or a political subdivision of a State, or an interstate agency to fail or refuse to hire or to discharge any individual because of such individual's age if such action is taken -

(1) with respect to the employment of an individual as a firefighter or as a law enforcement officer, the employer has complied with section 3(d)(2) of the Age Discrimination in Employment Amendments of 1996 if the individual was discharged after the date described in such section, and the individual has attained -

(A) the age of hiring or retirement, respectively, in effect under applicable State or local law on March 3, 1983; or

(B)

(i) if the individual was not hired, the age of hiring in effect on the date of such failure or refusal to hire under applicable State or local law enacted after September 30, 1996; or

(ii) if applicable State or local law was enacted after September 30, 1996, and the individual was discharged, the higher of -

(I) the age of retirement in effect on the date of such discharge under such law; and

(II) age 55;

and

(2) pursuant to a bona fide hiring or retirement plan that is not a subterfuge to evade the purposes of this chapter.

[...]

Section 630 Definitions

For the purposes of this chapter -

(a) The term "person" means one or more individuals, partnerships, associations, labor organizations, corporations, business trust, legal representatives, or any organized groups of persons.

(b) The term "employer" means a person engaged in an industry affecting commerce who has twenty or more employees for each working day in each of twenty or more calendar weeks in the current or preceding calendar year: Provided, that prior to June 30, 1968, employers having fewer than fifty employees shall not be considered employers. The term also means

(1) any agent of such a person, and

(2) a State or political subdivision of a State and any agency or instrumentality of a State or a political subdivision of a State, and any interstate agency, but such term does not include the United States, or a corporation wholly owned by the Government of the United States.

[...]

(f) The term "employee" means an individual employed by any employer except that the term "employee" shall not include any person elected to public office in any State or political subdivision of any State by the qualified voters thereof, or any person chosen by such officer to be on such officer's personal staff, or an appointee on the policymaking level or an immediate adviser with respect to the exercise of the constitutional or legal powers of the office. The exemption set forth in the preceding sentence shall not include employees subject to the civil service laws of a State government, governmental agency, or political subdivision. The term "employee" includes any individual who is a citizen of the United States employed by an employer in a workplace in a foreign country.

(g) The term "commerce" means trade, traffic, commerce, transportation, transmission, or communication among the several States; or between a State and any place outside thereof; or within the District of Columbia, or a possession of the United States; or between points in the same State but through a point outside thereof.

(h) The term "industry affecting commerce" means any activity, business, or industry in commerce or in which a labor dispute would hinder or obstruct commerce or the free flow of commerce and includes any activity or industry "affecting commerce" within the meaning of the Labor-Management Reporting and Disclosure Act of 1959 (29 U.S.C. 401 et seq.).

(i) The term "State" includes a State of the United States, the District of Columbia, Puerto Rico, the Virgin Islands, American Samoa, Guam, Wake Island, the Canal Zone, and Outer Continental Shelf lands defined in the Outer Continental Shelf Lands Act (43 U.S.C. 1331 et seq.).

(j) The term "firefighter" means an employee, the duties of whose position are primarily to perform work directly connected with the control and extinguishment of fires or the maintenance and use of firefighting apparatus and equipment, including an employee engaged in this activity who is transferred to a supervisory or administrative position.

(k) The term "law enforcement officer" means an employee, the duties of whose position are primarily the investigation, apprehension, or detention of individuals suspected or convicted of offenses against the criminal laws of a State, including an employee engaged in this activity who is transferred to a supervisory or administrative position. For the purpose of this subsection, "detention" includes the duties of employees assigned to guard individuals incarcerated in any penal institution.

(l) The term "compensation, terms, conditions, or privileges of employment" encompasses all employee benefits, including such benefits provided pursuant to a bona fide employee benefit plan.

Section 631 Age limits

(a) Individuals at least 40 years of age

The prohibitions in this chapter shall be limited to individuals who are at least 40 years of age.

(b) Employees or applicants for employment in Federal Government

In the case of any personnel action affecting employees or applicants for employment which is subject to the provisions of section 633a of this title, the prohibitions established in section 633a of this title shall be limited to individuals who are at least 40 years of age.

(c) Bona fide executives or high policymakers

(1) Nothing in this chapter shall be construed to prohibit compulsory retirement of any employee who has attained 65 years of age and who, for the 2-year period immediately before retirement, is employed in a bona fide executive or a high policy making position, if such employee is entitled to an immediate nonforfeitable annual retirement benefit from a pension, profit-sharing, savings, or deferred compensation plan, or any combination of such plans, of the employer of such employee, which equals, in the aggregate, at least $44,000.

[...]

Section 633a Nondiscrimination on account of age in Federal Government employment

(a) Federal agencies affected

All personnel actions affecting employees or applicants for employment who are at least 40 years of age (except personnel actions with regard to aliens employed outside the limits of the United States) in military departments as defined in section 102 of title 5, in executive agencies as defined in section 105 of title 5 (including employees and applicants for employment who are paid from nonappropriated funds), in the United States Postal Service and the Postal Rate Commission, in those units in the government of the District of Columbia having positions in the competitive service, and in those units of the judicial branch of the Federal Government having positions in the competitive service, in the Smithsonian Institution, and in the Government Printing Office, the General Accounting Office, and the Library of Congress shall be made free from any discrimination based on age.

[...]

C. Entwurf eines Gesetzes zum Schutz vor Diskriminierung (Antidiskriminierungsgesetz - ADG)

Entwurf eines Gesetzes zur Umsetzung europäischer Antidiskriminierungsrichtlinien[1]
[Anm. des Verfassers: die wiedergegebene Fassung entspricht dem Entwurf (BT-Drucks. 15/4538) mit den Änderungen und Ergänzungen durch die Beschlüsse des Ausschusses für Familie, Senioren, Frauen und Jugend (BT- Drucks. 15/5717), wie sie vom Bundestag am 17.06.2005 beschlossen wurde.]

Der Bundestag hat das folgende Gesetz beschlossen:

Artikel 1

Gesetz zum Schutz vor Diskriminierung (Antidiskriminierungsgesetz – ADG)

Abschnitt 1 - Allgemeiner Teil

§ 1
Ziel des Gesetzes

Ziel des Gesetzes ist, Benachteiligungen aus Gründen der Rasse oder wegen der ethnischen Herkunft, des Geschlechts, der Religion oder Weltanschauung, einer Behinderung, des Alters oder der sexuellen Identität zu verhindern oder zu beseitigen.

§ 2
Anwendungsbereich

(1) Benachteiligungen aus einem in § 1 genannten Grund sind nach Maßgabe dieses Gesetzes unzulässig in Bezug auf:

1. die Bedingungen – einschließlich Auswahlkriterien und Einstellungsbedingungen – für den Zugang zu unselbständiger und selbständiger Erwerbstätigkeit, unabhängig von Tätigkeitsfeld und beruflicher Position, sowie für den beruflichen Aufstieg;

2. die Beschäftigungs- und Arbeitsbedingungen einschließlich Arbeitsentgelt und Entlassungsbedingungen, insbesondere in individual- und kollektivrechtlichen Vereinbarungen und Maßnahmen bei der Durchführung und Beendigung eines Beschäftigungsverhältnisses sowie beim beruflichen Aufstieg;

3. den Zugang zu allen Formen und allen Ebenen der Berufsberatung, der Berufsbildung einschließlich der Berufsausbildung, der beruflichen Weiterbildung und der Umschulung sowie der praktischen Berufserfahrung;

4. die Mitgliedschaft und Mitwirkung in einer Beschäftigten- oder Arbeitgebervereinigung oder einer Vereinigung, deren Mitglieder einer bestimmten Berufsgruppe angehören, einschließlich der Inanspruchnahme der Leistungen solcher Vereinigungen;

5. den Sozialschutz, einschließlich der sozialen Sicherheit und der Gesundheitsdienste;

---

[1] Dieses Gesetz dient der Umsetzung der Richtlinien

- 2000/43/EG des Rates vom 29. Juni 2000 zur Anwendung des Gleichbehandlungsgrundsatzes ohne Unterschied der Rasse oder der ethnischen Herkunft (ABl. EG Nr. L 180 S. 22),
- 2000/78/EG des Rates vom 27. November 2000 zur Festlegung eines allgemeinen Rahmens für die Verwirklichung der Gleichbehandlung in Beschäftigung und Beruf (ABl. EG Nr. L 303 S. 16),
- 2002/73/EG des Europäischen Parlaments und des Rates vom 23. September 2002 zur Änderung der Richtlinie 76/207/EWG des Rates zur Verwirklichung des Grundsatzes der Gleichbehandlung von Männern und Frauen hinsichtlich des Zugangs zur Beschäftigung, zur Berufsbildung und zum beruflichen Aufstieg sowie in Bezug auf die Arbeitsbedingungen (ABl. EG Nr. L 269 S. 15) und
- 2004/113/EG des Rates vom 13. Dezember 2004 zur Verwirklichung des Grundsatzes der Gleichbehandlung von Männern und Frauen beim Zugang zu und bei der Versorgung mit Gütern und Dienstleistungen (ABl. EG Nr. L 373 S. 37).

6. die sozialen Vergünstigungen;

7. die Bildung;

8. den Zugang zu und die Versorgung mit Gütern und Dienstleistungen, die der Öffentlichkeit zur Verfügung stehen, einschließlich von Wohnraum.

(2) Für Leistungen nach dem Sozialgesetzbuch gelten § 33c des Ersten Buches Sozialgesetzbuch und § 19a des Vierten Buches Sozialgesetzbuch. Für die betriebliche Altersvorsorge gilt das Betriebsrentengesetz.

(3) Die Geltung sonstiger Benachteiligungsverbote oder Gebote der Gleichbehandlung wird durch dieses Gesetz nicht berührt. Dies gilt auch für öffentlich-rechtliche Vorschriften, die dem Schutz bestimmter Personengruppen dienen.

(4) Für Kündigungen gelten vorrangig die Bestimmungen des Kündigungsschutzgesetzes.

§ 3
Begriffsbestimmungen

(1) Eine unmittelbare Benachteiligung liegt vor, wenn eine Person wegen eines in § 1 genannten Grundes eine weniger günstige Behandlung erfährt, als eine andere Person in einer vergleichbaren Situation erfährt, erfahren hat oder erfahren würde. Eine unmittelbare Benachteiligung wegen des Geschlechts liegt in Bezug auf § 2 Abs. 1 Nr. 1 bis 4 auch im Fall einer ungünstigeren Behandlung einer Frau wegen Schwangerschaft oder Mutterschaft vor.

(2) Eine mittelbare Benachteiligung liegt vor, wenn dem Anschein nach neutrale Vorschriften, Kriterien oder Verfahren Personen wegen eines in § 1 genannten Grundes gegenüber anderen Personen in besonderer Weise benachteiligen können, es sei denn, die betreffenden Vorschriften, Kriterien oder Verfahren sind durch ein rechtmäßiges Ziel sachlich gerechtfertigt und die Mittel sind zur Erreichung dieses Ziels angemessen und erforderlich.

(3) Eine Belästigung ist eine Benachteiligung, wenn unerwünschte Verhaltensweisen, die mit einem in § 1 genannten Grund in Zusammenhang stehen, bezwecken oder bewirken, dass die Würde der betreffenden Person verletzt und ein von Einschüchterungen, Anfeindungen, Erniedrigungen, Entwürdigungen oder Beleidigungen gekennzeichnetes Umfeld geschaffen wird.

(4) Eine sexuelle Belästigung ist eine Benachteiligung in Bezug auf § 2 Abs. 1 Nr. 1 bis 4, wenn ein unerwünschtes, sexuell bestimmtes Verhalten, wozu auch unerwünschte sexuelle Handlungen und Aufforderungen zu diesen, sexuell bestimmte körperliche Berührungen, Bemerkungen sexuellen Inhalts sowie unerwünschtes Zeigen und sichtbares Anbringen von pornographischen Darstellungen gehören, bezweckt oder bewirkt, dass die Würde der betreffenden Person verletzt wird, insbesondere wenn ein von Einschüchterungen, Anfeindungen, Erniedrigungen, Entwürdigungen oder Beleidigungen gekennzeichnetes Umfeld geschaffen wird.

(5) Die Anweisung zur Benachteiligung einer Person aus einem in § 1 genannten Grund gilt als Benachteiligung. Eine solche Anweisung liegt in Bezug auf § 2 Abs. 1 Nr. 1 bis 4 insbesondere vor, wenn jemand eine Person zu einem Verhalten bestimmt, das einen Beschäftigten oder eine Beschäftigte wegen eines in § 1 genannten Grundes benachteiligt oder benachteiligen kann.

§ 4
Unterschiedliche Behandlung wegen mehrerer Gründe

Erfolgt eine unterschiedliche Behandlung wegen mehrerer der in § 1 genannten Gründe, so kann diese unterschiedliche Behandlung gemäß den §§ 8 bis 10 und 20 nur gerechtfertigt werden, wenn sich die Rechtfertigung auf alle diese Gründe erstreckt, derentwegen die unterschiedliche Behandlung erfolgt.

§ 5
Positive Maßnahmen

Ungeachtet der in den §§ 8 bis 10 sowie in § 20 benannten Gründe ist eine unterschiedliche Behandlung auch zulässig, wenn durch geeignete und angemessene Maßnahmen bestehende Nachteile wegen eines in § 1 genannten Grundes verhindert oder ausgeglichen werden sollen.

Abschnitt 2 - Schutz der Beschäftigten vor Benachteiligung

Unterabschnitt 1 - Verbot der Benachteiligung

§ 6
Persönlicher Anwendungsbereich

(1) Beschäftigte im Sinne dieses Gesetzes sind

1. Arbeitnehmerinnen und Arbeitnehmer;

2. die zu ihrer Berufsbildung Beschäftigten;

3. Personen, die wegen ihrer wirtschaftlichen Unselbstständigkeit als arbeitnehmerähnliche Personen anzusehen sind; zu diesen gehören auch die in Heimarbeit Beschäftigten und die ihnen Gleichgestellten.

Als Beschäftigte gelten auch die Bewerberinnen und Bewerber für ein Beschäftigungsverhältnis sowie die Personen, deren Beschäftigungsverhältnis beendet ist.

(2) Arbeitgeber (Arbeitgeber und Arbeitgeberinnen) im Sinne dieses Abschnitts sind natürliche und juristische Personen sowie rechtsfähige Personengesellschaften, die Personen nach Absatz 1 beschäftigen. Werden Beschäftigte einem Dritten zur Arbeitsleistung überlassen, so gilt auch dieser als Arbeitgeber im Sinne dieses Abschnitts. Für die in Heimarbeit Beschäftigten und die ihnen Gleichgestellten tritt an die Stelle des Arbeitgebers der Auftraggeber oder Zwischenmeister.

(3) Soweit es die Bedingungen für den Zugang zur Erwerbstätigkeit sowie den beruflichen Aufstieg betrifft, gelten die Vorschriften dieses Abschnitts für Selbständige und Organmitglieder, insbesondere Geschäftsführer oder Geschäftsführerinnen und Vorstände, entsprechend.

§ 7
Benachteiligungsverbot

(1) Beschäftigte dürfen nicht wegen eines in § 1 genannten Grundes benachteiligt werden; dies gilt auch, wenn die Person, die die Benachteiligung begeht, das Vorliegen eines in § 1 genannten Grundes bei der Benachteiligung nur annimmt.

(2) Bestimmungen in Vereinbarungen, die gegen das Benachteiligungsverbot des Absatzes 1 verstoßen, sind unwirksam. An die Stelle der unwirksamen kollektivrechtlichen Vereinbarung tritt die Regelung, die die Vertragspartner vereinbart hätten, wenn sie die Unwirksamkeit gekannt hätten. Kannte der Arbeitgeber im Zeitpunkt der Anwendung der kollektivrechtlichen Vereinbarung den Verstoß gegen Absatz 1, kann der oder die Beschäftigte Gleichstellung mit dem oder den bevorzugten Beschäftigten verlangen.

(3) Eine Benachteiligung nach Absatz 1 durch Arbeitgeber oder Beschäftigte ist eine Verletzung vertraglicher Pflichten.

§ 8
Zulässige unterschiedliche Behandlung wegen beruflicher Anforderungen

(1) Eine unterschiedliche Behandlung wegen eines in § 1 genannten Grundes ist zulässig, wenn dieser Grund wegen der Art der auszuübenden Tätigkeit oder der Bedingungen ihrer Ausübung eine wesentliche und entscheidende berufliche Anforderung darstellt, sofern der Zweck rechtmäßig und die Anforderung angemessen ist.

(2) Die Vereinbarung einer geringeren Vergütung für gleiche oder gleichwertige Arbeit wegen eines in § 1 genannten Grundes wird nicht dadurch gerechtfertigt, dass wegen eines in § 1 genannten Grundes besondere Schutzvorschriften gelten.

§ 9
Zulässige unterschiedliche Behandlung wegen der Religion oder Weltanschauung

(1) Ungeachtet des § 8 ist eine unterschiedliche Behandlung wegen der Religion oder Weltanschauung bei der Beschäftigung durch Religionsgemeinschaften, die ihnen zugeordneten Einrichtungen ohne Rücksicht auf ihre Rechtsform oder durch Vereinigungen, die sich die gemeinschaftliche Pflege einer Religion oder Weltanschauung zur Aufgabe machen, auch zulässig, wenn eine bestimmte Religion oder Weltanschauung unter Beachtung des Selbstverständnisses der jeweiligen Religionsgemeinschaft oder Vereinigung nach der Art der Tätigkeit eine gerechtfertigte berufliche Anforderung darstellt.

(2) Das Verbot unterschiedlicher Behandlung wegen der Religion oder der Weltanschauung berührt nicht das Recht der in Absatz 1 genannten Religionsgemeinschaften, der ihnen zugeordneten Einrichtungen ohne Rücksicht auf ihre Rechtsform oder der Vereinigungen, die sich die gemeinschaftliche Pflege einer Religion oder Weltanschauung zur Aufgabe machen, von ihren Beschäftigten ein loyales und aufrichtiges Verhalten im Sinne ihres jeweiligen Selbstverständnisses verlangen zu können.

§ 10
Zulässige unterschiedliche Behandlung wegen des Alters

Ungeachtet des § 8 ist eine unterschiedliche Behandlung wegen des Alters auch zulässig, wenn sie objektiv und angemessen und durch ein legitimes Ziel gerechtfertigt ist. Die Mittel zur Erreichung dieses Ziels müssen angemessen und erforderlich sein. Derartige unterschiedliche Behandlungen können insbesondere Folgendes einschließen:

1. die Festlegung besonderer Bedingungen für den Zugang zur Beschäftigung und zur beruflichen Bildung sowie besonderer Beschäftigungs- und Arbeitsbedingungen, einschließlich der Bedingungen für Entlohnung und Beendigung des Beschäftigungsverhältnisses, um die berufliche Eingliederung von Jugendlichen, älteren Beschäftigten und Personen mit Fürsorgepflichten zu fördern oder ihren Schutz sicherzustellen;

2. die Festlegung von Mindestanforderungen an das Alter, die Berufserfahrung oder das Dienstalter für den Zugang zur Beschäftigung oder für bestimmte mit der Beschäftigung verbundene Vorteile;

3. die Festsetzung eines Höchstalters für die Einstellung auf Grund der spezifischen Ausbildungsanforderungen eines bestimmten Arbeitsplatzes oder auf Grund der Notwendigkeit einer angemessenen Beschäftigungszeit vor dem Eintritt in den Ruhestand;

4. die Festsetzung von Altersgrenzen bei den betrieblichen Systemen der sozialen Sicherheit als Voraussetzung für die Mitgliedschaft oder den Bezug von Altersrente oder von Leistungen bei Invalidität einschließlich der Festsetzung unterschiedlicher Altersgrenzen im Rahmen dieser Systeme für bestimmte Beschäftigte oder Gruppen von Beschäftigten und die Verwendung von Alterskriterien im Rahmen dieser Systeme für versicherungsmathematische Berechnungen;

5. eine Vereinbarung, die die Beendigung des Beschäftigungsverhältnisses ohne Kündigung zu einem Zeitpunkt vorsieht, zu dem der oder die Beschäftigte eine Rente wegen Alters beantragen kann; § 41 des Sechsten Buches Sozialgesetzbuch bleibt unberührt;

6. eine Berücksichtigung des Alters bei der Sozialauswahl anlässlich einer betriebsbedingten Kündigung im Sinne des § 1 des Kündigungsschutzgesetzes, soweit dem Alter kein genereller Vorrang gegenüber anderen Auswahlkriterien zukommt, sondern die Besonderheiten des Einzelfalls und die individuellen Unterschiede zwischen den vergleichbaren Beschäftigten, insbesondere die Chancen auf dem Arbeitsmarkt entscheiden;

7. die individual- oder kollektivrechtliche Vereinbarung der Unkündbarkeit von Beschäftigten eines bestimmten Alters und einer bestimmten Betriebszugehörigkeit, soweit dadurch nicht der Kündigungsschutz anderer Beschäftigter im Rahmen der Sozialauswahl nach § 1 Abs. 3 des Kündigungsschutzgesetzes grob fehlerhaft gemindert wird;

8. Differenzierungen von Leistungen in Sozialplänen im Sinne des Betriebsverfassungsgesetzes, wenn die Parteien eine nach Alter oder Betriebszugehörigkeit gestaffelte Abfindungsregelung geschaffen haben, in der die wesentlich vom Alter abhängenden Chancen auf dem Arbeitsmarkt durch eine verhältnismäßig starke Betonung des Lebensalters erkennbar berücksichtigt worden sind, oder Beschäftigte von den Leis-

tungen des Sozialplans ausgeschlossen haben, die wirtschaftlich abgesichert sind, weil sie, gegebenenfalls nach Bezug von Arbeitslosengeld, rentenberechtigt sind.

Unterabschnitt 2 - Organisationspflichten des Arbeitgebers

§ 11
Ausschreibung

Ein Arbeitsplatz darf nicht unter Verstoß gegen § 7 Abs. 1 ausgeschrieben werden.

§ 12
Maßnahmen und Pflichten des Arbeitgebers

(1) Der Arbeitgeber ist verpflichtet, die erforderlichen Maßnahmen zum Schutz vor Benachteiligungen wegen eines in § 1 genannten Grundes zu treffen. Dieser Schutz umfasst auch vorbeugende Maßnahmen.

(2) Der Arbeitgeber soll in geeigneter Art und Weise, insbesondere im Rahmen der beruflichen Aus- und Fortbildung, auf die Unzulässigkeit solcher Benachteiligungen hinweisen und darauf hinwirken, dass diese unterbleiben. Hat der Arbeitgeber seine Beschäftigten in geeigneter Weise zum Zwecke der Verhinderung von Benachteiligung geschult, gilt dies als Erfüllung seiner Pflichten nach Absatz 1, es sei denn, dass er weitere zumutbare und erforderliche Maßnahmen schuldhaft unterlassen hat.

(3) Verstoßen Beschäftigte gegen das Benachteiligungsverbot des § 7 Abs. 1, so hat der Arbeitgeber die im Einzelfall geeigneten, erforderlichen und angemessenen Maßnahmen zur Unterbindung der Benachteiligung wie Abmahnung, Umsetzung, Versetzung oder Kündigung zu ergreifen.

(4) Werden Beschäftigte bei der Ausübung ihrer Tätigkeit durch Dritte nach § 7 Abs. 1 benachteiligt, so hat der Arbeitgeber die im Einzelfall geeigneten, erforderlichen und angemessenen Maßnahmen zum Schutz der Beschäftigten zu ergreifen.

(5) Dieses Gesetz und § 61b des Arbeitsgerichtsgesetzes sowie Informationen über die für die Behandlung von Beschwerden nach § 13 zuständigen Stellen sind im Betrieb oder in der Dienststelle bekannt zu machen. Die Bekanntmachung kann durch Aushang oder Auslegung an geeigneter Stelle oder den Einsatz der im Betrieb oder der Dienststelle üblichen Informations- und Kommunikationstechnik erfolgen.

Unterabschnitt 3 - Rechte der Beschäftigten

§ 13
Beschwerderecht

(1) Die Beschäftigten haben das Recht, sich bei den zuständigen Stellen des Betriebs, des Unternehmens oder der Dienststelle zu beschweren, wenn sie sich im Zusammenhang mit ihrem Beschäftigungsverhältnis vom Arbeitgeber, von Vorgesetzten, anderen Beschäftigten oder Dritten wegen eines in § 1 genannten Grundes benachteiligt fühlen. Die Beschwerde ist zu prüfen und das Ergebnis der oder dem Beschwerdeführenden Beschäftigten mitzuteilen.

(2) Die Rechte der Arbeitnehmervertretungen bleiben unberührt.

§ 14
Leistungsverweigerungsrecht

Ergreift der Arbeitgeber keine oder offensichtlich ungeeignete Maßnahmen zur Unterbindung einer Belästigung oder sexuellen Belästigung am Arbeitsplatz, sind die betroffenen Beschäftigten berechtigt, ihre Tätigkeit ohne Verlust des Arbeitsentgelts einzustellen, soweit dies zu ihrem Schutz erforderlich ist. § 273 des Bürgerlichen Gesetzbuchs bleibt unberührt.

§ 15
Entschädigung und Schadensersatz

(1) Bei einem Verstoß gegen das Benachteiligungsverbot ist der Arbeitgeber verpflichtet, den hierdurch entstandenen Schaden zu ersetzen. Dies gilt nicht, wenn der Arbeitgeber die Pflichtverletzung nicht zu vertreten hat.

(2) Wegen eines Schadens, der nicht Vermögensschaden ist, kann der oder die Beschäftigte eine angemessene Entschädigung in Geld verlangen. Die Entschädigung darf bei einer Nichteinstellung drei Monatsgehälter nicht übersteigen, wenn der oder die Beschäftigte auch bei benachteiligungsfreier Auswahl nicht eingestellt worden wäre.

(3) Der Arbeitgeber ist bei der Anwendung kollektivrechtlicher Vereinbarungen nur dann zur Entschädigung verpflichtet, wenn er vorsätzlich oder grob fahrlässig handelt.

(4) Ein Anspruch nach Absatz 1 bis 3 muss innerhalb einer Frist von sechs Monaten schriftlich geltend gemacht werden, es sei denn, die Tarifvertragsparteien haben etwas anderes vereinbart. Die Frist beginnt im Falle einer Bewerbung oder eines beruflichen Aufstiegs mit dem Zugang der Ablehnung und in den sonstigen Fällen einer Benachteiligung zu dem Zeitpunkt, in dem der oder die Beschäftigte von der Benachteiligung Kenntnis erlangt.

(5) Im Übrigen bleiben Ansprüche gegen den Arbeitgeber, die sich aus anderen Rechtsvorschriften ergeben, unberührt.

(6) Ein Verstoß des Arbeitgebers gegen das Benachteiligungsverbot des § 7 Abs. 1 begründet keinen Anspruch auf Begründung eines Beschäftigungsverhältnisses, Berufsausbildungsverhältnisses oder einen beruflichen Aufstieg, es sei denn, ein solcher ergibt sich aus einem anderen Rechtsgrund.

§ 16
Maßregelungsverbot

(1) Der Arbeitgeber darf Beschäftigte nicht wegen der Inanspruchnahme von Rechten nach diesem Abschnitt oder wegen der Weigerung, eine gegen diesen Abschnitt verstoßende Anweisung auszuführen, benachteiligen. Gleiches gilt für Personen, die den Beschäftigten hierbei unterstützen oder als Zeuginnen oder Zeugen aussagen.

(2) Die Zurückweisung oder Duldung benachteiligender Verhaltensweisen durch betroffene Beschäftigte darf nicht als Grundlage für eine Entscheidung herangezogen werden, die diese Beschäftigten berührt. Absatz 1 Satz 2 gilt entsprechend.

(3) § 22 gilt entsprechend.

Unterabschnitt 4 - Ergänzende Vorschriften

§ 17
Soziale Verantwortung der Beteiligten

(1) Tarifvertragsparteien, Arbeitgeber, Beschäftigte und deren Vertretungen sind aufgefordert, im Rahmen ihrer Aufgaben und Handlungsmöglichkeiten an der Verwirklichung des in § 1 genannten Ziels mitzuwirken.

(2) Bei einem Verstoß des Arbeitgebers gegen Vorschriften aus diesem Abschnitt kann der Betriebsrat oder eine im Betrieb vertretene Gewerkschaft unter der Voraussetzung des § 23 Abs. 3 Satz 1 des Betriebsverfassungsgesetzes die dort genannten Rechte gerichtlich geltend machen; § 23 Abs. 3 Satz 2 bis 5 des Betriebsverfassungsgesetzes gilt entsprechend.

§ 18
Mitgliedschaft in Vereinigungen

(1) Die Vorschriften dieses Abschnitts gelten entsprechend für die Mitgliedschaft oder die Mitwirkung in einer

1. Tarifvertragspartei,
2. Vereinigung, deren Mitglieder einer bestimmten Berufsgruppe angehören oder die eine überragende Machtstellung im wirtschaftlichen oder sozialen Bereich innehaben, wenn ein grundlegendes Interesse am Erwerb der Mitgliedschaft besteht,

sowie deren jeweiligen Zusammenschlüssen.

(2) Wenn die Ablehnung einen Verstoß gegen das Benachteiligungsverbot des § 7 Abs. 1 darstellt, besteht ein Anspruch auf Mitgliedschaft oder Mitwirkung in den in Absatz 1 genannten Vereinigungen.

Abschnitt 3 - Schutz vor Benachteiligung im Zivilrechtsverkehr

§ 19
Zivilrechtliches Benachteiligungsverbot

(1) Eine Benachteiligung wegen eines in § 1 genannten Grundes bei der Begründung, Durchführung und Beendigung zivilrechtlicher Schuldverhältnisse, die

1. typischerweise ohne Ansehen der Person zu vergleichbaren Bedingungen in einer Vielzahl von Fällen zustande kommen (Massengeschäfte) oder bei denen das Ansehen der Person nach der Art des Schuldverhältnisses eine nachrangige Bedeutung hat und die zu vergleichbaren Bedingungen in einer Vielzahl von Fällen zustande kommen oder

2. eine privatrechtliche Versicherung zum Gegenstand haben,

ist unzulässig.

(2) Eine Benachteiligung aus Gründen der Rasse oder wegen der ethnischen Herkunft ist darüber hinaus auch bei der Begründung, Durchführung und Beendigung sonstiger zivilrechtlicher Schuldverhältnisse im Sinne des § 2 Abs. 1 Nr. 5 bis 8 unzulässig.

(3) Bei der Vermietung von Wohnraum kann eine unterschiedliche Behandlung im Hinblick auf die Schaffung und Erhaltung sozial stabiler Bewohnerstrukturen und ausgewogener Siedlungsstrukturen sowie ausgeglichener wirtschaftlicher, sozialer und kultureller Verhältnisse zulässig sein.

(4) Die Vorschriften dieses Abschnitts finden keine Anwendung auf familien- und erbrechtliche Schuldverhältnisse.

(5) Die Vorschriften dieses Abschnitts finden keine Anwendung auf zivilrechtliche Schuldverhältnisse, bei denen ein besonderes Nähe- oder Vertrauensverhältnis der Parteien oder ihrer Angehörigen begründet wird. Bei Mietverhältnissen kann dies insbesondere der Fall sein, wenn die Parteien oder ihre Angehörigen Wohnraum auf demselben Grundstück nutzen.

§ 20
Zulässige unterschiedliche Behandlung

Eine Verletzung des Benachteiligungsverbots ist nicht gegeben, wenn für eine unterschiedliche Behandlung wegen der Religion oder der Weltanschauung, einer Behinderung, des Alters, der sexuellen Identität oder des Geschlechts ein sachlicher Grund vorliegt. Das kann insbesondere der Fall sein, wenn die unterschiedliche Behandlung

1. der Vermeidung von Gefahren, der Verhütung von Schäden oder anderen Zwecken vergleichbarer Art dient;

2. dem Bedürfnis nach Schutz der Intimsphäre oder der persönlichen Sicherheit Rechnung trägt;

3. besondere Vorteile gewährt und ein Interesse an der Durchsetzung der Gleichbehandlung fehlt;

4. an die Religion oder Weltanschauung eines Menschen anknüpft und im Hinblick auf die Ausübung der Religions- oder Weltanschauungsfreiheit oder auf das Selbstbestimmungsrecht der Religionsgemeinschaften, der ihnen zugeordneten Einrichtungen ohne Rücksicht auf ihre Rechtsform sowie der Vereinigungen, die sich die gemeinschaftliche Pflege einer Religion oder Weltanschauung zur Aufgabe machen, unter Beachtung des jeweiligen Selbstverständnisses gerechtfertigt ist;

5. bei privatrechtlichen Versicherungsverträgen darin besteht, dass ein in Satz 1 genannter Grund ein bestimmender Faktor bei einer auf relevanten und genauen versicherungsmathematischen und statistischen Daten beruhenden Risikobewertung ist. Kosten, die im Zusammenhang mit Schwangerschaft und Mutterschaft entstehen, dürfen nicht geschlechtsspezifisch in Ansatz gebracht werden.

§ 21
Ansprüche

(1) Der Benachteiligte kann bei einem Verstoß gegen das Benachteiligungsverbot unbeschadet weiterer Ansprüche die Beseitigung der Beeinträchtigung verlangen. Sind weitere Beeinträchtigungen zu besorgen, so kann er auf Unterlassung klagen.

(2) Im Fall einer Vertragsverweigerung kann der Benachteiligte den Abschluss eines Vertrages nur verlangen, wenn dieser ohne Verstoß gegen das Benachteiligungsverbot erfolgt wäre. Die Leistung muss hinreichend bestimmt sein; die Gegenleistung ist im Zweifel nach § 315 Abs. 3 und § 316 des Bürgerlichen Gesetzbuchs zu ermitteln.

(3) Bei einer Verletzung des Benachteiligungsverbotes ist der Benachteiligende verpflichtet, den hierdurch entstandenen Schaden zu ersetzen. Dies gilt nicht, wenn der Benachteiligende die Pflichtverletzung nicht zu vertreten hat. Wegen eines Schadens, der nicht Vermögensschaden ist, kann der Benachteiligte eine angemessene Entschädigung in Geld verlangen.

(4) Ansprüche aus unerlaubter Handlung bleiben unberührt.

(5) Auf eine Vereinbarung, die von dem Benachteiligungsverbot abweicht, kann sich der Benachteiligende nicht berufen.

(6) Ein Anspruch nach Absatz 1 bis 3 muss innerhalb einer Frist von sechs Monaten geltend gemacht werden. Nach Ablauf der Frist kann der Anspruch nur geltend gemacht werden, wenn der Benachteiligte ohne Verschulden an der Einhaltung der Frist verhindert war.

Abschnitt 4 - Rechtsschutz

§ 22
Beweislast

Wenn im Streitfall die eine Partei Tatsachen glaubhaft macht, die eine Benachteiligung wegen eines in § 1 genannten Grundes vermuten lassen, trägt die andere Partei die Beweislast dafür, dass andere als in § 1 genannte, sachliche Gründe die unterschiedliche Behandlung rechtfertigen oder die unterschiedliche Behandlung wegen eines in § 1 genannten Grundes nach Maßgabe dieses Gesetzes zulässig ist.

§ 23
Unterstützung durch Antidiskriminierungsverbände

(1) Antidiskriminierungsverbände sind Personenzusammenschlüsse, die nicht gewerbsmäßig und nicht nur vorübergehend entsprechend ihrer Satzung die besonderen Interessen von benachteiligten Personen oder Personengruppen nach Maßgabe von § 1 wahrnehmen. Die Befugnisse nach den Absätzen 2 bis 4 stehen ihnen zu, wenn sie mindestens 75 Mitglieder haben oder einen Zusammenschluss aus mindestens sieben Verbänden bilden.

(2) Antidiskriminierungsverbände sind befugt, im Rahmen ihres Satzungszwecks in gerichtlichen Verfahren, in denen eine Vertretung durch Anwälte und Anwältinnen nicht gesetzlich vorgeschrieben ist, als Bevollmächtigte und Beistände Benachteiligter in der Verhandlung aufzutreten. Im Übrigen bleiben die Vorschriften der Verfahrensordnungen, insbesondere diejenigen, nach denen Bevollmächtigten und Beiständen weiterer Vortrag untersagt werden kann, unberührt.

(3) Antidiskriminierungsverbänden ist im Rahmen ihres Satzungszwecks die Besorgung von Rechtsangelegenheiten Benachteiligter gestattet.

(4) Benachteiligte können eine auf Schadensersatz oder Entschädigung in Geld gerichtete Forderung wegen eines Verstoßes gegen ein Benachteiligungsverbot nach diesem Gesetz abtreten. Antidiskriminierungsverbände sind im Rahmen ihres Satzungszwecks zur außergerichtlichen und gerichtlichen Einziehung von an sie nach Satz 1 abgetretenen Forderungen befugt.

(5) Besondere Klagerechte und Vertretungsbefugnisse von Verbänden zu Gunsten von behinderten Menschen bleiben unberührt.

Abschnitt 5 - Sonderregelungen für öffentlich-rechtliche Dienstverhältnisse

§ 24
Sonderregelung für öffentlich-rechtliche Dienstverhältnisse

Die Vorschriften dieses Gesetzes gelten unter Berücksichtigung ihrer besonderen Rechtsstellung entsprechend für

1. Beamtinnen und Beamte des Bundes, der Länder, der Gemeinden, der Gemeindeverbände sowie der sonstigen der Aufsicht des Bundes oder eines Landes unterstehenden Körperschaften, Anstalten und Stiftungen des öffentlichen Rechts,
2. Richterinnen und Richter des Bundes und der Länder,
3. Zivildienstleistende sowie anerkannte Kriegsdienstverweigerer, soweit ihre Heranziehung zum Zivildienst betroffen ist.

Abschnitt 6 - Antidiskriminierungsstelle

§ 25
Antidiskriminierungsstelle des Bundes

(1) Beim Bundesministerium für Familie, Senioren, Frauen und Jugend wird unbeschadet der Zuständigkeit der Beauftragten des Deutschen Bundestages oder der Bundesregierung die Stelle des Bundes zum Schutz vor Benachteiligungen wegen eines in § 1 genannten Grundes (Antidiskriminierungsstelle des Bundes) errichtet.

(2) Der Antidiskriminierungsstelle des Bundes ist die für die Erfüllung ihrer Aufgaben notwendige Personal- und Sachausstattung zur Verfügung zu stellen. Sie ist im Einzelplan des Bundesministeriums für Familie, Senioren, Frauen und Jugend in einem eigenen Kapitel auszuweisen.

§ 26
Rechtsstellung der Leitung der Antidiskriminierungsstelle des Bundes

(1) Der Bundespräsident ernennt auf Vorschlag der Bundesregierung eine Person zur Leitung der Antidiskriminierungsstelle des Bundes. Sie steht nach Maßgabe dieses Gesetzes in einem öffentlich-rechtlichen Amtsverhältnis zum Bund. Sie ist in Ausübung ihres Amtes unabhängig und nur dem Gesetz unterworfen.

(2) Das Amtsverhältnis beginnt mit der Aushändigung der Urkunde über die Ernennung durch den Bundespräsidenten. Bei der Amtsübernahme ist vor dem für Familie, Senioren, Frauen und Jugend zuständigen Mitglied der Bundesregierung der in Artikel 56 des Grundgesetzes vorgesehene Eid zu leisten.

(3) Das Amtsverhältnis endet außer durch Tod

1. nach Ablauf von vier Jahren,
2. durch Ablauf der Amtszeit mit Erreichen der Altersgrenze nach § 41 Abs. 1 des Bundesbeamtengesetzes,
3. mit der Entlassung.

Der Bundespräsident entlässt die Leitung der Antidiskriminierungsstelle des Bundes auf deren Verlangen oder auf Vorschlag der Bundesregierung, wenn Gründe vorliegen, die bei einer Richterin oder einem Richter auf Lebenszeit die Entlassung aus dem Dienst rechtfertigen. Im Falle der Beendigung des Amtsverhältnisses erhält die Leitung der Antidiskriminierungsstelle des Bundes eine vom Bundespräsidenten vollzogene Urkunde. Die Entlassung wird mit der Aushändigung der Urkunde wirksam.

(4) Das Rechtsverhältnis der Leitung der Antidiskriminierungsstelle des Bundes gegenüber dem Bund wird durch Vertrag mit dem Bundesministerium für Familie, Senioren, Frauen und Jugend geregelt. Der Vertrag bedarf der Zustimmung der Bundesregierung.

(5) Wird eine Bundesbeamtin oder ein Bundesbeamter zur Leitung der Antidiskriminierungsstelle des Bundes bestellt, scheidet er oder sie mit Beginn des Amtsverhältnisses aus dem bisherigen Amt aus. Für die Dauer des Amtsverhältnisses ruhen die aus dem Beamtenverhältnis begründeten Rechte und Pflichten mit Ausnahme der

Pflicht zur Amtsverschwiegenheit und des Verbots der Annahme von Belohnungen oder Geschenken. Bei unfallverletzten Beamtinnen oder Beamten bleiben die gesetzlichen Ansprüche auf das Heilverfahren und einen Unfallausgleich unberührt.

§ 27
Aufgaben

(1) Wer der Ansicht ist, wegen eines in § 1 genannten Grundes benachteiligt worden zu sein, kann sich an die Antidiskriminierungsstelle des Bundes wenden.

(2) Die Antidiskriminierungsstelle des Bundes unterstützt Personen, die sich nach Absatz 1 an sie wenden, bei der Durchsetzung ihrer Rechte zum Schutz vor Benachteiligungen. Hierbei kann sie insbesondere

1. über Ansprüche und die Möglichkeiten des rechtlichen Vorgehens im Rahmen gesetzlicher Regelungen zum Schutz vor Benachteiligungen informieren,
2. Beratung durch andere Stellen vermitteln,
3. eine gütliche Beilegung zwischen den Beteiligten anstreben.

Soweit andere Stellen des Bundes, insbesondere die Beauftragten des Deutschen Bundestages oder der Bundesregierung, oder Stellen der Länder oder Kommunen entsprechend tätig sind, leitet die Antidiskriminierungsstelle des Bundes die Anliegen der in Absatz 1 genannten Personen mit deren Einverständnis unverzüglich an diese weiter.

(3) Die Antidiskriminierungsstelle des Bundes nimmt folgende Aufgaben wahr, soweit nicht die Tätigkeitsbereiche der Beauftragten der Bundesregierung oder des Deutschen Bundestages berührt sind:

1. Öffentlichkeitsarbeit,
2. Maßnahmen zur Verhinderung von Benachteiligungen aus den in § 1 genannten Gründen,
3. Durchführung wissenschaftlicher Untersuchungen zu diesen Benachteiligungen.

(4) Die Antidiskriminierungsstelle des Bundes und die Beauftragten der Bundesregierung und des Deutschen Bundestages legen gemeinsam dem Deutschen Bundestag alle vier Jahre Berichte über Benachteiligungen aus den in § 1 genannten Gründen vor und geben Empfehlungen zur Beseitigung und Vermeidung dieser Benachteiligungen. Sie können gemeinsam wissenschaftliche Untersuchungen zu Benachteiligungen durchführen.

(5) Die Antidiskriminierungsstelle des Bundes und die Beauftragten der Bundesregierung und des Deutschen Bundestages sollen bei Benachteiligungen aus mehreren der in § 1 genannten Gründe zusammenarbeiten.

§ 28
Befugnisse

(1) Die Antidiskriminierungsstelle des Bundes kann in Fällen des § 27 Abs. 2 Satz 2 Nr. 3 Beteiligte um Stellungnahmen ersuchen, soweit die Person, die sich nach § 27 Abs. 1 an sie gewandt hat, hierzu ihr Einverständnis erklärt.

(2) Alle Bundesbehörden und sonstigen öffentlichen Stellen im Bereich des Bundes sind verpflichtet, die Antidiskriminierungsstelle des Bundes bei der Erfüllung ihrer Aufgaben zu unterstützen, insbesondere die erforderlichen Auskünfte zu erteilen und Akteneinsicht zu gewähren. Die Bestimmungen zum Schutz personenbezogener Daten bleiben unberührt.

§ 29
Zusammenarbeit mit Nichtregierungsorganisationen und anderen Einrichtungen

Die Antidiskriminierungsstelle des Bundes soll bei ihrer Tätigkeit Nichtregierungsorganisationen sowie Einrichtungen, die auf europäischer, Bundes-, Landes- oder regionaler Ebene zum Schutz vor Benachteiligungen wegen eines in § 1 genannten Grundes tätig sind, in geeigneter Form einbeziehen.

§ 30
Beirat

(1) Zur Förderung des Dialogs mit gesellschaftlichen Gruppen und Organisationen, die sich den Schutz vor Benachteiligungen wegen eines in § 1 genannten Grundes zum Ziel gesetzt haben, wird der Antidiskriminierungsstelle des Bundes ein Beirat beigeordnet. Der Beirat berät die Antidiskriminierungsstelle des Bundes bei der Vorlage von Berichten und Empfehlungen an den Deutschen Bundestag nach § 27 Abs. 4 und kann hierzu sowie zu wissenschaftlichen Untersuchungen nach § 27 Abs. 3 Nr. 3 eigene Vorschläge unterbreiten.

(2) Das Bundesministerium für Familie, Senioren, Frauen und Jugend beruft im Einvernehmen mit der Leitung der Antidiskriminierungsstelle des Bundes sowie den entsprechend tätigen Beauftragten der Bundesregierung oder des Deutschen Bundestages die Mitglieder dieses Beirats und für jedes Mitglied eine Stellvertretung. In den Beirat sollen Vertreterinnen und Vertreter gesellschaftlicher Gruppen und Organisationen sowie Expertinnen und Experten in Benachteiligungsfragen berufen werden. Die Gesamtzahl der Mitglieder des Beirats soll 16 Personen nicht überschreiten. Der Beirat soll zu gleichen Teilen mit Frauen und Männern besetzt sein.

(3) Der Beirat gibt sich eine Geschäftsordnung, die der Zustimmung des Bundesministeriums für Familie, Senioren, Frauen und Jugend bedarf.

(4) Die Mitglieder des Beirats üben die Tätigkeit nach diesem Gesetz ehrenamtlich aus. Sie haben Anspruch auf Aufwandsentschädigung sowie Reisekostenvergütung, Tagegelder und Übernachtungsgelder. Näheres regelt die Geschäftsordnung.

Abschnitt 7 - Schlussvorschriften

§ 31
Unabdingbarkeit

Von den Vorschriften dieses Gesetzes kann nicht zuungunsten der geschützten Personen abgewichen werden.

§ 32
Schlussbestimmung

Soweit in diesem Gesetz nicht Abweichendes bestimmt ist, gelten die allgemeinen Bestimmungen.

§ 33
Übergangsbestimmungen

(1) Bei Benachteiligungen nach den §§ 611a, 611b und 612 Abs. 3 des Bürgerlichen Gesetzbuchs oder sexuellen Belästigungen nach dem Beschäftigtenschutzgesetz [vom 24. Juni 1994 (BGBl. I S. 1406, 1412)] ist das vor dem ... (einsetzen: Datum des Inkrafttretens dieses Gesetzes) maßgebliche Recht anzuwenden.

(2) Bei Benachteiligungen aus Gründen der Rasse oder wegen der ethnischen Herkunft sind die §§ 19 bis 21 nicht auf Schuldverhältnisse anzuwenden, die vor dem...(einsetzen: Datum des Inkrafttretens dieses Gesetzes) begründet worden sind. Satz 1 gilt nicht worden sind. Satz 1 gilt nicht für spätere Änderungen von Dauerschuldverhältnissen.

(3) Bei Benachteiligungen wegen des Geschlechts, der Religion oder Weltanschauung, einer Behinderung, des Alters oder der sexuellen Identität sind die §§ 19 bis 21 nicht auf Schuldverhältnisse anzuwenden, die vor dem... (einsetzen: Erster Tag des vierten auf die Verkündung dieses Gesetzes folgenden Kalendermonats) begründet worden sind. Satz 1 gilt nicht für spätere Änderungen von Dauerschuldverhältnissen.

(4) Auf Schuldverhältnisse, die eine privatrechtliche Versicherung zum Gegenstand haben, ist § 19 Abs. 1 nicht anzuwenden, wenn diese vor dem 22. Dezember 2007 begründet worden sind. Satz 1 gilt nicht für spätere Änderungen solcher Schuldverhältnisse.

[...]

Literaturverzeichnis

Adam, Georg (Bearb.): European industrial relations observatory, Implementation of the EU framework equal treatment Directive, Wien, 2003; unter http://www.eiro.eurofound.ie

Adomeit, Klaus: Diskriminierung – Inflation eines Begriffs, NJW 2002, S. 1622

Annuß, Georg / Thüsing, Gregor (Hrsg.): Teilzeit- und Befristungsgesetz, Kommentar, Heidelberg, 2002; *zitiert: Bearbeiter-Annuß/Thüsing, TzBfG, §, Rn.*

Arrowsmith, James / Hall, Mark (Bearb.): European industrial relations observatory, Industrial relations and the aging workers and the aging work force, Dublin, 2000; unter http://www.eiro.eurofound.ie

Ascheid, Reiner / Preis, Ulrich / Schmidt, Ingrid: Großkommentar zum Kündigungsrecht, München, 2004; *zitiert: APS-Bearbeiter, §, Rn.*

Battis, Ulrich / Deutelmoser, Anna: Qualifizierung der Altersgrenze, insbesondere im Beamtenrecht, RdA 1994, S. 264

Bauer, Jobst-Hubertus: Europäische Antidiskriminierungsrichtlinien und ihr Einfluss auf das deutsche Arbeitsrecht, NJW 2001, S. 2672

Bauer, Jobst-Hubertus: Sachgrundlose Altersbefristung nach den „Hartz-Gesetzen“, NZA 2003, S. 30

Bauer, Jobst-Hubertus / Thüsing, Gregor / Schunder, Achim: Entwurf eines Gesetzes zur Umsetzung europäischer Antidiskriminierungsrichtlinien, NZA 2005, S. 32

Bell, Mark: European Development. Article 13 EC: the European Commission's anti-discrimination proposals, ILJ 2000, Vol. 29, Heft 1, S. 79

Belling, Detlev W. / Hartmann, Christian: Die geschlechtsdiskriminierende Altersgrenze im Tarifvertrag, NZA 1993, S. 1009

Belling, Detlev W.: Anmerkung zu BAG v. 20.11.1987, EZA Nr. 1 zu § 620 BGB Altersgrenze

Belling, Detlev W.: Anmerkung zu BAG v. 20.12.1984, AP Nr. 9 zu § 620 BGB Bedingung

Belling, Detlev W.: Berufsfreiheit und Persönlichkeitsschutz älterer Arbeitnehmer, Zeitschrift für Gerontologie, 1989, S. 128

Belling, Detlev W.: Das Günstigkeitsprinzip im Arbeitsrecht, Berlin, 1984; *zitiert: Belling, Günstigkeitsprinzip, S.*

Belling, Detlev W.: Die Haftung des Betriebsrates und seiner Mitglieder für Pflichtverletzungen, Tübingen, 1990; *zitiert: Belling, Haftung des Betriebsrats, S.*

Belling, Detlev W.: Die Verantwortung des Staates für die Normsetzung durch die Tarifvertragsparteien, ZfA 1999, S. 547

Bengelsdorf, Peter: Tarifliche Arbeitszeitbestimmungen und Günstigkeitsprinzip, ZfA 1990, S. 563

Berger-Delhey, Ulf: Alle Tiere sind gleich, aber einige Tiere sind gleicher als andere, ZTR 2001, S. 162

Bertelsmann Stiftung, Bundesvereinigung der Deutschen Arbeitgeberverbände (Hrsg.): Beschäftigungschancen für ältere Arbeitnehmer – Internationaler Verglich und Handlungsempfehlungen, Gütersloh, 2003

Blanke, Thomas: Der Gesetzentwurf der Bundesregierung über Teilzeit und befristete Beschäftigung, AiB 2000, S. 729

Bleckmann, Albert: Europarecht, Das Recht der Europäischen Union und der Europäischen Gemeinschaften, Köln u. a., 1997; *zitiert: Bleckmann, Europarecht, §, Rn.*

Boecken, Winfried: „Wie sollte der Übergang vom Erwerbsleben in den Ruhestand rechtlich gestaltet werden?“, Gutachten B zum 62. Deutschen Juristentag Bremen 1998, München, 1998

Boerner, Dietmar: Altersgrenzen für die Beendigung von Arbeitsverhältnissen in Tarifverträgen und Betriebsvereinbarungen, Pfaffenweiler, 1992; *zitiert: Boerner, Altersgrenzen, S.*

Boerner, Dietmar: Der neue (alte) § 41 Abs. 4 Satz 3 SGB VI, ZfA 1995, S. 537

Bundesministerium für Wirtschaft und Arbeit (Hrsg.): Nationaler Beschäftigungs-politischer Aktionsplan 2003, Berlin, 2003

Bundesvereinigung der Deutschen Arbeitgeberverbände (BDA): Stellungnahme zur Beurteilung der arbeitsrechtlichen Aspekte des Kommissionsvorschlages für eine Richtlinie des Rates „Zur Festelegung eines allgemeinen Rahmens für die Verwirklichung der Gleichbehandlung in Beschäftigung und Beruf, Berlin, Februar 2000

Bundesvereinigung der Deutschen Arbeitgeberverbände (BDA): Stellungnahme zu den Gesetzentwürfen zur Umsetzung der sog. Antidiskriminierungs-Richtlinien, Berlin, 17.11.2003

Calliess, Christian / Ruffert, Matthias (Hrsg.): Kommentar des Vertrags über die Europäische Union und des Vertrags zur Gründung der Europäischen Gemeinschaft, Neuwied, Kriftel, 2002; *zitiert: Bearbeiter-Callies/Ruffert, EUV/EGV, Art., Rn.*

Dassau, Anette / Wiesend-Rothbrust, Edeltraud: BAT-Kompaktkommentar, München, 2004; *zitiert: Bearbeiter-Dassau/Rothbrust, §, Rn.*

Däubler, Wolfgang (Hrsg.): Kommentar zum Tarifvertragsgesetz, Baden-Baden, 2003; *zitiert: Bearbeiter-Däubler, §, Rn.*

Däubler, Wolfgang / Kittner, Michael / Klebe, Thomas (Hrsg.): BetrVG Betriebsverfassungsgesetz, Kommentar, Frankfurt a. M., 2004; *zitiert: Bearbeiter-Däubler/Kittner/Kleber, §, Rn.*

Däubler, Wolfgang: Das geplante Teilzeit- und Befristungsgesetz, ZIP 2000, S. 1961

Däubler, Wolfgang: Das neue Teilzeit- und Befristungsgesetz, ZIP 2001, S. 217

De Vos, Marc (Bearb.): European industrial relations observatory, Implementation of the EU framework equal treatment Directive, Ghent, 2003; unter http://www.eiro.eurofound.ie

Defeis, Elisabeth F.: Equality and the European Union, Georgia Journal of International and Comparative Law, Vol. 32 2004 No. 1, S. 73 ff.; *zitiert: Defeis, S.*

Deutscher Anwaltverein (Hrsg.): Stellungnahme des DAV Nr. 21/03 zum Zivilrechtlichen Antidiskriminierungsgesetz, Berlin, Mai 2003

Deutscher Anwaltverein (Hrsg.): Stellungnahme des Deutschen Anwaltvereins (DAV) Nr. 14/03 zum Diskussionsentwurf eines Gesetzes zur Verhinderung von Diskriminierung im Zivilrecht, Berlin, 13. Februar 2003

Deutscher Anwaltverein (Hrsg.): Stellungnahme des Deutschen Anwaltvereins (DAV) Nr. 11/04 zur Umsetzung, Berlin, März 2004

Deutscher Anwaltverein (Hrsg.): Stellungnahme des Deutschen Anwaltvereins (DAV) Nr. 44/04 zum Entwurf des ADG, Berlin, September 2004

Deutscher Anwaltverein (Hrsg.): Stellungnahme des Deutschen Anwaltvereins (DAV) Nr. 10/05 zum Entwurf des ADG, NZA 2005, Heft 4, S. VII

Dietrich, Thomas / Müller-Glöge, Rudi / Preis, Ulrich / Schaub, Günter (Hrsg.): Erfurter Kommentar zum Arbeitsrecht, München, 2005; *zitiert: ErfK-Bearbeiter, §, Rn.*

Dobbins, Tony (Bearb.): European industrial relations observatory: Implementation of the EU framework equal treatment Directive, Dublin, 2003; unter http://www.eiro.eurofound.ie

Dörner, Hans-Jürgen: Kontrolle befristeter Arbeitsverträge nach dem neuen Recht im TzBfG, Sonderbeilage zu NZA Heft 16, 2003, S. 33

Epstein, Richard Allen: Forbidden Grounds, The Case against Employment Discrimination law, Cambridge, MA, London, 1992

Estricher, Samuel / Harper, Michael C.: Cases and materials on the law of employment discrimination, St. Paul, Minn. 2000

Europäische Kommission (Hrsg.): Age and Attitudes - Main Results from a Eurobarometer Survey -, Brussels, 1993

Europäische Kommission (Hrsg.): Kosten und Nutzen personeller Vielfalt in Unternehmen, Brüssel, 2003

Europäische Kommission (Hrsg.): Gleichbehandlung und Antidiskriminierung - Jahresbericht 2004, Brüssel, 2004

European Foundation for the improvement of living and working conditions (Hrsg.): combating age barriers in Employment, Dublin, 1998

Fabricius, Fritz, u. a. (Hrsg.): Betriebsverfassungsgesetz, Gemeinschaftskommentar, Band II, Neuwied, Kriftel, 2002; *zitiert: Bearbeiter, GK-BetrVG, §, Rn.*

Fenske, Antje: Das Verbot der Altersdiskriminierung im US-amerikanischen Arbeitsrecht, Berlin, 1998

Fiebig, Stefan, u.a. (Hrsg.): Kündigungsschutzgesetz, Handkommentar, Baden-Baden, 2004; *zitiert: HaKo-Bearbeiter, §, Rn.*

Finkin, M. W.: The federal law of age discrimination in the USA, Zeitschrift für Gerontologie 1990, S. 97

Fischer, Hans-Georg: Europarecht, Grundslagen des europäischen Gemeinschaftsrechts in Verbindung mit deutschem Staats- und Verwaltungsrecht, München, 2001

Fitting, Karl / Engels, Gerd / Schmidt, Ingrid / Trebinger, Yvonne / Linsenmaier, Wolfgang: Betriebsverfassungsgesetz, Handkommentar, München, 2004; *zitiert: Fitting, BetrVG, §, Rn.*

Flessner, Melanie J.: Ältere Menschen, demographische Alterung und Recht: das Recht der Vereinigten Staaten als Beispiel, Baden-Baden, 1996

Gantzckow, Silke: Die Beendigung der Erwerbstätigkeit durch gesetzliche und kollektivrechtliche Altersgrenzen im deutschen und angloamerikanischen Recht, Berlin, 1999

Geiger, Rudolf: EUV, EGV, Vertrag über die Europäische Union und Vertrag zur Gründung der Europäischen Gemeinschaft, Kommentar, München, 2004

Gitter, Wolfgang / Boerner, Dietmar: Altersgrenzen in Tarifverträgen, RdA 1990, S. 129

Gitter, Wolfgang / Boerner, Dietmar: Anmerkung zu BAG v. 11.6.1997, AP Nr. 7 zu § 41 SGB VI

Grabitz, Eberhard / Hilf, Meinhard (Hrsg.): Das Recht der Europäischen Union, München, Stand: Band I August 2003, Band II August 2003; *zitiert: Bearbeiter-Grabitz/Hilf, EGV, Art., Rn.*

Groeben, Hans von der, u.a. (Hrsg.): Kommentar zum EU-/EG-Vertrag, Baden-Baden, 1999; *zitiert: Bearbeiter-Groeben, Art., Rn.*

Hanau, Peter / Steinmeyer, Heinz-Dietrich / Wank, Rolf (Hrsg.): Handbuch des Europäischen Arbeits- und Sozialrechts, München, 2002; *zitiert: Bearbeiter- Hanau/Steinmeyer/Wank, §, Rn.*

Hanau, Peter, u.a. (Hrsg.): Richterliches Arbeitsrecht, Festschrift für Thomas Dieterich zum 65. Geburtstag, München, 1999; *zitiert: Bearbeiter-FS Dieterich, S.*

Hanau, Peter: Zwangspensionierung des Arbeitnehmers mit 65?, RdA 1976, S. 24

Hebel, Johann Peter: Age Discrimination in Employment, Frankfurt a. M., Berlin, Bern, New York, Paris, Wien, 1992

Heinze, Meinhard: Wege aus der Krise des Arbeitsrechts - Der Beitrag der Wissenschaft, NZA 1997, S. 1

Heinze, Meinhard: Der Übergang vom Erwerbsleben in den Ruhestand, ZRP 1998, S. 307

Henssler, Martin / Braun, Axel (Hrsg.): Arbeitsrecht in Europa, Köln 2003; *zitiert: Bearbeiter-Henssler/Braun, Land, Rn.*

Hepple, Bob: Equality: a new framework, Report of the independent review of the enforcement of UK Anti-Discrimination Legislation, Oxford, 2000

Herms, Sascha / Meinel, Gernod: Vorboten einer neuen Ära: Das geplante Antidiskriminierungsgesetz, DB 2004, S. 2370

Högenauer, Nikolaus: Die europäischen Richtlinien gegen Diskriminierung im Arbeitsrecht, Hamburg, 2002

Holden, Karen C. / Hansen, W. Lee (Eds.): The end of mandatory retirement: Effects on Higher Education, San Francisco, 1989; *zitiert: Bearbeiter-Holden/Hansen, The end of mandatory retirement, S.*

Hoyningen-Huene, Gerrick v. : Anmerkung zu BAG v. 18.8.1987, AP Nr. 23 zu § 77 BetrVG 1972

Hueck / Nipperdey / Dietz: Nachschlagewerk des Bundesarbeitsgerichts – Arbeitsrechtliche Praxis, Loseblattsammlung, Stand: Juni 2005; *zitiert: AP Nr. zu § Stichwort*

Hümmerich, Klaus / Holthausen, Joachim / Weslau / Dietmar: Arbeitsrechtliches im Ersten Gesetz für moderne Dienstleistungen am Arbeitsmarkt, NZA 2003, S. 7

Husemann, Rudolf (u.a.): Beschäftigungswirksame Arbeitszeitmodelle für ältere Arbeitnehmer, Schriftenreihe der Bundesanstalt für Arbeitsschutz und Arbeitsmedizin, Fb 980, Dortmund, Berlin, Dresden, 2003

Husemann, Rudolf: Ältere Arbeitnehmer, Verlängerung der Lebensarbeitszeit und berufliche Weiterbildung, WSI Mitteilungen 2002, S. 32

Jochum, Georg: Der neue Art. 13 EGV oder „political corectness" auf europäisch?, ZRP 1999, S. 279

Joost, Detlev: Anmerkung zu BAG v. 20.11.1987, AP Nr. 2 zu § 620 BGB Altersgrenze

Jürgenhake, Uwe, u.a.: Die Jungen und die Alten – Belegschaftsintegration als Gestaltungsaufgabe, WSI Mitteilungen 2003, S. 597

Kalet, Joseph E.: Age discrimination in employment law, Washington, 1986

Kittner, Michael / Däubler, Wolfgang / Zwanziger, Bertram: Kündigungsschutzrecht, Kommentar für die Praxis, Köln, 2004; *zitiert: Kittner/Däubler/ Zwanziger-Bearbeiter, KSchR, §, Rn.*

Kittner, Michael / Kohler, Thomas: Kündigungsschutz in Deutschland und den USA, BB 2000, Beilage zu Heft 13, S. 1

Koberski, Wolfgang: Befristete Arbeitsverträge älterer Arbeitnehmer im Einklang mit dem Gemeinschaftsrecht, NZA 2005, S. 79 ff.

Köbler, Gerhard (Hrsg.): Europas universale rechtsordnungspolitische Aufgabe des dritten Jahrtausends, Festschrift für Alfred Söllner zum 70. Geburtstag, München, 2000; *zitiert: Bearbeiter-FS Söllner, S.*

Koppenfels, Katharina v.: Das Ende der Vertragsfreiheit? – Erkenntnisse aus dem (vorläufig) gescheiterten zivilrechtlichen Antidiskriminierungsgesetz für die Umsetzung der Richtlinien 2000/42/EG und 2000/78/EG, WM 2002, S. 1489

Kreutz, Marcus: Streitfragen des Ersten Gesetzes für moderne Dienstleistungen am Arbeitsmarkt, ArbuR 2003, S. 41

Kruse, Andreas / Lehr, Ursula / Rott, Christoph: Gerontologie – eine interdisziplinarische Wissenschaft, München, 1987; *zitiert: Bearbeiter-Kruse/Lehr/Rott, Gerontologie, S.*

Kummer, Pierre M.: Die Umsetzungsanforderungen der neuen arbeitsrechtlichen Antidiskriminierungsrichtlinie, Frankfurt a. M., 2003

Kuras, Gerhard: Verbot der Diskriminierung wegen des Alters, RdA 2003, Sonderbeilage Heft 5, S. 11

Laux, Helga: Altersgrenzen im Arbeitsrecht, NZA 1991, S. 967

Le Friant, Martine: Das Prinzip der Nichtdiskriminierung im französischen Recht: Zum Stande der Debatte, NZA 2004, Sonderbeilage zu Heft 22, S. 49

Lecheler, Helmut: Die Fortentwicklung des Rechts der Europäischen Union durch den Vertrag von Amsterdam, JuS 1998, S. 392

Lehr, Ursula: Flexibilität der Altersgrenze oder Herabsetzung des Pensionierungsalters? – Psychologische Aspekte, ZfB 1979, S .137

Lehr, Ursula: Psychologie des Alterns, neu bearbeitet von Ursula Lehr und Hans Thomae, Wiebelsheim, 2000

Lenz, Carl Otto, Borchardt, Klaus-Dieter (Hrsg.): EU- und EG-Vertrag Kommentar, Köln, 2003; *zitiert: Bearbeiter-Lenz/Borchardt, EUV/ EGV, Art., Rn.*

Leuchten, Alexius: Der Einfluss der EG – Richtlinien zur Gleichbehandlung auf das deutsche Arbeitsrecht, NZA 2002, S. 1254

Levine, Martin Lyon: Age Discrimination and the Mandatory Retirement Controversy, Baltimore, MA, London, 1988

Linsenmaier, Wolfgang: Das Verbot der Altersdiskriminierung wegen des Alters, RdA 2003, Sonderbeilage zu Heft 5, S. 22

Lipke, Gert-Albert: Befristung von Arbeitsverhältnissen im Wissenschaftsbetrieb der Hochschulen, Forschungseinrichtungen und in der ärztlichen Weiterbildung, Neuwied, 2003

Loritz, Karl-Georg: Rechtsprobleme der tariflichen Regelung des „freien Wochenendes“, ZfA 1990, S. 133

Löwisch, Manfred / Caspers, Georg / Neumann, Daniela: Beschäftigung und demographischer Wandel, Beschäftigung älterer Arbeitnehmerinnen und Arbeitnehmer als Gegenstand von Arbeits- und Sozialrecht, Baden-Baden, 2003

Maier, Gabriele: Das Erleben der Berufsituation bei älteren Arbeitnehmern, Ein Beitrag zur differentiellen Gerontologie, Frankfurt a. M., 1997

Mailland, Christèle (Bearb.): European industrial relations observatory, Implementation of the EU framework equal treatment Directive, Paris, 2003; unter http://www.eiro.eurofound.ie

Maunz, Theodor / Dürig, Günter/ Herzog, Roman u.a. (Hrsg): Grundgesetz, Kommentar, Loseblattsammlung, Stand: Februar 2004, München; *zitiert: Bearbeiter-Maunz/Dürig/Herzog, Art., Rn.*

Maydell, Bernd v. / Schnapp, Friedrich. E. (Hrsg.): Die Auswirkungen des EG-Rechts auf das Arbeits- und Sozialrecht der Bundesrepublik, Berlin, 1992; *zitiert: Bearbeiter-Maydell/Schnapp, S.*

McMorrow, Judith A.: Employment Bonding and the End of Mandatory Retirement, 12 Industrial Relations Law Journal 1990, S. 197

Meinel, Gernod / Heyn, Judith / Herms, Sascha: Teilzeit- und Befristungsgesetz, Kommentar, München 2004; *zitiert: Meinel/Heyn/Herms, TzBfG, §, Rn.*

Meyer, Jürgen (Hrsg.): Kommentar zur Charta der Grundrechte der Europäischen Union, Baden-Baden, 2003; *zitiert: Meyer, Art., Rn.*

Meyer, Michael: Das Diskriminierungsverbot des Gemeinschaftsrechts als Grundsatznorm und Gleichheitsrecht, Frankfurt a. M., 2002; *zitiert: Meyer, Das Diskriminierungsverbot des Gemeinschaftsrechts, S.*

Mohr, Jochen: Schutz vor Diskriminierungen im Europäischen Arbeitsrecht, Die Rahmenrichtlinie 2000/78/EG vom 27. November 2000 – Religion, Weltanschauung, Behinderung, Alter oder sexuelle Ausrichtung -, Berlin, 2004

Möstl, Markus: Anmerkung zu BAG v. 25.2.1998, JZ 1999, S. 202

Nerlich, Jörg / Römermann, Volker: Insolvenzordnung (InsO) Kommentar, München, 2003; *zitiert: Bearbeiter-Nerlich/Römermann, InsO, §, Rn.*

Neumark, David: Age discrimination legislation in the United States, NBER Working Paper 8152, Cambridge, MA, 2001

Nielebock, Helga: Die neuen gesetzlichen Regelungen zur befristeten Beschäftigung, AiB 2001, S. 75

Niesel, Klaus, u.a.: Kasseler Kommentar, Sozialversicherungsrecht, Loseblattsammlung, Stand: Dezember 2004, München; *zitiert: Bearbeiter-KassKomm, §, Rn.*

Nussberger, Angelika: Altersgrenzen als Problem des Verfassungsrechts, JZ 2002, S. 524

Oetker, Hartmut / Preis, Ulrich (Hrsg.): Europäisches Arbeits- und Sozialrecht, Heidelberg, 1994; *zitiert: Bearbeiter, EAS, Teil, Rn.*

Oswald, Wolf D., u.a. (Hrsg.): Gerontologie – medizinische, psychologische und sozialwissenschaftliche Grundbegriffe, Stuttgart, 1994; *zitiert: Bearbeiter-Oswald, Gerontologie, S.*

Pauly, Walter / Hesselbarth, Franziska: Art. 12 GG und arbeitsmarktpolitisch motivierte Altersgrenzen, Neue Justiz 1999, S. 464

Peter, Edgar: Unfreiwilliger Ruhestand, Probleme der Diskriminierung älterer Beschäftigter, ArbuR 1993, S. 384

Plog, Ernst / Wiedow, Alexander / Bayer, Detlef (Hrsg.): Bundesbeamtengesetz / Beamtenversorgungsgesetz, Kommentar, Neuwied, Loseblattsammlung, Stand: November 2003; *zitiert: Plog/Wiedow/Bayer, BBG/*BeamtVG, §, Rn.

Plötscher, Stefan: Der Begriff der Diskriminierung im Europäischen Arbeitsrecht, Berlin, 2003

Prahl, Hans-Werner / Schröter, Klaus R.: Soziologie des Alterns, Paderborn, 1996

Preis, Ulrich / Gotthard, Michael: Neuregelung der Teilzeitarbeit und befristeten Arbeitsverhältnisse, DB 2000, S. 2065

Preis, Ulrich: Arbeitsrecht, Praxis-Lehrbuch zum Individualarbeitsrecht, Köln, 2003; *zitiert: Preis, Individualarbeitsrecht, §, Kapitel, Nr.*

Preis, Ulrich: Arbeitsrecht, Praxis-Lehrbuch zum Kollektivarbeitsrecht, Köln, 2003; *zitiert: Preis, Kollektivarbeitsrecht, §, Kapitel, Nr.*

Preis, Ulrich (Hrsg.): Der Arbeitsvertrag, Handbuch der Vertragspraxis und –gestaltung, Köln, 2005; *zitiert: Bearbeiter-Preis, Der Arbeitsvertrag, Kap., Rz.*

Preis, Ulrich: Reform des Bestandschutzes im Arbeitsverhältnis, RdA 2003, S. 65

Ramsauer, Ulrich / Stallbaum, Michael: Bundesausbildungsförderungsgesetz (BAföG) mit Erläuterungen, München, 1991

Redecker, Konrad / Karpenstein, Ulrich: Über Nutzen und Notwendigkeit, Gesetze zu begründen, NJW 2001, S. 2825

Reid, Madeleine: The prohibition of age discrimination in employment: issues arising in practice, paper for ERA Seminar The Race and Framework Employment Directives, Trier, 2003; *zitiert: Reid, Paper for ERA Seminar 2003, S.*

Richardi, Reinhard / Wlotzke, Otfried (Hrsg.): Münchener Handbuch zum Arbeitsrecht, Band 1 Individualarbeitsrecht I, München 2000; Band 2, Individualarbeitsrecht II, München, 2000; Band 3, Kollektives Arbeitsrecht, München 2000; Ergänzungsband, München, 2001; *zitiert: MünchArbR-Bearbeiter, §, Rn.*

Richardi, Reinhold (Hrsg.): Betriebsverfassungsgesetz mit Wahlordnung, Kommentar, München, 2004; *zitiert: Bearbeiter-Richardi; BetrVG, §, Rn.*

Richardi, Reinhold / Reichold, Hermann (Hrsg.): Altersgrenzen und Alterssicherung im Arbeitsrecht, Festschrift für Wolfgang Blomeyer, München, 2003; *zitiert: Bearbeiter-FS Blomeyer, S.*

Rittweger, Stephan / Petri, Ulrich / Schweikert, Franz-Josef: Altersteilzeit, Kommentar, München, 2002

Rothkirch, Christoph v. (Hrsg.): Altern und Arbeit: Herausforderung für Wirtschaft und Gesellschaft, Berlin, 2000; *zitiert: Bearbeiter-Rothkirch, Altern und Arbeit, S.*

Rust, Ursula, u.a. (Hrsg.): Die Gleichbehandlungsrichtlinien der EU und ihre Umsetzung in Deutschland, Loccumer Protokoll 40/03, Rehburg-Loccum, 2003; *zitiert: Bearbeiter-Loccumer Protokolle, S.*

Säcker, Franz-Jürgen: „Vernunft statt Freiheit!" – Die Tugendpolitik der neuen Jakobiner – Referentenentwurf eines privatrechtlichen Diskriminierungsgesetzes, ZRP 2002, S. 286

Schaub, Günter, u.a. (Hrsg.): Arbeitsrechtshandbuch, München, 2005; *zitiert: Schaub-Bearbeiter, ArbR-Hdb., §, Rn.*

Schaub, Günter: Arbeitsrechtliche Formularsammlung, München, 1999

Scherer, Werner / Aff, Richard: Soldatengesetz, Kommentar, München, 2003

Schlachter, Monika (Hrsg.): Tarifautonomie für ein neues Jahrhundert, Festschrift für Günter Schaub zum 65. Geburtstag, München, 1998; *zitiert: Bearbeiter-FS Schaub, S.*

Schlachter, Monika: Gemeinschaftsrechtliche Grenzen der Altersbefristung, RdA 2004, S. 352

Schlüter, Wilfried / Belling, Detlev W.: Anmerkung zu BAG v. 18.7.1978 – 1 ABR 79/75, SAE 1979, S. 276

Schlüter, Wilfried / Belling, Detlev W.: Die Zulässigkeit von Altersgrenzen im Arbeitsverhältnis, NZA 1988, S. 297

Schmid, Ronald / Sarbinowski, Martina: Das Luftverkehrsrecht in der neueren Rechtsprechung der Arbeitsgerichte in den Jahren 2001 und 2002, NZA-RR 2003, S. 113

Schmidt, Marlene / Senne, Daniela: Das gemeinschaftsrechtliche Verbot der Altersdiskriminierung und seine Bedeutung für das deutsche Arbeitsrecht, RdA 2002, S. 80

Schmidt, Marlene: Das Arbeitsrecht der Europäischen Gemeinschaft, Baden-Baden, 2001

Schmidt-Räntsch, Günther / Schmidt-Räntsch, Jürgen: Deutsches Richtergesetz, Kommentar, München, 1995; *zitiert: Schmidt-Räntsch, DRiG, §, Rn.*

Scholz, Rupert: Koalitionsfreiheit als Verfassungsproblem, München, 1971

Schröder, Ulrich: Altersbedingte Kündigung und Altersgrenzen im Individualarbeitsrecht – Zur Zulässigkeit einer „Zwangspensionierung" mit 65 Jahren, Berlin, 1984

Schwarze, Roland: Die Grundrechtsbindung der Tarifnormen aus Sicht grundrechtlicher Schutzpflichten, ZTR 1996, S. 1

Sievers, Jochen: Kommentar zum Teilzeit- und Befristungsgesetz, München, Neuwied, 2003; *zitiert: Sievers, TzBfG, §, Rn.*

Simitis, Spiros: Altersdiskriminierung – die verdrängte Benachteiligung, NJW 1994, S. 1453

Simitis, Spiros: Die Altersgrenzen – ein spät entdecktes Problem, RdA 1994, S. 257

Skidmore, Paul: European Development, EC framework directive on equal treatment in employment: towards a comprehensive community anti-discrimination policy?, Industrial Law Journal 2001, Vol. 30, Heft 1, S. 126

Söllner, Alfred / Waltermann, Raimund: Grundriss des Arbeitsrechts, München, 2003

Söllner, Alfred: Grenzen des Tarifvertrags, NZA 1996, S. 897

Späth, Lothar / Lehr, Ursula: Altern als Chance und Herausforderung, Band 1, Bonn, 1990; *zitiert: Bearbeiter-Späth/Lehr, S.*

Stadler, Patricia: Diskriminierungsmaßnahmen der Europäischen Gemeinschaft nach Art. 13 EG unter besonderer Berücksichtigung der Rassismusbekämpfung und des Minderheitenschutzes, Diss. Bonn, 2001

Stahlhacke, Eugen (Hrsg.): Entscheidungssammlung zum Arbeitsrecht; *zitiert: EzA, Nr., Stichwort*

Stahlhacke, Eugen: Die Begrenzung von Arbeitsverhältnissen durch Festlegung einer Altersgrenze, DB 1989, S. 2329

Statistisches Bundesamt (Hrsg.): Bevölkerungsentwicklung Deutschlands bis zum Jahre 2050, Ergebnisse der 9. koordinierten Bevölkerungsvorausberechnung, Wiesbaden, 2000

Statistisches Bundesamt (Hrsg.): Statistisches Jahrbuch für die Bundesrepublik Deutschland 2004, Wiesbaden, 2004

Staudinger, Julius v. (Hrsg.): Kommentar zum Bürgerlichen Gesetzbuch, Buch 2, Recht der Schuldverhältnisse, §§ 611 – 615, bearbeitet von Reinhard Richardi, Berlin, 1999; *zitiert: Bearbeiter-Staudinger, §, Rn.*

Steinau-Steinrück, Robert v. / Schneider, Volker / Wagner, Tobias: Der Entwurf eines Antidiskriminierungsgesetzes: Ein Beitrag zur Kultur der Antidiskriminierung?, NZA 2005, S. 28

Steinmeyer, Heinz-Dietrich: Anmerkung zu BAG v. 1.12.1993, AP Nr. 4 zu § 41 SGB VI

Steinmeyer, Heinz-Dietrich: Kollektivrechtliche Altersbegrenzungsregelungen ab dem 1. Januar 1992, RdA 1992, S. 6

Streinz, Rudolf (Hrsg.): EUV/EGV, Vertrag über die Europäische Union und Vertrag zur Gründung der Europäischen Gemeinschaft, München, 2003; *zitiert: Bearbeiter-Streinz, EUV/EGV, Art. Rn.*

Tesch-Römer, Clemens (Hrsg.): Gerontologie und Sozialpolitik, Schriftenreihe des Bundesministeriums für Familie, Senioren, Frauen und Jugend, Band 214, Stuttgart, 2002; *zitiert: Bearbeiter-Tesch-Römer, Gerontologie, S.*

Thomae, Hans / Lehr, Ursula: Berufliche Leistungsfähigkeit im mittleren und höheren Lebensalter, Göttingen, 1973; *zitiert: Thomae/Lehr, Berufliche Leistungsfähigkeit, S.*

Thomae, Hans: Die Bonner Gerontologische Längsschnittstudie (BOLSA), Zeitschrift für Gerontologie, 1993, S. 142

Thüsing, Gregor / Lambrich, Thomas: Umsetzungsdefizite in § 14 TzBfG?, BB 2002, S. 829

Thüsing, Gregor: Der Fortschritt des Diskriminierungsschutzes im Europäischen Arbeitsrecht – Anmerkungen zu den Richtlinien 2000/78/EG und 2000/43/EG, ZfA 2001, S. 397

Thüsing, Gregor: Gedanken zur Effizienz arbeitsrechtlicher Diskriminierungsverbote, RdA 2003, S. 257

Thüsing, Gregor: Handlungsbedarf im Diskriminierungsrecht. Die Umsetzungserfordernisse auf Grund der Richtlinien 2000/78/EG und 2000/43/EG, NZA 2001, S. 1061

Thüsing, Gregor: Richtlinienkonforme Auslegung und unmittelbare Geltung von EG-Richtlinien im Anti-Diskriminierungsrecht, NJW 2003, S. 3441

Thüsing, Gregor / Wege, Donat: Sozialauswahl nach neuem Recht, RdA 2004, S. 12

Thüsing, Gregor: Das Arbeitsrecht der Zukunft? – Die deutsche Umsetzung der Anti-Diskriminierungsrichtlinien im internationalen Vergleich, NZA 2004, Sonderbeilage zu Heft 22, S. 3 ff.

Treber, Jürgen: Tagungs- und Diskussionsbericht (4. Europarechtliches Symposium im BAG Erfurt), RdA 2003, Sonderbeilage zu Heft 5, S. 50

Urlesberger, Franz: Von Gleichen und Gleicheren, Zum „Diskriminierungspaket" der Gemeinschaft, ZAS 2001, S. 72

Vollstädt, Oliver: Die Beendigung von Arbeitsverhältnissen durch Vereinbarung einer Altersgrenze, Köln, 1997; *zitiert: Vollstädt, Altersgrenzen, S.*

Waltermann, Raimund: „Wie sollte der Übergang vom Erwerbsleben in den Ruhestand rechtlich gestaltet werden?", NJW 1998, S. 2488

Waltermann, Raimund: Altersgrenzen in Kollektivverträgen, RdA 1993, S. 209

Waltermann, Raimund: Berufsfreiheit im Alter - Verfassungsrechtliche und arbeitsrechtliche Schranken tarifvertraglicher Altersgrenzenregelungen, Berlin, 1989; *zitiert: Waltermann, Berufsfreiheit im Alter, S.*

Waltermann, Raimund: Kollektivvertrag und Grundrechte, RdA 1990, S. 138

Waltermann, Raimund: Rechtssetzung durch Betriebsvereinbarung zwischen Privatautonomie und Tarifautonomie, Tübingen, 1996; *zitiert: Waltermann, Rechtsetzung durch Betriebsvereinbarung, S.*

Waltermann, Raimund: Wieder Altersgrenze 65?, NZA 1994, S. 822

Waltermann, Raimund: Zu den Grundlagen der Tarifautonomie, ZfA 2000, S. 53

Wank, Rolf, u.a. (Hrsg.): Festschrift für Herbert Wiedemann zum 70. Geburtstag, München, 2002; *zitiert: Bearbeiter-FS Wiedemann, S.*

Wank, Rolf: Diskriminierung in Europa – Die Umsetzung der europäischen Antidiskriminierungsrichtlinien aus deutscher Sicht, NZA 2004, Sonderbeilage zu Heft 22, S. 16 ff.

Weber, Claus: Das Verbot altersbedingter Diskriminierung nach der RL 2000/78/EG - eine neue arbeitsrechtliche Dimension, ArbuR 2002, S. 401

Wiedemann, Anton: Die Bindung der Tarifnormen an Grundrechte, insb. an Art. 12 GG, Heidelberg, 1994

Wiedemann, Herbert (Hrsg): Tarifvertragsgesetz, Kommentar, München, 1999; *zitiert: Wiedemann, H., TVG, §, Rn.*

Wiedemann, Herbert / Thüsing, Gregor: Der Schutz älterer Arbeitnehmer und die Umsetzung der Richtlinie 2000/78/EG, NZA 2002, S. 1234

Wiedemann, Herbert/ Thüsing, Gregor: Fragen zum Entwurf eines zivilrechtlichen Anti-Diskriminierungsgesetzes, DB, S. 463

Wiedemann, Herbert: Die Gleichbehandlungsgebote im Arbeitsrecht, Tübingen, 2001; *zitiert: Wiedemann, H., Gleichbehandlungsgebote, S.*

Wirtschafts- und Sozialwissenschaftliches Institut in der Hans-Böckler-Stiftung (Hrsg.): WSI-Tarifhandbuch 2005, bearbeitet von Reinhard Bispinck, Frankfurt a. M., 2005; *zitiert: WSI Tarifhandbuch, S.*

Zöllner, Wolfgang: „Sind im Interesse einer gerechten Verteilung der Arbeitsplätze Begründung und Beendigung der Arbeitsverhältnisse neu zu regeln?“, Gutachten D zum 52. Deutschen Juristentag in Wiesbaden 1978, München, 1978

Kolibri 360 GmbH
Ferdinand-Jühlke-Straße 7
99095 Erfurt, Deutschland
produktsicherheit@kolibri360.de

Druck:
CPI Druckdienstleistungen GmbH
im Auftrag der
Kolibri 360 GmbH
Ferdinand-Jühlke-Str. 7
99095 Erfurt